吟遊問俠之

大俠

俠的精神文化史論

龔鵬程 著

編序

人文的感應，友情的見證

陳曉林

編印這套「龔鵬程學、思、俠、遊特輯」，是由我向一些友人倡議，獲得熱烈回應而成事的。故而這一特輯問世之際，鵬程兄要我略綴數語以誌始末，我當然義不容辭。

鵬程兄是我深為敬重的朋友，就年齒言，尚小我數載，但他在人文學術上之造詣與著述，頗有非我所能企及的境域。更遑論他曾是佛光大學、南華大學的創校校長，及諸多民間著名學院、學會、學刊的創始人或主持者。我對鵬程這些與學術領域相關的煌煌履歷倒沒有什麼高山仰止的感覺，但對他於費心辦學與用世的同時，猶能寫出數量如此龐大、內容如此精湛的著作與論述，委實感佩無已。

在人文學術方面，我與鵬程論學脈則各有師承，論哲思亦各有宗主；但他對儒、釋、道三大主流的疏釋，及融貫三教而扼要詮述的創見，在大關大節處之把握，我率多能欣然認同，甚且歡喜讚嘆，至於若干考證或比勘上的細節，看法或有異同，則無關宏旨。總之，我認為鵬程在人文學術上的論述，其價值自有可大可久者在焉。

而我與鵬程能成為莫逆之交，亦非偶然，實因在一特定的時空情境下，他與我皆面對不測的凶險，卻不約而同表現了「臨大節而不可奪也」的氣概。後來發現，我與他皆從小認同俠義精神，並喜愛俠義傳奇，所以事到臨頭，能夠不畏強權、冷對橫逆，實也不足為奇。嗣後，鵬程和我及兩岸某些喜好俠義理念及武俠文學的朋友創辦中華武俠文學學會，推鵬程為會長，我則在主辦的出版社規畫出版古龍、梁羽生、倪匡、溫瑞安等的武俠經典，以迄於今，自也殊非偶然。

這套特輯的編選出自我的心裁，三教新論，是鵬程多年來對儒釋道三脈經典及相關理念的學術論述，海涵地負，自成一家。吟遊、大俠、武藝、食趣，是鵬程從文化與精神層面呈現古今詩人、文士、俠客的特殊風貌。九州心影，則是他遊歷神州大地的人文記錄，其間涵括論學的篇章、文化的光影，固不待言。

事實上，迄耳順之年，鵬程成稿的書籍早已遠逾百冊，由這十書編成的「學、思、俠、遊」特輯，不過只占其十分之一。但於我而言，這些是我在鵬程著作中特別珍視的篇章，充分凸顯了鵬程的深廣學思、俠義心性和淑世情懷；而這些，正是包括我及一些朋友和鵬程最能深心契合的交集所在。

常有關心的友人問我：你曾以文章述學抒懷，給人留下印象，何以多年未見大論述？我輒答以：在文化思想的大關節、大方向上與龔鵬程相近，他既寫下偌多著作，我便偷懶了。這雖或是戲言，卻真切反映了我對鵬程著作的契合和肯定。

此次和我一起出資集印這套特輯的友人，包括張正、黃滈權、吳安安、林鍾朝銓、龔明湘、古凌等位，皆是我引介給鵬程認識的朋友，且皆非人文學界中人（張正為陽明交大生技學院前院長，亦非人文學界）；他們與鵬程一見如故，多年來有機會便相聚暢敘，如平生歡。鵬程雖學養深厚，然為性情中人，與我們這些朋友尤其意氣相投，每聚皆開懷忘憂。他們一聽我有此倡議，皆熱烈回應，認為這套書可作為一個紀念，見證彼此友誼長在，文化價值長存。

自大陸經濟起飛後，常見內地一些具人文情懷的企業家基於對中華文化的認同，熱心拾穗蒐珍，捐資為在台灣漸被遺忘的文史大師們印行全集；而我確信，未來必有識貨之人會隆重編印鵬程的上百冊全集，當成重要文化典籍，垂諸久遠。然而鵬程畢竟是出身台灣的學者，是我們的好友，故此時推出這套特輯，誠然也不無微衷，意在彰示於所謂去中國化的狂潮下，台灣仍有對人文理念和實踐念茲在茲的明眼人也。

寫至此，忽憶起唐朝詩人韋應物的「喜會故人」五律，遂略易數字，藉以表達身邊這些俠氣朋友的情誼：

兩岸曾為客，相逢每醉還。
浮雲一別後，流水數年間。
歡笑情如舊，蕭疏鬢已斑。
何因不歸去？海上望空山。

已爛，挑燈說劍未央。

後來少年子弟江湖老，前輩師友漸漸消散，幸而陪著我們的共樂同袍卻始終不曾離去。從前孫悟空怕闖禍，連累了師父，所以起誓說「絕不敢提起師父，只說是我自家會的便罷！」希臘赫拉克利特（Heraclitus）也說自己不是誰的學生，辯證法皆出於自己的探討。我非老孫，豈敢說此違心之語？我的本領，都憑師友。早期的，是前文所述周棄公一類人，後來仰賴同行同業則愈來愈多。相信許多人也是如此。

但道遠而歧、術用而紛，靠知識專業或職業維繫下來的友誼，往往經不起消磨，因為人事變遷，知識專業和職業也隨之屢變。所以我還需要另一群非親、非故、非同鄉、非同行、非同業、也無任何利益交換的朋友。

不必噓寒問暖，不必引經據典，也不用家長里短，更不須以國破家亡、新愁舊怨來藉口。我鴻飛冥冥，他們也天南地北，擔簦異路，事業各別，彼此不能長聚。但想到王維形容古遊俠：「新豐美酒斗十千，咸陽遊俠多少年。相逢意氣為君飲，繫馬高樓垂柳邊」，或李白高歌「天生我材必有用，千金散盡還復來。烹羊宰牛且為樂，會須一飲三百杯」時，我馬上就會遇到他們了。

我是靠曉林兄跟他們聚起來的，非儒非墨，蓋近於俠乎？飲於山巔水涯，必以缺一人為憾。

今年我將返台，曉林說疫後久不見矣，應大集慶祝以補憾。乃輯編了我論儒道佛三教、論遊、論俠、論武、論飲食，以及在大陸十年間的遊記，合為十本，諸友贊助，共為紀念。

二、定光古佛今又來

我的感動是不消說的。但在此刻，正猶豫著，欲說感謝之辭還是休說為好呢，忽然想起從前恰好日本有位和尚就叫一休。

一休出身本也高貴，父親是後小松天皇，母親是藤原照子。可惜父母不合，照子逃出宮廷，生下了他。所以一休之名，意思大約同於「也罷」。

也罷之人，行止不免狂亂，狎妓縱酒，無所不為。「夜夜鴛鴦禪榻被，風流私語一身閑」「美人雲雨愛河深，樓子老禪樓上吟」。本應為名教所訶，不料竟暴得大名。晚年自稱「忍辱仙人常不經，菩提果滿已圓成。拔無因果任孤陋，一個盲人引眾盲」，也不知是自詡還是自傷。

我曾看過一休自己寫的「一個盲人引眾盲」書法條幅，拍賣價格三十八萬八。

其實此語是用典，早期丹霞天然、大慧宗杲等禪師都說過這等話。

大慧宗杲尤其是臨濟宗楊岐派高僧，與富季申，張九成等友善，積極參政。秦檜恐其議己，竟褫奪他僧籍，刺配衡陽。不料入城前夕「太守及市民皆夢定光佛入城，明日杲至」。所以百姓赴從者萬餘人，都說是定光佛降世。

一休寫這句詩，雖謙稱自己只是一盲導引眾盲，但心中不會沒有大慧宗杲這段故事，也不會不知道佛教自家的忍辱仙人故事。

我們學者文人，大抵皆如一休，乃時代之棄嬰。或苟全性命於亂世、或詩酒婦人以自晦、或議政干時以賈禍、或膺淡泊寧靜之空名、或蒙盲以導盲之譏誚，誰能僥倖有定光古佛之譬望哉？

詩曰：我亦定光佛，曾燃七寶燈，煮字三千萬，塊然土木僧。感激唯舊友，冰膝曾偕登，又觀雲中道，稽首謝鯤鵬。

三、莽蒼歲月，大海洄瀾

回首當年，我還年輕時，時代倒真是站在我們這邊的。梁啟超《少年中國說》曾經講得豪氣干雲：「今日之責任，不在他人，而全在我少年。少年智則國智，少年富則國富；少年強則國強，少年獨立則國獨立……」。

大概那時民國肇建，少年中國遂給了少年無窮底氣，故歌聲嘹亮若此。隨後毛澤東、方東美、王光祈都參加了的「少年中國學會」顯然即繼其風而起者，五四運動期間的北大「新青年」也是，但少年很快就成青年了。

青年都做了些什麼？壯烈者，如十萬青年十萬軍；陷於盲動者，如學潮不斷，趕老師、趕校長；到台灣以後，馮滬祥雖然還在寫著《青年與國運》，青年其實已對國運無從措手。

不只台灣如此。年輕的美國，才剛剛以年輕氣盛自誇，看不起老大腐朽的中國和英國；卻很快，二十世紀五十年代，青年就成了垮掉的一代（或稱疲憊的一代，Beat Generation）；然後是性解放、搖滾樂、衣衫襤褸、反戰和躺平。青年成了國家的對立面。台灣不是美國，青年的氣焰張揚不起來，學潮都壓住了，時代也不一樣。一九四九年大批中壯老年學者來台，「新青年」只成為期待，老專家和中壯學者文化人才是主力。

張其昀、錢穆、唐君毅、牟宗三等在辦學；臺靜農、魏建功、洪炎秋、何欣等在台大、國語日報社；林尹、魯實先在師大；故宮、中研院、中央圖書館也是大老雲集。出版界，如王雲五的商務、劉國瑞的學生書局、劉紹唐的《傳記文學》等等更是。台灣及港澳新馬緬越各地不願附從紅旗之青年，乃亦因緣際會，群聚於此。

青年得前輩調護引導，甚或可以詩酒相從，無疑是幸運的。那些年，雖然李敖一直悻悻然喊著老人應該交棒，可實際上老輩愛才、獎掖青年，佳話頗多。

那時，美國流行大師為青年開設大一通識課程，台灣也頗從風。像我大一參加國學營，方東美先生居然親臨授課，大氣磅礴、渾淪浩瀚，令人難忘。

台北以外地區，隱士素儒，教化一方者也不罕見。友人王財貴，於師專畢業後去鄉間實習，聽聞當地有掌牧民先生，常指導鄉人讀書。財貴好奇，也跟著去看看。掌先生一問才知，除教科書外他並沒讀過任何古籍，於是才教他讀經之法。如今財貴在大陸推動兒童讀經，成果斐然，皆掌先生之賜也。

我最近在花蓮，地方人士也常與我談到當年老儒駱香林成立說頑精舍、奇萊吟社，編《洄瀾同人集》的事。花蓮青年受其裁成鼓舞者甚多。近年風氣澆薄，一說起五六十年代，好似白色恐怖之外，這些激揚文運、少長咸集的事都不值一提了。我對此，是深不以為然的。

四、出入三教，以實濟虛

當然，論斷老蔣在台功過，非我小文所能為。但相對於大陸之文化大革命、破四舊，老蔣主推的中華文化復興運動，無論如何，都是裨益千秋的大事，我自己亦深獲其益。

首先是潘重規、周何先生等所編語文課本，加上以四書為主的「中國文化基本教材」，對於國人之文化教養，植基甚厚。大陸至今引進、仿擬不斷，便足以見其價值。

我父立逑公，江西吉安（古名廬陵）人。鄉邦素以「文章節義」自許，崇拜歐陽修、文天祥。明正德年間，廬陵知縣王陽明又在當地青原山講學，嘉靖年間且在六祖惠能弟子行思的道場（淨居寺）旁創青原會館，並於附近安福、泰和、永豐、吉水、新建、南城等地廣設書院。一時人才稱勝，故黃宗羲說：「姚江之學，惟江右為得其傳。」

我生長雖在台灣，但廬陵父老很早就教會我歐陽文章、文山節義、陽明心學了。入學後，對於國語文課程植本立基之教自然也就少習若天成。

學校對我很滿意，要不就勸我跳級，不必浪費時間；要不就鼓勵我自學，免得在校淘氣；要不則留著我，派去各種國語文競賽（作文、閱讀、朗誦、演講、書法）得獎。我則樂於以此為保護傘，可以雖在校而嬉遊浪蕩為俠客行。老師輩憫其憨直，看了也只是笑笑。

其實那時已漸入魔道，不只是行為上練武、鬥狠、打架、爭地盤，更是從台灣武術秘笈漸漸搜羅到了香港《當代武壇》之類；從神打，進而講求神術神方如《秘術一千種》、《萬法歸宗》之類江湖術士的奇門道法，續命、起魂、入陰、養鬼、圓光、降神、修禪等等，差點還要去台北南懷瑾的十方叢林。

我家世傳之學，本來瞧不起這類江湖道術。伯父乾升公出身國立中正大學，可算新派知識份子。離開大陸時，與六十三代天師張恩溥大真人在韶關相遇，一時莫逆，竟爾結拜入台。天師後來主持政府冊封之嗣漢天師府，伯父翊贊甚力，而道法本諸易學易圖，從不講怪力亂神。即使後來以風水揚名，所用亦不過江西楊救貧、賴布衣之法。堂兄龔群後來輔佐天師多年，以符法精湛見稱，但大抵也是如此。

所以這時隱然覺得不妙，武人李小龍又猝死了，我則考上了大學，改弦更張，正當其時。乃下定決心由正道上去探微掘隱，闡發儒、道、佛的奧秘。

除了努力聽講，還要氾濫群書，充分利用淡江大學舊藏。其次是擔心遊騎散漫無歸，每年都要自訂功課，寫成稿本。大一是註解《莊子》，大二寫《謝宣城詩研究》，大三是《古學微論》，總說儒、道、名、法、墨、與陰陽，大四又寫了《近代詩家與詩派》。一年義理考據、一年詞章，交替而行。

五十年來，總是如此，縱橫求索，文學史、思想史、文化史、藝術史、社會史，什麼論題都要研究。每年不少於七十萬字，不徐不急，盈科而後進。

思想當然逐年遞有進境，範圍也愈來愈為廣袤，精勤博大，學界少有其比。古人常惋惜才子多半沒學問，因為揮灑其才即足以驚世了。享此才名，就懶得在書卷裡打熬氣力。這是才子的虛名和危險，所以我要下滿堅實工夫，不敢懈怠。

五、遊者不拘墟、百家不通竅

「我用我自己的流浪，換一個在你心裡放馬的地方，像那遊牧的人們一樣，把寂寞憂傷都奔到天上。」

讀書人何嘗不如此？他們雖只在書齋裡坐破蒲團，四體不勤、五穀不分；可總是自以為在書中流浪，尋找適合墾牧的地方。而學者思想流浪之處，也希望能成讀者心裡放馬馳騁的草原。

可是，流浪的歌者並不曉得學者所謂浪跡、放馬只是飾詞。守著地盤的專家哪需博學？田連阡陌，就耕不過來了，更何須草原連天？糊口學林，亦不能如孔子「博學而無所成名」，或如老子之為博大真人，只須簡單扼要、旗幟鮮明，便於品牌行銷即可。

此等專家，莊子就不滿了：「天下大亂，賢聖不明，道德不一。天下多得一察焉以自好。譬如耳目鼻口，皆有所明，不能相通。猶百家眾技也，皆有所長，時有所用。雖然，不該不遍，一曲之士也。判天地之美，析萬物之理，察古人之全。寡能備於天地之美，稱神明之容。是故內聖外王之道，暗而不明，鬱而不發，天下之人各為其所欲焉以自為方。」

我當年既註莊子，自然就不肯再做一曲之士，想要博通載籍，「判天地之美，析萬物之理，察古人之全」。內聖外王，能到不能到，不曉得，但立志當然如此。

我如此博、大、高、遠，迥異於一般學人，源頭雖皆本於孔子；入機，也就是方法和方法論卻無疑來自莊子。我自稱能「以逍遙遊為養生主」，當然也是從莊子那兒學來。

無論莊子孔子，所說道術當然沒能包括後世佛教道教，但論析判查他們的方法，我覺得可與研究古代道術一以貫之，也要通、博、美、備，不受某宗某派某時代之限。像道教，我傳承的是正一，但全真、金丹南北東西中也都講，辦「中華道教學院」時，於符籙、練養、文獻、科儀等更沒少傳授。佛教，我生長台中市，最盛的是李炳南居士的蓮社，但我沒參加，研究佛教仍從般若學六家七宗開始，空有雙輪，加上唯識和禪宗，原原本本。

後來我把這些三教論衡的文章稱為新論、新思、新解。是因為「三教講論」形成制度，是在唐高祖時期。每年祭孔後，邀請儒學祭酒、道教大法師、佛教大和尚一齊商兌義理。可是此等論辯，成果有限，甚至增添了誤解和火氣，原因在於沒一個人真能同時懂三教，所以爭來辯去，不免出主入奴、雞同鴨講，唯我乃期一洗舊觀，再開新局。

換言之，傳統整齊貫通了，自然就能脈絡井井，洞明諸家聚訟之癥結，並打開新思想的空間。

六、遊居四野，以義合天

想這樣，不只須要博極群書，也得遊半天下（這次特輯中《時光倒影》、《龍行於野》、《遊必有方》即是我一部分遊記）。

因爲學與遊不是一般人說「讀萬卷書，行萬里路」的分列關係。《論語》第一句話「學而時習之」就強調學本身就該時時練習熟習。朱子解習字為「鳥數飛也」。可見學本來就有實踐性，人不斷學，猶如鳥不斷飛。《莊子．逍遙遊》開頭大鵬小鳥那一大段，即是從《論語》這兒化出。

遊即是學，學在遊中，故孔子「從心所欲，不踰矩」，就是消遙遊，學與遊是二而一的。學，依文獻、耳目見聞和思慮省查；遊就加上了貼地的人類學、鄉土志工夫，以及遊屐中偶得的機緣。

機緣屬於天，不可能以計劃、調查得之，而要靠我的性氣、人緣，「以人合天」庶幾得之。

所謂性氣、人緣等說不清楚的條件，古人常統稱為俠氣。俠，很難從階級屬性、行為類型或是非善惡去辨認，但其共同點是「俠」，其人皆有俠氣，能聚眾。聚眾當然也可憑權、錢、勢，但涉及俠和遊，卻還有個「義」的性質需要考量。

義是什麼？我有次說自己寫書，有點俠義心腸。古詩《獨漉篇》云：「雄劍掛壁，時時龍鳴。不斷犀象，繡澀苔生。」在我看，中國文化現今就彷彿這柄原是神兵利器，可以斬犀斷象的寶劍，無端遭了冷落，瑟縮在牆角裡生苔長蘚。美人落難、明珠蒙塵，皆是世上大不堪之事，我遂深懷出而搭救之心。

這不就是義嗎？見義勇為；義不帝秦；義憤填膺；路見不平、拔刀相助……說的都是這個。

而這種義，有美國羅爾斯《正義論》或我國一般政治社會學者如陳喬見《義的譜系：中國古代的正義與公共傳統》之類所不能含括者，即是俠的精神。

俠有不軌於正義者，但正義不彰，俠者恥之，俠又是人間正義的持守者。凡事有可為、當為、不能不為，則俠客出焉，不出不足以為俠。學者的毛病，是書卷氣太重而人氣多半不足，所以要張天義、行俠道以振作之。這次特輯中《吟遊：遊的精神文化史論》、《大俠：俠的精神文化史論》、《武藝：俠的武術功法叢談》，即是例證。

七、集思，也集喜怒哀樂

我如此學、如此思、如此俠遊不已，當然成書數百種、交友無量數。此中是要有真正實踐工夫的，如人飲水。書要寫、酒要喝，一字一思，千折百轉，不是昏沉懵懂即可花開見佛。一人一緣，覿面相親，不是僅有「人類」、「人民」、「同胞」、「民主」等大詞就能歃血心傾。

歷年同學、同事，與我一同闖蕩社會，辦報、辦學、辦雜誌、辦活動之同懷友生，乃因此幾乎人人皆有可憶之處。

其中最特別的，當然是與這套書直接相關的陳曉林、吳安安、黃滈權、龔明湘、古凌、林鍾朝銓、張正諸位。曉林與我，文字骨肉，俠情尤為我所敬重。擅張鐵網之珊瑚，收輯神州欲散之文心；心光無量，又能傳將盡未盡之燈。黑白有集，宗風不替。他和安安、滈權等時日相聚，輒常邀我，或竟與我同其沉瀣。如我遠去新疆特克斯辦周易大會武林大會，他們也鷹揚草原，隨至雪山；明湘號召於台灣東北角觀海嘗鮮，我等亦簇湧而聚……，實踐並體驗著我這特輯中《食趣：飲饌叢談》的趣味。此時，定光佛亦跳牆過來矣！

孔子說詩可以興、可以觀、可以群，可以怨。友道裹人，未嘗不能如詩。故我的學、思、俠、遊，朋友們也最能欣賞。現在大家一起玩玩，把它印出來，也為時代添些光彩罷！

壬寅虎兒年，龔鵬程寫於泰山、倫敦、花蓮旅次

弁言

俠客行

龔鵬程

我的籍貫上寫的是「江西省，吉安縣」，即古「廬陵」。自古號為文章節義之鄉，是宋朝文天祥、歐陽修出生處，也是禪宗祖師青原行思的法脈發祥之地。

但文風傳承，到了我父祖輩，顯然已雜有許多武獷豪俠之氣。因為鄉居樸鄙，為了爭資源、鬥閒氣，村子間經常械鬥，教打習武之風甚盛。而村子裡頭，雖皆同為一公之子孫，卻也免不了會有些衝突與競爭，所以角力鬥狠，也頗為常見。這些事，我當然不曉得，都是小時候聽父親講古時聽來的。

父親後來在所寫《花甲憶舊集》裡記載了不少他曾向我們講述的片段。據他說，他當時在吉安縣寶善鄉七姑嶺集福市擔任保長時，曾經會過一些江湖道上的人：

不論江湖、教師及各方賭友，來到七姑嶺一定會來看我。無論何方朋友來找我，先在茶館喝茶，茶賬早有人先付了。他們出了事，我會出面擺平，絕無問題。他們也少不了一個我這樣的人。我絕不會到公賭場去拿一毛分。不要非分之錢，鬼也會怕。現在想來也真是的，吃自己的飯，管別人的事。但在那時候，我這個性，就無法忍住。

這時來了一位李老師傅，名叫李子玉，真有兩手，他的點穴與打脾功夫到了家。他下手，可以準時死亡。如果一百天，絕過不了一百零一天，這是一點不假。父子二人，兒子叫李金生，比我年輕四歲，是父傳子的功夫。李師應原在景德鎮鄱陽一帶把水口，又是青幫老頭。後來因戰爭回到吉安，由一位石工從安福縣帶到他家，就在他們楊家教這玩意。與教學別的功夫不一樣，大概以一週為出師，專授點穴。

有一天，我們幾人到值夏市去玩，順便到楊家去拜訪這位李師傅。說來話長，那時延喜在學，我們家共有七人。正好那天延喜他們要出師，我問他們功夫如何，他們也說不上，因為李師傅名氣很大，他們也不敢多問。只有延喜他受不了，嘴巴忍不住，向金生說，他沒有學到，要向金生討教兩手。我們坐在一旁，希望看看他的招式。金生答應他，要延喜先上。

延喜從小有點根底，也拜過不少名師。延喜一出手，金生雙手架開，上前一馬，右手輕輕一招，延喜跌到近丈遠，起也起不來，嚇得其他人大為吃驚。金生對大家說明，是打的中央大脾，要用什麼手法去推治。

那時延喜十分痛苦，滿口白水吐出來，我們在一旁看到很著急，只是靜觀其變，看他怎樣動手。那時我對他父子毫無認識。他把延喜反揹起來，人往下一駝，再把延喜放在凳子上，用推拿功夫，五分鐘恢復正常。他後來對我說明了打中央脾的道理。這又叫「五里還陽」。

他的意思和道理是這樣的：出手輕重，三十分鐘後會慢慢回醒過來。那個時代沒有鐘錶，以走五里路為準，完全以防身、自衛，不傷道德。

我記得李師傅對我解釋，這「五里還陽」的道理很有意義。老式的中國，交通不便，做小本生意，單行獨跑。有時跑幾十里或百餘里之地方，沒有人煙。這些地方，也是盜匪出沒之所。當然做大買賣的商人是不會從此經過，所生存的也只有些小盜。到時萬一遇上了，就正好用打「五里還陽」的手法對付他。等我們跑了五里路遠時，他回醒了，想追上來也追不上了。這就是所謂道德。

我後來還是拜了他為師。這實在不是出於我的本意，這完全是因李老無論如何要收我為徒。這是他的利益，好在這一地帶開碼頭，這是後來的事。

正好延喜恢復正常後，有一位隔壁村的人，名叫毛大標，是個種田人，粗裡粗氣。那時，他在值夏一位蕭仁和的教頭處學符法功夫，又叫寄打功夫，是用刀斬不入之神打。他們表演時確實如此，其中密道就不得而知。

此人奉他師傅命令來到楊家，找李師傅，一進祠堂門就叫：「李師傅，不准在這裡教拳。」李問他卻是為何。

他說：「你是騙人的，根本沒有這門功夫。」

李當然無法容忍，答應他說：「你就來考驗一下如何？」

他也就走過來，叫李下手。

那時，李叫他一聲：「老弟，這不是開玩笑，是要命的。我年齡那麼大，出外面混了一輩子，出外靠朋友，你是不是受人指使來的？」

毛大標那裡懂得這些，逼著李下手，我在一旁又不便插嘴。

我看李師傅只用二指在他脖子上一點，他的頭往右一側，他一句話也沒說，轉身就走了。我看他好像很難過的樣子。

幾天後，李派人去問過他，但他不很認輸。從此毛大標好像感冒一樣，一天天病情加重。到了一月以後，值夏市也無法去了。後來李師傅叫他徒弟來找我，問我毛家有沒有親朋。

他對我說，毛大標只有七十天的壽命，要我轉告他家，如果「毛」來請罪賠禮，他會給他藥吃，把他治好。我也請過族兄立益去告訴他，但大標就是死也不服這口氣，不願向他低頭。世界上就有這樣的人。結果，從他到楊家算起，正好七十天，真是難以相信，但是有事實證明。從此我對他這一手感到驚人，可惜大標成了冤死鬼。

從此李也聲名大振。後來，他們在別處教技，來到值市一帶，也必定會來找我。此後我們接近的時間也比較多。他兒子金生對我都是哥前哥後，我們十分親近，我總是勸他父子，千萬不可亂授徒弟，以免造成許多不幸。

他金生倒很聽我的話，他每次到了七姑嶺住在我店裡，而且我們同睡暢聊，我也從不問他的功夫，他有時拖我起床，要教授我幾下真功夫，我也拒絕。我不願意學他的功夫是有原因的，因為我年輕時脾氣不好，容易衝動，萬一一時失手，損德。我不傷人，人不害我。

我現在後悔的是，沒有學到他的藥方。本來他徒弟根力，把他這本傳家藥書偷到了。根力不識字，就拿給我，要我幫助他抄下來，我卻沒有理他，真是太可惜了。後來李家父子要捉他處死，就為的這本藥寶。如果捉到了，定會以他們幫規欺師滅祖論罪處死，誰也保不了。

有一次，金生來集福市看我，正碰上根力在我店中，好在他眼快，一看到金生，轉腳往後門就跑，金生也眼快，也就往後門進去。根力在七姑嶺太久了，轉幾個彎，不見人影。金生轉回來，好生氣的樣子，我勸他：「算了吧！又何必一定要捉他，他又不是什麼了不起的人物。」

他才坐下來告訴我，他說：「他不跟我父親也沒有關係，但他偷走了我們的藥典，對我們來說，這有多麼重要。如果這藥書落到敵對手中，那還得了。這事要你幫忙，要他把藥書放在你這裡，我念他跟了我們幾年，沒有功勞也有苦勞，我會放過他。但要他處處小心，不要給我父親碰上。如果被我父親捉到了，絕不會放過他。」

卻原來為這藥書要捉他，我那裡會知道？後來我才說根力他不對，我要他把藥書一定要還他們。後來根力在七姑嶺也傳了幾個徒弟，整天跟我跑跑腿。

回想這些也很好玩。有一天，我考驗他，我問他，你拿什麼東西去教人家，小心出洋相。他也常常在我面前握握手，試看我的底子。那一天，我心血來潮，跟他較量幾下，真沒有想到，我一出手，他就跌倒了。他站起來問我是不是金生教我的，我才相信李家父子沒有傳他的功夫。

後來，不久祖亮農場發生一件偷魚的事。這場風波鬧開了，他農場有好幾位工人，是龔家人。一名叫立原的人，他半夜起來上廁所，聽到前面有網魚聲音，他跑去一看，是他們段家人，四、五人正在掛網，魚又不少。立原說：「你們偷魚。」段家人說：「魚是泰和某村抓來的，絕不是你們農場的。」立原當然不相信，就跑過去要把他們的魚網拿過來，有話明天再說。對方不肯，雙方拉拉扯扯。

就在這時候，對方下了立原的毒手，名叫「五百錢」。這門功夫雖是普通，但要真正準點到家，實在還不容易。那時候正在抗戰中期，難民又多，所以五花八門的東西特別多。道理是找錢吃飯，有些當然也是騙錢，花招百出，但還算在軌道上跑，不像今天臺灣的社會，亂殺亂來，沒有江湖規矩。

但當時立原毫不知情。對方下手之後，幾人回段家去了。下手人叫段世洪，是他太太教他的，他太太又是從一鳳陽婆處得來的。聽說他太太是鳳陽人，內情不詳。

第二天早晨，立原回家報告祖亮。那時祖亮在中正大學，不在家，由祖亮老婆在家管理。這女人很聰明，通情達理，是南昌人。

明明趕緊來找我，要我幫忙處理，立原把情形告訴了我。我一見立原，雙眼紅得硃砂一樣。我問他：「你是不是眼珠痛？」

他說：「沒有哇。」

我發現他情形不對，再拿他的手一看，我才問他：「是不是對方打了你？」他說沒有。

我一時明白了，一定是你們拉拉扯扯之時，對方下了你的手。因為他功夫沒有到家，並不十分高明，所以一看便知。我告訴他趕回農場去。我即帶了一夥年輕人到段家去，找他們的保長交涉。

後來他們村莊上也來了好幾位仕紳，我就把情形說給他們聽，不料他們不很接受，反而說，又是我大村莊欺侮他們。我一時向他們說不清楚，我告訴他們：「人命關天，我也暫時不跟你們理論，最好你們派幾個人去農場，一看便知。我要去吉安請醫師來，一切問題等我回來再來解決。」我就叫帶去的青年人，叫他們現在去段家附近，見耕牛就牽，目前不管那麼多。

我轉身就回去把情形告訴明剛。我說立原傷勢十分嚴重。我現在要去吉安請李師傳來，我就趕緊包了一條船下吉安去了。

我到吉安直往「荊泰壽」糕餅店去。因該店老板也是李師傅的徒弟。說到「荊泰壽」，是吉安唯一有名的糕餅店。只要是吉安所管的地點，是無人不知，無人不曉。

我到「荊泰壽」，一問，正好他老師傅出來了，我即前去把事情告訴他，他也就即刻答應同我回去。

閒話少說。我去租了二匹馬趕回家來。我也沒有在家停留，即刻往農場去。我們到了農場，段家有不少人在那裡等候。他們看到立原情況，也十分著急。

他們段家這個下手的人段世洪，跑得不知去向，我也無閒跟他們說什麼。帶李師傅到樓上去看立原傷勢。那時，我叫那段保長上樓來證明，人命關天，並不是我們以大吃小。他才道歉說，實在想不到，他世洪會出這毒手，真是畜牲。我說，現在我們不必說這些，說也無用，只要立原不死，一切問題都好解決。

那時李師傅拿出一顆藥丸，只有花生米大，用一半，再用冷開水送下。他叫我吩咐點一支香，大概香燒到二寸時，立原說要上廁所，幾個人扶他上廁所。這一瀉，瀉下了有一臉盆多的黑血，真是嚇死人。再過幾分鐘，再上廁所去了一次，立原即恢復正常，以後吃了二帖水藥，真是藥到病除。高明。

病人好了，就好解決，一切藥費由段家負責。不過我幫了李師傅很大的忙，當時他告訴我，他的藥丸要賣五百元法幣一粒，結果我要段家給一千元一粒，又謝了他二千元，所以李師傅對我這個朋友十分親切。

這一糾紛就這樣結束了。等段家付完錢，我也把耕牛歸還他們，所以他父子並不拿我當徒弟看待，完全以知己、好友相待。後來別人不相信我沒有學到他的功夫，我再三聲明，別人也不相信。就這樣，後來一般江湖朋友來到集福市，一定來拜訪我。

這時，有一位劉師傅，是一個大力士，手上的真功夫，那還了得。我記得在羅家墟之時，劉某在泰和一帶教打。有一天在我們茶館喝茶，當場表演一手，滿桌茶點，少說也有幾十斤，他一隻手拿一隻腳，離地尺多再放到原地，滿桌茶水一點不盪桌上。

後來他到七姑嶺來找我，求我化解他與李師傅一件誤會。他把詳情告訴我，我當時給他一個滿口答應，此事包在我的身上。後來我給他們雙方化解了一場誤會，如果不是我，李家父子就不會那麼容易放過他。那位大力士劉師傅也害怕他。他們是跑江湖，靠朋友混飯吃，遇上我這樣的一位朋友，對他們雙方來說都是有利的。對我來說嘛，朋友不怕多，冤家只怕一個，人總會遇到困難之時，那曉得什麼時候要人呢？

那年正月十五日，是我們家元宵節，十分熱鬧。沒想到這一天大不吉利。我大嫂患女人病，十分嚴重，下部流血不止。像她十八、九歲守寡，又沒有生過孩子，竟會發生這種嚴重的病。所以一時大家手足無措，心無主張。

真是人有旦夕禍福，鄉下地方又無良醫。這一夥女人只知道去拜神求佛，我看情形不對，毫不考慮，包一小船下吉安去求醫。

我到吉安，直往我姐姐店裡去，一進門，我就對我姐夫說：大嫂病情十分危險，我來請醫生。我把病情詳細說了一遍，他趕緊出門去，要我在店中等他。

他店中正好有一位朱姓國術師。我在年底時跟他喝過一次酒，算是一面之交的酒友。我這人對江湖道上的人有好感，我喜歡他們的義氣。他聽我說，我姐夫要出去請醫生，他一把拉住我姐夫，問他：「那裡去請？請誰？我就是！別人的事，我可以不管，舅舅的事，我不能不管。」就這樣，我們租了三匹馬，急忙趕回來。

回到家，天已黑了。我在路上半信半疑，此人會不會醫病？又是個半醉的人，也只好盡人事而聽天命。

我未到家門，遠遠聽見哭聲，我想，恐怕沒有了希望。我一人先衝進房去，果然大嫂不能言語了，像死人一樣，我不知如何是好。那朱師傅也跟在我後面。他用手一摸，笑說：「快弄酒來吃。」捉了一隻公雞，他把公雞頭放在房門檻上用刀一斬，血流在地上，畫了一張符，貼在房門上，在祖宗前點香拜拜，他就說：「我們喝酒。」

真是個酒鬼。我沒有辦法，只好聽他的，陪他吃幾杯，他只是連說好酒好酒，我實在忍不住，說：「朱師傅，請你先去看好不好？」他才把酒杯放下，進房去動手。

這些女人只知哭哭啼啼，硬說沒有用了。老朱叫我伯母拿一條長毛巾給他，他用雙手在病人胸部慢慢往下掃，我嫂嫂的眼珠也就慢慢打開來了，前後不到三分鐘。他把長毛巾在肚部緊緊一綁，就這麼幾下，人全部清醒過來，說話像好人一樣。即開了一藥單，吃了兩帖水藥，就這樣完全好了。這不是神醫嗎？

這下，把我大嫂的病醫好了，他的醫運也來了。所以說，一個人做人做事，處處都是學問。人曉得什麼時候要人？我只跟他喝了一次酒，人家對我有這樣深刻的認識。我也萬萬沒有想到，在這無形中遇上一位救命的朋友。後來我對他的報答，也是他一生中未曾料到的。所以說，幫別人的忙，就是幫自己的忙。

後來我幫他賺的錢，難以計算。他是個迷迷糊糊的酒鬼，衣衫破爛不堪。兩年後，在吉安買了店，開了一家木器店，黃金首飾用不盡。衣住食行，行有一匹駿馬。

當然，一是他的醫道；二是他的運氣，自從醫好我大嫂開始，一傳十，十傳百，遠近數十里前來求請者不知多少。後來，我家也成了他的家，每天有人來請他吃飯，有他一定有我，我不去，他也就不會去。當然我又不能不去，我真不去，人家一定生我的氣。

鄉下人比較重情，一個人運氣來了，擋也擋不住。這個病人只要他去了，病一定會好，沒有出過一點差錯。說來真是神奇萬分。死人他也可救活。

有一天，我們二人在七姑嶺新善村茶社喝茶，我村來了一位婦人，哭哭啼啼來找朱師傅，說她丈夫前後不到幾分鐘死了。她實在不甘願，要我請朱先生去看一看。

站在我旁邊一位我村婦人叫九姑的，她用手拉我的衣服，輕輕說：「人都死了，她哥哥去值夏買棺木去了。」要我們不必去，如果去了，怕會損害朱師傅的名譽，但我又怎麼好說呢？

老朱聽她說完之後，起身拉我說：「我們去看看。」我只好跟他走，叫這位婦人先趕回去，說我們馬上就來，並叫她準備一斤多燒酒。我以為他酒蟲又來了。

我二人一路回去，我看他在路旁採了一大把草，我也沒注意是什麼草。趕到病家，我一看，人真的死了，但我沒有做聲。老朱上前用手一摸，就在身上拿出來一大包銀針。他拿了一支有三、四寸長的針，在病人身上各穴道下手，少也有五十針以上，前面打了，又翻身後面。針打完後，用面盆把燒酒倒下去，再點火燒燒酒。再又把這些草放進去，再拿出來，在病人身上亂擦一通，前面擦了往後面又擦。

手續做完之後，老朱叫他老婆點一支香，告訴她：「香燒了一半，他有動靜再來叫我，我在保長家喝茶。」說完，我們走了。

我們回到家，坐了不久，他老婆跑來叫朱師傅，說他會說話，請他趕快去。老朱叫她趕快回去，怕他跌下來就麻煩了，我們馬上就來。

幾分鐘後，我二人再去他家，一進門，見他坐在門板上向我們點頭，老朱翻他眼珠看了一下，就開了一張藥單，告訴他吃兩帖就可以，我們就回來了。

就這幾下，死人還陽。這位神醫自然名揚鄉里。說實在話，確實救了不少病人。他的幾手我內心很欽佩。後來他的發展傳到泰和境內。

人嘛，福到心靈，一點也沒錯。後來發了財，說話也有條有理，不是從前那樣酒話連篇。

小時候聽父親講說的族中軼事，當然還不止於此。我們小孩子對這些奇情俠舉，是深深著迷的。父親也曾為了逗我玩，教了我一套「打四門」的基本工夫。可是點穴打脾的本領，父親也終究沒能學會，卻令我神往不已。

待我開始上學後，父親就開始後悔他以前跟我講太多江湖武打的事了，因為我啥事也不做，整天迷戀著武俠小說及連環圖畫，在那裡頭覓仙蹤、養俠氣。父親每天都要趁著麵攤子上生意稍稍得空時，出來捉我回去。

我經常在租書攤子裡看得正入神，忽一耳光打來，或腦門上拍搭一巴掌，然後被揪著耳朵，提拎回家。回去後，母親就痛打我一頓。她那時身強體健，打起孩子來頗見精神。通常總要打斷一兩塊竹條或木板，並罰我跪。有時跪地、有時跪焦炭，還要端個板凳或一臉盆水。待打罵完畢，讓我去做功課，他們去忙生意時，我就一溜煙又鑽出去找武俠小說和連環圖畫看了。

這就像演戲一樣，幾乎日日如此。左鄰右舍漸漸見怪不怪，任我哀號慘哭，也懶得再來管我了。而我則因沉溺太甚，功課亦日益荒疏，考初中時，便差點考不上學校，勉強矇上當時剛設立的臺中市立第七中學。

然積習並未因受到了教訓有所改變，我仍舊愛看武俠作品，且在行為上，越來越傾向模仿那種生活樣態了。

每天清晨我絕早便去學校，因學校尚在開闢建設階段，遍地都是土石磚竹木板，我很容易地就在校園中找到一處僻靜之所，搭了個寨子，浮為水泊，號召了一群徒友，組織成一個小幫派，每天在學校裡打打鬧鬧，有時則溜到校外野地的河溝及竹林中去撒野。

或許這仍與小孩子們扮家家酒類似，只是好玩而已，代表了我對武俠世界的嚮往，離真正練武行俠之事，尚甚遙遠。直到初二去逛一書展，偷到一冊李英昂先生所編《廿四腿擊法》之後，情況才開始改變。

李先生這本書很薄、很簡要，但對我的啟發極大。不唯教我以技擊之法，實亦教我以技擊之道。因為它專講腿法。為何專門講腿擊呢？它開宗明義便分析道：「手是兩扇門，全憑腳打人」，說腿的氣力較大，攻擊距離也較遠，故克敵致勝，須用腿攻。這跟我們小孩子打架時的經驗和習慣實在太不相同了，令我初讀時極為驚異，彷彿入一新國度。

試看他所介紹的技法，都覺得若不可思議而又似乎頗有道理，試著依書中所述，練習拔筋、劈腿、起腳，既學到了技術，也增益了不少知識。許多姿勢招式，初看時覺得根本不可能做到，是因不懂得如何借力、如何走步、如何用勁、如何平衡重心。彎下腰，手指也只能碰到膝蓋，腰腿又不夠柔軟，怎能做得來書本上的動作？所以這就需要勤練，仔細揣摩做工夫，在不斷體會中修正，而且也須不斷進修，以了解更多趨避進擊之道。

這才從對武俠的浪漫迷戀逐漸轉入實際武技的探索，開始去收集市面上所有能買得著的刀經拳譜、談武論藝之書，回來鑽研。

這時我便發現，武俠小說中所描述的各種武功、人物及事蹟，不完全真實，卻也未盡為虛構，金鐘罩、鐵布衫、硃砂掌、一指禪、三才劍、六合刀，一一皆有其法式與原理，亦各有其傳承、信仰及故事。

這些東西所構成的「武林」，則是在武俠文學之外，另一個神秘、有趣且極其複雜的世界，而各派宗師，各基於其技擊理念與開悟之機緣，創立一套套拳法，其中必有獨到之處。然亦有所謂的「罩門」，那是練不到的所在，亦即其武學觀念及技法構成中的盲點。

每門武術都有這樣的盲點，就像西洋拳的拳擊手從來不懂得腳也是武器；在跆拳道裡，則手也只彷彿是漂亮的擺飾。習慣腰馬沉穩的拳路者，對騰挪跳躍者即殊不以為然；大開大闔、長橋大馬的家數，也瞧不起小巧工夫。反之亦然。思考其間之是非，比較其技擊之術法與觀念，洞察其特識與盲點，實在令人感到興味盎然，何況，諸派之掌故歷史、恩怨情仇，讀來也確乎有趣。

當時有同學張哲文、房國彥與我一道切磋。每天，我們在學校工地或校外河川沙洲上打磚頭、劈石子、浸藥酒來泡洗雙手，用細砂子來插練。練到鐵砂掌略有成效，劈空掌則未能成功。

拳套方面，我由彈腿練起，以北派長拳為主，兼習螳螂、劈掛等象形拳種。其實，只要找得著拳譜，我大概都會練一練，故各派拳法幾乎均有涉獵，雖未必能精，基本的道理尚稱熟悉。

我有一種偏見，認為凡拳術能傳得下來，必有書本子可以依循，所以訪書重於求師，只須找著拳譜，即不難據譜修練。這當然是受了武俠小說的騙，然而事實上，僅憑口耳相傳，恐怕也確實不免於訛誤失傳，因此流傳拳種，大約都有圖籍可以參考是不錯的。

但據書修習，有兩個困難，一是本身對拳理須有相當之理解，否則難以體會。因拳術玄奧，時有非文字所能盡意之處，欲因言求意、得魚忘荃，須恃讀者之善悟。其次則是中國的拳書，類似中國的藝術，如琴譜字帖，看起來只有一個個音或一個個字。這一音到那一音，這個字到下個字，乃至這一筆到下一畫之間，速度與力量各如何，並無記載。這並非忘了記，而是不必記也不能記，快慢徐疾及其間用力輕重，全憑使筆捻弦者自己去體會，並且由自己表現出來。故此均非客觀性的譜，乃是要讀者使用者「主體涉入」去參與之的知識。

我當時年歲幼小，見聞淺隘，所能體會者自甚有限，全靠苦參硬練，盈科而後進。除了南北拳路之外，器械以刀為主。也製作過一些奇門兵器，例如鐵骨鋸齒扇之類。身上插十幾柄飛刀，每天用一塊舊砧板，掛起來射鏢練刀，又綁了些鉛條，綑在腿上練輕功。但因乏人指導，不懂得鉛塊須先浸豬血，據說因此傷了血。為了練輕功，去跳土坑，不慎撞到腳脛骨，摔倒在坑中，也幾乎昏厥。練內家拳尤其感到困難，因其行氣用勁之法，無深諳其道者指點，有時亦甚難憑空懸揣。

我的補救之道有二，一是朋友講習，所謂「學而時習之，不亦樂乎；有朋自遠方來，不亦悅乎」，我日日與張哲文、房國彥等對打搏擊，在學校或南門橋下鬮沙洲練打，餵招比式，拳拳到肉，由此獲得了不少領會。故工夫係由實戰得來，不是表演式的，只懂得依拳架子打套路而已。

朋友間練得熟了，招數便覺得陳腐，這時就須輔之以遊學。當時臺中市各公園、學校、農場，早晨或黃昏都會有教拳的人。也有些人並不授徒，僅是愛其清曠，故晨夕皆來練功。我們常騎了單車去，站在一旁觀摩研究，待人群漸散，便上前「請教」。這當然是很冒險的，許多人會認為這是來踢場子，因此說不得，也只好比劃一下。

與友講習，可增功力；隨處遊學，可增閱歷，卻也因此身上總是青一塊紫一塊，傷了筋動了骨，就自己找醫書調藥去治。治不了，才去國術館推拿、接骨、貼膏藥。三折肱而知醫，對於人體經絡穴位及基本用藥知識遂尚能掌握，參據醫書及古驗方，胡亂配了一些藥酒來給同學們用，實驗亦尚無大謬，因此膽氣漸高，自己也試著創造幾套拳路，教人家練練。

如此熱衷武術，自然令我的課業頗有荒廢，高中聯考竟考到豐原去了。

在豐原高中時，依然故我，繼續練拳。我個頭瘦小，可是誰也不來惹我，除了忌憚我的拳腳之外，我從武俠小說及武術傳統中學來了一些俠義道中人處事之道，獲益甚大。我不依附於幫派，也不真正建立一個幫。但這些幫派分子把我當成同道，不甚防嫌排斥；我也非獨自一人，我有我的勢力。在學校有孫武曾、徐盟淵等練武之講友，另有一群人隨我練習。每週六下午，常約人來比試「講手」，輸贏均不結怨、不報復。校際或社會上的打架尋仇，我常預聞其議，卻不介入、不參加。

學校對於我這樣的不良少年，似乎還覺得可以忍受，所以也從來不干涉，反倒是我們平時都在學校行政大樓邊的草地上對打，每日午餐吃完便當後，也都到教師宿舍旁的廢園子去練太極推手，顯得有些招搖。幸而師長們毫不以為意，學校一位教官，還頗喜歡我們這個調調，謂孺子可教，傳授了我一趟拳。

大約到高二、高三時期，李小龍影片大為風行，我甚迷其風采，尤其是他的後旋踢以及從詠春拳變化出來的短打寸勁，讓我模擬練習了很久，因而也對香港武壇大感興趣，竟攢錢訂閱了香港編印的《當代武壇》，以略知國際武術界概況。

因此，當時我所收集的專業圖書與雜誌，全是武術類的。我搜羅資料、尋訪圖書、比勘研讀、親身練習體驗，而漸能融會貫通的治學工夫，全由這上面來，影響了我一輩子讀書做學問的方法。後來在學界，看到新學說、遭逢學術論辯時，腦子裡也不自主地就會浮現武打的類擬情境。我手上已經沒有刀了，但刀法融入了我的行事、言談及運思之中。精力漸衰，且興趣別有所在，亦不復能為昔日之搏擊少年俠客行，然俠客之行事作風，也不免淪肌浹髓，成為我的人格特質。

可是，畢竟現在我手上已經沒有刀了，對於武與俠，我曾入乎其內，但後來我又出乎其外了。

出入之機，在於進了大學。若不進大學，我必進入江湖道，做迌迌人，成為獨行殺手或創幫大老，可是僥倖考上大學，卻使我有了重大的轉變。當時我所就讀的淡江大學，正是俠氣縱橫的時代，學長葉洪生，經常一襲長衫，在校園中煮酒論劍，間則推廣京劇，在《淡江周刊》上長篇大論，縱述中國俠義傳統，出版《綺羅堆裡埋神劍》，令我輩後生小子甚欽仰其文采風流。我本使拳任俠者，對於此種風氣，當然頗為欣賞。

可是這時論俠者，大多僅是一種氣氛、一種姿態、一種美感，例如王文進曾論電影「香格里拉」，以雲中君筆名撰文，論此西方桃花源之美感意境，有人反駁，署名摘雲君。文進乃再答以「雲深不知處，摘雲莫迷路」。機鋒甚美，卓有俠之氣味。

我甚欣賞此種氣氛與美感，可是我也曉得俠不僅是美感的，綺羅堆裡埋神劍，英雄美人之意象，固然能勾動我們對俠的嚮往，卻也非俠客生活之實況。因為我是武林中人，所以我知道，那一刀那一拳不是輕盈美麗的詩，而是森冷、殘酷、血腥、悲涼的。

醉裡挑燈看劍的豪情，也很快地就溶入《未央歌》的校園之歌中。校園裡的才子佳人，不復為荊軻豫讓太子丹，而是一群群大余小童藺燕梅。我不擅長如此清談遊俠，也不喜歡這種娘娘腔，所以反而與此俠氣討論逐漸隔膜了。校園中也不易再找到昔年那樣可以同修共練的朋友，對打切磋之樂日益遠颺。這些，使我漸漸改弦易轍起來，折節讀書，無暇復為俠客行矣。

在我讀初中高中時，黃俊雄布袋戲如「雲州大儒俠史艷文」、「六合居士」等正風靡全臺灣，故武俠情境是我這個年齡的人共有的記憶與生命內容。讀大學時亦然。武打片尚未褪其流行，文人團體，如「神州詩社」亦弄得彷彿一練武幫會。中國時報則正舉行武俠小說大展，金庸之小說亦正在解禁中，可是這個時候，我卻再也無涉足其間的興致了。我彷彿赴西天取經返回東土的唐三藏，在通天河畔看見一具浮屍，自上游漂下，靜靜地看著，看著那個從前的自己。從前這麼熱情、這麼專注、這麼投入，為什麼呀？

隔了許多年，我寫〈論俠客崇拜〉，其實就是想解答這個問題。一方面探究中國文化中一種特殊的心理狀態：對俠的嚮往；一方面討論俠義傳統的演變。

俠客崇拜、文字崇拜和祖先崇拜，是中國文化與社會的特色，不能懂得它，就不可能了解中國人和中國社會，而這三者是相互滲透交織的。例如俠武原本與文字崇拜無任何關係，但後來逐漸就出現「儒俠」；文士之才能與氣質，越來越在武俠世界中被強調、被推崇。經典崇拜，亦即秘笈之信仰，亦隨之出現。又如遊俠本為鬥雞走狗或屠狗沽酒之徒，仗劍遠行，亦寡徒侶，只訪求少數知己而已；厥後卻與祖先崇拜相結合，「兄弟」的組合，寖假而出現了宗派族系，日漸血緣化，如清幫與洪門，均是如此。

清幫在杭州武林門外建有家廟，其餘漕運各地所立大小香堂，開壇請祖，則為分廟。凡入香堂為清幫子弟者，稱為孝祖。家廟中並有家譜及家廟碑文等，幫中亦分長房、二房、三房，其組織大體規仿宗族而來。反過來說，文字崇拜的文士集團，亦極喜談俠義，自擬於負劍之徒。

然文士論俠，畢竟多的是崇拜者的頌辭，遊俠的買賣、江湖人的生計、刀劍上頭的凶險，意氣感激中含藏的陰暗面，恐多被美感的輕紗遮掩了。唯有撥開一些東西，才能更清楚地認識俠。

後來我做了些重勘俠義傳統的工作，論文彙編為《大俠》一書，交錦冠出版社出版。持論異於並世論俠諸方家，頗引起些訾議，但其時我已返淡江大學，執教同事林保淳兄亦喜談武俠，搜羅甚廣，曾有意成立武俠博物館或專業圖書室，他倒頗能欣賞我的見解，故後來我曾與他推動俠與中國社會的研討會，又編輯《廿四史俠客資料彙編》，書均由學生書局出版。

對於這兩部書，且讓我略做些說明。

除了《大俠》、《廿四史俠客資料彙編》之外，我對明清俠義小說也有些論述，寫了〈清代的俠義小說〉、〈英雄與美人〉、〈俠骨與柔情〉等文，以文化史的角度，觀察小說與社會、與文人階層、與知識分子精神狀態的關係。

當然，對於當代武俠文學的發展，我也很關心，因此，一方面上溯鴛鴦蝴蝶派與現代武俠的淵源，一方面考察武俠小說現代化的轉型狀況（包括古龍的寫作方法和金庸小說在網路與電子遊戲上的表現），另一方面，還參與陳曉林兄主持評點批注古龍小說集的工作，評了古龍《多情劍客無情劍》《三少爺的劍》。林保淳主編司馬翎全集，我也幫他寫了司馬翎《帝疆爭雄紀》的導論；學棣徐錦成寫《方紅葉之江湖閒話》，我也有序。

這些工作，跟論史不完全相同，頗有推動當代武俠文學的意味。事實上也是如此，故曉林、保淳與我，又邀集了雲中岳、柳殘陽諸武俠小說家，創立了一個武俠文學會，不僅舉辦研討會，亦希望能重新鼓舞社會人士對武俠文學的熱愛。

顯然，這時我又變成了一個武俠的論述者、研究者與推廣者，說劍談龍，再度滿足一下我對武俠的感情，呼喚一些我少年時的記憶。這些記憶，是極為複雜的，因此我的論說恐怕也還會繼續下去，論說能否博得喝采與共鳴，則不重要，因為，俠客的心境，永遠是孤獨的。

吟遊問俠之

大俠

俠的精神文化史論

目錄

目錄

目錄

一 俠客崇拜：複雜的俠客形象

長久以來，對於俠，我們總有一種難言的讚嘆之情。可不是嗎？在歷史陰闇的夜空裡，偶然出現一些特立獨行的任俠仗義之英雄俠客，彷彿在陰冷的寒夜，偶然發現了一兩顆亮麗的流星，帶給人們一霎時莫名的興奮。他們那種堅持信念、不畏強梁的勇氣，義之所在、雖死不辭的壯烈，以及那種白晝悲歌、深宵彈劍的孤寂與放浪，也在在顯示了與眾不同的情操，扣人心弦。

正義的英雄，就這樣走入了人世、走入江湖。千山獨行，衣袂飄飄。他們的姿影，逐漸瀰漫在我們心頭、瀰漫在銀幕和螢光幕、以及無數小說與唱本裡。如靜夜雨後的梔子花香，那是歷史在歲月淘洗過後，所僅存的一點溫馨，令人覺得歷史畢竟還有一些值得眷戀或嚮往之處。

他們力挽狂瀾，千金一諾，蓬勃的生命、淋漓酣暢的元氣、亢直的性格、特異的武功，形成了大家心靈底處一點難以割捨的遐想或悠悠憧憬，俠氣崢嶸，教人神往。如袁中道《李謁陵傳》云：於古之「俠兒劍客，存亡雅誼，生死交情，讀其遺事，為之咋指砍案，投袂而起，泣淚橫流，痛苦滂沱，而若不自禁。」

他們殺身成仁、視死如歸，似儒；他們摩頂放踵、兼愛天下，似墨；而他們除暴安良、濟弱扶傾，甚至劫富濟貧，大快人心，卻又俠縱杳然，如神龍見首不見尾，更有一種儒墨所無的神秘浪漫氣息。這樣的俠氣、俠情、俠骨、俠義、俠行，當然要使人讚嘆莫名了。

然而，究竟活生生存在於歷史中的俠，是不是真如我們所嚮往的那樣，是個正義的浪漫英雄？

例如董卓。劫持皇帝，焚掠洛陽，又姦亂公主、妻略宮人，虐刑濫罰，睚眥必死；以致於他死時，百姓歌舞於道。長安中士女賣其珠玉衣裝，買酒肉相慶者，填滿街市。但是，這樣一個大惡人，卻是不折不扣的俠，《後漢書‧董卓列傳》云：「董卓……性麤猛有謀，少嘗遊羌中，盡與豪帥相結……由是以健俠知名。」

類似這樣的俠太多了，如《北齊書‧畢義雲傳》載：「義雲少麤俠，家在袞州北境，常劫掠行旅，州里患之」，是搶劫行旅的俠；《北夢瑣言》卷四：「浙西周室侍中博陵崔夫人，乃乾符中時相之姐妹也。少為女道士，或云寡而冠帔，自幽獨焉。大貂素以豪俠聞，知崔有容色，乃踰垣而竊之，宗族亦莫知其存歿」，是竊玉偷香、淫擄婦女的俠；《舊唐書‧郭元振傳》說郭元振任通泉尉時，「任俠使氣，前後掠賣所部千餘人，以遺賓客。百姓苦之」，則更是販賣人口、欺壓百姓的惡吏了。……諸如此類的俠跡俠行，豈不正與一般所以為的俠士道德相反嗎？

在一般人的觀念裡，俠是一個急公好義、勇於犧牲、有原則、有正義感，能替天行道，紓解人間不平的人。他們雖然常與官府為難，但總站在民眾這一邊，且又不近女色。因此，我們便很難相信俠只是一些喜歡飛鷹走狗的惡少年，只是一些手頭闊綽、排場驚人的土豪惡霸，只是一些剽劫殺掠的盜匪，只是一些沉溺於性與力，而欺凌善良百姓的市井無賴。

同時，無論我們多麼嚮往讚美俠，在現實生活裡，我們也無法以同樣的浪漫情懷去面對那些講氣魄、有義氣、很四海的「兄弟」、混混和迌迌人。於是，我們一面歌頌俠客精神，講說義俠廖添丁的故事；一面又要求成立檢肅流氓的法規、打擊黑社會勢力，以解除生活上的威脅。

這不顯得很怪異嗎？是不是我們一般對俠的想像，距離歷史真相太遠了？譬如《三國志・魏志・武帝紀》說：「太祖少機警，有權數、而任俠放蕩，不治行業」，注引《曹瞞傳》云：「太祖少好飛鷹走狗，遊蕩無度」，顯然任俠的曹操，只是個飛鷹走狗的無賴惡少。

但是，我們能容忍自己的子弟如此嗎？能在一個面對現實生活中遊蕩無度的青年時，稱讚他有蓬勃的生命力、能反抗不公平法律、不羈於世俗禮法嗎？對歷史上俠客的浪漫想像，是不是在這種地方也顯示了它會造成我們評價時的困難？因為很明顯地，我們是用兩種標準在看待這些遊俠人物的。

本章，就是想打破俠之浪漫想像，暫時關閉幻想和憧憬之門，揭開歷史的布幔，看看俠客的真面貌，並說明俠的神話式嚮往究竟是怎麼形成的。

（一）文學的想像

歷來，有關俠的記載與描述，一向是歷史與想像相雜揉的，因為這裡面一部分是史傳性質的寫實，一部分則是俠義文學類的東西。

文學，固然不乏寫實的成分，其素材也可能取諸現實人生，但它基本上是想像和虛構的，絕不等於實真的狀況。①

例如目前我們所熟知的「武林」，意指武俠活動的區域、武俠所自成秩序的世界。但這個世界，根本就出於文學作品的創造，在白羽《武林爭雄記》之類作品出現以前，一般只習用「江湖」「綠林」等名義，並無武林一辭。②

同理，在還珠樓主之前，亦無「玄門罡氣」「乾坤大挪移」等武功；四川用毒名家「唐門」，古龍也自承不曉得創自何人；在司馬翎慕容美之前，更無人在小說中談及「任督二脈」。這些有關俠的事蹟、活動、武藝等等，泰半出自文學家的創造。是他們發明了「這樣的」俠，而非歷史上真有其人其事，而且就是這樣的人這樣的事。

可是，文學作品的虛構與創造，顯然經常替代了所謂的真實。③它會讓我們相信確實有一個如它所描述的世界或人物，因此讀了《蜀山劍俠傳》一書，便會有不少青年攜負行囊，要上山拜師學道。

一般我們也逕把俠義文學中的俠，視為歷史上真正存在過的俠。這當然是文學的魅力使然，如亞里士多德所言：「詩歌比歷史更真實。」但是，在認同俠義文學中的俠者形象時，卻很少人會再去釐清何者為作者之幻設與想像，何者是為史上確存的事項；我們受到小說戲曲的教育之後，即不自覺地將歷史與文學的想像混淆了。——於是，我們相信：俠確實曾經這樣活過。

而這種混淆，存在著另一個深刻的問題，那就是：一切文學作品，都含有作者所欲投注的意義。

作家選用一個或一種人物，乃是因為這些人物比較適合用來表達他所想陳述的意義。有時，某一類人，特別為作家所愛選用，而此類人物之表現，也恆隨作品之意義而有所不同。這是文學上的公例，例如李白詩中多寫俠士，吳喬即以為這是因為：「太白胸懷有高出六合之氣，詩則寄興為之。飲酒學仙、用兵遊俠，又其詩之寄興也。子由以為賦而譏之，不知詩，何以知太白之為人乎？」（圍爐詩話・卷四），夏敬觀則更進一步說，太史公《遊俠列傳》也是寄興為之，並不是賦。

又如平江不肖生向愷然寫的《江湖奇俠傳》和《近代俠義英雄傳》，前者摭拾民間械鬥、幫派火拼及劍俠法術等傳聞，並無太深刻的意義，所以在這本書裡，俠亦只是一般擅長武藝、好勇鬥狠的人而已；後者則因作者刻意闡揚俠義英雄，思有以強身強國強種，於是，俠就成了「俠之為道，蓋貌異於聖賢而實抱己飢己溺之志者也。用雖不同，而所歸則二」的人物了。④

類似這樣，凡在優良的小說裡，作者一定會賦予俠一個意義，這個意義，可能是如陳忱《水滸後傳》所云：「雖在綠林，卻是心懷忠義，正直無私；皆為官私逼迫，勢不得已」，或者如文康《兒女英雄傳》所說：「俠義中人，都有『一團至性、一副奇才、作事要比聖賢還高一層』。」因為有了這許多意義，所以它不必等於現實層面的俠。

這個道理，正如文學作品中（經常出現的美麗聰慧又有俠情義膽）的妓女，不同於街頭拉客的妓女一樣。我們傾慕董小宛、李香君、甚至讚美「看海的日子」裡的白梅，可是對現實世界中的妓女卻不能激起任何浪漫的企慕，而只會感到可悲、可憫或可鄙。

另外，文字本身的虛構性結構關係，使得文學作品與事實距離遼遠：「若文人之事，固不當止敘事而已。必且心以為經，手以為緯，躊躇變化，務撰而成絕世奇文焉，如司馬遷之書其選也。馬遷之傳伯夷也，其事伯夷也，其志不必伯夷也。其傳遊俠貨殖，其事遊俠貨殖，其志不必遊俠貨殖也。進而至於漢武本紀，事誠漢武之事，志不必漢武之志也。惡乎志？文是已。馬遷之書是馬遷之文也，馬遷書中所敘之事，則馬遷之文之料也……是故馬遷之為文也，吾見其有事之鉅者而隱括焉，又見其有事之細者而張皇焉，或見其有事之缺者而附會焉，又見其有事之全者而軼去焉，無非為文計不為事計也。」（金聖歎《水滸傳》二十八回總批）

可惜的是，文學與真實的糾葛，由來已久，討論俠的人，也從來不曾意識到這一層，他們總是很自然地從文學作品中理解並感受到俠，再將這種理解和感受投射到歷史的詮釋上去。所以，歷史上不符合他們之理解與感受的資料，就都被過濾掉了、被塗改換色了、被不明究理地搞錯了。比如「積惡凶暴，好遊俠」（後漢書・郎顗傳），是歷史上俠客常見的形象，但很少被提起。俠是「盜跖之居民間者」（史記・遊俠傳），而居然被解釋為代表民間利益反抗官府的英雄；唐人〈俠客行〉〈遊俠篇〉等作品，也被視為唐代任俠風氣的寫照。⑤

大家似乎都還不了解，作品之擬意與寄託，乃是用以馳騁作者的想像和抒發心中的意願，不能與歷史事件混為一談。以致逵徑亡羊，令人徒滋浩嘆！

（二）歷史的詮釋

1. 充滿意義判斷的歷史

在文學與歷史的詭譎辯證裡，文學之想像和歷史交揉氤氳，已經是個迷人的話題，俠，剛巧又為這種水乳交融的迷離煙景，作了一番最好的見證。

而歷史本身的理解與詮釋，在脫離它與文學的複雜糾葛處，卻也自成園地。在這片園地裡，我們看待歷史中的俠行俠跡，又常犯什麼樣的錯誤呢？

很少人了解，歷史是經過詮釋才能存在的。⑥而且，不同的歷史詮釋與詮釋者，即會帶來面貌迥異的「歷史」。以司馬遷的《史記》來說，《遊俠列傳》刻劃遊俠，事實上就根本不是「如實」的，其中充滿了作者對俠的詮釋和意義判斷，故其文開頭說：

今遊俠其行雖不軌於正義，然其言必信，其行必果，已諾必誠，不愛其軀，赴士之阨困，既存亡死生矣，而不矜其能，羞伐其德，蓋亦有足多者焉。

中間說：

余悲世俗不察其意，而猥以朱家、郭解等，令與暴豪之徒同類而共笑之也。

結尾說：

自是之後（郭解死後）為俠者極眾，敖而無足數者。……至若北道姚氏、西道諸杜、南道仇景、東趙他羽公子、南陽趙調之徒，此盜跖居民間者耳，曷足道哉！此乃鄉者朱家之羞也！

顯然司馬遷在寫這篇傳記時，採取了一個異乎時人的詮釋觀點。——一般人把朱家郭解等人也視同暴豪之徒，但太史公卻認為無論在朱家郭解同時或後代，為俠者雖然有許多確實只是盜匪、只是魚肉民間的暴豪；但朱家郭解等人在不軌於正義的同時，另外顯示了某一些值得稱道的美德，足以為世勸勵，比一般的遊俠高明些。因此他寫《遊俠列傳》，並不客觀描述記錄當時北道姚氏、西道諸杜等遊俠，而只介紹朱家郭解等人。

這就是說司馬遷對於遊俠，基本上已經有了一種意義判斷，採取了一個批判的觀點，認為俠是不對不好的；然後再在這些不對不好的人物中，選擇朱家郭解等例子，作為價值的表率，而對這些人物的行為，做了某些詮釋（如千里誦義、為死不顧之類）。⑦

換句話說，司馬遷寫的，根本不是什麼客觀的歷史，裡面充滿了意義的選擇、判斷與對歷史的詮釋。而這種詮釋，當然又跟詮釋者司馬遷本人的意義取向、價值觀有密切的關聯。

這種關聯，大概可以包括兩方面，一是司馬遷的「正義」。在他整個意義世界裡，他是以孔子自任的，因此他的意義判斷顯然仍以儒家為依歸，故吳齊賢云：「（遊俠傳）首二句以儒俠相提，而論借客形主」「側重一句，儒是史公應言主意」、「太史公傳遊俠，雖借儒形俠，而首即特書曰學士多稱於世云，則其立言之旨為何如哉！」又說太史公在結尾時說「嗚呼！惜哉！」及是「言名為遊俠所竊，寧有定準乎！所以深惜之，所以深貶之也。」⑧

另一方面，則是司馬遷的存在感受和個人遭際，此即「詮釋情境」之問題。在詮釋時，詮釋者、詮釋情境和詮釋對象，乃是滾在一起的⑨，太史公個人的遭遇和他對時代、對存在的感受，逼使他去關切遊俠，並且採取這樣一種詮釋立場。

古人評《史記》時，常很敏銳地抓住這個問題，指出他是有所激而云然。如歸有光云：「昔太史公自以身不得志，於古豪人、俠士周人之急、解人之難，未嘗不發憤慨慕而極言之。」（文集二，夏懷竹字說序）、董份云：「史遷遭李陵之難，交遊莫救，身坐法困，故感遊俠之義，其辭多激。故班固譏進姦雄，此太史之過也。」、柯維騏云：「太史公作傳，豈誠美其事哉？遷遭李陵之禍，平昔交遊，緘默自保；其視不愛其軀、赴士之厄困者何如？」茅坤云：「太史公下腐時，更無一人出死力救之，所以傳遊俠，獨蘊義結胎在此」……，均是如此。

這是太史公特殊的立言背景與心理態度，這種態度，一旦和他平夙信仰的價值系統、意義判斷相結合以後，他對俠的詮釋，便背離事實之真，而呈現出特殊的意義來了。這正如楊慎論《遊俠列傳》時講的：「或曰季札豈遊俠耶？余曰：太史公作傳，既重遊俠矣，必援名人以尊人，若《貨殖傳》之援子貢也。」⑩

子貢固然是億則屢中的大豪商，但子貢又豈止是商人？一般的商人又何能比肩於子貢？此處等，正顯示了史家點化歷史，使其具有意義與價值的精彩一面，猶如董狐之筆，明明非趙盾弒君，但在史官的意義判斷底下，卻仍然要寫著「趙盾弒其君」，春秋之微言與大義，就常存在於這些地方。⑪

可是，讀史者領受了這些意義之後，卻很難分得清楚趙盾在事實上是否曾經弒君，史家賦予的意義和實際歷史人物的表現，經常混為一談，不但認為俠就是朱家郭解一類人（而忘記了盜跖之居民間者也是俠），更以司馬遷的詮釋，作為歷史上實際遊俠人物的精神內涵或性質。於是，俠便成了一個價值判斷用語，代表我們對某些已諾必信、不愛其軀、救人之困厄等美德的稱讚辭，如大俠、俠女、俠客行等，都逐漸不再是一個描述用語了，充滿著價值的崇高感。⑫

這樣一種價值的崇高感，更會因為跟我們自己對存在處境的感受及理解，對它做一番再詮釋，輾轉漫衍，幻拓無端，發展出各種不同的俠客形象；並將這形象投射到歷史上去，認為歷史上的俠就是這個樣子。

這種情形，在近代特別熾烈。

2. 虛無主義者的儒俠觀

光緒廿五年，西元一八九九年，歲在己亥。列強倡議瓜分中國，美國發表中國門戶開放宣言，暫時使中國免於瓜分的命運，但中國也同時成為列強共同的殖民地了。這時，山東義和團開始起事，他們結合了傳統的刀兵武技、符籙、民間信仰和俠義精神，倡言扶清滅洋。

就在這個時候，排滿的革命家、國學大師章太炎，正在上海參加唐才常主持的《亞東時報》編務，並寫下了著名的〈儒俠篇〉。

這篇文章，收錄在《訄書》原刊本中，後來又輯入《檢論》卷三。西風殘照，四壘蕭蕭，下筆遂亦不免有激而然，其言曰：

漆雕氏之儒，不色撓、不目逃，行曲則無違於臧獲，行直則怒於諸侯，其學廢而閭里遊俠興。俠者無書，不得附九流，然天下有亟事，非俠士無足屬：侯生之完趙也、北郭子之白晏嬰也，自決一朝，其利及朝野，其視聶政，則擊刺之民而已矣。且儒者之義，有過於殺身成仁者乎？儒者之用，有過於除國之大害、扞國之大患者乎？……世有大儒，固舉俠士而並包之。徒以感慨奮厲，矜一節以自雄，其稱名有異於儒焉耳。……

天下亂也，義士則狙擊人主。其他藉交報仇，為國民發憤；有為鴟梟於百姓者，則利劍刺之，可以得志。當世之平，刺客則可絕乎？尚文之國，刑輕而姦諛，恆不蔽其辜，非手殺人，未有考竟者也。康回滔天之在位，賊元元無算，其事陰沉，法律不得行其罰，……當是時，非刺客而鉅姦不息，明矣。故擊刺者，當亂世則輔民，當平世則輔法。

大意是說俠本出於儒之一支，其行為也符合《儒行》所記載的儒家道德。而不論治世或亂世，俠都能輔法輔民，有其存在的價值。

根據這種看法，他又替歷史上的大盜辯護。他認為盜跖本是魯展禽之弟，世祿苗裔，家不素乏，非迫於飢寒始為盜賊；故其所以為盜，實在是因為看到了君臣兵革之禍——不但平時是一人威福玉食於上，而百姓奔走奴隸於下；不幸兩國失歡，人民亦皆塗炭，所以他乾脆糾合了一批人，橫行天下，徹底打破君民之非。因此，盜跖乃是個無政府論者。

這篇文章，議論橫恣、驚警動人，是第一篇指出俠出於儒的文獻，也正面肯定了俠的功能與價值，並替盜跖的行為與思想重新定位。近代論俠士精神者，受其影響及啟發甚大。但是，作為一名稱職的讀者，除了拾其唾餘之外，是不是還應該問一問他這種歷史詮釋是怎麼來的？

如果把太炎先生對俠的詮釋，拿來跟上文論司馬遷述遊俠合看，我們就會發現：一般都認為太史公述遊俠而以儒家作對照，乃是對俠有所批判，「擯詆不遺餘力，亦若儒者之於遊俠，然俯仰悲慨，得之身世之感」（《史記評林》卷一二四引倪思語）；章氏身世之戚異乎史遷，故其詮釋亦大不相同。

對於時代，章氏有深沉激憤的存在感受：國族淪胥，非激揚民氣，鼓吹知識分子從事存人保種的運動不可；而千古政治之黑暗與壓迫，又非轉求救濟不可。故大聲疾呼，以儒為俠，以俠為儒，或狙擊人主、或為民除害、扞國大患。這是革命黨人的取徑，如吳樾汪精衛者，正躬行此道。

甚至於，早在光緒廿一年，興中會就成立了，國父、鄭士良、陸皓東、史堅如等，均與江湖豪傑、綠林英雄有所來往，同年九月發動的乙未廣州之役，即採用「除暴安民」的口號了。可見太炎之說，亦為一時代的反映，故吳樾號孟俠，曾作〈暗殺時代〉一文，內分暗殺主義、復仇主義、革命主義等九篇；秋瑾也是「喜散奩資誇任俠」的人物，有「鑑湖女俠」之稱。章太炎是贊成暗殺的，對復仇也極力肯定，寫過〈復仇是非論〉（收入《太炎文錄》別錄卷一）。他的意見，正顯示了那個時代知識分子普遍的心聲。⑬

但是，除了這種普遍的存在感受之外，太炎的〈儒俠篇〉也含有章氏個人特殊的意義判斷和思想脈絡在，與其他革命黨人論遊俠並不相同。

在唯識學的影響之下，章太炎的社會政治思想異常特殊。光緒卅三年，太炎在《民報》十六號發表了「五無論」：無政府、無聚落、無人類、無眾生、無世界。這是太炎的主要思想，因此在他的意義判斷裡，民族主義並不是最高最好的，有民族國家之隔閡即有爭端，故應走入無政府主義，但無政府「猶非最高尚也，高尚者在並人類眾生而盡絕之」（定復仇之是非）。

這是一種徹底虛無的思想，與西方無政府主義並不相同，乃受佛家所影響。認為物無自性，一切皆為「無常法」所漂流，故亦不可能有森嚴規則的秩序，所以自然秩序和社會秩序，都應是虛幻不存在的。何況，一切團體與組織，都是由個體所組成的，其本身均無自性，故個人不必對此虛幻無自性的團體負任何義務。

他說：「要之，『個體為真，團體為幻』一語，一切皆然，線縷有自性，布帛無自性；方其組織時，唯有動態，初無實體。」⑭凡村落、軍旅、牧群、社團、國家……，都只有動態，而無實體。因此，一切提倡國家主義者，都是以「謬亂無倫之說以誑耀人」而已：

然近世國家學者，則云國家為主體，人民為客體。原彼之意，豈不曰常住為主，暫住為客，國家千年而無變異，人民則父子迭禪、種族遞更，故客此而主彼耶？若彼國家，則並非五識現量所得，欲於國家中求現量所得者，人民而外，唯土田山瀆耳。然言國家學者，亦不以土田山瀆為主體，則國家之當主體，徒有名言，初無實際可知矣。⑮

國家與政府既是虛幻、是客體，則它所制定的制度與法律，亦必非永存之實體：

若爾組織，亦無自性，況其因組織而成者，可得說出實名耶？⑯

在這樣的理論底下，人民沒有必須奉行國家制度及法律的義務，「國家者，如機關木人，有作用而無自性，如蛇毛馬角，有名言而非實存」⑰，不能因所謂的國家秩序而侵害到個體利益。因此，他不但反對君主、官吏、英雄、商賈、豪民（因為這些人的權威與功業，其實都建築在所有人民的努力和功勞上，他們本身並無自性）⑱，也反對重懲盜賊。他說：

輕盜賊之罪，不厚為富人報貧者也。⑲

又說國法不可干涉人民報仇：

復仇之事是以有禁，若然則國家之秩序為重，而個人之損害為輕。斯國家者，即以眾暴寡之國家矣。⑳

這樣的一位思想家，會歌頌俠者擊刺為有儒行、說盜跖是無政府論者，乃是絲毫不足以為奇的。

〈儒俠篇〉肯定《莊子・盜跖篇》不是偽作，說盜跖之所以被稱為盜，是因為春秋之際「世卿在位，不窺大方，而賦人以惡名，聞於後代。法訓之士，以輔翼世主為亟，雖華仕陳仲猶不與，何乃與盜跖耶？惟莊生踔行曠觀，其述〈胠篋〉〈馬蹄〉諸篇，前世獨有盜跖心知其意；故舉以非逢衣淺帶、矯言偽行以求富貴之士」，理由亦與他無政府的社會政治思想相符。

故在章太炎看來，真正的大俠，應如盜跖：什麼國家民族，一概不放在心上，即使是死了，也還要手握金椎，敲敲三王五霸的腦袋。其次，則是在既有國家法制的情況下，能除國之大害、扞國之大患者。再其次，才是刺擊之士，或暗殺人主官僚、或藉交報仇，輔民輔法，為國民發憤。

這，到底是歷史上真正的俠客姿影、還是章太炎對自己思想的說明？㉑

3. 中國的武士道

換言之，在太炎筆下，俠已經脫出了史遷所描述「行不軌於正義」的形象，而邁向另一個境地去了。題名「儒俠」，亦正有以別於「儒、俠不相容」（《史記評林》卷一二四引吳齊賢語）的《史記・遊俠列傳》。

這是重新替俠客塑像的活動，也是個重新替俠客塑像的時代！——梁啟超的《中國武士道》也脫稿了。

《中國武士道》寫於八國聯軍入京、清廷下詔變法、上海蘇報案、日俄戰爭、華興會起事之後。時梁氏正在日本，辦《新民叢報》。這一本書，基本上乃是一冊根植於民族屈辱經驗的感切痛憤之作。他一方面自覺到立國數千年，卻飽受異族侵略壓迫，非尚武振厲，無以圖存；一方面又對西方各國及日本恥笑我們是東亞病夫、是不武之民族，而感到憤恥難堪。故「穆然以思，矍然以悲」，大聲疾呼：

> 今者愛國之士，莫不知獎勵尚武精神之為急務。……而不然者，汝祖宗所造名譽之歷史，逮汝躬而斬也，其將何面目以相見於九原耶（自序）？

依他看來，我國本是個尚武的民族，種代燕衛之人，無不慷慨悲歌，好氣任俠。春秋戰國之士，如名譽為他人侵損，則必報仇，以恢復武士之名譽；對尊長，則忠實服從，然若其舉動有損於國族大計或名譽者，必抗責不假借；有罪不逃刑；忠於職掌，不惜犧牲；受人之恩，則以死報之；朋友有難，又常犧牲性命財產以救之。橫絕四海，結風雷以為魂，壁立萬仞，鬱河嶽而生色，並不遜於日本的武士道。

後來，是因為統一專制的政體出現，才斲喪了這種尚武的習性，如秦始皇統一天下之後，立刻墮名城、殺豪傑，收天下之兵，銷鋒鑄鐻，以弱天下之民；又如漢景武之間，徙諸侯強宗豪傑及富人於諸陵，於是尚武之風便澌滅殆盡了。

但是，隨封建社會而興起的俠道，雖也隨著社會變遷的軌跡而更替，可是清末又正是個五大洲合為一戰國的時代，專制統一的局面既已打破，復興武士道不又正當其時嗎？梁啟超就以這樣的熱情和見解，編寫了這冊奇書。此書上起孔子，下迄朱家郭解，採列傳體，欲用作高等小學及中學之教科書。以振厲精神，一雪不武民族之惡名。

除了章梁諸公以外，如嚴復所云：「中國人心坐兩千年尊主卑民之治，號為整齊，實則使之噎冒不能出氣，其有愛人周急為無告所仰，而為黔首所愛慕者，則怒其行權為俠，背公死黨，痛鋤治之，令根首盡絕乃止。……每讀《郭解傳》，未嘗不流涕，史述其少年無狀事，未必不誣，蓋不如是，則不足以見天子族之之是。嗟呼！使有以公孫弘之說，行於泰西各國之間者，其民無不群起而叛之矣。」（與吳汝綸書，光緒廿三年）亦屬此類見解。

梁氏書成於光緒三十年，但據凡例第一條謂「初撰此編，原欲以供士夫之參考。二三友人見之謂宜稍整齊之，使適教科用，……故為今體」，是故此書原編應成於光緒三十年以前。在此之前，康梁雖已與章太炎在思想和政治立場上分道揚鑣，但在這個問題上，梁啟超的意見卻與太炎有奇妙的呼應關係。

例如梁氏論武士道，以孔子為首，並說：「孔子卒後，儒分為八，漆雕氏之儒不色撓不目逃，……此正後世遊俠之祖也，孔門必有此一派，然後漆雕氏乃得衍其傳。」云云，正與太炎儒俠之說相仿。[22]

把俠界定為死國事、申大義的人物；認為俠跟專制統一政權不相容，也和章氏所說，彼此發明。不同的地方，是章氏視大俠為無政府主義者，梁任公則站在民族主義的立場寫這本書，並主張俠跟封建社會有密切的關係。

今若覈其所同，別其所異，自不難發現他們之所以同，是基於時代迫切的危機和對存亡續絕偉大願力的反應，而其所以對俠的詮釋會有差距，則是因為歷史的詮釋，本來即因每個人存在的理解和感受並不相同，對價值與意義的抉擇和認知若有了差異，當然也會在歷史詮釋中表現出來。但無論如何，這一幅俠士圖，跟司馬遷的〈遊俠傳〉實在是非常不同的。

梁氏書首，有蔣智由、楊度兩篇長序。都很有意思。

蔣氏與黃公度、夏曾佑同被任公稱為詩界革命三傑，他在這篇序裡，首先拿司馬遷開刀，根據他個人對俠的新定義，重新詮釋歷史，替遊俠尋找新的源頭：

> 余嘗病太史公傳遊俠，其所取多借交報仇之人，而為國家之大俠缺焉。以為太史公遭蠶室之禍，交遊袖手，坐視莫救，有激於此，故一發抒其憤懣，以為號稱士大夫者，乃朱家郭解之不若；非真如墨家者流，欲以任俠敢死，變厲國風，而以此為救天下之一道也。……觀於墨子，重繭救宋，其急國家之難若此。大抵其道在重於赴公義，而關係於一身一家私恩私怨之報復者蓋鮮焉。此真俠之至大，純而無私、公而不偏，而可為千古任俠者之模範焉。㉓

他認為報仇有幾種，報復私怨，是野蠻時代的遺風；但報恩及赴公義，卻是任俠道德之一。後來章太炎在光緒卅三年寫的〈復仇是非論〉中，似乎即曾針對他這個意見有了一點回應。但基本上，他主張「發吾宗之家寶以示子孫，今而後吾知吾國尚武之風，零落數千年，至是而將復活」，當與章氏「以國粹激勵種性」的作法相同，梁任公也是如此。㉔雖然他與章梁不同，不把大俠附麗於儒家，而認為勇赴公義的俠者典範應該是墨家。㉕可是，他們的說法，無疑都有點託古改制的意味。熟悉清末思想之發展的人，大概都曉得這也是當時流行的一種方式。㉖

至於楊度，又把俠推拓得更廣了。他說日本的武士道是融合參會了儒佛兩家之長，而別成一道。我國卻只是表面上推行儒教，骨子裡仍為楊朱之教，以至於舉國上下，人人只曉得追求鮮衣厚食聲色之享樂，而偷生畏死，懶得管國家。故宜鼓吹精神靈魂之不朽，摧破人們對肉身情欲及現世利害的執著，遇不得已之際，能毅然棄其體魄而保其精神，不謀私利而謀公益。

楊氏之說，可謂為梁氏「進一解」，但梁啟超、蔣智由、楊度在這個問題上，顯然都受到了日本崛起東亞，且戰勝俄國的刺激，故蔣氏云：「彼日本崛起於數十年之間，今且戰勝世界一強國之俄羅斯，為全球人所注目，而歐洲人考其所以強盛之原因，咸曰由於其嚮所固有之武士道……雖然，此武士道者，寧於東洋為日本所專有之一物哉？吾中國者，特有之而不知尊重以至於消滅而已。」楊度亦欲「以佛教助儒教，以日本鑒中國。」㉗

這種態度，當與章炳麟不同，章氏認為日本之強盛，主要原因是它離封建不遠，故政治有敘、人民尚武：「其民尚武，由封建之習慣使然，非憲政之倡導使然。其政有敘，由封建之習慣使然，非憲政之倡導使然。」㉘

換句話說，章炳麟與梁啟超等人，雖然都有儒俠一類看法和呼籲，又都不約而同地以國粹激勵種性，然其思想之來源則頗不同，梁啟超說遊俠盛於封建，主要恐怕還是參考了日本的歷史，並受到日本近代化的刺激，章太炎則不如此，故兩人政治見解亦南轅北轍。㉙

無論如何說，俠的形象總是已經被有意識地建立了。在梁章同時或更早，一位熱心公益、掃除人間邪佞的俠客風範，顯然已活在廣大民眾的心目中了，但經過這樣自覺地、有意識地通過每個人的思想體系來詮釋俠的存在及其性質，影響確實十分廣遠。㉚

從此以後，俠出於儒、墨家為俠客集團、俠是為國為民、掌握人間正義、反抗對制暴力的英雄……等等，遂成為一般的常識，深植人心，且被文史研究學者所普遍接受了。很少人會反省到，這只是在一個特殊的詮釋脈絡中塑造出來的形象，而逕自以此解說古代的俠，並依據這類觀念，繁衍出許多美麗的論述，充滿了浪漫而遙遠的激情和想像。

4. 士的蛻變與遊俠

然而，這條浩浩洪波，並不僅止於此，它還有新的延續與發展。——就在民初武俠大盛的時期，另一條詮釋脈絡也開始形成了。

梁任公論武俠，曾提出了封建社會、專制統一王權及武士等概念。這些概念，應該是梁氏在日本接觸到日本歷史及西洋社會發展狀況之知識以後提出來的。到了民國十九年，西元一九三〇年，近代中國社會史的研究，在上海文化界熱烈展開時，運用西方社會史中，封建、莊園、遊閒階級（Leisure Class）、武士（Knighthood）等，來解釋俠之起源與性質的活動，也開始興起了。

當時在理論上分成兩大派，一是「新思潮」派，一是「新革命」派。後者以陶希聖為代表，民國十九年十月，他發表了《辯士與遊俠》一書，對俠有了全新的詮釋。

他認為中國社會中各階層的知識分子和活動分子，共同的特色就是遊閒，不事家人生產作業。其中，有產的知識分子，多以純政治活動為職業，或為紳士、或為官僚；無產者活動分子，則是會黨組織、綠林規矩這一類「打不平」的人。

這兩類人，是在戰國封建崩潰時期，從貴族和農奴轉變來的。——在封建時期，「士」是介乎貴族與農奴的中間階級，他們獨自耕種自己的耕地，不納田租，只負擔兵役義務，相當於歐洲的Knighthood。其後小農場與莊園解散，獨立地主與自耕農崛起，他們的地位就鬆動游移了，或成為離世遁逃的遁士派、或成為不貪利祿的俠義派、或成為高談理論的政論派、或成為殘存貴族與新起遊民及知識分子的寄生蟲。此即所謂的遊士。

而那些從農村封建剝削關係中拋棄出來，又為商業都市所不能收容的遊民，有許多是舊有武士階級破落下來的，仍帶有好勇鬥狠、野心向上、組織活動的能力。他們憎恨富豪，卻又仰賴富豪的慷慨施捨；也容易形成集團勢力，而表現為英雄活動。刺客與食客，即是著名的兩種現象。

等到極權國家（秦）興起以後，即開始鎮壓遊士與遊俠。但潛伏的遊民，終於顛覆了秦朝，而大地主豪商集權的統治（漢），終於也逼使遊俠轉為合法主義的富豪，並受到了摧折。

以上這一套講法，其分析架構，純粹是歐洲史式的，尤其受到當時馬克斯主義的影響，所以他會說遊民「容易構成完全的或一半的消費共同團體」。㉛但這個分析架構和歷史的解釋，有它殊勝之處，那就是：它能間接補充如梁啟超的講法，並對儒與俠之所以分做一番說明，對儒與俠的起源提出了嶄新的解釋，能跟民初探問儒之起源的思想課題相結合，㉜所以一時之間，遂成為新的詮釋典範。

抗戰時期，顧頡剛發表〈武士與文士之蛻化〉一文，具體指出：我國古代的士，都是武士，至孔門猶然；其後門弟子輾轉相傳，漸傾向於內心之修養而不以習武為事，文士與武士才逐漸分途，文士名為儒、武士則為俠。漢既統一，誅族遊俠，遊俠乃衰，東漢後遂無聞矣。㉝

相同地，郭沫若認為「士」是由民間上升或貴族下降的，本屬文武不分，其後則成為職業，許多人就來讀書做士，而專門的武士，便成為士卒。至於任俠者，大抵出身商賈：商賈唯利是圖即是市儈，富有正義感便成為任俠。這類人，「在古時依然是士的一部分」。㉞

另外，馮友蘭的《中國哲學史補・原儒墨》，也以為在貴族政治崩潰前，沒有「士」的階級，蓋士即是一種不治生產，而專以賣技藝才能為糊口之資的人，早先為貴族所專用，為在官者，故不自為階級。其後流落民間，以賣技藝為生，其中，文專家為儒、武專家為俠。㉟

這是一九四四年左右的研究成果，而這種研究，無論研究方法或意見，都已具有近似「定論」一般的地位，普遍延續到現在。如孫鐵剛〈中國古代的士和俠〉（六二．臺大史研所博士論文）、李時銘〈周士之性質及其歷史〉（六五．政大中研所碩士論文）、葉洪生〈近代中國武俠小說名著大系總編序〉……等，就都是把陶顧之說稍加綜合整理而已。

在日本方面，宮崎市定於一九三四年發表了「關於遊俠（遊俠に就て）」一文，主張遊俠源於春秋時代的士及庶民階級，因為他們要立身揚名於世，必須學武藝立戰功，此種劍客即是遊俠的前身。其說亦與陶希聖等近似。

這一條詮釋進路，基本上是參照了西洋封建時期的歷史社會狀況，把封建武士（Knighthood）等同於周代的士；而戰國是個封建崩潰的時期，於是儒與俠也就是封建崩潰後，士所蛻分出來的人物了。他們各家在有關井田、封建、莊園、命士卿士等士之性質……一類問題上，儘管各有各的立場且爭論激烈，但這種基本詮釋系統倒是頗一致的。

當然，這可以視為社會史大論戰以後，一種中國近代史學的流行趨勢。然而馬克斯對歐洲歷史的解釋，套用到中國上古史去，畢竟仍是扞格難通的，因此增淵龍夫提出了另一種解釋，認為俠並不屬於任何階級，不過是具有某些理想的人。這是有意避開上述詮釋路數的困難，而對俠採取較寬泛鬆動的解釋。這種解釋，也得到劉若愚的支持，他在"The Chinese Knight-Errant"一書中即採用這種說法。㊱

（三）正義的神話

1. 具有道德使命感的俠

認為俠不屬於某個特定的階層，而只是指具有某種氣質特色、某些理想的人，基本上是非常合理的。因為這樣才能避免上述各種理解的錯誤與困難，在史書上也確實較有根據，例如：

．張翰……有深才，善屬文，而縱任不拘。（晉書卷九二．文苑張翰傳）

．周嵩子仲智，狷直果俠，每以才氣凌物。（同上卷六一．周凌傳附）

．劉胤……美姿容，善自任遇，交結時豪，名著海岱間。（同上卷八一．劉胤傳）

．李興業……性豪俠，重意氣，人有急難，委之歸命，便能容匿。（魏書卷八四．儒林李興業傳）

．仗氣愛奇、好遊、善謔，有俠客豪士風。（長州縣志卷十四．張沖條）

任與俠，都是形容其性格的用語，凡表現出這一類性格與行為的人，就稱為俠。故李興業是儒林經師、周嵩是官員，而他們共同的特徵，則是矜豪傲慢、喜歡詆毀輕凌別人。至於《隋書．卷六三．劉權傳》所說：「權少有俠氣，重然諾，藏亡匿死，吏不敢過門」，當然也是俠的特徵之一。

同理，遊俠的遊，可能主要來自他們「好交遊」（隋書卷六四・麥鐵仗傳），猶如說某人「志好賓遊」（同上卷七八藝術傳）或「幼頑凶，好與人群鬥，所共遊處，皆不逞之徒，相聚鬥雞，習放鷹狗」（同上卷八五、宇文智及傳）之遊。故《隋書・王頍傳》記王頍年數歲，值江陸陷，隨諸兄入關；少好遊俠，年二十尚不知書。其為遊俠，即非仗劍去國，千里江湖者，而只是如宇文智及一樣，好與惡少無賴遊處而已。

所以俠不代表某種階級的人物或流品，它代表某一類有俠氣的人。但問題是什麼是俠氣呢？是凶頑不逞還是急公好義？

根據辭典的解釋，「俠」是指好義勇為，能見不平而奮起者；是指除暴安良、濟弱鋤強的人物、形象或心理氣質。㊲劉若愚*"The Chinese Knight-Errant"*一書，亦持此說。認為俠是什麼呢？俠就是「直接了當地自掌正義，匡正扶弱，不惜用武，不恤法律。另外，他們以博愛為心，甘為原則授命。」㊳

由這樣的定義和認識方向來看俠，俠當然會成為中國歷史上主持正義的象徵，代表了勇敢、自我犧牲、慷慨、正直、為公義而戰的美德。具有這類美德的人，也就成了大家讚佩嚮往的英雄了。

這些英雄們除了快意恩仇，飄然來去，飲燒酒，啖仇人首級心肝之外，劉若愚又歸納了八項他們的特徵：

- 重仁義，鋤強扶弱、不求報施。
- 主公道、能路見不平、拔刀相助。
- 放蕩不羈（傾向個人自由），不拘小節，不矜細行。
- 個人性的忠貞，或士為知己者死。
- 重然諾、守信實，如藉少公雖不識郭解，卻甘心為他守密自戕。
- 惜名譽，也就是司馬遷所說的：「修行砥名，聲施天下」。
- 慷慨輕財。
- 勇，包括體力與道德上的勇氣。㊴

這八項，都涉及道德問題，而與其特殊的生活型態、行事方式關係不很大。甚至我們可以說，一切俠的行為與思想，都來自他特異而且氣息強烈的道德意志與力量。

這才是俠之所以被人崇拜的主要原因。依費希特的說法，如果理性意味著實踐的理性、意味著道德意志，則它事實上只集中在少數偉大的人格上；藉著他們，歷史過程的真實意義，乃以充沛和無可比擬的力量顯現出來。這些人，就是「英雄」了。㊵

湯瑪斯・卡萊爾則更進一步指出：英雄崇拜是人性中的一個基本天性，但所謂英雄崇拜，並不是崇拜什麼名利權勢或其他，而一直是意味著一種道德力量的崇拜。因此，所謂的英雄，固然具有人類所有創發與建構能力中罕見的強度，但他所有的能力中，道德力量永遠列居首位，且扮演優越的角色。㊶

費希特和卡萊爾的整套理論，當然與我本人的哲學認知頗不相同。但是，英雄與英雄崇拜，實質上是一個道德問題，卻不容置疑。一個人如果沒有道德感或道德需求，又想逃避道德的教示，他當然不可能崇拜任何英雄，更不會感覺有什麼樣的人是值得社會期待的。相反的，每個人、每個時代或社會，皆各有其道德需求及道德問題，因此，他們所崇拜的英雄就各各不同，或者是僧侶、或者是先知、詩人、君王或學者。

現在，我們的一般群眾，包括知識分子和市井小民，都普遍以俠為英雄、以俠情俠骨為美德；那麼，我們是不是也該問問：到底他們是由於有什麼樣的道德需求，以致於如此呢？

根據描述，俠是一個或一種行俠仗義、不畏權勢的人物，常在國法及社會一般規範之外行動，以迅速、有效、有力的方式，達到濟困扶危，主持公道的任務，並使人興起快意恩仇的美感和快感。因此，在社會和人性層面，俠通常被視為公義的維護者。在我所搜集到的材料中，底下這一段文字，把這個特徵鋪陳得最清楚：

> 人類自有社會活動以來，就很自然的有一套維持這種社會活動的準則、大眾所認為最公平的準則產生，否則社會活動就會變成一種不可靠、不安全的活動。但人類的自私心一向很重，有些人一心想要別人的權利也變成他的權利，而自己的義務則推給別人去承擔，這當然就是破壞了準則，造成了不公平。
>
> 在一個不完全公平、安全、可靠的社會裡，除了破壞社會準則的人、無可奈何的受害者、

和不願過分關心這種破壞活動的人之外，還有一種積極維持這個準則的人。這種人又分兩類，一是本來即對維持社會準則負有責任的，一是本沒有責任而仍決心要維持這個準則的人。前者是統治者，後者就是俠士。

統治者本應維持社會準則，但由於種種原因，它本身也變成惡霸後，這個準則就不公平不可靠了。俠士奮不顧身地與這些惡霸相抗，使不公平的立刻成為公平，替受害者爭回應有的權利，並制裁破壞者，當然很令被害者歡迎；同時也使那些不敢過度關心的人，也感到一種莫名的喜悅。

所以俠士的行為是會和統治者的權利相衝突的，統治者當然也就要加以禁止、反對了。㊷

這段文字，出現在一本通俗刊物中，正顯示了它代表一般人對俠約定俗成的認定。這種認定，大部分當然還是參考綜合了一般對俠的研究與描述，但同時也說明了我們喜愛或崇拜的原因。

可不是嗎？在小霸王魚肉鄉里、強搶民女，令人義憤填膺卻又無力反抗時，俠客適時出現，怒打小霸王、救回少女，誰不覺得快慰？在奸官富室坐擁權勢和財富，而貧弱者嗷泣無依時，劫富濟貧、懲奸治惡，誰不覺得社會公平的理想又彷彿重現了？

在這種意義之下，我們就會發現：俠之受人歡迎，在於人們在政治社會活動乃至一切人生裡，存有公平的渴求、正義的嚮往。因此他們謳歌聖君、賢相、君子與俠士。其中，俠本不是應該為社會不公負實際責任的人，但他卻自願自居於正義和公道的維護者，當然他會更受人尊敬崇拜了。

換言之，由於內在正義和公道的道德需求，驅迫著我們，於是，在歷史的進程中，我們覺察到那些能夠體現、能夠完成正義的偉大人格：俠。俠所帶給我們的美感、快感、道德完成後的心理寬鬆感、不安解除後的安全感、對社會不公報復性的喜悅……等，都環繞著這個中心。

因此，應該是說：因為我們有某種渴望，所以「發現」或「發明」了俠，而不是因為有俠，才激起我們的嚮往。

這一點非常重要，但很少察覺到。請讓我簡單說明一下。

2. 我們為什麼需要俠

我們對俠的認識，一般總是通過歷史而來，由《史記》及戲曲小說中，我們窺探到俠的形象、共同參與了俠的行為，並進而認同了俠、理解了俠、崇拜俠。

但歷史的理解，既是認識論也是存有論的，它必須建立在一個極深刻的基礎上，也就是說，這個理解模式必然涉及到我們的「在世存有」（being in the world），而不只是科學式概念的客觀認知。它是一種歷史的遭遇（historical encounter），喚醒人存在此時此地的個人經驗。㊸

照海德格說，人的在世存有具有三種時間性的對外動向（Ekstase），一是投向自己，是一種未來式的對外動向；二是回返（ZurÜck-af），是朝向過去的動向；三是「與周遭相遇」（Begegnenlassen von,oder seinbei），是現在式的對外動向。而與這三種動向有關聯的，第一是境遇感（Befindlichkeit,state-of-mind），人必須回返到歷史之流中，因過去種種遭際而有所感受，才有真實存在的可能。第二是了解（Verstehen,understanding），人的境遇感必有其了解，了解亦必有其境遇感。三是言說（Pede,discourse），人必須以語言說出自己的境遇感和對未來種種可能性的了解，才能與他人溝通。㊹

他的講法，我們認為頗能與柯林烏德論歷史的理解相發明。㊺柯林烏德強調「歷史即心智的自我認知」，他說我們必須在幾種條件下才可能認知某一思想的歷史：一是思想必須用語言表現出來；二是史家必須能獨立思考他正試圖解釋其外在表現的思想，譬如他想了解歷史上某數學家所寫下的記號，除非他在數學方面也有相同的造詣，足以恰切地思考該數學家所想的、及紙上寫著的符號表示的是什麼，否則歷史終不可解。㊻這種「重演」，豈不是境遇感的「回返」嗎？

由人之存在來看，人若想真實地存在，不能不通過對歷史過去的感受，否則其存在便無根據；但歷史之理解與感受，又要有一個依據才能展開，這個依據就是人對他現在及未來存在地感受。這即是一個循環。人為什麼會特別注意到歷史中的俠？為什麼會對俠之生命與社會意義展開許多詮釋？為什麼會以「言說」（語言、行動、靜默……）來表現對英雄的崇拜？為什麼會模仿俠的語言與行為，作為他自己或團體的行為模式和存在方式？

凡此種種，難道不是因為他有存在的需求，感覺在此世此地之中，缺乏公平與正義的保障，故能「理解」歷史，並在歷史諸多內容中「發現」了俠；而這種歷史的遭遇，又喚醒了他此時此地的個人經驗，致使他以成為一個俠者自居嗎？

要這樣看，俠的理解以及崇拜，才是深刻而具有存在意義的問題，因為它同時涉及了存在之認識、道德之需求和對政治公道的盼望。但是，在這兒，我們也要警覺到類似歷史哲學中對於柯林烏德「重演」（reenact）的批評。㊼重演是必須的，但如果史家自己此時此地的個人經驗太強烈太深刻了，他詮釋循環的鎖鍊，便不免被這種經驗或企求帶動，於是他所理解的歷史，就幾乎全部成為他的自我告白，而不再是個「自主的存有」了。

例如，俠，經常被理解為歷史上一種急公好義、紓解人間不平的人物，如上文所說。這種理解，當然也合乎歷史文獻「證據」，如《醒世恆言・卷三十・李江公窮邸遇俠客》結尾就說：「從來恩怨分明，將怨酬恩最不平；安得劍仙床下士，人間遍取不平人。」

可是，也有不少完全相反的例證，可以證明俠根本不是什麼正義公道的化身，而只是盜跖之在民間者、只是穿窬之雄。例如《酉陽雜俎》前集卷九有「盜俠」一類，所載俠刺，多屬盜匪，不僅不曾濟弱鋤強，甚至還祈盜跖冢、殺人食肉。《太平廣記》所載俠客，大抵也是如此，故趙吉士《寄園寄所居・卷上・焚塵寄》引〈古隱方〉勸人以不交豪俠客為座右銘。

至於唐牛僧孺《玄怪錄》所記郭元振，雖曾義除惡獸，救了一名少女，但《舊唐書》本傳卻記載著他任通泉尉時，「任俠使氣，前後掠賣所部千餘人，以遺賓客，百姓苦之」，分明是一位販賣人口的惡官。諸如此類，論中國俠義精神、崇拜俠客的人，幾乎全不理會，照樣在那裡宣傳俠是民間仗義的英雄，繼續沉醉在劫富濟貧、打抱不平的神話或想像裡。

只有一種理由可以解釋這種現象，那就是前文所說的，不管實際上俠是什麼，人們只根據他自己的存在感受和道德盼望去「發明」俠、「製造」俠，才會漠視這麼明顯的文獻記載。當然，也不是完全沒有人注意到這些跟一般理解不同的俠客資料，但他們通常都用三種方式來處理：

一是強調俠客的行為必然會跟統治者的利益相衝突，因此許多不利於一般理解之俠客形象的資料，都是反映統治階級之利益與觀點的。他們用這種說詞，抹煞所有不符合他自己對俠之認定的資料。但事實上，這種蠻橫的做法，乃是意識型態的，而不是學術的。他們忘記了俠經常也是統治者。

另一種方式，是運用邏輯上不相干的謬誤與論證法，說：凡是俠，都是仗義疏財、主持正義公道的。如果不這樣，他就不夠資格稱為俠，即使文獻上稱他是大俠，其實也是不合格的。這是循環論證，猶如某甲云：「凡基督徒必都是善良而正直的」，某乙反駁道：「某丙是基督徒，但他就不善良不正直」，某甲立刻說：「那他就不能算是個真正的基督徒」。講了半天，除了說明某甲自己的「信仰」（**基督徒都善良而正直**）之外，有什麼其他的意義嗎？同理，論俠的人，也經常喜歡利用這種方式，來表示他的愚笨和他所堅持的信仰。他信仰俠一定是正義公道的。

第三種方式更為自由，他根本不管什麼文獻記載，完全照著他想像俠的定義，依他對俠的信仰，隨意漫衍，其論證方法為：（根據他的理解）俠是什麼，某些人合乎這類特徵，因此這些人都是俠；因為這些人都是俠，所以他們的行為特徵就是俠的特徵，可以依此界定俠是什麼。

這當然也是循環論證，但它不同於前者處，在於前者可以否定某些資料的證據力，這種方法卻可以積極「證明」某些人是俠。經過他們證明的俠很多，包括：公孫接、田開疆、古治子、孔子、子路、曹沫、豫讓、聶政、荊軻、張良、陶侃……等等。大概只要是他們喜歡的人，都可以列入俠榜；墨家之被視為俠客集團，也是此法的傑作。

經過這樣處理之後，俠的形象就愈發明確鞏固了。一般人很少有機會親自進入歷史文獻，去接觸廣泛的資料，只能閱讀這些充滿了信仰與崇拜的描述與詮釋，因此就更激起了他們對於俠的仰慕。關於俠的一切，遂逐漸籠罩在一團「正義的神話」之中了。

3. 歷史、神話與迷思

所謂神話，一般泛指古老及原始社會中流傳的一些傳說和故事，主要是與神祇和英雄有關的事蹟。但是，這些神話不只是原始時代的產物，它在每一個時代都有意義，而且這些意義，又構成了現代人認知的一部分或思考的型態。因此，在社會學的研究中，我們也常把這類現象，根據神話（myth）的譯音，稱為「迷思」或「謎思」、「秘思」。

為什麼稱為迷思或謎思呢？神話意涵之不確定，固然是其所以成謎的原因，但此類思想與概念經驗知識相悖，也是其中一個重要因素。最早，神話之形成，目的就不在於呈現世界本來面目的客觀形象，而只是說明人對於他自己生活的了解。因此，到底它所陳述事件是事實還是假想、是象徵還是記錄，都不太要緊，它表現的乃是人類的宗教經驗或精神經驗。

根據這些經驗，人類構建了一套神話的文字符號系統，以徵示他的世界觀（weltanshauung）。但這種神話的世界觀，並不是運用理性的方法或認識論的方法，而是原始人憑其直覺經驗而來的。因此，神話意識中，現實和表象往往不分，人所經驗的一切事物，都被當作真實的、活生生的個體（an individual substance），有屬於他自己的意志和個性。

例如死亡，是人所經驗到的事，但在神話意識中，則出現為死神及其他各種足以象徵死亡的符號。這些符號，構成了神話的內容。同理，人的願望、焦慮、戰爭、迫害、飢餓，挫折的理想，都常出現在神話中。這些經驗，包括個人的經驗和社會集體的經驗，通過神話，可以使這些經驗具體化（objectification）；而神話的符號，也因為可以顯示人類的這些感覺經驗，所以具有符號意義（symbolic significance）。⑱

神話的基本性質如此，故人只要採用神話式的思考跟處理，把真實的事物，附上抽象意義，迷思就出現了。比如只要有人舉出過去的軼事（例如羅馬締造、法國大革命、三代聖王），當作引導人類目前活動的前例，則該軼事就喪失「歷史性」，而成為一種理想、信仰。至於這則軼事到底在從前是否真的這樣發生過，反而無關緊要了。

這就是卡西勒（Cassirer）為什麼會說任何事物都可以突然成為神聖的事物。因為只要用某種迷思的宗教眼光來看，它就變成神聖的了。它自成一個閉鎖的世界，擁有一整套特

殊的格調與氣氛，跟日常的、經驗的生活內容殊為不同。㊾

因此，總括的說，神話與迷思，有幾點值得我們注意：第一，迷思雖以歷史事實為材料，但本質上與歷史事實無關，亦非真實歷史之回憶或記錄。第二，迷思基本上顯示的是歷史事件在宗教方面的意義，代表了迷思的製造者和傳遞者之信仰。第三，某一個說明或陳述之所以是迷思，並不在乎它已含多少事實的真實性，而是因這個說明被人信以為真。

既然如此，則第四：迷思是在某一特定地所產生的言辭，它有一種意義，而我們怎麼知道它的意義呢？這就不能不回過來看迷思製造者的信仰到底是什麼。同時，這種意義若能獲得其他人士的認可與了解，則顯然迷思製造者的意見或信仰，是與當時當地「意見氣候」（**the climate of opinion**）相符的。許多迷思是社會集體心理的產物，原因也在此。

所以，第五，迷思是有功能和目的的。它的功能，在強化傳說，使傳說更有價值和威望；表達、強化、並彙整社會群體的信念；維護且強化道德；確保儀式的有效；減輕社會緊張；並暗示大家應該依照某種方式去行動。

俠在歷史上確有其人、確有其事，可是後世對俠的意見、詮釋崇拜，卻是個道道地地的迷思。每個人雖然都閱讀古代有關俠士行為的記載與故事，但他們根本不管俠是否殺人放火、是否姦淫擄掠、是否卑鄙無恥，他們只根據他們的信仰，信以為真地認定了俠就是具有鋤強扶弱、自掌正義之類特徵的人。而為什麼大家都如此有志僉同地對俠懷抱著宗教性的虔誠信念呢？為什麼與俠有關的事物，都自成一個特異的世界和格調，具有神聖的意義呢？

由俠情、俠骨、俠氣、俠義、俠行所顯示的意義來看，俠代表了正義與公道遭到破壞時，一種救濟的巨大力量（所謂的豪）。而這一迷思之形成，當然也是由於社會心理及人性祈求正義與公道的需盼。俠之迷思，就在這一方面，滿足了我們的需求，強化了道德與社會群體的信念，並教育我們成為一個「俠」。

瞭解了這些，對我們很有好處，因為迷思的內容必定因時而異，如果同一個故事有好幾種不同的傳說時，我們就大致可以確定有一個urmyth存在（即起源的迷思），後來此迷思的各種說法，都是根據它改造的。俠最早只是指人能「放意自恣、不拘操行」，有「一日散百金之費」的豪氣，喜歡結交朋友豢養門客；後來即根據這些予以改造，忘記了俠客市義交友，可能只是為了劫掠或掘冢，而偏重在對他們氣類結納、豪放不羈的傾慕，於是俠遂也轉變了。

試比較秦漢、南北朝、隋唐以及明清、民初各個時期對俠的看法，就可知道，俠並不是個固定的類型或人物。因為俠客崇拜本質上是個迷思，故每個時代都有不同的俠的面貌，這些面貌與性質，雖與俠客起源時的意義有關，卻往往隨著時代的心理需求而變異。

4. 俠：正義的迷思

不過，現在有個問題，俠之崇拜，固然已經成為一種迷思，表現了中國人神話式的嚮往，而與歷史事實無關了。但這種迷思究竟因何而起？是一種什麼樣的迷思？

須知俠之崇拜所以會成為迷思，不同於整合迷思（integral myth）、國家迷思（state myth）、羅馬締造迷思（the Roman myth）、末世迷思（eschatological myth）、革命迷思（revolutionary myth）、自然迷思（nature myth）、科學迷思……等等，它有特殊的內容。崇拜俠的人，並不是因為俠有什麼值得仰慕之處而崇敬他，而是由於內在有某種道德的需求，才會將俠神話化，形成迷思。

這種道德的需求，可能即是人在政治社會方面對正義與公道的渴望。例如《醒世恆言・卷三十・李汧公窮邸遇俠客》中，記載士人房德被盜匪脅迫，要他做寨主，房德不肯，道：

「我乃讀書之人，還要巴個出身日子，怎肯幹這等犯法的勾當？」

眾人道：「秀才所言差矣！方今楊國忠為相，賣官鬻爵，有錢的，便做大官，除了錢時，就是李太白恁樣高材，也受了他的惡氣，不能得中。若非辨識番書，恐此時還是個白衣秀士哩。不是冒犯秀才說，看你身上這般光景，也不像有錢的，如何指望官做？不如從了我們，大碗酒大塊肉，整套穿衣、論秤分金……。」

無論是盜是俠，這些綠林好漢、英雄豪傑，總是把貪官污吏和勢惡土豪視為攻擊的對象，並做為自己存在的理由。換句話說，盜俠存在的合理化解釋，就是因為貪官污吏之類人造成了人間的不公平。而俠要反對這種不公平，不但必須消除這些人，自己在行為模式上，也追求「論秤分金」的生活型態。

在這段記載中，論秤分金和有錢就有官做，剛好是個明顯的對比，那是兩個不同的世界，這兩個世界的衝突，幾乎顯示在任何一本俠義小說裡。譬如《水滸傳》第四回，形容魯智深要「怒掣戒刀，砍世上逆子讒臣」，第十五回記吳用遊說三阮劫取生辰綱，是：「只為奸邪屈有才，天教惡曜下凡來」，而十六回智取生辰綱時，作者更是一再提到人間的不公平：

> 那公子王孫，在涼亭上水閣中浸著浮瓜沈李，調冰雪藕避暑，尚兀自嫌熱，怎知客人為些微名薄利，又無枷鎖拘縛，三伏內只得在那途路中行。……赤日炎炎似火燒，野田禾稻半枯焦；農夫心內如湯煮，樓上王孫把扇搖。

雖然俠義小說慣常敘述貪官惡吏如何「頭上青天只恁欺，害人性命霸人妻，須知惡人千般計，要使英雄一命危」（水滸傳第八回），而英雄俠士又如何反擊，來消滅這些惡勢力。但我們看這裡所引的文字就可知道，王孫公子和行旅農夫的對照，根本不是貪官贓吏的問題，而是整個社會階層體制造成的不平等，甚至可說是人生本質的不平等，俠與俠之崇拜的真正原因就在這裡。至於奸官、邪吏、土豪、惡霸、小人、淫婦……等等，都只不過是使這種社會普遍公平正義的問題更具體化的手段而已。俠義故事習慣用這些，來點出對社會不公不義的不滿、以及追求公道的理想。俠之所以自居於「替天行道」的地位，或一般人之所以仰慕俠士，就來自這種對社會公道的需求。公道，在人生哲學中的涵義，當然非常深邃複雜，但基本上與俠有關的公道問題，大抵都以政治社會為主要範疇。而在政治哲學裡，公道卻直接關係到政治義務的問題。

政治問題，是指人服從法律、遵守規則的問題。但人為什麼要服從權威呢？除非服從具有道德的理由，否則權威就缺乏合理依據。一般來說，國家也是一個團體，可是像學校、俱樂部等團體雖也有其規範，然而我可以自行選擇是否接受，如果我不喜歡，我可以不必參加。國家則不然，不論喜歡與否，我都是國家的一員，此所謂「君臣之義，無所逃於天地之間」。既然在國家之內我不能作選擇，很自然地我就會問：為何我必須遵守國家的規則。

這一問，當然可以有種種解釋，例如說政治義務是建立在公民的同意或契約上、是建立在大多數人的意志上等等。但也有幾種意見，與這種把政治義務偏重在人民本身的理論不同，著眼點在國家的目的，認為人們之所以在道德上要服從國家，是因為國家可以實現道德目標，而道德目標就是每個人實現道德義務的對象。譬如公道論，就認為人要服從國家法律，因為法律是維持公道或道德權利的；國家則是用以保護保障人民之公道的機構。只要國家能有效執行這一功能，我們即有義務支持並服從國家的法律。反之，若國家的作為不合公道，個人即沒有義務服從國家，人民可以合法推翻不公道的統治者。[50]

英雄崇拜與俠之嚮往，之所以會成為迷思，主要就來自這種公道論的政治義務觀。《花月痕》第一回說得好：「直道在民，屠沽本英雄之小隱」，英雄之所以能廣泛地散在民間，其實只是它代表了大夥兒共同的心理，故云直道在民。《水滸傳》第三回，李卓吾總評說：「陳眉公云：天上無雷霆，則人間無俠客，鄭屠以虛錢實契而強佔金蓮為妾，此是勢豪長技，若無提轄老拳，幾咎天網之疏。」《二刻拍案驚奇・卷十二〈硬勘案大儒爭閒氣，甘受刑俠女著芳名〉》則說，朱熹因有成見，勘錯了案子，「晦翁問錯了事，公議不平」；而朱熹卻以為是民眾刁頑，「慨然嘆息道：『看此世界，直道終不可行』，遂棄官不做。」其後偶然發覺，幡然改悟，原書眉批便說：「愈見奸民可恨，朱子未嘗不公。」朱子、民眾、批書人及作者，在這裡不都顯示了直道在民、共同嚮往公道世界的意義嗎？

公道是社會道德的基礎，沒有這個基礎，其餘就崩潰，因此，整個法律系統，常被稱為公道系統。[51]俠義故事，習慣性的與公案故事聯結在一起，也暗示了他們之間的關係。譬如說俠之所以要違背國家法律，做出犯法的勾當，是因為主持社會秩序者貪贓枉法，不公道。清官、忠臣撥亂返正，洗刷不公道的陰霾，俠客自然就會與他結伴而行，俠義故事歌頌廉正官，也就是在明說公道之重要（**一般論者不明此義，輒謂此為奴化之俠。大謬**）。

也就是因為這種公道正義的政治義務觀，使得大家把俠之反叛社會秩序，理解為對公道的維護和追求；把俠的本來面目掩蓋了，而歌頌一個公道的化身。——這，就是俠義崇拜的社會心理與基礎。由這樣而形成的正義迷思，已經把俠變成一個神聖而具有抽象意義的東西了。我們賦與俠很多優美的品質，卻淡忘了他們積存在歷史黑暗面的穢惡；不斷讚美他們對不公道秩序的反擊，卻無意追問這種反擊是否出自盲目的非理性衝動；更不會想想在反擊的過程中，由於俠之輕賤生命，枉殺了多少無辜良民，造成了多少不公道；至於社會秩序本身是否真的不公道、追求公道是否即必須打破如「王孫公子／農夫」這樣的社會階層劃分？其「替天行道」，是否只是代表了個人權利和社會整體利益之間的衝突、是任意擴張自己權利的藉口？

假如這些都不曾在我們的研究中出現，那麼，截至目前為止，我們雖然已經有不少的俠之研究論著，但那都只能稱為正義的迷思，除顯示他們對俠的「意底牢結」之外，恐怕不能稱為學術研究。

這樣斷然否定了所有前人的研究成果，似乎不夠厚道。但學術是殘酷的，厚道云云，基本上只是「訴諸憐憫的謬誤」，不應溷跡於學術之研究之中。不過，我們對前輩的心血依然十分敬重，因為他們提供了我們一個反省的機會，讓我們更清楚的了解什麼叫做迷思，以及迷思在社會上造成的影響。

（四）英雄的崇拜

1. 英雄的崇拜

正如前文所引《花月痕》第一回說：「直道在民，屠沽本英雄之小隱」，在俠義小說裡，一般總稱俠客豪傑為英雄。(52)而這些英雄，本是在社會心理普遍追求嚮往正義的情況下，才被民間普遍崇仰的，所以他們代表了一種正義天使的形象，專門紓人急難。(53)

然而，英雄崇拜本身也是個複雜的問題，我們可以說，由於人間的不公平，所以我們希望能出現英雄予以救濟。但英雄的意義，遠超過這些。每個民族，無論在遠東、在非洲、在北歐，也無論是中世紀、是上古、是現代，英雄總在人群中出現。從聖經中的英雄參孫、波斯的英雄魯斯丹、巴比倫的英雄吉加麥許，到美國漫畫及電影中的超人，均是如此。對英雄本身的嚮往，是每個民族和時代的夢：英雄夢。

在這個夢裡，英雄必定帶著他超人的力量降生，很早就顯出他與眾不同的神力，如嬰兒時期的赫印力士殺死兩條巨蛇、年輕的亞瑟王抽出石中劍、哪吒打死龍王三太子等等。然後，他常常有一位強而有力的保護人、導師來幫助他，以使他能執行許多困難的任務。而且，他也常有一些能力也很不錯的朋友，輔翼他、並補償英雄所顯露出來的弱點。他常獲得寶馬神矛等神兵利器，也保障了他在未來與邪惡勢力搏鬥時能夠成功。

然而，經過一連串勝利之後，超人的英雄終於也常常因為某些因素，例如天生的弱點、神的旨意、或驕傲不經心而失敗，並以「英雄式」的犧牲結束生命。——注意，近代武俠小說也在重覆此一模式。

但是，為什麼每個人都崇拜英雄，都有點幻想自己就是英雄呢？為什麼每個英雄故事，都不脫以上這樣的模式？這不是渴望社會壓抑獲得補償所能解釋的，它必然有著更深刻的心理因素，深入到人存在之處境及意識發展的過程裡去。

榮格（Carl G.Jung）曾解釋英雄式神話的根本作用，是發展個體的自我意識。他認為，在每個人意識心靈中，都各有其陰邪面，其中含有邪惡、有害和破壞性的成分。而在人格成長的過程中，自我必然會跟陰邪面發生一些意識的衝突。與「黑色的禽獸」（bêtesnoires）搏鬥。在人從原始到意識的奮鬥歷程裡，這種衝突，就常由原型英雄跟宇宙邪惡力量互相爭抗來表現。所以，在個體的意識發展中，英雄意象即是顯示自我征服潛意識心靈的象徵。

由於自我終究必須衝出潛意識和不成熟的束縛，因此英雄便也必須跟巨龍、怪獸、奸臣、惡霸等格鬥。而這種格鬥，又是沒有保障的。英雄雖然天姿神武，但也常被鯨魚怪獸吞食、被奸臣陷害、為國捐軀。這就是英雄的祭儀，表現在這死亡與再生之間，自我以他自己做犧牲，強化了他自己的意識。㊹

這才是英雄之所以出現的心理因素。我們當然也不否認，英雄之創造與崇拜，可能還有其他原因，然而榮格此說，實在替我們找到了一條很好的解釋途徑。例如：英雄救美，是大部分英雄故事中很被強調的一環。這種救美的行動，通常都表現了英雄的氣魄與勇力，能對抗邪惡，從水深火熱的困局中救出弱女，令人敬佩；而此女又為美女，則更令人欣賞。

但這些英雄不論後來是否與此美女結為鴛侶，在搭救的過程中，英雄必然是貞定剛正、毫無邪念的，充份表現出敬重守禮的美德。從話本小說《趙太祖千里送京娘》（**警世通言卷廿一**）、章回小說《粉妝樓》裡〈粉金剛千里送蛾眉〉（**五一回**）、《三國演義》裡〈美髯公千里走單騎〉（廿七回）護送二位皇嫂，到歐洲中古的騎士、現代漫畫的超人，無不如此。

但是，另一方面，英雄也是憎厭女人的人，俠盜傳統中有所謂「陰人不吉」的說法，而像《水滸傳》那樣的小說裡，宋江何等英雄，但除了吃閻婆母女的虧，又曾被劉高老婆恩將仇報而陷身縲絏；第二好漢盧俊義，差點兒讓妻子賈氏害死；史進與安道全被娼妓出賣；雷橫被歌女白秀英害苦；潘金蓮鴆死武大，武松若德行武功稍差，也會毀在她手裡；同樣，若不是石秀機警，潘巧雲送楊雄一頂綠帽，還會害了他的命。宋江說得好：「但凡好漢，犯了『溜骨髓』三個字的，好生惹人恥笑。」（卅二回）其他各種英雄故事裡，英雄雖然不見得皆如《水滸》這樣，其英雄也必然是不好女色、不放縱情慾的。⑤⑤

這固然不出於同一原因，例如中古歐洲騎士那種不近女色，保持發乎情止乎禮的風範，主要是受到對聖母瑪麗亞崇拜的影響。但是，同樣的，十五世紀的盾牌上，也畫著武士跪在心愛的女人前面，身後即是死亡。歐洲中古在崇拜女人的同時，也產生了對女巫的信仰和迫害。⑤⑥

為什麼會出現這麼矛盾的現象呢？榮格解釋說：女人即是陰性特質（Anima）的人格化，救出美女，暗示他已成功地解放了陰性特質，使自己得到安心。利用這個說法，我們也可以說，因為陰邪面必須壓抑或克服，唯有不被女色所迷惑，不被陰邪面所擊倒，才能成為一位真正的英雄。⑤⑦

這一類英雄，當然並不僅限於俠。比俠更符合這種英雄性質及受到英雄崇拜的，毋寧是像關公、岳飛、秦瓊這些人。他們在我們的社會中，比任何俠客都更受歡迎、更受崇拜。一般俠義故事，也很少像描寫這些英雄般地詳述其出身、天賦、神矛寶馬之類配備、朋友與教師之類輔助、失敗死亡的悲壯歷程等等。[58]

俠只部分吻合一個真正英雄的條件，他也是英雄，許多俠義故事，即逕以英雄稱呼俠士，如《兒女英雄傳》；但畢竟不是一個民族心目中真正完美的英雄，沒有像關公那樣，天生神力，提青龍偃月刀、跨赤兔馬，縱橫天下，千里走單騎、過關斬將、義薄雲天，而最後因驕傲而失敗，死後復活，降神於玉泉山一套完整的記錄，自然激不起人們英雄的嚮往。

2. 存在的虛無

然而，俠終究還是被視為英雄的，他雖不完全吻合英雄的條件，可是，誰比他們更像個英雄？俠是把英雄的某些特質發揮到淋漓盡致的人。例如英雄必然具有超人的能力，俠也強調這一點，而且愈來愈誇張，由擅長拳勇而逐漸成為劍仙，充分展示他超人能力的一面，引起人們的好奇與驚嘆。

其次，英雄必定要跟邪惡勢力搏鬥，俠客亦然。這種搏鬥，充滿了危險，隨時可能會喪命，既緊張刺激，又能帶來因罪惡消除後，道德得直的寬慰，也非常吸引讀者。另外，俠與英雄一樣，都面臨一個死亡的儀式，但是俠客特別強調這一點，遂塑造了比一般英雄更壯烈更奇異的形象——「風蕭蕭兮易水寒，壯士一去兮不復還！」

那是一幀永恆的劇照，《史記》寫荊軻入秦，祖道易水時，「太子及賓客知其事者，皆白衣冠以送之。至易水之上，既祖取道，高漸離擊筑，荊軻和而歌，為變徵之聲，士皆垂淚涕泣。又前而歌曰：風蕭蕭兮易水寒，壯士一去兮不復還。復為羽聲慷慨，士皆瞋目，髮盡上指冠。於是荊軻就車而去，終已不顧。」

站在理性的角度看燕太子丹和荊軻，此舉可謂大愚。[59]然而慷慨悲歌，足令後世掩袂流涕者，正是這昂揚激烈的情意生命之表現。這種表現，絕對不是道德理性所能規範的，它純屬感性生命的抒放。它面對死亡，也選擇了死亡，藉由死亡來完成生命的價值。

這是俠客故事比一般英雄事蹟更迷人的地方。他們不見得像大英雄那樣，獻身於理想或道德理性所規劃出來的正義，有死無悔。他們只是隨時表現出輕於一死的氣概，「輕身一劍知」。死亡對他們來說，彷彿即是成就俠士形象的一道手續，一旦成為遊俠，生命就不再緊緊握在手上，隨時準備交付給死神，引刀一快。[60]

這到底是一種什麼樣的生命型態？他們漂泊的屬性，是否也呼應了這種生命，顯示它在存在的基底上，含有某些奇特的內涵？

是的，在文學作品中、在歷史上，俠似乎代表了一個飛揚跳脫的生命，以他的個體意志，遨遊於社會秩序之外，並拋擲其生命。那麼，他們生命存在的基底究竟是什麼呢？

當一個人意識到「我」是從一未知的深淵被投擲到這個世界的「這裡」時，人便發現自己的存在徹底地被虛無所貫穿。這種為虛無所貫穿的存在底基，並不只是純粹主觀意識所把握到的，它尚有其客觀的意義。因為在意識中呈現的虛無，並非對應於「實有」的消極概念，事實上，它是一切存在的活動，包括意識活動的可能基礎。

這也就是說，虛無的意識不僅揭示人的存在的被命定性，同時開顯世界為一種可能性，一種有待於我們存在活動來充填的可能性。我們因此可以說，遊俠形態的存在基底，是為虛無所貫穿的一個可能的存在歷程。

伴隨著虛無性意識而來的是不安的心境。宇宙的流行與生命的發展，缺乏理性所提供的規律與格度，一切都是剎那無常，一切都是浮動不穩。對於完美或平安的企求，也沒有現成的保障，因為就遊俠的生命而言，上帝或良知只不過是一個虛概念罷了，因此，充盈於遊俠生命的只是情意的、感性的激力。

這樣的生命是有限的。生命的有限性可從自然世界或自己的經驗中體察得到，因為有限性展露在生命歷程中是一種很明白的現象，生老病死，從存在到不存在，從剛強到腐敗，在在都是顯露出生命的有限。一般人在面對生命有限性的問題時，是以曖昧的宿命論信念輕易地將之解消，可是一個遊俠形態的人，生命的有限感卻是蟄伏於生命底處的基本性格之一，而且直接地影響到行為的取向。

虛無性的意識，不安的心境、生命的有限感，這些是遊俠形態的存在基底，但不限於遊俠形態所僅有，因為建立在這種存在基底的生命可以有不同的發展，如發展為道家形態或佛家形態。因此，我們要進一步的追問，如何從這種存在基底去構成遊俠的獨特形態？換言之，在生命歷程中，遊俠是採取何種的方式來完成自己？其價值取向是什麼？這是詮釋遊俠生命形態的終極問題。

從遊俠的歷史傳統裡，發現一個共通的事實：「死亡」是遊俠所採用來完成生命價值的方式。死亡原是內存於生命之中，並不是相對於或外在於生命。惟有「我自己要死」時，死亡才呈現出真實的意義，而「他人」的死亡都是落在第二義以下。一般的人都有逃避死亡的傾向，甚者視死生為夜旦的的思想，也是某種嘗試逃避死亡的方式；但是遊俠卻選擇死亡的方式，用意何在？

我們知道，軀體生命總會歸於死亡，這是機械性的必然發展，非意志所可左右，因此人們無法從自然死亡中建立價值；然無論如何，死亡總是生命發展的極限，遊俠便企圖以意志的決斷，透過死亡方式的抉擇來解消生命的有限性，藉此挺立其人生價值。

如前所述，虛無感、不安感、有限感構成遊俠生命的存在基底，缺乏清明的道德理性來建構一個有秩序的價值世界，因此只能訴諸情意的激力，來開創另一種形態的價值世界。以情意的激力透過死亡的方式，才發現到自己是自由的，這自由便是遊俠形態所要肯定的價值所在。這「朝向死亡的自由」並沒有嚴肅的道德意味，而是情意性的抒發的自由。因此，我們可說，遊俠生命所開創的是美感的價值世界，換言之，遊俠的生命情調，就是美感的生命情調。

從歷史的記載、小說或影劇的刻劃中，遊俠人物總是出現在蒼茫的背景裡，孤寂的身影、落寞的神色，我們所看到的竟是一幅絕為淒美的死亡意象。死亡就像是燃燒一般，短暫而熱烈，一閃便消逝於天地之間。燃燒的光亮也許會照亮他人，但是對遊俠而言，這是不重要的，因為燃燒的目的便在於燃燒自身，燃燒本身是價值所在，燃燒即是美。[61]

這個淒美的意象，便如此深深地撼動了被存在的虛無所包圍的人、每一個人。人們在虛無、不安、有限的生命歷程裡，他發現了俠，希望仰賴他作為虛無人世的依靠，視俠為英雄，為現世虛枉與不公的救星。可是他依靠的，不是一顆燭照清明世界的星星，而只是一團依偎著死亡的火焰，悲壯的美感攫住了他。虛無而空洞的心靈，在這悲劇性的美感中也彷彿得到了淨化，反而激揚起個體盡氣昂昂的生命，讓你也奔向那團熊熊烈火，一塊兒做死亡的高歌。

3.浪漫的遨遊

死亡的燃燒，是虛無的人生中尋求超越虛無和有限的一種途徑。而遊俠，不但在投向死亡的旅途中顯示了這層意義，旅遊，本身就是一種企圖超越的象徵。

在神話或夢境中，孤獨的旅程往往象徵超越的解脫；現實生活裡，每個人也都喜歡從密封的生活模式中，藉旅遊來做些改變，藉旅遊而獲得從固定情境中解脫出來的自由；至於冒險，更給人一種解脫、衝出定限生活的意象，表現了超越的特徵，令人嚮往。(62)

而遊俠，就吻合了這些心理期盼。他們「負劍遠行遊」的形象，跟「握君手，執杯酒，意氣相傾死何有？」（鮑照・代雉朝飛）的悲劇美感，重疊堆積，成了一幅醉人的俠客圖。他們的生涯，永遠是在風塵、在江湖、在馬嘶、在霜雪中，所謂：「別我不知何處去，黃昏風雨黑如磬」（貫休・俠客），充滿了神秘、魅異，而又帶有濃厚的飄泊性格。千山獨行，浪跡天下，把人類能夠藉由遨遊而獲得的自由，發揮得淋漓盡致。

因此，綜觀遊俠的生涯，即彷彿在進行一場象徵超越解脫的夢。在這個夢裡，人們藉著俠客的遠遊，把自己從僵硬、封閉而且有局限的生活情境中釋放出來，同他一道展開一趟漂泊天地的旅程。不論這個旅程是否有所追尋（如英雄追尋母題所顯示的種種情況），旅遊本身就已經使人感到自由了，何況俠的冒險生涯又如此新異多姿，他們「乘我大宛馬，撫我繁弱弓，長劍橫九野，高冠拂玄穹，慷慨成素霓，嘯叱起清風，震響駭八荒，奮威曜四戎。濯鱗滄海畔，馳騁大漠中」（張華．壯士篇），當然就更讓人覺得好奇了。

但是，正如俠之奔向死亡，是源於內在虛無感的趨迫；俠的遠遊，又何嘗不是來自存在虛無的體會呢？

所謂「仗劍去國」，是將自己有限的生命，投向一個遼闊而不可知的世界裡去。在那個世界，也許有可以達成的理想，也許有值得追求的目標。但一切都不重要，重要的，是自己不能不粉碎既已擁有的一切、截斷一切已有的牽絆，把自己孤獨地拋擲出去；並且，永無休止地進行一場沒有終結的流浪。

流浪者的故事裡，沒有香花，也沒有燭火，有的只是偶爾一閃的劍光和永遠寂寞的聲音。他本是在存在虛無感的壓迫之下，為了衝破個體有限性，才把自己投向孤獨的旅途。但現在，他卻又因旅遊，而永遠擁抱著孤獨。他的自由，變成了毫無著落的虛無；他的超越，形成了難以排遣的寂寞，於是，他開始尋求「知己」了。

鮑溶〈壯士行〉：「砂鴻嘷天末，橫劍別妻子，……山河不足重，重在遇知己。」[63]求知己，是俠客行中幾乎唯一的「目的」。但知己何在？流浪的結果，只能讓人體會世態炎涼和自我的孤寂，很難獲得與他人相互感通的契機。即使偶爾有此知己，俠客也迅速投向死亡，以死來報達知己之恩——因為知己一旦出現，即意味孤獨的旅程業已結束，俠客孤獨漂泊的生命也走到了盡頭。

這樣的生命，這樣的結局，其實正是人之存在普遍的虛無之感。因此，對於這種遠遊，我們無不寄予深刻的嚮往；而其寂寞，也正是我們存在的感受，當然會令人興起同情的憂戚與悸動。

所以說，俠，如果是英雄，那麼，他是種很特殊的英雄。而這種的英雄之所以會出現，其實是因為有了英雄的創造者。每個人都是英雄的塑造者，在我們的意識底層、在我們的存在感受中，逼出了「俠」。俠本來不是這樣的英雄。例如前面所說的，遊俠之遊，多半是指他好賓客交遊的意思；但是，在我們的英雄企求中，俠卻扮演了一個超越的象徵的角色，「遊」，變成了浪跡天涯、流離於社會體制之外的意義。

其實，大部分文獻都指出了俠客活動的區域多半很狹小，橫行州里、坐地分贓或剽掠行商，遠比負劍遠遊常見。而遠遊也不是為了自我生命的解脫或超越，而是為了廣為結交。但是這些，都在人們英雄崇拜、超越孤獨和存在虛無之感中被部分轉化了。俠，變成了兩種人，一種是實際存在著活動的人，一種則是一種象徵。

這種象徵，其實即是內在有成為浪漫主義英雄的企圖，外現出來而已。生命在空無中流蕩，造成了焦慮與不安，想藉著旅行或流浪來表現超越的企圖；並希望藉著這種超越，重新發現自我，抓住世界，反對集體價值。因此他習慣於把自己拋擲在曠野無人之處，獨自做著生命原始力量的發洩。沉浸在這種自我放逐和奴役的氣氛與行動中，使自己獲得滿足，同時，又幻想會因此而受到原來社會英雄式的歡迎，歡迎他回歸：「斬得名王獻桂宮，封侯起第一日中。」（張籍・少年行）㊽

這是人們在存在感受中深切的渴望，可是在現實上，卻很難真正辦到。很少人真有勇氣掙開社會倫理結構、斬斷一切牽絆、逃離集體價值與體制，讓自己去流浪。生命力也僵在固定的生存格局裡，無法發舒發洩。平淡的生活，更不可能忽然成就什麼偉大的事功，來表示自己存在的意義。所以他必須寄望於一種人，這種人是漂泊的英雄、是個人生命力原始的展露，這種人象徵了他內在的願望，於是，他為「他」鼓掌。這個他，據說就是俠。

為什麼把俠看成這樣的英雄呢？因為在我們既有的社會體制裡，只有俠，才有資格逃離社會常規，不顧社會集體價值，「身在法令外，縱逸常不禁」（張華・博陵王宮俠曲）。當然只好以他來賦予我們浪漫的想像、塑造他成為浪漫的飄泊英雄了。

（五）歷史研究的方法

1. 歷史詮釋的辯證

通過以上的論述和辨析，讀者可能會覺得我似乎有點夾纏，似乎我一直想告訴讀者：你們對俠的認識、理解和感情都搞錯啦，真正的俠不是那個樣子。但是，我一方面要解釋歷史上真正活動過的俠是什麼面貌，一方面又要描述在歷史上一般人所認為的（歷史上的）俠是什麼——例如漢朝人認為的俠、清末人認為的俠、民初人認為古代的俠、現代人認為的俠；以及漢朝人認為古代的俠、清末人認為古代的俠、民初人認為古代的俠等等——同時，我更要追探為什麼會有這樣的俠和這種對俠的理解。這是好幾個層面及性質各不相同的問題，何以夾纏到一塊兒呢？

不錯，這些問題各有不同的性質與層次，但為什麼會糾纏成一團呢？這其實正涉及了「歷史是什麼？」「人如何認知歷史」等根本問題。這些問題，我試圖分兩點來說明：

一、假若我們把歷史上實際發生過的事，稱為歷史的實在體（Reality），則各個史家對這一實在體的描述，就是所謂的「歷史」。換言之，真正的歷史真相是什麼，早已渺焉不可知；所能知者，只是史家對於它的描述與解釋。然而，眾所周知，一隻紅蘋果，由三位作家來描述，絕不會全然相同。觀察者對歷史事件的理解與關切，在能力和注意面上都不一樣，觀察的角度亦復相異，描述能力和習慣更是不同。所以，同時代或不同時代的各個史家，對同一件歷史事實，必然會有不同的陳述與了解。而這種理解，正與他個人存在的感受、時代的召喚、關注的問題息息相關。此即克羅齊所云：「一切歷史都是現代史」所蘊涵的精義。

由此，我們便可知道：我們很難知曉歷史實際的狀況究竟是什麼。「七月七日長生殿，夜半無人私語時」，既無人得知，後世亦無從懸想，只能仰賴史家的遺著（**含有濃厚想像性描述的遺著**），來勾勒歷史的相貌。

其次，各個時代的史家，雖然已從遺著中得知了「歷史」，但他們也並不只是複誦或抄錄舊文便已滿足，他們必然也會在誦讀遺著以理解歷史的同時，摻入了他自己的感受和關注（若不如此，他也無法了解歷史）。所以，每個時代的史家，對於歷史的理解與詮釋，均不相同。一個歷史事件，絕不只是靜態的、固定的，而是動態的、發展的。歷史之所以能對現代人有意義，其原因在此。

而同樣的，任何一件「歷史事實」，都相對地會出現關於此一事實「詮釋的歷史」。例如俠，相對於歷史上真正的俠的歷史事實，從《韓非子》、《呂氏春秋》、《史記》、《漢書》、《漢紀》……一直到章炳麟、梁啟超、陶希聖……等等，就成了俠的詮釋史。仔細觀察這一詮釋史，我們自會發現每一時期甚或每一史家，對俠的詮析，都有他特殊的理論背景及意義關懷、時代感受在支配他、在影響他。

而這樣的詮釋，本質上是不等於歷史事實的。但你也不能說他一定違背了歷史事實，因為觀察者所見之車禍，雖未必定為車禍之真相，卻總是對車禍的一種理解；而且這一觀察或理解，若是由觀察者的存在感受所喚起，則更可能深入或開展了「歷史真實」某一方面或層面的蘊含與意義。我們的工作，雖然是想要探詢歷史事實，可是實際上，我們亦不能不通過這一詮釋的脈絡，來掌握所謂的「歷史事實」。

所謂不能不通過的意思有二：一是指沿續、推衍或引申，一是指反對、修正或棄絕。歷史的詮釋與研究，即在這兩種情形之下，不斷地推動著前進。只是，什麼時候該沿續與推衍，什麼時候該修正與棄絕呢？簡單地說法，是說，在詮釋與歷史事實對證時，如果不吻合了，就應該修正。

但，如前所述，歷史事實本不可知，我們怎麼能拿它來檢證詮釋是否偏差？何況，歷史事實若已知道，又何必詮釋？因此，這其實不干歷史事實的事，而是詮釋與詮釋之間辯證的發展。我們衡量一個歷史詮釋是否可信，根據兩種判斷標準，一是查考「歷史的證據」，一是檢驗其推論之強弱。

任何一個歷史詮釋，都必須根據詮釋者所選擇及判斷過的證據（**注意：這些證據，沒有一條是自明的、屬於歷史之事實的，包括考古資料在內**）。而我們檢查時，首先就應該先看看這些證據是否足以支持其詮釋；有關證據的理解，是否有明顯的錯誤或仍有包含其他理解的可能。然後，再以其他詮釋者（**包括自己**）所提出的證據，與他互相對勘，看看他的詮釋是否足以包容這些證據、有沒有蓄意扭曲或忽略某些證據，而這些證據如果加入其詮釋系統中時，會不會迫使其詮釋必須擴大、縮小或修正。

至於推論之強弱，主要是指史家對歷史「證據」的解釋而說。史家面對材料，他用他的眼光及他所關切的問題來處理資料，構成解釋。我們看著他的解釋，即必須找出他所關心的問題，並用問題來「質問」他，看他的推論、他的解答是否周密，其有效性及推論的強度又如何。拿其他史家和自己來跟他比，則更能釐清問題與問題之間的相關性和變異性，對推論的強弱及涵蓋度，也較能掌握。[65]

二、詮釋的歷史，經過這樣的辯證發展，會形成一條清晰如渠道的脈絡。但是，關於這一詮釋史的性質，我們仍不免要稍加說明。

如果站在「實在論」（realism）的立場說，這些不同的詮釋者，乃是針對一個共同的對象，作了不同的解說。依其年代與順序把這些解說排列下來，即成為歷史的解釋史了。研究歷史的人，他的任務就是問：譬如，關於俠的性質，章太炎和梁任公不同，到底誰的正確？或者，更精確點說，「梁啟超對俠是怎麼說的」，是一個詮釋史的問題，「它是否正確」，則是另一個問題。研究詮釋之發展與變遷時，可以完全不處理它的真偽，而只問：「它說了什麼？」㊅

但事實上，你若真正去研究他們說了些什麼，你就會曉得司馬遷所說的俠，跟章炳麟、梁啟超乃至顧頡剛、郭沫若，好像並不是同一種人。這種差別，猶如柏拉圖的《理想國》和霍布士的《巨獸》（Leviathan），雖同樣關心政治，但他們所提出的政治理論並不相同。而這種不同，你不能說他們都是針對「國家的性質」提出的不同解釋，應該說是兩人所認為的「國家」根本不是同一回事。柏拉圖的「國家」，指的是古希臘的城邦，霍布士則指的是十七世紀君主專制體制下的國家。兩人的理論，就是在分別說明這兩樣東西。俠也是一樣，在史書裡、在民間、在文學作品中、在別有懷抱的思想家手上，「俠」這個字辭，指的常常不是同一個東西。㊆

因此，我們不做俠的研究則已，要做，就要：（1）仔細弄清楚各個詮釋史說了些什麼、為什麼如此說。（2）他說什麼時，是針對什麼來說，跟其他人有何不同。（3）城邦與君主專制政體下的國家之所以不同，是因為經過了歷史的演變；而其間，也是因為二者可透過歷史過程的追溯而互相關聯。所以，我們必須注意到，詮釋時之所以會出現甲所說的俠與乙所說的俠並不是同一回事的情形，正與歷史的過程有關。

以俠來說，唐朝以前，對俠的看法雖然也頗有差距，但畢竟談的仍是城邦式的「國家」，唐末以後就不同了，某些人筆下，俠乃接近古義；某些人筆下，則蛻變為專制政體下的「國家」了。就歷史之關聯來說，它們說的當然都是俠，無奈卻是不同的俠。我們在上一章，曾徵引不少小說戲曲的材料與史籍對勘，不知者以為夾纏，其實是有深意的。

事實上，目前研究俠的文獻，雖已汗牛充棟，以此處所談方法論的思考來檢查，則可說沒有一部或一篇是合格的。在證據和推論上，也有不少弱點可供指摘。

2. 證據與推論的檢討

郭沫若《十批判書・古代研究的自我批判》一文，曾說：

學者差不多普遍地有認為任俠出於墨家的傾向，但那是不大正確的。司馬遷很同情遊俠，曾為俠士們立傳，除掉把延陵、孟嘗、春申、平原、信陵，都認為是豪俠之外，而他說「閭巷之俠，儒墨皆排擯不載」，可見俠固非儒，然亦非墨。墨家的行誼有些近於任俠是實在的，但儒家裡面有漆雕氏之儒，「不色撓，不目逃，行曲則違於臧獲，行直則怒於諸侯」（韓非・顯學篇），而卻為墨家所反對，謂「漆雕刑殘，辱莫大焉」（非儒篇）。漢初甚至有道家而「尚任俠」的人，最明顯的如張良，如田叔，隱僻一點的如黃石公，如樂巨公都是。足見任俠出於墨，實在是富於蓋然性的揣測，而缺乏事實上的根據。

主要是由於墨家的基本立場隱晦了，我們只看見他們在「摩頂放踵」或「赴刃蹈火」，而忽略了他們是在為誰如此。最好是平心靜氣的地把〈非儒篇〉來研究一下，在那裡面，墨家非毀儒者都是以幫忙私家——所謂「亂臣賊子」為根據的，那麼墨家自己豈不是明顯地站在公室一方面的嗎？這種立場和任俠的態度根本相反。因此，我很誠懇的請求研究古代思想的朋友們，應該從這項資料上來重新加以考慮。

所謂從資料上重新考慮，指的就是歷史的證據問題。主張俠出於儒或出於墨的先生們，不是穿鑿附會，牽引有限的史料，做想當然爾的草率推論；就是對俠和俠義精神另有解釋，徵引儒墨，只不過是強六經以注我罷了。如章炳麟、梁啟超，這種傾向都很明顯，故有濃厚託古改制的意味。

我們當然不否認某些儒者「性豪俠」或「任俠行」，前引《魏書·儒林傳》的李興業，就是這一類人。但某些儒者性豪俠，是否即足以證明俠出於儒或儒俠一源、儒與俠為一體之兩面如近人所云云呢？這根本是推論上的跳躍、邏輯上的謬誤。何況，孔子、子路，或許有「士損己而益所為」的傾向，然而其是否為俠，是要從學說內容、整體行為上去考量的，不能僅因性格勇決果毅或有一兩件較豪壯的事蹟，便說他們是俠，這樣俠的定義及認定就太廣泛了。弄到後來，像〈懶殘〉〈錯斬崔寧〉竟然都可以視為俠義小說，而陶侃、楊業、劉基，乃至今天的拾荒老人王貫英等，一切我們喜歡的人，也都可以被視為俠士。這那裏是研究的態度呢？

再者，儒與墨，不論其來源是否為一種身分或職業，儒墨是以其學術主張為內容的。儒可能起於教書匠、可能本是司徒之官、可能是祭司，但儒之所以為儒，卻不因它是教書匠或祭司，而在於它的學術內涵。墨家亦然。故能成為九流十家之一。俠則不然，信陵春申等四豪，究竟有什麼學術立場及學術內容？「羅睺年十五，善騎射，好鷹狗，任俠放蕩，收聚亡命」（隋書・周羅睺傳）「若思有風儀，性閒爽，少好遊俠，不拘操性」（晉書・戴若思傳）「河平中王尊為京兆尹，捕擊豪俠，殺章及箭張回、酒市趙君及都賈子光。皆長安名豪，報仇怨、養刺客者也」（漢書・遊俠傳），這些俠，有什麼共同的思想淵源和學術主張嗎？若沒有，則他們與儒或墨，基本性質即不相同，焉能併為一談？[68]

另外，在證據上，由於先秦及秦漢間有關俠的文獻記載甚少，因此論者除了恢拓其想像之外，便是夤緣附會《史記》的資料，推衍出俠源於儒的結論，以季次原憲為俠。

其實前人早已指出太史公在寫遊俠時，主意在儒，而以儒俠相提，是借客形主、上下相應，如以閭巷之儒照閭巷之俠之類。劉辰翁說得好：「緩急者，人之所時有也，更自藹然叩其意，本不取季次原憲等，蓋其言有何功業，而志之不倦。卻借他說遊俠之所為，有過之者而不見稱。」換言之，太史公寫遊俠，基本立場，是抱著一份歷史的同情，認為遊俠行雖不軌於正義，但其行為，「蓋亦有足多者」。

這是惡之而不沒其善的寫法，與他對儒的態度和評價迥然不同。舉季次原憲等，只是一種對照，逕據此而言儒俠一源，實在謬以千里。何況，《遊俠傳》中明確地提到：古布衣之俠、孟嘗春申之徒、閭巷之俠，「儒墨皆排擯不載」；又說：「魯人皆以儒教，而朱家用俠聞」、「軹有儒生侍使者坐，客譽郭解，生曰：『郭解專以姦犯公法，何謂賢？』解客聞，殺此生，斷其舌。」這些，都證明了把儒與俠牽連在一起，除了心理上的滿足之外，毫無歷史根據。同理，「儒墨皆排擯不載」的俠，當然更不可能屬於墨者集團了。

儒俠一源，還有另一種說法，那就是從封建解體和士的蛻變，來說明儒與俠都是從封建社會中「士」的階層，分化演變而成的。

這一講法，基本上有一前提，即：春秋以前的周代社會，乃是一個類似歐洲中古封建莊園的社會。把周朝「封建親戚以蕃屏周」的封建制度，等同於西歐中古的**feudalism**（英文）、**féodalite**（法文）、**Lehnswesen**或**Feudalismus**（德文），實在是一件因翻譯語詞而生的誤解。

周代封建之與西歐封建不同，基本上在於西周封建的骨幹在於封建親戚，諸侯對天子，有事天下之大宗的意味；歐洲封建領主（Lord）和陪臣（Vassal）的關係則是人為的，基本骨架是社會性的。而陪臣從領主處獲得租地（beneficium）後，農人承租其地也要行臣屬禮（homage），宣誓輸誠盡忠（fealty），形成一種封建莊園的經濟剝削關係。因此這種關係所強調的，是土地享有權及其所附屬的權利義務。

它有幾個基本觀念，一是凡有領土的人都有權統治別人。二是一切政府都以契約為依據，統治者必須同意依照人為的與神聖的法律，公正地來統治；被統治者必須宣誓服從。三是以有限主權之理想為根據，反對絕對的權威。換言之，封建政治重法治而不重人治，統治者無權制定法律，法律是風格及上帝意志的產物。這與周朝氏族封建的土地制度、基本精神及運作法則，顯然差別很大。[69]

第四、西歐的封建，雖然東西南北英法德西等各各不同，但大體都承「因」於日耳曼氏族社會晚期的隨從（Comitatus）、羅馬衰微時的主客保護關係（Patrocinium-commendation）和日耳曼人入侵時的土地授與（precarium-beneficium）；而八世紀西班牙回教徒北伐，十世紀中葉以前匈牙利人的西掠，及稍早北蠻騷擾，則是封建制不同的「緣」。故法國史家布洛克〈封建社會〉（March Bloch，La Societe Feodale）即以外族對西歐的侵凌為封建的起因。反之，周之封建，乃是東嚮翦商成功後，向外擴張的結果，兩者性質及起源亦復迥異。[70]

第五，據韋伯（Max Weber）的分析，封建制可以區分為基於采邑的采邑封建制（feudalism），及另一種基於俸祿的俸祿封建制（Prebend feudalism）。而有關采邑的問題，韋伯認為是基於純粹個人關係，當領主或封臣死亡，此種關係即告消失，采邑必須歸還；而歸還之采邑，領主也必須在一定期內再授予具有相同身分的封臣。受邑者的生活型態即屬於騎士身分團體，維持此一效忠契約義務的法律基礎，就是騎士身分的榮譽。采邑，亦被視為維持騎士身分團體成員生活的基金。至於封建領主，也常會發展出官僚系統，來保持其權力以對抗封臣。[71]

這種采邑，跟周代的分封諸侯完全不同。諸侯之封，不基於個人契約關係，其契約亦非「兄弟式的關係」。韋伯雖認為秦始皇以前的古代中國封建制，至少有部分是采邑的結構，但其實西周奠基於血族姻親關係的封建結構，無論如何是不能與歐洲中古封建相提並論的。⑫

不過民國二十年左右，大家對中西封建並無深刻的認識，故習慣作此比附，如張蔭麟《中國史綱・上古篇》頁廿八說：「周代的社會無疑地是個封建社會，而且在中國史裡，只有周代的社會可以說是封建的社會」，即是其中一例。

但到民國二十三年，郭沫若寫〈古代研究的自我批判〉時，便開始追問：「封建社會是由奴隸社會蛻化出來的階段，生產者已經不再是奴隸，而是解放了的工農，重要的生產工具，以農業而言便是土地，已正式分割，歸為私有，而且剝削者的地主階層出現，在工業方面則是脫離了官家的豢養，而成立了行幫企業。建立在這層上面的國家是靠著地主和工商業者所獻納的稅收所維持著。周代，尤其是西周經濟情形究竟是不是這樣的呢？」

而在這種追問之下，大家乃逐漸發現周代的土地制度不是莊園制，周代亦不是封建社會。因此，即使是主張遊俠與辯士皆出於封建莊園解體的陶希聖，後來也不認為周代是莊園社會了。

當時既不是封建社會，士與武士騎士便很難牽合附會得上了。傳統的說法認為騎士的起源，與鐵鎚查理（Charles martel）於西元七三二年不瓦郡（Poitou）擊敗西班牙回教徒有關。當時法蘭克（Franks）軍隊以步兵為主力，回教徒則組織了騎兵，鐵鎚查理雖擊敗回教徒，卻無法追及敵寇，乃決定建立騎兵。

然當時西歐因日耳曼南徙而趨殘破，經濟衰退，貨幣奇缺，養不起大型馬隊，只好授土於人，以換取騎士服役（Military Services）。騎士向領主行臣屬禮，建立領主與封臣的對待關係，繼日耳曼氏族社會末期「隨從」（Comitatus）與主人的非血緣結合，進一步宣告了氏族紐帶（Clanship）的死亡。

且自有騎士以後，氏族成員之富者，因可以支付昂貴的騎士費用而上升為武士，貧者即淪落為純粹的農人。於是原先亦兵亦農的氏族自由人階級分化為：有專事作戰而食於人的騎士、和勤於隴畝專事食人的農奴。

故整體地看，西歐封建騎士興起後，親親之義的氏族便消失了；後天臣屬的契約關係展開後，先天血緣連鎖的氏族社會功能也就不見了。這與周代封建親戚的意義，實是完全相反。[73]

至於士與騎士的主要分別，在於士嫻熟六藝，騎士則粗鄙無文。德國的強盜騎士（Raubriter）及十四世紀的國際掠奪團（Compagnies）、十五世紀中葉的「剝皮圈」（Ecorchems），固無論矣。一般騎士不能讀，讀寫有僧侶教士；不能唱，歌詠有吟唱詩人。而據這些行吟詩人的描述，騎士們的動作主要表現在打仗和冒險方面（**諸如殺虎屠龍降伏巨人之類**），陪襯以戀愛事件，此尤非周朝士之所為。[74]

依瑞典學者貝佐拉的講法，騎士對貴婦的崇拜和愛，起於十一世紀時，歐洲天主教開始提倡男人對女人的愛慕，以取代人類對於神的敬愛，認為愛優秀的女人猶如愛神，以致形成了新的戀愛倫理學與心理學。這種愛慕，配合了騎士所屬的封建階級，使得騎士戀愛的感情和封建的歸屬意識相結合，而越趨牢固。

他們的戀愛對象，多是莊園領主夫人、朝廷貴婦或其他較高階級的已婚婦女。藉著對她們的忠誠，既能提高騎士的社會人格；又因女方地位身分都比自己高，且是已婚，騎士便須遵守各種規範儀節，並儘量抑制肉體的慾望，而致力於提昇自我的靈魂，所以也能提高騎士的道德人格。

同時，十一世紀後流行的聖母信仰，又助長了騎士戀母情結式的貴婦崇拜，如抒情詩人吉羅・利吉亞的作品裡所說的貴婦人，據說就是聖母瑪麗亞。這種宗教及社會背景，皆為周代的「士」所無，士與貴婦更少瓜葛。⑮

士既不是類似西方的武士，則其蛻化使無所謂武士文士之分。士，「問士之子長幼？長則曰能耕矣；幼則曰能負薪、未能負薪」（禮記・少儀），本為耕農，亦非不事耕種之歐洲武士可比。謂周士由武士變為文士，不若謂其由耕農轉習儒業也。《韓非子・外儲說左上》云：趙襄王使王登為中牟令，「一日而見二中大夫，予之田宅。中牟之人棄其田耘，賣宅圃而隨文學者，邑之半」，殆可見其真相。⑯由是觀之，俠不起於士之由武士蛻變為文士武士之分，豈非彰彰甚明？

3. 文化史的處理方法

這不但是我們在上面所說，在證據和推論上出現弱點的歷史研究，也充分證明了研究者在理解過往之史實時，對自己所使用的詮釋模型，缺乏反省。

而目前我們亟須進行的工作，就是一方面勾勒歷來對俠之理解的詮釋史，說明其認知之原因與內涵，如上文所述者；一方面，在這樣的理解與檢析、質問、重建過去史實的陳述和解答案之中，透過對比，查考並發現歷史的證據，而發展出我們自己的推論。這個推論，當然不能保證它必然吻合歷史真相，但在歷史證據和推論效力方面，顯然可以避免從前對俠之詮釋的錯誤及扭曲；而發現俠這樣的人在歷史隧道中活動的狀況。

這條隧道中特別重要，也特別有魅力的一段，就是唐朝。掌握了這一段，對俠的來龍與去脈，就會比較清楚了。

為什麼這樣說呢，研究俠的人，大抵都對唐代的俠甚感興趣，尤其是從所謂的漢代「俠風消熠」之後，唐朝是個最能讓人感受到俠情的時代；胡漢文化的融合，似乎也提供了唐代遊俠風氣一個新的生命來源；而李白、虯髯客、黃衫客及崑崙奴之類劍俠傳奇，更把這樣一個時代渲染得有聲有色。因此討論俠的人注意到這個時代，乃是非常正常的事。但，我們的理由卻並不是如此，而是通過整個對中國歷史文化發展之分期的看法。

研究中國史的人都知道，唐中葉安史亂後，社會結構即逐漸變形，宋統一以後，便產生了一個新的社會。而這個階段的改變，並不是普通的改變，乃是歷史上「劃時代」的大變動。在日本，京都學派之所以成立，東京學派（或所謂「歷史研究會學派」）之所以形成，主要的學說，就都建立在究明此一變動的真相上。前者認為八至十世紀的變遷，是中國中世社會的結束，近世社會的開始；後者則主張宋以前是中國古代社會的結束，中世社會的開始。⑺

京都學派自一九一〇年以後，內藤湖南即根據以下幾方面的分析，將唐宋社會變遷的面貌大致勾勒出來了：

一、貴族政治衰微，君主獨裁代興，國家權力及政治責任皆歸於君主一人。

二、君主由貴族階級之共有物，變成全體臣民之公有物，君主地位較貴族政治時代穩定。

三、君主權力的確定與加強。唐朝以前，政治乃是君主與貴族的協議體。

四、人民地位之變化。貴族時期，人民轄於貴族；隋唐之際，人民從貴族手中解放而直轄於國家，成為國家之佃客。中葉後，代以兩稅法，人民居住權在制度上獲得自由，地租亦改以錢納，此是人民從奴隸佃客的地位獲得解放。王安石新法，更確立人民土地私有制，低利貸款及自由處分其土地收穫物的權力，又將差役改成雇役。此皆可見人民與君主之關係，已變得直接、相對了。

五、官吏任用，已由貴族左右的九品中正，開放成為科舉制度。

六、朋黨性質之變化。唐代朋黨是貴族的權力鬥爭，宋以後則為政治上主義之不同而互爭。

七、經濟上的變化。唐是實物經濟的時代，物價多用　絹布來表示。宋改用銅錢與紙幣，貨幣經濟興盛。

八、文化性質的變化。經學自中唐以後，一變漢晉師法，專以己意說經。文學亦力改六朝以來風氣，貴族式文學，變而為庶民式文學，其他音樂藝術等，亦皆如此。⑱

內藤這些分析，引起後來許多熱烈的討論，發表的相關論文不計其數。但基本上，無

代俠者的面貌，則不僅對於俠如何轉變、為何轉變茫然不曉；對唐以後的俠及俠義精神究竟是怎麼回事，恐怕也很難予以掌握；至於用宋元明清乃至民國以來的俠義觀念去捕捉早期俠者的姿影，那就更是緣木求魚的事了。

例如，以「除暴安良、主持正義」這樣的現代字典意義和俠客崇拜去看早期歷史的俠，除非真是心有蓬塞（如目前大多數人那樣），否則即不免震駭失措。⑧⁵如《漢書・何並傳》載，「陽翟輕俠趙季、李款，多畜賓客，以氣力漁食閭里，至姦人婦女，持吏長短，縱橫郡中」、《唐詩紀事》載：「劉乂，節士也，少放肆為俠行，因酒殺人亡命」（卷三五）「崔涯與張祜，失意遊俠江淮」（卷五二）之類，被酒殺人，任意攫金，顯然與所謂正義公理云云毫不相干，只是生命的放肆；失意科場而遊俠，也是對生命的苟且；至於漁肉鄉里，姦淫婦女，更是無從諱飾的惡行。

此而為俠，豈不是與所謂「代表正義、道德、公理、匡正扶弱」的俠客神話相去甚遠嗎？一向相信俠就是仗劍主持人間正義的讀者，面對這些文獻，必然會使他困惑不已。而這些困惑與錯愕，正是因為對俠之性質與流變不甚清楚所致。我們已有許多論文或通俗介紹，根據這些並不準確的意見、神話或崇拜，做了繁複而美麗的推論，令人歆動。但夢中說夢，終歸是窅幻無根的。

準斯而論，疏通辨明唐代俠者的性質與活動，不特直接有助於對唐史的理解，於整個中國俠義傳之研究，亦有提綱挈領，得其環中之妙。詳見下文。

注釋

①詳見龔鵬程《文學散步》（七四・漢光）頁一四五～一五五，〈文學與真實〉。

②武林一辭，可能借用自「文苑」「儒林」或「文林」等辭彙。

③亦見註1所引書，頁一三八～一五五。

④見《近代俠義英雄傳》沈禹鐘序。沈氏認為向愷然此書繼承了史遷《遊俠列傳》的遺意。

⑤南北朝樂府及唐人詩中，含有大量的〈遊俠篇〉〈寶劍篇〉〈俠客行〉〈遊獵篇〉〈壯士行〉〈結客少年場〉〈少年子〉〈少年樂〉〈少年行〉之類作品。這些作品當然有部分是紀實之作，但大部分卻是擬意或擬古，不盡屬當時時事。故梁王僧孺〈古意〉詩，一名「遊俠」，而所謂「陸離關右客，照耀山西豪」，關右山西又豈是南朝轄境？其他如梁劉苞〈九日侍樂遊苑正陽堂詩〉云：「六郡良家子，幽并遊俠兒」、陳陽縉〈俠客控絕影詩〉云：「園中追尋桃李徑，陌上逢迎遊俠人」、北周王褒〈從軍行〉云：「年少多遊俠，結客好輕身」、〈遊俠篇〉云：「京洛出名謳，豪俠競交遊」、庾信〈詠畫屏風詩〉云：「俠客重連鐙，金鞍披桂條」……等，無一為當時事。錢公來《南北朝詠馬詩選》（四二・中央文物供應社）收錄了許多這一類作品，卻誤認為這是當時人心未死、猶存邊警之證，大謬。唐人樂府，情形與此相同，論者也常弄錯。另詳下文。

⑥這是個複雜的問題，後文會繼續詳談，另請參看註1所引書，頁一六四～一八二。

⑦這就是班固之所以認為司馬遷「敘遊俠則退處士而進姦雄」的緣故（見《漢書・司馬遷傳》）；後人之所以對班固之評有成者、有反對者，原因也在於此。

⑧司馬遷的意義判斷，以孔子為依歸，可以從〈孔子世家〉〈仲尼弟子列傳〉〈儒林傳〉及〈自序〉〈報任少卿書〉等文中非常明確地看出。其他如果碰到其人物本為世所輕賤，而他又有意表彰其人某方面之優點時，亦輒引孔子為說，如遊俠與滑稽等，就屬於這一類。

⑨這個詮釋的問題，另詳本書〈俠骨與柔情〉章。

⑩以上引文，俱見《史記評林》卷一二四。又，郭嵩燾《史記札記》卷五下，云史遷敘季札，乃

「以為遊俠之引，楊慎云云，直謂史公以季札為遊俠，亦失之誣矣」，瀧川龜太龍《史記會注考證》卷一二四則認為：「中井積穗曰：延陵，疑衍文，《漢書》四君，而不及延陵，亦足徵。崔適曰：下文專承四豪為義，豈有一字涉於延陵者，其為衍文明矣。愚按：梁玉繩張文虎亦以延陵為衍文。」

我個人對這段文字的意見，傾向季札延陵為衍文，因為延陵若為遊俠，則俠之起源問題將更難解釋；延陵若非遊俠，僅作為敘遊俠的引子，則在文義上講不通，蓋其言「近世延陵孟嘗春申平原信陵之徒，皆因王者親屬，藉於有土卿相之富厚，招天下賢者，顯名諸侯」，分明把延陵與四豪視為同類敘述。唯延陵為衍文，才能解決這些困難。但此處仍引楊慎語為說，主要是在說明歷史記載中有關意義之抉擇的問題，讀者幸勿誤會。

⑪這種意義取向的史學，在民初曾遭到許多批評。因為這種傳統史學與講究客觀歷史的觀念迥然不同，故瀧川龜太郎《史記會注考證》就批評傳統說司馬遷是有激而然的說法不對：「周末遊俠極盛，至秦漢不衰，修史者不可沒其事也。史公此傳，豈有激而作乎哉？諸解失其本末。」實則史書對當時普遍存在的現象，本來就不見得全予敘述，其揀選抉擇，全靠修史者的心裁，例如漢末遊俠風氣何嘗不是「極盛」？晉唐遊俠何嘗不是「不衰」？而史者中卻不再有《遊俠列傳》，此非作者之意義判斷、存在理解和感受使其如此乎？瀧川之言非是。

⑫這兩種用語的區別，我們可以舉個簡單的例子——《花月痕．第四二回．聯情話寶山營遇俠，痛慘戮江浦賊輸誠》中，兩次用「神仙」來形容俠客；《癡人說夢記．第十八回．興源店豪商款友，楊州城俠女訪仇》中，形容慕隱、綴紅兩位為夫復仇的女子，是「捨命能為女界豪。」這裡的俠字，都不僅描述其行為，說明其人之行類型，更含有高度的價值意味，推崇讚許。至於一般用語中，「大俠」更是極高的推尊語。然而唐《酉陽雜俎》續集卷三，卻有這樣的記載：「坊正張和，大俠也。幽房閨雅，無不知之」，乃是專以窺伺別人家私為能事的穿窬之雄，在價值判斷上，與上述用法全然不同。

⑬章氏別有〈徐錫麟陳伯平馬宗漢秋瑾哀辭〉，云：「專諸聶政死二千年，刺客之傳，鬱堙弗宣。泰山有士，曰張文祥，睚眦報仇，新貽是創，期死雖勇，未登明堂……韓良狙擊，乃中副車；豫讓漆身，杆刀割蘆；漸離矇目，慶卿斷股……剝極斯復，今乎反古」，其《徐陳馬諸人

傳》亦云：「伯平嘗語人曰：革命之事萬端，然能以一人任者，獨有作刺客……馬宗漢字子貽，浙江餘姚人也，祖某，素任俠，貧民皆倚為重」（俱見《文錄》卷二）。可見當時革命黨人，非家世遊俠或素與俠有來往者，即是以遊俠刺客自任。

我們看章太炎的議論，不能忽略了這個背景。《民報》二十三期，章氏有〈崇俠篇〉，二十四期又寫〈革命之心理〉，謂：「吾取鑒於印度，為其俠也、其虛無黨人一爾。夫吾激揚俠風，何哉？欲以陳師鞠旅，化而為潛屠暗刺，並以組合菈盟，轉而為徑情孤往，旨同則曰黨，行事則無群，蓋亦創始之局也。」又曰：「與其陰柔操縱，固不如狙擊特權，懲創富惡。」又曰：「夫今之世，脂韋成習，狂狷為難，得一英雄，誠不如得一烈士。英雄罕能真，烈士不可以偽也；一以權謀勝，一以氣骨勝。」又參葉洪生〈論革命與武俠創作〉（收入《近代中國武俠小說名著大系》七三・聯經）、陳孟堅《民報與辛亥革命》（七五・正中）第六篇第廿三章，第一節〈激揚俠風與討論暗殺的熱潮〉。

⑭見〈國家論〉，《章太炎政論選集》（一九七七・中華書局・湯志鈞編）頁三八〇。

⑮同上，頁三六二。

⑯同上，頁三八〇。

⑰〈五無論〉，《章氏叢書》頁八八六。

⑱參見王汎森《章太炎的思想（一八六八～一九一九）及其對儒學傳統的衝擊》（七四・時報）第五章第四節。

⑲見〈馮桂芬祠堂記〉，《章太炎文鈔》（靜莽編，在《當代八家文鈔》第三冊、五八、文海）卷三，頁十二。

⑳〈復仇是非論〉，《叢書》頁七九二。

㉑基本上，章氏是個思想家，而不屬於嚴謹的歷史「學者」，他討論古代典籍人物及思想，常以己意發揮，未必忠於原著，熊十力《體用論》第三章〈佛法下〉附識一，曾批評他說：「有問：章太炎《叢書》中，有一文，以賴耶識為眾生所共同，其說誤否？答曰：此乃大誤，非小誤也。太炎於〈成唯識論〉之根柢與條貫，全不通曉，祗摭拾若干妙語而玩味之。文人習氣向

來如此，不獨太炎也。」太炎論學，確常有這類毛病。然此非文人習氣使然，理學家素來討厭文人，故其說如此。

㉒見《中國武士道》（二五・中華）頁二一。

㉓這種對俠的看法，跟王世貞頗為接近，王氏嘗說：「（遊俠）傳所謂朱家郭解，其人咸負氣豪，餘聲足以起海內，乃不為縣官出死力，北滅匈奴，竟以俠敗，余故惜且恨之。」（《史記評林》卷一二四引）

㉔參見註18所引書，頁七七～八二。

㉕又，此時梁啟超並未如蔣氏一樣視墨家為俠，其書列墨子及孟勝等，但只說墨子是「聖人之徒」（頁二五）。

㉖最著名的例子，就是他們喜歡替西洋學問覓中國源頭。這乃是一種復古以更新的做法，以更新為復古，遂不免常視古如新。另詳龔鵬程〈試論康有為的廣藝舟雙楫〉（漢學研究二卷一期・收入《文學與美學》七五・業強）。

㉗當時論俠者，可能大多都受到日本的刺激與影響，這跟當時新思潮之輸入多假道日本、革命人士多寄居東瀛必然很有關係，據旅生《癡人說夢記》第二十回說：「子深……正想看書消遣，不料隨手拿了一本新譯的《日本大和魂》，裡面說的盡是些武士道中人物，也有復仇諸般的事」，則當時這類介紹日本武士道的譯作，可能也頗風行。

㉘見〈政聞社員大會破壞狀〉，《政論選集》頁三七五。

㉙梁氏寫本書時，正是保皇與革命兩黨衝突最激烈的時候，當年七月四日，黃公度有一長函與任公，其中有數事與本文有關者：

一、黃氏曰：「東西諸國，距離太遠，所造因不同，而分枝滋蔓，遞相沿襲者，益因而歧異。乃欲以依樣葫蘆，收其效果，此必不可能之事。如見日本浪士之俠，遂欲以待井伊者，警告執政；見泰西景教之盛，亦欲奉孔子而尊為教主，此亦南海往日之誤也」，是推揚日本武士道，乃南海發其端。事實上，康有為自庚子以後，即主張暗殺西太后、榮祿、李鴻章、劉學詢、張之洞等。數年以來，經營其事，花費了好幾萬元，本年十月間，梁任公也有一函與南海，談及此事。

二、黃氏建議梁任公編教科書，云：「僕為公熟思而審處之，誠不如編教科書之為愈也，於修身倫理，多採先秦諸子書，而益以愛國合群自治尚武諸條，以及理化實業各科，以制時宜，以定趨嚮。」任公採秦漢史事，發揮尚武精神，編成《中國武士道》這本教科書，或許即是因這個建議而發。

三、黃氏又說：「前讀《管子》，近見墨子學說，多有出人思想外者……僕嘗謂自周以後，尊崇君權，調柔民氣，多設儀文階級，以保一家之封建，致貽累世之文弱，召異族之欺凌者，實周公之過也。……至墨子而尚同尚賢，乃盡反周道，別立一宗矣」，對於封建及中國之所以柔弱的看法，跟任公大有差異，但參照其他文獻，可知當時他們多在讀《墨子》，且都認為尊君是導致中國衰弱的主要原因。

㉚同年，任公有一函致蔣觀雲述說編著《中國武士道》的經過，並徵求序文。據此函，可知蔣氏並未看到全稿，所以序文跟書的內容稍有點不同的意見。

㉛這類討論，是當時的風氣，讀者宜參看鄭學稼《社會史論戰簡史》（黎明）。陶希聖後來也並不堅持這種對俠的解釋，〈西漢的客〉一文，謂「戰國至西漢所謂俠，是養客或結客人的名詞」，解釋即與此不同。

㉜民初探問儒之起源的思想課題，另詳胡適〈說儒〉（史語所集刊第四本第三分）；馮友蘭〈原儒墨〉（清華學報十卷二期）〈原儒墨補〉（清華學報十卷四期）；戴君仁〈儒的來源推測〉（大陸雜誌三七卷十期）；沈伯剛〈儒墨之爭平議〉（食貨復刊二卷十期）〈秦漢的儒〉（大陸雜誌三八卷九期）以及王爾敏〈當代學者對於儒家起源之探討及其時代意義〉（中華民國史料研究中心第十三次學術討論會紀錄，收入《中國近代史論》，華世出版社）。

㉝見顧氏《史林雜識初編》（一九六三．中華．頁八五～九一），又張蔭麟《中國史綱上古篇》（四〇．正中）第二章第六節，也有系統地解釋士為武士說。

㉞詳郭氏《十批判書．古代研究的自我批判》第八節。

㉟見註30所引書。

㊱另詳馬幼垣〈話本小説裡的俠〉（六九．時報．收入《中國小説史集稿》）註解一、四。

㊲見《辭源》《國語辭典》（商務版）。

㊳劉若愚"*The Chinese Knight-Errant*"（The University of Chicago Press,Chicago,1967）P.2—3。

㊴田毓英《西班牙騎士與中國俠》（七二．商務）第八章論俠之美德，所歸納者與劉氏大同小異：守信用，已諾必踐、所行必果、犧牲自我，濟困扶危、不自誇自己的才份與本領、羞於讚美自己的德行、自己規定取捨予奪的標準、重視信諾的規則、名聲遠播，但並不自己尋找名聲、不為他人的批評擔心，卻為義而自我犧牲、致力於修德行善、設法改善他們的行為與美名……。其中田氏與劉氏對於俠是否重名譽，有嚴重的歧異。田氏認為西班牙的騎士才以榮譽為行俠動機，而中國道德觀中的榮譽卻是否定的。見其書第十三章。

㊵參看費希特"*Grundzu ge des gegenwa rtigen Neitalters*"。見Popular Works,II,47f Lect,iii.

㊶詳見《英雄與英雄崇拜》（七〇．何欣譯．華欣）；卡西勒《國家的神話》（七二．黃漢清、陳衛平譯．成均）十五章。

㊷孟詮編著《白話新編古典小説：豪俠傳》（七二．莊嚴）緒論部分。這種對俠的詮釋，事實上也是有文獻支持的，例如清末唐藝洲編次的《七劍十三俠》第一回，大致就是這種説法。見詳註19。

㊸參看帕爾謨《詮釋學》（Richard E.palmer,"*Hermeneutics*"1969 by Northwestern Cniv.press）。

㊹詳見Martin Heidegger."*Being and Time*"tr.John Macquarie and Edward Robinson. New York：SCM，1962,p.172—210。

㊺現象學是詮釋學理論的基礎，而胡賽爾現象學之知覺理論，本身也會發展成一種歷史詮釋性學問（historical-herm-eneutic-science），見蔡錦昌〈呂格爾詮釋學之研究〉（臺大哲研所七四年碩士論文）頁三三。

㊻見《柯靈烏自傳》（七四．陳明福譯．故鄉）第十章。

㊼參看余英時〈章實齋與柯靈烏的歷史思想〉（《歷史與思想》．六八．聯經）註一〇一。

㊽見Henry Tudor《政治迷思》（*"Political Myth"*，六七幼獅，葉振輝、翁瑞庭合譯）頁二三一。

㊾神話是古典學者、民俗學家、考古學家熱中研究的材料，十九世紀以後，其他各學科也開始關切它，如佛洛依德（Freud）、榮格（Jung）發展出一套神話的心理學；卡西勒（Cassirer），要求給神話一個主要的符號形式之地位；還有社會人類學家，從馬凌諾斯基（Malinowski）到李維史陀（Levi Strauss），都一直利用神話的研究，來闡明他們不同的觀點。當然其中任何一派關於神話或迷思的理論，都可以用來說明俠之崇拜的原因和內容。但本文並不如此處理，因為任何一派都各有其理論的偏重點，不夠周延完整，甚或彼此枘鑿，採用某一家的講法，都不免引起詰難。何況，各家都是對神話或迷思的解釋，本文只想參考利用這些解釋，來說明為什麼一般人對俠的意見其實只是個迷思，自不須堅持某一派的論點。

但各派理論，各有其理論的範疇與認知的方式、結構系統，是否真能綜合在一塊兒？這當然須要小心處理，不過各派理論都針對神話而發，應該有它的基本同一性，因此理論的綜合應該是可能的。這裡，對迷思的解釋及俠與迷思的關係，主要除參考佛洛依德、榮格、卡勒西、馬凌諾斯基的專論之外，也利用到李達三《比較文學研究之新方向》（六七・聯經）第七章；《神話與文學》（William Righter著、何文敬譯・成文）；格瑞伯斯坦（Sheldon N Grebstein）編*"Perspectives in Contempoary Criticim"*及註47所引書。

㊿在這方面，公道論既可以站在國家法律這一邊，打擊不公道，以維護國法；也可以因法律或執行法律者不公道，而推翻這個法律系統。前者如《七劍十三俠》第一回說：「世上有三等極惡之人，王法治他不得。第一等是貪官污吏、第二等是勢惡土豪、第三等人是假仁假義、詭謀毒計、暗箭傷人……天下有這三等極惡之人，王法治他不得，幸虧有那異人、俠士、劍客之流去收拾他」、《水滸傳》第十九回：「酷吏贓官都殺盡，忠心報答趙官家」……之類。後者如〈李汧公窮邸遇俠客〉，盜匪們在批評楊國忠把持朝政、有錢便有官做之後，勸房德做寨主，「倘若有些氣象時，據著個山寨，稱孤道寡，也由得你」。俠義故事中，這兩類思想是交揉在一塊的，因為他們同屬於公道論的兩面，故不矛盾。

51詳見拉非爾（D・D・Raphael）《政治哲學中的論題》（*"Problems of Political Philosopy"*，六六・黃年等譯・幼獅）第四章。

⑫如《水滸傳》就通稱英雄，文康《兒女英雄傳》也以英雄稱呼行俠者。其他則或稱英雄、或稱壯士。

⑬《水滸傳》有一段，就描寫了這種心理。第十五回，吳學究去遊說阮氏兄弟劫生辰綱，談起梁山泊已被強人佔據了，打家劫舍，搶擄來往客人；吳用便問官府為何不去捉拿他們，阮小五答道：「如今那官司，一處處動憚便害百姓。但一聲下鄉村來，倒先把好百姓家養的豬羊雞鵝都吃盡了，又要盤纏打發他。如今也好教這夥人奈何。」又羨慕他們說：「他們不怕天、不怕地、不怕官司，論秤分金銀，異樣穿紬錦；成甕吃酒、大塊吃肉，如何不快活。」阮小二也說：「如今該管官司，沒甚分曉，一片糊塗。千萬犯了瀰天大罪的，倒都沒事。」這種由現實社會不公而造成的心理不平衡，使得他們不由不羨慕起盜匪來了。另詳第四節。

⑭詳卡爾．榮格（Carl G.Jung）等著《人類及其象徵——心靈世界探源》（七二．黎惟東譯．好時年）第二章第二節、第三章。其中第二章出自漢德遜之手，第三章由費珠撰寫，但全書之觀念與架構，乃榮格所定，這些人也都是榮格派的健將，因此乃以榮格學說來概括。

⑮詳見孫述宇《水滸傳的來歷、心態與藝術》（七十．時報）頁三三一、二九三～三三〇。又，明萬曆十八年，李卓吾醉遊公安，宿於野廟，袁中郎兄弟往訪，中道記其談話，輯為《柞林記譚》。此書卷一，即有「伯修問：《水滸傳》人殺人取財事皆可，只不許好色」條。

⑯具見註54所引書。騎士愛情觀深受聖母崇拜之影響，又見第六節。

⑰這種解釋，當然是榮格所未觸及的，同時，也比孫述宇的解釋合理。不一定是強人說給強人聽的故事，才對女人刻意防範。

⑱這類有關英雄出生、輔翼、成長、死亡之描述，另詳張火慶〈由說岳全傳看通俗小說天命與因果系統下的英雄造型〉（收入《中國小說史論叢》．七三．學生）。

⑲劉體智所編《辟園史學四種之一：十七史說》卷一：「縱秦為軻所劫，允返諸侯侵地，能必始皇之如齊桓公乎？始皇既死，六國悉叛，以胡亥立趙高用事故也，假使祖龍被刺而先亡，扶蘇嗣統而繼位，能必其國中大亂而外兵得乘之以入乎？則雖生得秦君，猶其不濟，況計不成而無所獲乎？即制死嬴政抑無所裨，況彼得生而逞其毒乎？是又徒斃其身以供人一試者，非世所謂

大愚者耶？」

60 這一點，《十七史說》也提到了，他認為刺客是「英雄埋沒，中激而為下流之事」：「奮激之氣，時不能平，英爽之姿，更無可遏，乃不惜為殺人之事，以求自見之地。而殺人之中，義與不義，更急不暇別焉。君子讀書至此，憐其才、哀其遇、略其跡、原其心，可也。」又，李卓吾《焚書》卷五則云：「半山謂荊軻豢於燕，故為燕太子丹報秦。信斯言也，亦謂呂尚豢於周，故為周伐紂乎？相知在心，豈在豢也。半山之見醜矣。且荊軻亦何曾識燕丹哉？只無奈相知如田光者，薦之於先，又繼以刎頸送於後耳。荊軻至是，雖欲不死，不可得矣。……醜哉宋儒之見，彼豈知英雄之心乎？蓋古人貴成事，必殺身以成之，捨不得身，成不得事」，且謂何心隱有俠行，「人莫不畏死，公獨不畏，而直欲搏一死以成名」（焚書卷三、何心隱論）。其推揚俠者殺身輕死，雖異於劉體智，而所論固可相發明。

61 見林鎮國〈死亡與燃燒——談遊俠的生命情調〉（鵝湖月刊）。

62 亦詳註54所引書，頁一七八～一八九。

63 《水滸傳》廿九回李卓吾批：「磨劍問不平，士為知己死，武松打蔣門神一則，純是意氣用事。」

64 參看龔鵬程〈論孤獨〉（《少年遊》．時報．七三）頁八二～一四九。

65 這種講法，與余英時徵引「典範」（Paradigm）來解釋學術史發展的講法並不相同。典範近乎懷德海（A.N.Whitehe-ad）所說的「基本假定」（fundamental assumptions）或柯林德（R.G,Collingwood）所說的「絕對前提」（absolute presuppositions）。而且典範間牽涉到不可共量性（incommensurability）的問題，典範的基本構成要素，是一個公設系統的模型。此處所說，並不涉及這些問題。詳見孔恩（Thomas Kuhn）《科學革命的結構》（七四．允晨文化公司，王道還編譯）。

66 見《柯靈烏自傳》（七四．故鄉．陳明福譯）第七章《哲學史》。

67 例如田毓英《西班牙騎士與中國俠》（七二．商務）；崔奉源《中國古典短篇俠義小說研究》（七二．政大中研所碩士論文，七五年聯經公司出版）。

㊳墨者非俠，俠不以學術思想為號召，亦詳錢穆〈釋俠〉（中國學術思想史論叢（二）、六六．東大）。然錢氏又云：「四公子卿相俠者所養之中，亦未嘗絕無所聞於儒墨諸家之流風餘韻者，故謂俠之出於儒墨則可」。此與其定義（凡俠皆有所養，而所養者皆非俠）自相矛盾。

㊴參看《雲五社會科學大辭典．社會學》頁一二〇「封建制度」條及所引書；劉岱《中國文化新論．序論》（七十．聯經）頁四三～四五；布林頓等著《西洋文化史》（七十．劉景輝譯．學生）第五章第四節、王任光《西洋中古史》（七三．國立編譯館）第六章。

㊵詳杜正勝《周代城邦》（六八．聯經）頁一～一〇；侯外廬《中國古代社會史論》第五章。

㊶見《韋伯選集Ⅲ．支配的類型》（七四．允晨．康樂編譯）頁九一～一〇五〈封建制度〉及頁二一八～二三一的譯注。

㊷關於這個問題的討論，詳許倬雲《西周史》（七三．聯經）第五章，尤其是頁一六五～一七三。

㊸另詳註68所引書，及森木芳樹〈歐洲古典莊園制度的解體過程〉、松尾展成〈歐洲封建的危機之經濟的基礎〉、三宮玄之〈歐洲領主制的危機與半封建土地所有的形成〉、吉岡昭彥〈西歐地主制度——由絕對王制到市民革命〉（西洋經濟史論集．第一輯．周憲文編譯．臺銀經濟研究室）、松田智雄〈歐洲封建制度的經濟基礎〉、秦玄龍〈歐洲古典莊園的成立〉〈歐洲莊園制度的崩潰過程〉（同上．第二輯）、楊寬《古史新探》頁五一～五四。

㊹見傅東華《文學手冊》頁廿三〈略述表現騎士風度的中世紀文學〉、註六六所引田毓英書。

㊺見龔鵬程〈評田毓英著西班牙騎士與中國俠〉（文訊月刊五期。收入本書）、榮格等《人類及其象徵》（七二．好時年．黎惟東譯）頁二三八。

㊻士的含義及起源，見楊樹達〈釋士〉（積微居小學述林．卷三．大通．頁七二），余英時〈古代知識階層的興起與發展〉（中國知識階層史論古代篇．聯經．頁一～一〇八）、註六所引書頁七六～七九、一五〇～一五五，屈萬里《殷虛文字甲編考釋》頁四四四，徐復觀《兩漢思想史》卷一頁八七，呂光珠〈先秦典籍中的士〉（五六．臺大史研所碩士論文），李時銘〈周士之性質及其歷史〉（六五．政大中研所論文）。按：士是否本為農耕人，誠然不能只根據《禮

記・少儀》來證明，但士訓事，事之涵義甚廣，孔子嘗為委吏乘田，則不論士在殷周前期是否起於耕農，士職事，地位在大夫與庶人之間，則與武士本身屬於封建地主不職事的情況剛好相反。

(77) 有關這一爭論，請參看高明士《戰後日本的中國史研究》（七一・東昇）頁一七～一一六〈日本對中國史研究的新發展〉。

(78) 詳見內藤虎次郎《中國近世史》（弘文堂・一九四七・亦收入《內藤湖南全集》十卷）、〈概括的唐宋時代觀〉（《全集》卷八・筑摩書房・一九六九）。

(79) 見前田直典〈東アヅアに於ける古代の終末〉（收入《元朝史研究》，東京大學出版會・一九七三）。

(80) 見西嶋定生〈古代國家の權力構造〉（一九五〇年度歷史學研究會大會報告權力論文。收入《國家の諸階段》・岩波書店・一九五〇）、〈古代末期の諸問題〉（歷史學研究一六九・一九五四）、〈貴族制社會と均田法の形成——魏晉南北朝、隋唐時代の諸問題〉（收入《戰後における社會經濟史學の發達》・一九五五・有斐閣）、〈中國古代社會の構造的特質に關する問題點——中國史の時代區分論爭に寄せこ〉（收入西嶋定生與鈴木俊編《中國史の時代區分》、一九五七、東京大學出版會）及《中國古代帝國の形成と構造》（一九六一・同上）等。

(81) 見堀敏一〈唐帝國の崩壞——その歷史的意義〉（收入《古代史講座》卷十・一九六四・學生社）。

(82) 見木村正雄〈中國の古代專制主義とその基礎〉（歷史學研究二一七期、一九五八）。《中國古代帝國の形成——にその成立基礎條件》（不昧堂書店・一九六五）。

(83) 見仁井田陞《中國法制史研究：奴隸農民法、家族村落法》（東京大學東洋文化研究所、一九八〇補訂版）。

(84) 見龔鵬程〈察於時變：中國文化史的分期〉（孔孟學報五十期・收入《思想與文化》七五・業強）。我分期的依據理論，與上述各家均不相同。

⑧⑤以下所舉的例子，在我之前，大家不可能沒有看過，但看過這些記載，而仍堅信俠即是正義的主持者，或根據這些資料而斷言俠即是正義的英雄，依然不少。為什麼會這樣呢？「心有蓬塞」的歷史認知方式，其實是個很有趣的問題，參看本章（一）文學的想像。

二　漢代的遊俠

俠，本指一種行為樣態，凡是靠著豪氣交結、與共患難的方式，和人交結而形成勢力者，都可稱為俠。因此，俠是中性的，可能好也可能壞。有些王公鉅臣喜歡任俠，不過行為稍有豪氣而已，交交朋友、吃喝玩樂一番，自不可能做什麼大壞事；但有些人結交了一堆狗黨狐朋，卻可能交友借軀報仇、攻剽殺伐、作奸犯科。

俠也未必遊動。例如《史記・外戚世家》：「竇太后從昆弟子竇嬰，任俠自喜」，〈留侯世家〉說張良「居下邳，為任俠」，這些俠就都是不流動的，屬於地方或地位上的一方勢力。史載季布之弟季心「氣蓋關中，過人恭謹，為任俠，方數千里，士皆爭為之死」；灌夫「好任俠，諸所交通，無非豪桀大猾。家累數千萬，陂地田園，宗族賓客為權利，橫於穎川」，則竟如今日之地方派系大老或角頭老大了。

遊動的俠，則可以荊軻為例。《史記》說荊軻祖先原是齊人，荊軻徙於衛，故衛人叫他衛卿；又遊之燕，燕人叫他荊卿。「嘗遊過榆次，與蓋聶論劍。遊於邯鄲，魯勾踐與荊軻博。既之燕，愛燕之狗屠及善擊筑者高漸離。……荊軻雖遊於酒人，然其人深沉好書。

其所遊諸侯，盡與其賢豪長者相結。」一段記載裡，遊字數見，荊軻蓋即為俠刺之遊者。

但遊俠之遊，也未必僅指身體行動上的旅行遊歷流動，如荊軻這樣。例如《貨殖列傳》說種、代石北之地，人民矜情忮、好氣、任俠、為姦、不事農商，中山地薄人眾，民俗情急仰機利而食。「丈夫相聚遊戲，悲歌慷慨。起則相隨椎剽，休則掘冢作巧姦治。多美物，為倡優。女子則鼓鳴瑟，跕屣，遊媚富貴，入後宮，遍諸侯。」這些俠的行為，是遊戲的，如女子之「遊媚」一樣。不事農商、無定職、不治生，故曰遊戲。遊俠的遊，即表示這樣一種生活樣態。

當然，遊戲者，也可能更強化了他們的遊動性，就像女人遊媚，而其結果則是散入各地諸侯之後宮那樣。遊戲者相隨椎剽、掘冢作巧姦治，一旦事發，即不得不遊竄他處。所以司馬遷又說閭巷少年任俠並兼，「篡逐幽隱，不避法禁」。還有一種遊閒公子，飾冠劍、連車騎，「弋射漁獵，犯晨夜，冒霜雪，馳陳谷」。而其他的遊戲之人，則「博戲馳逐，鬥雞走狗，作色相矜」。

此遊戲遊閒之人，「遊」就是他們的行為特質，也與其生命特質有關。由這個角度說，凡俠都可說是遊的，俠，就是遊俠。司馬遷寫《遊俠列傳》，遊俠成為一個詞，大抵即採此觀點。《索隱》說：「遊俠，謂輕死重氣，如荊軻豫讓之輩也。遊，從也，行也」，我以為並不正確。

遊俠大盛於戰國，漢初仍其舊。漢初著名者有張良、朱家、王孟、田仲、王公劇孟、郭解，鄭莊、汲黯灌夫、季布、季心等。漢朝政府對這些遊俠，基本上採取鎮壓政策，如漢初「濟南瞯氏、陳周庸亦以豪聞，景帝聞之，使使盡誅此屬」。文帝時，又把郭解的父親殺了。武帝時，則把郭解也殺了。

然而，俠風並未稍戢。《史記》對這件事的敘述非常有趣，它剛講了景帝誅除遊俠，立刻接著說：「其後，代諸白、遊韓無辟、陽翟薛況，陝韓孺紛紛復山焉。」這種敘述，簡直是說景帝越殺、遊俠越多了。同樣地，他在記錄了武帝族誅郭解後，也立刻說：「自是以後，為俠者極眾。」

「眾」到什麼地步呢？首先，皇帝家裡就有不少遊俠。除了前文所引竇太后的從昆弟子竇嬰之外，如孝宣帝本身就「喜遊俠鬥雞走馬，具知閭里奸邪、吏治得失」，武帝從舅衛子伯也「遊俠，賓客甚盛」。

公卿大臣為遊俠者也很多，汲黯灌夫之外，如《酷吏列傳》的寧成，景帝時好黃老的鄭莊，昭帝時任京兆掾的杜健，成帝時的侍中王林卿……等。

地方豪傑之為俠者，那就更多了。《史記》說其間可分成兩等，一等如「關中長安樊仲子、槐里趙王孫、長陵高公子、西河郭公仲、太原鹵公孺、臨淮兒長卿、東陽田君孺。雖俠而逡巡有退讓君子之風」。另一等，則如「北道姚氏、西道諸杜、南道仇景、東道趙他、羽公子、南陽趙調之徒，此盜跖居民間者耳」。

但不管其層次如何，遊俠之多，可以概見。班固《漢書‧遊俠傳》云：

> 自魏其、武安、淮南之後，天子切齒，衛、霍改節。然郡國豪桀處處各有，京師親戚冠

蓋相望。……長安熾盛，街閭各有豪俠。……河平中，王尊為京兆尹，捕擊豪俠，殺章及箭張回、酒市趙君都、賈子光，皆長安名豪，報仇怨、養刺客者。……自哀平間，郡國處處有豪桀。

天子切齒而豪俠居然日眾，其盛況恐怕是後世難以想像的。但我們要補充的是：此所謂遊俠之盛，可能還不只是說具體可指的一位位遊俠很多，而更應注意遊俠的普遍性。

遊俠的任俠行，如《漢書・地理志》云長安之風俗：「其世家則好禮文，富人則商賈為利，豪傑則遊俠通姦。」顯然並不是豪傑中有一些人任俠，而是豪傑一般都遊俠。這在西漢尚未形成風氣，當時乃是遊俠交通豪傑，或豪傑結納遊俠，如灌夫「諸所與交通，無非豪傑大猾」，或「永治、元延間，上怠於政，貴戚驕恣，紅陽長仲兄弟交通輕俠，藏匿亡命」。到了西漢末年，豪俠乃結合成一個名詞：「豪俠」。既表示遊俠皆有豪氣，又可以說明豪傑大抵即為俠。如《後漢書・逸民傳》云：「載良尚俠氣，食客嘗三四百人，時人為之語曰：關東大豪載子高」，大豪與大俠往往即為同義詞。

不但豪傑一般來說都是俠，武也成為民間普遍的風氣，故《後漢書・黨錮列傳》說：「及漢祖仗劍，武夫勃興，憲令寬賒，文簡禮闊，緒餘四豪之烈，人懷凌上之心，輕死重氣，怨惠必仇，令行私庭，權移正庶，任俠之方，成其俗矣」。俠風成為民俗，任俠已成了流行。

然而，這裡便有個問題應先討論。據《後漢書・黨錮傳》的講法，任俠成風只是漢初的風氣，後來經歷任皇帝提倡經學儒術之後，天下風氣就逐漸由「武」轉而偏向「文」了。荀悅《後漢紀》卷二二也是這麼說的。此皆不確實。為什麼呢？

第一，說漢代帝王為了戢止民間遊俠之風，而挫折豪俠、提倡經學儒術是不錯的，但在戢止俠風方面，《漢書》《史記》的記載，均已說明這個政策並無效果。不僅為俠者益眾，地方性豪俠、都邑遊俠少年更是漢代國家公權力大挑戰。在京城中，俠以武犯禁的情況，可以《漢書・酷吏傳》所述這一段來示例：

永治、元延間，上怠於政，貴戚驕恣。紅陽長仲兄弟交通輕俠，藏匿亡命。而北地大豪浩商等，報怨，殺義渠長妻子六人，往來長安中。……長安中姦猾寖多，閭里少年群輩殺吏、受賕救仇。相與探丸為彈，得赤丸者所武吏，得黑丸者斫文吏，白者主治喪。城中薄暮塵起，剽劫行者，死傷橫道，椊子鼓不絕。

這難道不是武夫勃興、遊俠成風嗎？在京城帝都，能無忌憚至此，現在一般黑社會，不良少年幫派火併，或計程車呼嘯街頭械鬥，也未必比得上。因為當時「長安吏，車數百輛，……皆通行飲食群盜」，可見其聲勢。漢樂府詩〈少年行〉〈結客少年場〉之類作品，即發生於此一時代場景中。後來雖經酷吏尹賞強力鎮壓，但也只是「郡國亡命散走，各歸其處」而已。足證不只是京師才有那麼多俠，郡國各處亦皆頗多亡命遊俠。

二、在提倡儒術方面，漢代確實是有成績的，將俠風轉化為儒行，也不乏實例。如劇孟「少時好俠，鬥雞走馬，長乃變節，從嬴公受《春秋》」（《漢書》卷七五）、段穎「少便習弓馬，尚遊俠，輕財賄。長乃折節好古學」（卷九五）、袁術「少以俠氣聞，數與諸公子飛鷹走狗，後頗折節」（卷一〇五）、王渙「少好俠，尚氣力，數通剽輕少年，晚而改節，敦儒學」（卷一〇六）。

但我們也應注意，文與武、儒與俠之間，亦非截然對立。遊士與遊俠，在許多方面其實都是有同質性的。《漢書・遊俠傳》說當時大俠「其名聞州郡者，霸陵杜君敖、池陽韓幼孺、馬領繡君賓、西河漕中叔，皆有謙退之風」，此即俠而有儒風。相反的，《後漢紀》卷一說祭遵「常為亭長所侵辱，遵結客殺亭長，縣中稱其儒而有勇也」。

儒對俠的態度也很複雜，例如馬援，曾有信誡其侄兒勿學杜季良之豪俠，但他對杜氏畢竟仍是「愛之重之」。而且馬援曾受《齊詩》，可算得上是個儒者。後「亡命北地，以畜牧為事。……故人賓客多從之。轉安定、天水、隴西數郡，豪傑望風而至」（《後漢紀》卷四），本身就多與豪俠來往。

儒俠混淆的情形，並不只是這項特例。清人趙翼《廿二史箚記》卷五說得很清楚：

> 自戰國豫讓、聶政、荊軻、侯嬴之徒，以意氣相尚，一意孤行，能為人所不敢為，世競慕之。其後貫高、田叔、朱家、郭解輩，徇人刻己，然諾不欺，以立名節。馴至東漢，其風益盛。……其大概有數端：是時郡吏之於太守，本有君臣名分，為掾吏者，往往周旋於死生患難之間；……又有以讓爵為高者；……又有輕生報仇者。……蓋其時輕生尚氣，已成風俗，故志

節之士，好為苟難，務欲絕出流輩，以成卓特之行，而不自知其非也。然舉世以此相尚，故國家緩急之際，尚有可恃以揞拄傾危。

也就是說，俠有儒風，儒則既與俠多所來往，本身亦有俠行。當時人批評三遊，以遊俠與士之遊說遊行者並舉，可謂良有以也。前文所述儒生之「交道」，重視朋友交誼的倫理，更是俠的基本精神所在。

除了俠與文儒的關係之外，另一個值得注意的現象，則是俠與宗教方士的關聯。據《後漢紀》卷一所載，光武帝與鄧晨遊苑時，「穰人蔡少公，道術之士也，言劉秀當為天子」。而光武帝劉秀實即為一遊俠，故該書又載其兄弟「不事產業，傾身以結豪傑，豪傑以此歸之」。另據《東觀漢紀・光武帝紀》說帝「高才好學，然亦喜遊俠，鬥雞走馬，具知閭里姦邪、吏治得失」。這位遊俠出身，後來又提倡儒術的皇帝，本身也就是對讖緯最熱心的提倡者。

與光武帝同時的隗囂，也是如此。其「季父崔，豪俠能得眾情」，後起事失敗，隗囂繼之，聘平陵之人方望為軍師，方望勸他：「宜急立漢高廟，稱臣奉祠，所謂神道設教，求助民神者也。」這或許只是政治策略。但同時又有王朝者，「明星曆，以為河北有天子氣，素與趙繆王子林善，豪俠於趙，欲因此起兵」，此即是俠而兼為方士者矣。又如楚王英，「好遊俠，交通賓客，晚節喜黃老，修浮屠祠」，後來被誣告說他造圖書，準備謀反。

這些事例，都顯示了相同的結構：遊俠，運用或結合星曆讖緯神道之術以起事。

漢末的黃巾之亂，就是這個結構下的產物，《後漢紀》卷廿五：「張角等誑耀百姓，天下惑之，襁負至者數十萬人。（楊）賜時居司徒，謂劉陶曰：『……今欲切敕刺史、二千石，採別流民，咸遣護送各歸本郡，以孤弱其黨』。」可見黃巾起事時，依附者俱為遊民。方士與遊俠一旦相與結合，並招徠遊民，往往即會構成政權的動盪，難怪要「天子切齒」了。

而此結構，並不起於漢末。典型之例，即是淮南王劉安。劉安「招江淮之儒墨」，這些都是遊士。又修神仙黃白之術，集合了一批方士。另據《漢書‧遊俠傳》云：「淮南皆招賓客以千數」，足證彼亦廣徵遊俠。但如此仍不足以起事，又「偽為丞相御史請書，徙郡國豪桀任俠及有耐罪以上，赦令除其罪家產五十萬以上者，皆徙其家屬朔方之郡，益發甲卒，急其會」，以製造遊民。於是遊儒、方士、遊俠、遊民四者相合，而形成一個對抗現世王權的集團。後世所謂「農民起義」，除一小部分生於抗糧抗租的零星衝突之外，大體均依此結構與模式運作。古天下實罕見有所謂農民起義之事，占大多數的，其實是遊民、遊士、遊俠，他們像水一樣，對王城帝國所做的衝擊，「潮打空城寂寞回」，一波又一波。

三　唐代的俠與劍俠

唐代俠者的面目，其實不像一般人所想像的那麼鮮明。它之所以難以掌握，依我們看，至少有幾方面的因素：一是成見誤人太深、一是資料本身的證據力有問題、一是唐時代俠者本身的型態並不統一。

正如前文所述，根據一般人的意見，俠，代表正義、公理、道德，是除暴安良、濟弱鋤強的人物、形象或心理氣質。《辭源》的解釋，就是如此。劉若愚《*The Chinese Knight Errant*》一書，也將俠定義為：「直接了當地自掌正義，匡正扶弱，不惜用武，不恤法律。另外，他們以博愛為心，甘為原則授命。」①

正因為我們對俠的一般看法大抵如此，所以多數的人，對俠都不免有些神話式的嚮往。如李卓吾《焚書》卷四，崑崙奴：「忠臣俠忠，則扶顛持危。俠士俠義，則臨難自奮，之死靡他」云云。

然而，以這樣的意見、這樣的嚮往來理解唐代的俠，恐怕要困惑而失望了。譬如《唐詩紀事》載：「崔涯與張祜，失意遊俠江淮。」（卷五二），失意闈場而任俠，乃是對生命的苟且。此而為俠，顯然與前述定義相去甚遠。②

至於「坊正張和，大俠也。幽房閨雜，無不知之。」（《酉陽雜俎》續集卷三），這一類大俠，更是專以窺伺人家閨女為事的穿窬之雄；對於嚮往俠客仗劍盪抉人間不平的讀者而言，面對這些文獻，必然會使他錯愕不已。

其次，唐人對於俠的記載和描寫，以詩歌和雜俎筆記為兩大宗。雜俎筆記所錄，固然是採諸委巷雜談，其事未必可信，但多少仍可反映俠的一般狀況。詩歌便不然了。試檢《全唐詩》一遍，即會發現：唐人歌詠俠與遊俠者，幾乎全屬樂府古題，如緩歌行、寶劍篇、遊俠篇、俠客行、遊獵篇、壯士行、結客少年場、少年子、少年樂歌行、（漢宮、長安、邯鄲、渭城）少年行等。

這些樂府歌辭，在唐人一般的作法中，雖也有以舊題寫時事的現象，但大多卻仍只是擬意或擬古，不盡屬當時實事。例如李白〈白馬篇〉就是擬曹植（胡震亨云：曹植〈齊瑟行〉言人當立功名邊塞，自擬為〈白馬篇〉，詩義同），而張籍的〈少年行〉云：「遙聞虜到平陵下，不待詔書行上馬，斬得名王獻桂宮，封侯起第一日中」、鄭錫的〈邯鄲少年行〉云：「見說秦兵至，甘心赴國仇」、虞世南的〈結客少年場〉云：「少年重一顧，長驅背隴頭……」，皆與隋唐以後實際狀況不符。③許多學者卻據此說唐代俠者的意識狀態和行為，以為唐代俠者常遊俠於邊塞、為國家民族之大生命奮鬥，實在錯得非常離譜。④

另外，唐朝俠者的面貌，並不一致。像偽段成式《劍俠傳》裡所記載的，多是身懷絕技、以武犯禁的人物；但是，如前舉《酉陽雜俎》所載坊正張和，我們就看不出他有什麼武功，李頎所後悔的任俠行為，也只是呼朋喚友、相與豪遊而已。⑤

這種差別，猶如韓非和司馬遷所敘述的——《韓非・五蠹篇》嘗謂：「俠以武犯禁」「犯禁者誅，而群俠以私劍養」「廢敬上畏法之民，而養遊俠私劍之屬」「明主之國，無私劍之捍」，這種俠，似乎包含劍客；司馬遷《史記・遊俠列傳》裡的俠卻不盡如此，他以孟嘗、信陵、春申、平原四大公子為俠，而閭巷之俠也只是修行砥名，不必身懷武技。⑥

根據《史記》《淮南》及《漢紀》諸書所載，似乎秦漢之遊俠多屬後者，魏晉南北朝亦然。唐代基本上沿續承襲的，是魏晉南北朝的歷史與文化，而初盛唐的文化意識，又常含有漢代的影子，因此，唐代的俠，其實就是魏晉南北朝的俠。⑦

許多學者不明瞭這層原委，不是把唐代的俠視為唐朝特殊國勢和種族融合的產物，就是把劍俠當作唐代俠者的同義辭或主要內容。⑧他們不知道劍俠（**私劍捍禁之俠**）在唐代俠者之中，是一種特殊的流品，行跡詭密、持術怪異，與其他的俠也未必有什麼往來。我們研究唐代的俠與劍俠，就是想要說明唐代在遊俠傳統中這種沿襲性與獨特性。

在我們看來，打破以上各種疑團和障霧之後，唐代俠與劍俠這個論題，在思想史上就變得異常重要了。它不僅顯示了漢魏南北朝到隋唐之間一個社會性的問題，也具體呈現了中唐社會變遷中某種特殊的時代狀況。而整個俠義傳統，到了唐代，更是一個關鍵時期，我們在前面所提到過的那種對於俠的意見和嚮往，與其說來自《史記》的〈遊俠列傳〉〈刺客列傳〉，毋寧說是從唐代中葉以後逐漸轉變而形成的，它對宋元明清諸朝的武俠文學，也有極深刻的影響；使得並無思想內涵與背景的俠，寖假成為我國民氓嚮往憧憬的對象。⑨

這樣的課題、這樣的處理方式，從前倒還沒有人嘗試過。我願為前人補憾，試著來談一談。

（一）俠的性質、淵源與發展

日人鹽谷溫仲曾將唐人小說分為四類，一是別傳、二是劍俠、三是艷情、四是神怪。⑩其中劍俠類，如《虯髯客傳》、《紅線傳》、《柳無雙傳》，是描寫武俠故事的。葛賢寧則將這些作品歸為俠義類。⑪無論這些作品是俠義還是劍俠類，它們都與「少年遊俠好經過，渾身裝束皆綺羅，蘭蕙相隨喧妓女，風光去處滿笙歌」（李白詩）的俠客形象，大異其趣。

這種遊俠，其性質與淵源，皆當上溯於秦漢之際。秦漢之間的遊俠，與遊士、遊行一樣，都是在封建政體崩潰解體時，社會秩序失序狀況中冒起的特異生命，企圖在此失序的狀態中謀求本身的利益，所以司馬遷說遊俠「何知仁義，已饗其利為有德」。⑫

為了達成這種目的，遊俠必須運用一些手段，例如包庇、施捨、代辦事務等等，來建立起個人的聲譽，所以《史記．遊俠列傳》說：

「古布衣之俠，靡得而聞已！近世延陵、孟嘗、春申、平原、信陵之徒，皆因王者親屬，籍於有土卿相之富厚，招天下賢者，顯名諸侯。……至於閭巷之俠，修行砥名，聲施天下，莫不稱賢，是為難耳。然儒墨皆排擯不載！」

據太公史說，我們可以知道俠不同於劍士刺客。武士和刺客，是莊子〈說劍篇〉所說：「劍士夾門而客」的客或士；故曹沫、聶政、荊軻等人，只能入〈刺客列傳〉，而不入〈遊俠列傳〉。遊俠乃是豢養刺客的大豪，《韓非・六反篇》說：「行劍攻殺、暴傲之民也，而世尊之曰廉勇之士；活賊匿姦，當死之民也，而世尊之曰任俠之士」，也是把刺客和遊俠分開來的。這是第一點值得注意之處。⑬

其次，有布衣閭里之俠、也有王親貴戚之俠，可見俠與階級無關，它更不能代表平民社會勢力。我們有許多學者堅稱俠是低賤被壓迫而反抗的階級、或由農村封建關係中游離出來的遊民，這都與事實不符。⑭另外，由於這些俠，也都是儒墨排擯不載的人物，所以許多學者以為：俠乃儒之一支、或墨者之徒，大概也都是胡說。⑮

這些俠，既都以能養士為成就名譽的條件，所以不僅春申、平原如此，漢代的匹夫之俠也是如此。孟嘗君之薜，收納任俠姦人達六萬家，「朱家用俠聞，所藏活豪士以百數，其餘庸人不可勝言」，數目都極驚人。

據《淮南子・氾論篇》所記：「北楚有任俠者，其子孫數諫而止之，不聽也。縣有賊，大搜其廬，事果發覺，夜驚而走。追道及之，其所施德者皆為之戰，得免而遂返。語其子曰：『汝數止吾為俠，會有難，果賴而免身。』」可以知道，任俠者所以施德厚庇，是有條件的：希望緩急之際，可以得到助力。

然而，俠又何以會有急緩之際呢？這就牽涉到俠的行為目的了。大抵俠是以養士聞名，士往歸之，如水之就下，自然逐漸形成一個集團；這個集團，因首領的關係，可能成為一股政治力量，雞鳴狗盜，而求在政治上有所作為，如孟嘗春申之類；但它也可能並無政治欲求，不期望能在政治上有多大的發展和作為，因此，這一群俠者，一群雞鳴狗盜之徒的組合，自然就只好以作姦犯科為事了，《淮南子》所載縣有賊而大搜俠者之廬，其真相即是如此。《史記》對這個問題，也說得很清楚，他提到郭解「厚施而薄望」，少年所為，則是：（1）以軀借交報仇、（2）藏命作姦、（3）剽攻不休、（4）鑄錢、（5）掘冢、（6）居間解仇。⑯

這些事，皆由俠者主持，但俠不一定出面，所以俠本人倒不一定有勇力武功。這一點很重要，也是遊俠的基本特徵。像「後世稱遊俠者，以四豪為首」（漢書·遊俠列傳）的信陵平原諸公子，就沒有勇武，朱家也沒有，大俠劇孟則只是好賭博。只有師事朱家的楚田仲「喜劍」，郭解也能親自殺人；至於陳遵，除了邀聚朋輩喝酒外，別無所長。⑰但是，不管他們是否擅長技擊，他們都「擁有」武力，因為他們有「客」。

原涉任俠，而「刺客如雲」（漢書·遊俠列傳）；有人箕踞視郭解，郭解的刺客就要殺他。刺客，即是俠的爪牙，銳利得緊。這些客，包括賓客、門客、食客、刺客、各有不同的用途。俠與客相聯結，便構成了一個「任俠」的活動。

《史記》說：灌夫「好任俠，食客日數十百人」。「遊俠列傳」又載：「軹有儒生，侍使者坐，客譽郭解，生曰：『郭解專以姦犯公法，何謂賢？』解客聞，殺此生，斷其舌」，敘述這種活動，真是鮮血淋漓。俠不僅魚肉鄉里，亦且「以武犯禁」。

俠者以武犯禁，出自儒生之口，比出自韓非之口更有意義。因為許多學者把俠視為地方及社會勢力跟統一集權政治勢力爭抗的問題；認為俠是秦漢政治權勢所嫉視的對象，因此才受到摧殘。[18]他們忽略了幾樁明顯的事實：從《史記》《漢書》所載的遊俠人物中，我們看不到有因生活壓力無法支撐而鋌身走險的例子，也看不見政治壓力下奮起的所謂偉大俠者，反而是他們那些隱匿在黑暗中的刺客之劍，替人間和百姓帶來了許多恐懼。即使俠者遭到壓抑，也談不上是摧殘。

其次，漢代的遊俠風氣一直很盛，最主要的原因，就是因為俠不是地方或社會勢力而已，它早已與名公鉅卿結合了，握有政治上實際的權力，如早期的四公子，漢代的陳遵（河內都尉）、樓護（息鄉侯）等都是。故《漢書・遊俠傳》云：「列國公子、魏有信陵、趙有平原、齊有孟嘗、楚有春申，皆藉王公之勢，競為遊俠。雞鳴狗盜，無不賓禮」，所謂藉王公之勢，如《後漢書・章帝八王傳》所載：桓帝弟蠡吾侯悝為渤海王，「中常侍鄭颯、中黃門董騰並任俠輕剽，數與悝交通」，即其一例。

三、俠的行為，不僅法家視為邦國之蠹，儒墨也不表贊同，一般人更是把朱家郭解一類人物，視為暴豪之徒而共笑之。因此，俠基本上不見容於任何一個秩序性的社會，所以它是「遊」。無論這個社會是封建宗法、統一集權、或民主法治，均是如此。

四、俠與其客，要不是睚眦殺人、鑄錢掘冢，就是交通權門，因此，他們實際上也不是地方或社會秩序的代表，而只是「盜跖之居民間者」。不僅《漢書》曾說城西萬章、箭張回、酒市趙君、都賈子光，「皆長安名豪，報仇怨、養刺客者也」（遊俠列傳），直到唐代，俠與盜也還是並稱或互用的。

從這些地方來看，由階級和權力關係來觀察俠士，並不很恰當。俠之所以為俠，在於他們特殊的行為方式，也就是《史記》《漢書》所說，他們能「放意自恣，不拘操行」「專以賑施貧窮，赴人之急為務」，有「一日散百金之費」的豪氣。唯有這樣，遊俠才能收養人心、藏匿亡命。馮諼之「市義」，已經為此種行為做了最好的註解。《陳書・周敷傳》：「性豪俠，輕財重士，鄉黨少年任氣者咸歸之」，也是如此。

因為遊俠之義，只是市義而成的，故《史》《漢》皆不以義稱，只說它是「感慨」，是「感意氣而立節慨」。換句話說，俠與客，乃是以意氣相感、相交結，此即後世之所謂結義。唐人有時稱遊俠為「節士」「義士」，原因也在於此。它與仁義禮義之義，渺不相涉。故原涉以豪傑為俠，雖然烜赫到「郡國諸豪及長安五陵諸為氣節皆歸慕之」，人家還是要譏諷他：「子本吏二千石之世，結髮自修，以行喪推財禮讓為名，正復仇取仇，猶不失仁義，何故遂自放縱為輕俠之徒乎？」

原涉的回答很好，他把自己譬喻為寡婦，「不幸一為盜賊所汙，遂失淫行；知其非禮，然不能自還」。原涉能自覺到俠存在的非理性層面及其局限，不愧大俠；一般人並不能有此自覺，尤其是少年，反而卻常以此生命之原始衝動自喜。

少年人血氣方剛，戒之在鬥。而俠卻提供了一個博、鬥、放恣的條件，使得原始僨烈的生命衝力，不但不能斂才就範，反更昂揚噴激，少年自然要趨之若鶩了。所謂「少年慕其行，亦輒為報仇」。這些少年，就是《漢書》所說「長安五陵諸為氣節者」一類人物，也是詩歌〈結客少年場〉〈少年行〉〈少年樂〉〈少年子〉及〈輕薄篇〉所諷詠的對象。

要了解漢代這些少年趨於遊俠的情形，必須先明瞭當時的豪傑。漢初曾數度徙遷豪傑，除高帝時所徙的六國王族之外，武帝元朔元年徙郡國豪傑及貲三百萬以上者於茂陵、太始元年又徙郡國豪傑吏民於茂陵雲陵。⑲這些豪傑，都是地方上的強宗豪右。他們「田宅踰制，以強凌弱，以眾暴寡」，固屬一般現象；而更嚴重的是「豪強大家，得管山海之利，採鐵石鼓鑄煮鹽，一家聚眾，或至千餘人……成姦偽之業，遂朋黨之權」（鹽鐵論・卷二・復古篇）。這樣，就成為俠了。

《史記・灌夫傳》云：

> 灌夫為人剛直使酒，不好面諛。……好任俠，已然諾。諸所與交通，無非豪傑大猾。家累數千萬、食客日數十百人，陂池田園宗族賓客為權利，橫於穎川。

所指即此事。

考《漢書・食貨志》所載，當時豪強併田之風甚熾，農民耕豪民之田，見稅十五，故貧者不能自給，往往自賣為奴，如《史記・欒布傳》說欒布窮困，賃傭於齊，為酒人保，其後則為人賣，為奴於燕，為家主報仇。其他不為奴婢而依附豪傑為食客者，當亦不少。而豪傑即以此為任俠的憑藉，所以說陂池、田園、宗族、賓客，都是他們倚以行權謀利的資產。《史記》敘遊俠，說「符離人王孟亦以俠稱江淮之間；是時濟南瞯氏、陳周庸亦以豪聞」，豪俠互用兼舉，原因也在於此。⑳

然而，豪傑與俠究竟不是完全相符的。徙豪傑於茂陵時，郭解家貧不中貲，就是一例。季布為氣任俠，也曾被販為奴。其他如彭越貧困而去巨野澤中為盜，製箭張回、酒市趙君都、恐怕也非富豪。㉑至於〈淮陰侯列傳〉所載淮陰屠中少年，更顯然是市井無賴。因此，所謂豪俠，應該是指其行為有豪氣，不一定指豪富鉅室。

雖然如此，豪富鉅室子弟，卻是任俠行為最大的支持者。他們貲財富厚，脫手千金，也比較夠資格藏活亡命、賑施貧窮。市井潑皮，則多半是依附他們而活動的力量。所以《史記》載遊俠事，屢言少年：「劇孟行大類朱家而好博，多少年之戲」、「少年聞之，益慕解之行」；《漢書・敘傳》亦自言其先祖班孺為任俠、班伯素貴年少。㉒足見長安五陵間的無賴少年，幾乎已成為遊俠活動的中堅分子，所謂「洛陽輕薄子，長安遊俠兒，宜城溢渠盌，中山浮羽卮」（**昭明太子，將進酒**）、「車輪鳴鳳轂，箭服耀魚文，五陵多任俠，輕騎自連群。少年多重氣，誰識故將軍」（**隋何妥・長安道**），氣焰之高，約略可想。㉓《樂府詩集》卷六六釋雜曲歌辭〈結客少年場〉云：

《後漢書》：「祭遵嘗為部吏所侵，結客殺人」，曹植〈結客篇〉曰：「結客少年場，

報怨洛北邙」，〈樂府廣題〉：「漢長安少年殺吏，受財報仇。相與探丸為彈，探得赤丸斫武吏，探得黑丸殺文吏。尹賞為長安令，盡捕之。長安中為之歌曰：「何處求子死，桓東少年場；生時諒不謹，枯骨復何葬。」

按：結客少年場，言少年時結任俠之客，為遊樂之場，終而無成，故作此曲也。

這些「驪馬金絡頭，錦帶佩吳鉤」「千金縱博家仍富」的輕薄少年，其實就是惡少。他們鬥雞走馬、殺人縱博，當然會引來社會秩序力和政治權勢的反撲，以致生死名僇。

但是，壓抑，並不是對付任俠少年最好的辦法，因為藏匿亡命，本是俠者的職分，壓力太大時，遊俠也可以「追兵一日至，負劍遠行遊」。何況，在心理上，俠更是以抗拒這些壓力來做為個人榮耀的標記。所以壓抑和捕殺，並不能解決這種少年鬥狠的問題。譬如治川，一味堵抑，有時反而會釀激成更大的禍害；應該浚導宣洩一番，讓他們燃燒在體內的原始盲昧衝動，發揮到另一個方面去，才不會造成社會的癰患。這個浚導宣洩的略策，就是鼓勵遊俠及少年到邊塞去建功立業！

梁劉孝威〈結客少年場〉詩說：「少年本六郡，遨遊遍五都，插腰銅匕首，障日錦塗蘇……千金募惡少，一麾擒骨都」，庾信則說：「結客少年場，春風滿路香……今年喜夫婿，新拜羽林郎」，這些歌詠，和唐人王維〈少年行〉：「出身仕漢羽林郎，初隨驃騎戰漁陽，孰知不白邊庭苦，縱死猶聞俠骨香」、盧思道〈從軍行〉：「朔方烽火照甘泉，長安飛將出祁連，犀渠玉劍良家子，白馬金羈俠少年」……之類，就都是漢代這

一類政策而說的。㉔

原來，漢初本採徵兵制，力役與軍役同，至武帝時改採募兵制。所募精兵，第一種為期門、其次為羽林。二軍所選，多關西六郡（隴西、天水、安定、北地、上郡、西河）良家子之強健勇武者，成為職業軍人。但因為兵戰連年，這批人又不敷需要了，所以便再徵募其他人民、罪囚、和地方惡少：元狩四年攻匈奴，發兵十萬騎，人民樂從者有四萬騎；步卒數十萬，中亦有樂從者；元鼎五年攻南越及西南夷，也發天下罪囚，令夜郎兵和江淮以南樓船，共十萬餘人；元封二年攻朝鮮，亦募天下死罪；元封六年討益州，赦京師亡命；太初元年，征大宛，發天下調民、惡少十萬餘；天漢四年伐匈奴，騎六萬、步卒七萬，皆天下流民及勇敢士。——這些數目極為驚人；似乎愈到後來，愈仰仗流民惡少及勇士作為戰鬥的主力，所以才會有上文所舉梁劉孝威那樣的詩作。㉕

這個政策之所以能成功，主要的原因，在於遊俠的本質中含有若干原始茫昧的成分，它並無確定的目標與價值，所以能夠很輕易地將遊俠的活動轉移方向。唐李益詩：「詎馳遊俠窟，非結少年場，一旦承嘉惠，輕命重恩光，……邊地多陰風，草木自淒涼。」（從軍有苦樂行），就指出了遊俠很容易把皇室的嘉惠眷顧，作為他們效死的理由，從遊俠窟少年場轉赴陰風淒涼的邊疆。

然而，這一政策在實際戰爭效果上，成效不彰。因為這些遊少雖然爭狠鬥勝，能橫行鄉曲，在戰場上，卻抵不過有節制、有訓練、有作戰經驗的正規軍。而且一個流氓分子所組成的集團，在管理和戰鬥力的發揮上都有困難。加上俠少本身所持，只是一種浪漫的戰爭觀，既嚮往於「若使三邊定，當封萬戶侯」（**隋孔紹安・結客少年場**），又以為狙殺單于就像刺擊仇人一樣，可以一擊而中，立刻起第封侯。因此，他們必然的結局，乃是極為淒涼的，不是埋骨邊庭，就是在戍屯之處終老，或者長年轉戰、徒抱鄉愁。唐王翰的〈飲馬長城窟行〉，把他們拿來和秦代征役築長城的役夫作對照，說：「回來飲馬長城窟，長城道旁多白骨」，真是深刻極了。㉖

不過，失之東隅，收之桑榆的是：它在戰爭上未必有效，對俠客意識的提昇轉化，卻有很大影響。遊俠本是背公死黨、勇於私鬥而怠於公戰的人物，現在卻讓他們把意識內容轉換為「報國仇」；把結交賓客的行為，轉化成在邊庭上「橫行徇知己，負羽遠征戍」（**盧照鄰・結客少年場**）。於是俠的世界開闊了，俠的精神提昇了，雖然漢人對此，本身並無自覺，也未在意識上予以開展，卻已成為唐人精神上可貴的資糧。我們之所以在前面引了那麼多六朝及唐人對這一現象的歌吟，就是要說明這種邊城遊俠兒的形象和生命情調，確實在後世激起了熱烈的反響，引發了新的俠義傳統。㉗

但倘若我們竟因此而以為遊俠風氣經孝文孝武之翦除和洩導之後，即已日趨消戢，如一般史學家所說，則我們又大錯了。《史記》說得很明白：誅死郭解以後，「自是以後，為俠者極眾」。班固也說長安熾盛間，街閭各有豪俠。《後漢書》卷四九引王符《潛夫論・浮侈篇》云：「今人奢衣服、事口舌、而習調欺。或以謀姦合任為業，或以遊博持掩為事」，合任就是相合為任俠。當時遊俠風氣之盛，略可想見。所以《三國志・魏志・武帝紀》謂曹操少機警有權數而任俠放蕩，注引〈曹瞞傳〉云：「太祖少好飛鷹走狗，遊蕩

無度」，這種遊蕩無度、飛鷹走狗的惡少，確實仍是與西漢相同的。㉘

不過除了這一類型之外，遊俠還有許多不同的面相。譬如以謀姦合任為業的，是一種，如「北道姚氏、西道諸杜、南道仇景、東道佗羽公子、南道趙綢」之流，都是盜跖而居民間者。㉙至於恂恂有君子退讓之風的關中長安樊中子、槐里趙王孫、長陵高公子、西河郭翁仲、太原魯翁孺、臨淮兒長卿、東陽陳君孺等人，其實就像後來的陳遵一樣，與名士並無不同。以結交氣類、朋從賓客為事，行修砥名，聲施天下，而成為東漢整個氣節名教的中堅分子。並且因名士標榜，招來了黨錮之禍。

早期的遊士和遊俠，性質雖然近似，文武卻不相同，所秉持的理念，一是價值與思想、一是力量。《鹽鐵論・卷七・晁錯篇》：「向者淮南衡山修文學，招四方遊士，山東儒墨咸聚於江淮之間」，最能表示遊士與受儒墨排擯的遊俠之間的歧異。

但是遊俠風氣及其行為既熾盛於兩漢，他們的行為模式已經深入社會，知識分子自然也濡染了許多遊俠的氣習；遊俠中又有恂恂退讓如君子的典型，二者相浹，遂使東漢之所謂名士，實質上與遊俠毫無不同。㉚不僅「是時三府掾屬專尚交遊，以不肯視事為高」（後漢書、陳寵傳），且《後漢書・申屠蟠傳》說：「太尉黃瓊辟，不就。及瓊卒，歸葬江夏，四方名豪會帳下者六七千人」，又說：「先是京師遊士汝南滂等，攻訐朝政……太學生爭慕其風，以為文學將興」，不僅標出遊士的名號，這段文字與《史記》敘郭解及少年爭慕的情形也如出一轍。遊士、名豪，即所謂名士，所以太學生和名士本身，其實也就是「結任俠之客」的人。

〈翟酺傳〉：「酺四世傳詩，酺好老子，尤善圖緯、天文、曆算，以報舅仇，當徒日南，亡於長安」、〈張禹傳〉：「父歆，初以報仇逃亡，後仕為淮陽相」、〈郭太傳〉：「陳留左原為郡諸生，犯法見斥，後更懷忿，結客欲報諸生」、〈黨錮傳〉序：「鄉人為之謠曰：天下規矩房伯武，因師獲印周仲進。二家賓客互相譏揣，遂各樹朋黨，漸成尤隙，由是甘陵有南北部黨人之議」、〈袁紹傳〉：「紹壯健好交結，大將軍梁冀以下莫不善之……紹有姿貌威容，愛士養名。既累世臺司，賓客所歸；加傾心折節，莫不爭赴其庭」……等，都是證例。故《廿二史箚記》卷五討論東漢尚名節時，即曾很正確地把這種氣節名士之風，歸因於遊俠與刺客：

自戰國豫讓、聶政、荊軻、侯嬴之徒，以意氣相尚，一意孤行，能為人所不敢為，世競慕之。其後貫高、田叔、朱家、郭解輩，徇人刻己，然諾不欺，以立名節；馴至東漢，其風益盛。蓋當時薦舉徵辟，必採名譽，故凡可以得名者，必全力赴之，好為苟難，遂成風俗。

在這種風俗底下，不僅黨禍起時，張儉亡命困迫，望門投止，士大夫能破家相容，發揮了俠者藏匿亡命的傳統；復仇也有了經學作依據（如蘇謙為李昌案罪死於獄中，謙子不韋與賓客掘地道至昌寢室，殺其妾與子，又掘昌父墓，取其頭以祭父；董子張父為人所殺，其友郅惲「將客遮仇人，取其頭以示子張」），而成為一種社會規範。桓譚所說：「私結怨仇，子孫相報，後忿深前，至於滅戶殄業，而俗稱豪健」，指的就是這個儒風與

俠氣交織，弦歌與刀光互映的時代。㉛

名士，自然是這個時代的代表。不過在葛洪等人看來，名士接物之狂傲、居心之忌刻、交友之勢利、立身之無行，真是「朱家郭解之亂世，曾不若是也。」㉜魏晉南朝的名士不但繼承了這個傳統，而且加上了門第的力量與地位，遂使得名士和貴遊俠客兩種型態結合為一了。所以，他們既是知識分子，也是持政階層，更是破壞秩序性社會的惡少或盜匪。

例如《晉書‧戴淵傳》載：「淵少好遊俠，不拘操行。遇陸機赴洛，船裝甚盛，遂與其徒掠之」、〈石崇傳〉：「崇穎悟有才氣，而任俠無行檢，在荊州，劫遠使商客，致富不貲」、〈祖逖傳〉：「逖輕財好俠，慷慨有節尚。賓客義徒，皆暴桀勇士。時揚土大饑，此輩多為盜竊，攻剽富室。或為吏所繩，逖輒擁護救解之。」㉝祖逖並未親自主持剽劫，他的徒眾也只是在饑荒時才做盜竊，石崇卻是現職的荊州刺史，以這種身分來幹一票，自不免教人駭異，但依俠的作風來看，這卻是很自然的，唐代的郭元振也是如此。

像石崇這樣的俠，晉代也很多，如裴啟《語林》載：「寧朔將軍何邁，素豪俠，好聚歛士，出入遊俠者塞路」「晉李陽大俠，士庶無不傾心，為幽州刺史。當之職，盛暑，一日詣數百家別。賓客常填門」。其中李陽是京師大俠，又見《晉書‧王衍傳》。他們大多擁有私人武力，甚至互相併伐，例如《陳書‧熊曇朗傳》說，朗在侯景之亂時，聚少年據豐城縣為柵，桀黠劫盜多附之；梁元帝任命為巴山太守，而朗卻劫掠鄰縣，縛賣居民。又、京兆杜洪以豪族凌張琚，琚以勇俠侮杜洪，其後杜洪鼓動司馬勳誘殺張琚，琚弟走池陽，又合兵攻勳，見《晉書‧濟南惠王遂傳》。這種情形，在北方亦復相同。

從漢末董卓「少嘗遊羌中，盡與豪帥相結……由是以健俠知名」以來，北方之俠就多是馳聘於邊庭的惡少。如齊之阿伽郎君，周之李局士，或為宗室或為駙馬，而皆聚盜任俠，橫行京畿。《北齊書・單義雲傳》：「義雲少麤俠，家在兗州北境，常劫掠行旅，州里患之」、〈高乾傳〉：「少時輕俠，數犯公法。弟昂，初以豪俠之名，結輕險之徒，共為賊盜」、〈李元忠傳〉：「元忠叔景遺，少雄武有膽力，好結聚亡命，共為劫盜，鄉里每患之」、《北史・畢眾敬傳》：「眾敬少好弓馬射獵，交結輕裏，常於疆境盜掠為業」。㉞

這些俠，多半像漢代一樣，是世業；其賓客與宗族往往也都是俠盜集團中的一分子，因此根基穩固，不畏征討。如李元忠兄被囚於州獄，元忠就率眾劫獄，州軍追討，竟不能制。《魏書・李安世傳》也載：「廣平人李波，宗族強盛，殘掠生民。刺史薛道檦親往討之。波率其宗族拒戰，大破檦軍；遂為逋逃之藪，公私成患。百姓為之語曰：『李波小妹字雍容，褰裙逐馬如捲蓬，左射右射必疊雙。婦女尚如此，男子那可逢？』」這位雍容和漢代的秦女休一樣，皆是後世女俠之祖。㉟

漢魏南北朝期間，俠之性質及發展的概況大抵如此。但除此之外，還有另一條系統潛滋暗長，至唐代而蔚為巨觀。那就是與宗教結合的遊俠。

考《後漢書・楚王英傳》，可知這位我國最早祀奉佛教的貴族，本身就是遊俠：「英少時好遊俠，交通賓客；晚節更喜黃老學，為浮屠齋戒祭祀。」其後黃巾的首領張陵，學道於鶴鳴山中，造作符書以惑百姓；其子張魯自號師君，來學者名為祭酒，各領部眾，起

「義舍」於路，懸置米食以給行旅（見〈劉焉傳〉）。所謂義舍，可能和祖逖義徒一樣，都是遊俠意識底下的產物。後世無論是個別的遊俠、或草莽聚義的群眾，往往與宗教有所牽聯，這一淵源實是不容忽視的。㊱

（二）唐代的俠

1. 遊俠少年的類型

唐代的歷史，是漢末魏晉南北朝文化的總結。因此，遊俠的型態與活動，也仍承繼著以往的歷史。既有邊塞遊俠㊲、橫行於州郡山寨之間的盜賊、也有貴遊子弟和街閭惡少。

據《隋書‧沈光傳》：「光獨踞弛，交通輕俠，為京師惡少年所朋附」和《新唐書‧高仁厚傳》：「先是京師有不肖子，皆著疊帶帽持梃剽閭里，號閒子。京兆尹始親視事，輒殺尤者以怖其餘。竇潏治京兆，至殺數十百人，稍稍憚戢。巢入京師，人多避居寶雞，閒子掠之，吏不能制。仁厚素知狀，下約入邑閭縱擊；軍入，閒子聚觀嗤侮，於是殺數千人。」這些記載看來，從隋到唐末，京城惡少遊俠的聲勢，一直很盛。㊳但從文獻上分析，這些京師無賴俠少，基本上有兩類，一是地痞流氓，一種則是豪貴少年。

我們看晉張華的〈輕薄篇〉，描寫洛陽俠少，已經是肥馬輕裘、馳逐為樂了。唐代經濟發展和生活風氣之奢靡浮華，又遠勝於晉，少年豪貴遊俠的生活，當然愈發難以描摹了：

・新豐美酒斗十千，咸陽遊俠多少年，相逢意氣為君飲，繫馬高樓垂柳邊。（王維・少年行）

・二十便封侯，名居第一流，綠鬟深小院，清管下高樓，醉把金船擲，閒敲玉鐙遊；帶盤紅鼴鼠，袍碼紫犀牛，錦袋歸調箭，羅鞋起撥球，眼前長貴盛，那信世間愁。（張祜・少年樂）

・錦衣鮮華手擎鶻，閒行氣貌多輕忽，稼穡艱難總不知，三皇五帝是何物！（貫休・少年行）

・日高春睡足，帖馬賞年華，倒插銀魚袋，行隨金犢車，還攜新市酒，遠醉曲江花，幾度歸侵夜，金吾送到家。（李廓・長安少年行）

這些貴盛少年，最烜赫的自然是王孫公子。例如太宗時，皇太子承乾好聲色，漫遊無度，與群小褻狎，又命戶奴數十百人習使樂，學能人椎髻，剪綵為舞衣，尋橦跳劍，晝夜不絕（《舊唐書》卷七六）。高宗時，江王元祥、滕王元嬰、蔣王惲、虢王鳳，皆橫暴逸遊，元嬰尤甚。屢出畋遊，以彈彈人，以為笑樂，又或凝寒方甚時，以雪埋人為樂。且「趙孝文趨走小人、張四又倡優賤隸，王親與博性，極為輕脫」（同上卷六四）。

這些王者的行逕如此，雖不能逕稱之為遊俠，但至少可以讓我們了解在這種環境成長的王孫貴介，嗜好遊俠，其來有自。像唐高宗所指斥的張四又趙孝文一類趨走小人，李益在〈漢宮少年行〉裡就曾詳細刻畫過，說他們：

「上宮警夜營八屯，鼕鼕街鼓朝朱軒，玉階霜仗擁未合，少年排入銅龍門。暗聞弦管九天上，宮漏沈沈清吹繁。平明走馬絕馳道，呼鷹挾彈通繚垣，玉籠金鎖養黃口，探雛取卵伴王孫，分曹六博快一擲，迎歡先意笑語喧，巧為柔媚學優孟、儒衣嬉戲冠沐猿、晚來香街經柳市，行過倡市宿桃根。相逢酒杯一言失，回朱點白聞至尊。金張許史伺顏色，王侯將相莫敢論。」

詩人這種感覺是有事實做根據的，杜牧《樊川集・卷八・唐故岐陽公主墓誌銘》載：「貞元時，德宗行姑息之政。王武俊、王士真、張孝忠子聯為國婿。憲宗初寵于頔，來朝，以其子配以長女。皆挾恩配勢，聚少俠狗馬為事。日截馳道，縱擊平人，豪取民物，官不敢問。戚里相尚，不以為窮弱」，正其事也。

氣焰較他們稍次一級的，當是王公親貴的子弟。隋末大亂，本多遊俠；唐初起事時，也多藉遊俠之力。史稱劉文靜之囚，太宗入禁所視之，文靜曰：「今太原百姓避盜賊者皆入城。文靜為令數年，知其豪傑；一夕嘯集，可得十萬人」，便是明顯的例子。而其中他所倚仗的重要主力，乃是原先由李密統領的一支。李密亡命時，曾匿於大俠王季才家，及起事，則任城大俠徐師仁從之，故稱雄於一時。所以李密所部，根本就是一個俠盜集團。其帳下大將如李勣，年十七時，即曾從韋城大盜翟讓劫公私船取物。㊴因此唐初開國功臣，多半與俠義有關，其子弟受此濡染，殆屬必然。秦韜玉〈貴公子行〉所謂：「鬥雞走狗家世事，抱來皆佩黃金魚」，就是說他們的俠義傳統。㊵

至於鄭愔〈少年行〉：「潁川豪橫客、咸陽輕薄兒，田竇方貴幸、趙李新相知，軒蓋終朝集，笙竽此夜吹，黃金盈篋笥，白日忽西馳」，貫休〈少年行〉：「自拳五色毬，迸入他人宅，卻捉蒼頭奴，玉鞭打一百」，則是說他們的生活和氣焰。後世小說中經常出現的小霸王，或強奪民女、欺壓百姓的貴介公子，都應該從這裡追探淵源。

詩人韋應物，據說少年時也是這一類人物。《容齋隨筆》一書云：「韋蘇州集中，有〈逢楊開府詩〉云：『少事武皇帝，無賴恃恩私，身作里中橫，家藏亡命兒。朝持樗蒲局，暮竊東鄰姬。司隸不敢捕，立在白玉墀。驪山風雪夜，長揚羽獵時。一字卻不識，飲酒肆頑痴』，此詩蓋應物自敘其少年事也。」

較王公子弟又稍次一級的，是其他的任俠者或地方豪族少年。例如李白〈君馬黃〉詩所描述的任俠者，是：「君馬黃，我馬白，馬色雖不同，人心本無隔。共作遊冶盤，雙行洛陽陌；長劍既照耀，高冠何赫赫。各有千金裘，俱為五侯客。」㊶，與王公貴戚頗有來往，且在京城中活動。地方豪俠少年與他們不同，多半自成一類，與政要貴少分庭抗禮。《酉陽雜俎》前集卷十二所載：

太僕卿周皓……曰：「某少年嘗結豪族為花柳之遊，竟蓄亡命，訪城中名姬，如蠅襲羶，無不獲者。時靖恭坊有姬，字夜來，稚齒巧笑，歌舞絕倫，貴公子破產迎之。余時與數輩富於財，更擅之。會一日，其母白皓曰：『某日夜來生日，豈可寂寞乎？』皓與往還，競求珍寶，合錢數十萬，會飲其家。……扃方合，忽覺擊門聲，皓不許開。良久，折關而入。有少年紫裘，騎從數十。大詬其母。母與夜來泣釋，諸客將散。皓時血氣方剛，且恃扛鼎，顧從者敵。因前讓其怙勢，攘臂毆之，踣於拳下，遂突出。時都亭驛有魏貞，有心義，好養私客。皓以情投之。貞乃藏於妻女間。時有司追捉急切，貞恐蹤露，乃夜辦裝具。腰白金數挺，謂皓曰：『汴州周簡老，義士也。復與郎君當家，今可依之，且宜謙恭不怠。』周簡老，蓋大俠之流。」

這段文字，不僅記載了豪族俠少的行為，也敘述了他們與貴介公子爭風吃醋的狀況。而其他地方性遊俠，如都亭驛魏貞、汴州周簡老之流的活動概況，也可由此窺其大略。[42]

以上這些貴遊俠少，都是比較闊綽的，閭里惡少的勢力也自不小。《酉陽雜俎》前集卷八載：「上都街肆惡少，率髡而膚箚，備眾物形狀，恃諸君，張拳強劫，至有以蛇集酒家、捉羊胛擊人者。……時大寧坊力者張幹，箚左膊曰：『生不怕京兆尹』、右膊曰：『死不畏閻羅王』……又高陵縣捉得鏤身者宋元義，刺七十一處，左臂曰：『昔日以前家未貧，苦將錢物結交親，如今失路尋知己，行盡關山無一人。』」、「李夷簡，元和末在蜀。蜀市人趙高好鬥，常入獄。滿背鏤毗沙門天王，吏欲杖背，見之輒止，恃此轉為坊市患害」[43]、續集卷一：「元初和，上都東市惡少李和子，父努眼。和子性忍，常攘狗及貓食之，為坊市之患」。這些紀錄，都能生動地刻劃出這些閭里之俠的形貌。

這些剃頭刺青的少年，除了氣味粗俗之外，其行為實與貴遊俠少無大差異，都是縱博、射獵、飲酒、宿娼、報仇、凌人、挾彈、鬥雞、走馬。所以他們之不同，只在氣象，譬如李白的〈少年行〉是：「五陵少年金市東，銀鞍白馬度春風，落花踏盡遊何處，笑入

胡姬酒肆中」，而杜甫的〈少年行〉就只是：「馬上誰家白面郎，臨階下馬坐人床，不通姓字粗豪甚，指點銀瓶索酒嘗」了。㊹

不但如此，街閭惡少可能還常寅緣於豪貴之門，貴遊子弟也常與此輩廝混，故施肩吾詩云：「醉騎白馬走空衢，惡少皆稱電不如，五鳳街頭閒勒轡，半垂衫袖揖金吾。」（少年行）㊺

2. 俠的行為與活動

遊俠少年，是唐代遊俠行為最重要的中堅分子。但整個遊俠的狀況，並不能以遊俠少年概括。因為根據上文所引《酉陽雜俎》前集卷十二看來，俠少平時與都亭驛之俠或汴州大俠，可能曾互通聲氣，但其活動畛域顯然不同。《酉陽雜俎》續集卷三另載一段故事，也很能為我們提供一些訊息：

> 蜀郡有豪家子，富擬卓鄭；蜀之名姝，無不畢致。每按圖求麗，媒盈其門。常恨無可意者，或言：「坊正張和，大俠也，幽房閨稚，無不知之，盍以誠投乎？」豪家子乃其籙金篋錦，夜詣其居，具告所欲，張欣然許之。異日，謁豪家子，偕出西廓一舍，入廢蘭若，有大象巍然。與豪家子升像之座，坊正引手捫佛乳，揭之，乳壞成穴如盌，即挺身入穴。……道行十數步，忽睹高門崇墉，狀如州縣。坊正叩門五六，有丸髻婉童啟迎，拜曰：「主人望翁來久矣。」有頃，主人出，紫衣貝帶，侍者十餘，……豪家子因私於牆隅妓中年差暮者，遽

就，謂曰：「嗟乎！若何以至是？我輩早為所掠，醉其幻術，歸路永絕；君若要歸，第取我教。」……飲既闌，妓自持鐘開東牆一穴，亦如佛乳，推豪家子於牆外。乃是長安東牆堵下，遂乞食，方達蜀。

俠之喜掠奪或姦淫婦女，亦可見諸《北夢瑣言》卷四：

「浙西周寶侍中博陵崔夫人，乃乾符中時相之姐妹也。少為女道士，或云寡而冠帔，自幽獨焉。大貂素以豪俠聞，知崔有容色，乃踰垣而竊之。宗族亦莫知其存歿。」

而《酉陽雜俎》這段記載，除了說明遊俠善於狡獪幻術、掠人婦女、誑詐錢財之外，還可以讓我們知道，他們的活動，並不像豪俠少年那樣單純，只是精力和原始欲望的發洩。所以他們也未必即是豪俠少年。他們分佈在各個階層、各個角落；其身分和企圖多半較為隱晦，不易為人所了解，只有遊俠中人，才能互相清楚彼此的行徑，像《劇談錄》所載田膨郎事，就是一個例子：田膨郎乃任俠者流，夜盜唐文宗白玉枕。文宗遍察不獲，龍武蕃將王敬弘懷疑是他的小僕所為；僕才告訴他是田膨郎所盜，並獻計先打斷田的左腳，讓他不能奔逃。田被打傷，嘆氣說：我偷枕來，不怕他人，唯懼於爾。（引見《太平廣記》卷一九六）

雖然如此，唐代遊俠的行為，我們大抵上還是可以歸納成幾種類型。第一當然是行劫，這是遊俠的老傳統，《舊唐書・郭元振傳》載元振「授通泉尉，任俠使氣，前後掠賣所部千餘人，以遺賓客，百姓苦之」。這位郭大俠，後來竟做到代國公。他曾作〈古劍歌〉云：「非直結交遊俠子，亦曾親近英雄人」，又作〈寶劍篇〉，甚得武則天的讚賞。後來杜甫更有詩詠嘆道：「壯公臨事斷，顧步涕橫落，高詠寶劍篇，神交付冥冥」（〈代公故宅〉）。牛僧孺《玄怪錄》中，就有一篇是敘述他的故事。

諸如此類盜俠，文獻上或稱為盜、或稱為俠，例如《唐語林》所載僧俠，那位僧人便自稱：「貧道盜也」（《廣記》卷一九四引）。這種盜俠，唐代極多，如《舊唐書・張弘靖傳》所云：「東部留守辟（靖）為從事。留守將令狐運逐賊出郊，其日，有劫轉運絹於道者，亞以運豪家子，意其為之，乃令判官穆員及弘靖同鞫其事」，可見豪俠少年也常以劫掠來維持他們龐大的花費。

通鑑高宗永淙元年，以關中饑饉幸東都時，更因道上多草竊，監察御史魏元忠從獄中找到一名大盜，才能使車馬錢糧無所損失。這不僅可以知道當時俠盜之多，其聲勢居然讓皇帝也感到害怕，更是教人驚異。難怪後來王瑜入蜀，要師其故技，與盜趙徽相結而行了；可惜王瑜卒為所殺，全族少長百口殆盡。這可能是覬覦財貨或言行衝突所致。但整體看來，唐代遊俠巨盜已經自成一個王法以外的世界，那就是綠林。

所謂綠林，乃是俠由私人氣義交誼關係，發展為一組織關係。《唐詩記事》卷五六載：「李彙征客遊閩越，至循州，冒雨求宿。或指韋氏莊居。韋氏杖履迎賓，年八十餘，自稱曰野人韋思明。每與李生談論，或詩或史，淹留累夕，……論數十家之作，次第及李涉詩，主人酷稱善。彙征遂吟……李生重詠〈贈豪客詩〉，韋叟愀然變色曰：『老身弱齡不肖，遊浪江湖，交結姦徒，為不平事。後遇李涉博士，蒙簡此詩，因而詮跡，……李既云亡，不復再遊秦楚；追惋今昔，或潸然持酹而謳、反袂而歌云：春雨瀟瀟江上村，綠林豪客夜知聞，他時不用相迴避，世上如今半是君』。」

《唐音癸籤》卷二九，謂無此事，曰：「李涉井欄砂贈詩一事，或有之，至此盜歸而改行，八十歲後遇李彙征，自署姓名為韋思明，備誦涉他詩，瀝酒酬涉，則〈雲溪友議〉所添蛇足也。唐人好為小說，或空造其事而全無影響，或影借其事而更加緣飾，即黃巢尚予一禪師號，為偽造一詩實之，況此小小夜劫乎？」

今按：其事為李涉否，並不重要，此類莊居豪客，可能是當時一種甚為普遍的情況，如李白〈扶風豪士歌〉所謂：「扶風豪士天下奇，意氣相傾山可移」者，李卓吾《焚書》謂其為坐地分贓：「唐李涉贈盜詩曰：『相逢不用相迴避，世上如今半是君』，劉伯溫〈詠梁山泊分贓臺詩〉云：『突兀高臺累土成，人言暴客此分贏，飲泉清節今寥落，何但梁山獨擅名？』《漢書》云：『吏皆虎而冠』，《史記》云：『此皆劫盜而不操戈矛者』，李卓吾曰：此皆操戈矛而不畏官兵捕盜者。」（卷五，李涉贈盜者），故這裡所謂世上如今半君是，當非虛語。

《通鑑》卷二三〇云山南地薄民貧，自安史以來，盜賊攻剽；又云駱谷為盜所扼。卷二三一復載韓滉運米至行在，每艘船置五弩手以為防援，有寇則扣舷相警，始得安然運抵渭橋。則其猖狂可知。李公佐〈謝小娥傳〉云：「小娥嫁歷陽俠士段居貞。居貞負氣重義，交遊豪俊；小娥父畜巨產，隱名商賈間，常與段壻同舟貨，往來江湖。時小娥年十四，始及笄。父與夫俱為盜所殺，盡掠金帛。段之弟兄、謝之甥姪，與童僕輩數十，悉沉於江」，更是個活生生的例子。（唐代江賦，又詳杜牧〈上李太尉論江賦書〉樊川集十一）

行劫不免要殺人，但殺人卻未必定為剽劫。尤其俠客殺人，不一定要有什麼理由，因為他們的「不平事」，乃是廣義的「看不順眼」；因此，「三杯弄寶刀，殺人如翦草」「笑盡一杯酒，殺人都市中」，便成為他們行為的特徵。⑯至於被俠所豢養的食客、死士、亡命，刺客，更有以殺人為職事者，所謂交友借軀報仇。韓偓〈金鑾密記〉云武則天時，周黔府都督謝祐凶險忍毒，於平閣上臥，婢妾十餘人同宿，夜不覺，刺客截祐首去；後曹王破，家簿錄事，得祐頭漆之，題謝祐字，以為穢器，方知王子令刺客殺之。

《通鑑》卷二三九元和十年：「李師道素養刺客奸人數十人，厚資給之。其人說師道曰：『用兵所急，莫先糧儲。今河陰院積江淮租賦，請潛往焚之。募東都惡少年數百，劫都市、焚宮闕，則朝廷未暇討蔡，先自救腹心，此亦救蔡一奇也。』師道從之。自是所在盜賊竊發。」、「所養客說李師道曰：『天子所以銳意誅蔡者，元衡贊之也，請密往刺之』……元月癸卯，元衡入朝，……賊執元衡馬行十餘步而殺之，取其顱骨而去」，都是在政治鬥爭中活動的刺客。但有些刺客並不參與政治活動，例如《酉陽雜俎》前集卷九的盧生，善黃白之術，便自稱：「某，刺客也。……某師，仙也，令某等十人，索天下妄傳黃白術者殺之。」

行劫、殺人以外，藏活亡命，也是遊俠的重要條件。《廣記》卷一九四引〈獨異志〉云：「有萬年尉侯彝者，好尚心義，嘗匿國賊。御史推鞫理窮，終不言賊所在。」我們只要回想上文所舉周簡老、魏貞一類俠客的行誼，就知道《廣記》將侯彝歸入豪俠類，甚有道理。對於所藏活者，他們不僅為之守密，且供養豐厚。如周簡老，不但把表妹嫁給周皓，且贈金百餘千，令遊江淮。不如此，不足以表現其俠氣。至於綠林，當然更是逋逃之藪了。

但是，藏活亡命不像行劫殺人可以獲致厚利，也非恆有之事，故遊俠的行為類型不應把它算計在內，反而是像《五代史》所記王建少時無賴，以屠牛盜驢販私鹽為事，里人謂之「賊王八」，這一類行為，才是遊俠的行為模式之一。

有些家畜豐厚的遊俠，不一定要打劫殺人，也不必販賣私貨，便只有在行為上「鬥豪」，而構成俠客平時生活上一大特色。這種鬥，小焉者例如賭博、鬥雞、走狗、射獵、爭風；大焉者，則可以《朝野僉載》所述彭闥高瓚之事為例：

「唐貞觀中，恆州有彭闥高瓚二人鬥豪。於時大酺，場上兩朋競勝：闥活捉一豚，從頭封至頂，放之地上仍走；瓚取貓兒從尾食之，腸肚俱盡，仍嗚喚不止。闥於是乎帖然心伏。」

沈亞之〈馮燕傳〉所云：「燕少以意氣任俠，專為擊毬鬥雞戲」，殆亦此類。韓愈的從兄弟韓開封，亦然。韓愈撰〈周況妻韓氏墓誌銘〉云開封「卓越豪縱，喜酒色狗馬」，大抵可以看作唐代遊俠一般的生活通相。在這種情形下，殺人行劫也是可以理解的。《唐人說薈》卷五引張鷟〈耳目記〉，甚至記載一則慘事，云：

隋末，深州諸葛昂，性豪俠。渤海高瓚聞而造之，為設雞豚而已。瓚小其用，明日大設，屈昂數十人，烹豬羊等長八尺，薄餅闊丈餘，裹餡粗如庭柱，盤作酒盃行巡，自作金剛舞以送之。昂至後日，屈瓚所僚客數百人，大設，車行酒，馬行炙，挫碓斬膾，磑轢蒜齏，唱夜叉歌獅子舞。瓚明日，復烹一雙子十餘歲，呈其頭顱手足，座客皆喉而吐之。昂後日報設，先令美妾行酒，妾無故笑，昂叱下，須臾蒸此妾坐銀盤，仍飾以脂粉，衣以錦繡，遂擘腿肉以啖。瓚諸人皆掩目。昂於奶房間撮肥肉食之，盡飽而止。瓚羞之，夜遁而去。

其野蠻殘酷的鬥豪行為，簡直不可思議。然而，這就是俠的傳統。李翱〈題燕太子丹傳後〉云：「燕丹之心，苟可以報秦，雖舉燕國而不顧，況美人哉！」即指〈燕丹子〉中，有一段與諸葛昂類似的行為：「太子置酒華陽之臺，酒中，太子出美人能琴者。荊軻曰：好手琴者，太子即進之。軻曰：『愛其手耳。』太子即斷其手，盛以玉槃奉之。」此固非鬥豪，然其草菅人命，則無二致。

3. 俠與知識階層的關係

總括以上所述，唐代的俠，基本上似乎仍保留著漢魏南北朝遊俠的傳統，無論在意識、行為、分布上，與漢魏南北朝之俠，並無太大差異。這當然是因為唐代的歷史性格使然。但是，唐代雖是漢魏南北朝整個歷史與文化的總結，卻也是開展宋元明文化的樞紐轉變期，因此唐代的俠，也確實有幾點值得特別注意的地方。譬如所謂貴遊少年之中，便有強宗豪右出身和世勳親貴出身的差別；熟悉唐史的人都知道；由姓望地望而來的社會地位、和由政治權力關係而來的地位，兩者積不相容。《酉陽雜俎》所載周皓和紫裘少年的衝突，很微妙地暗示了這個問題。

其次，街肆惡少的勢力膨脹得極為厲害。坊正亭驛乃是地方上的領袖或安寧監督者，但其本身卻可能是遊俠。這種情形，在漢代固然也有，但漢代集中於京師，唐則遍及諸城市。這也必然與唐代城市發達、市民階層興起有關。

需知俠本非農耕務實之士，而是都市社會的產物，因為都市中冒險的機會較多，對聲色欲望的刺激也遠勝於農村。春秋戰國時期，商業都市漸次形成，邯鄲、咸陽，便成為遊俠集中之地，漢之都市，益具規模，故俠少也屬集於其中，所謂「長安熾盛閭，街閭皆有遊俠」。

到了唐代，街肆惡少的勢力日趨膨脹，當然更是理所必致的了。〈劇談錄〉嘗謂：「京師多任俠之徒」（《廣記》卷一九六引）、駱賓王詩：「倡家桃李自芳菲，京華遊俠任輕肥」、盧照鄰詩：「長安重遊俠，洛陽富材雄」，皆指此而說。㊼

然而，最重要的猶不在此，而在於知識分子的態度和行為。

和東漢一樣，遊俠和士的關係極為密切。士的行為通常是以俠為典範、為楷模的。但是他們對剃頭刺青的街坊無賴並無好感，只一意想效仿貴族子弟的風流倜儻。可惜裘馬輕肥、千金一博的場面，又多半非尋常士子所能負擔，故李白「羞逐長安社中兒，赤雞白狗賭黎栗。彈劍作歌奏苦聲，曳裾王門不稱情」（行路難之二）、孟郊「自嘆方拙身，忽隨輕薄倫」（灞上輕薄行）之類嗟嘆，乃是必然的結局。

李頎說得好：「小來託身攀貴遊，傾財破產無所憂。暮擬經過石渠署，朝將出入銅龍樓，結交杜陵輕薄子，謂言可生復可死。一沉一浮會有時，棄我翻然如脫屣。……早知今日讀書是，悔作從來任俠非」（緩歌行）！他們對於任俠行為，真是又羡嫉又悔嘆哪！

話雖如此，知識分子而為俠者，依然不少，《北夢瑣言》載：「唐進士趙中行家於溫州，以豪俠為事」，即是一例。這是遊俠風氣下，知識分子第一種表現型態：成為遊俠。

二、知識分子也許不成為真正的俠，但在整個遊俠風氣浸潤之中，士也長期保持著「遊」的心態。這一點極為重要，因為唐代已經統一南北，政治上根本喪失了春秋戰國那種遊士遊說的局勢和條件，但是唐代士人，仍以干謁和遊行作為主要晉身方式。像陳子昂和李白，便是初期以遊俠行為干謁「諸侯」的典型。以致形成後來投卷的風氣、和奔走藩鎮的流弊。

任華〈與庚中丞書〉云：

> 昔侯嬴邀信陵君騎過屠門、王生命廷尉結襪，僕所以邀明公枉車騎過陋巷者，竊見天下有識士，品藻當世人物，或以君恃才傲物；僕故以國士報君，欲澆君恃才傲物之過而補君之闕。

乃躊躇不我顧，意者恥從賣醪博徒遊乎？昔平原君斬美人頭、造躄者門，賓客由是復來；今君猶惜馬蹄不我顧，僕恐君之門客，於是乎解體（《全唐文》卷三七六）。㊽

通篇以俠客之道相砥礪，勉人以俠，而自居食客，講得再明白不過了。與杜牧〈上宰相求湖州〉三啟，口吻頗為類似（見《樊川集》卷十六）。唐代文士之衣食及名聲多是仰賴這種方式而來，韓愈〈與李翺書〉云：「僕在京城八九年，無所取資，日求於人，以度時月」、李觀〈與吏部奚員外書〉云：「昨者有〈放歌行〉一篇，擬動李令公邀數金之恩；不知宰相貴盛，出處有節，掃門之事不可復跡；俯仰吟惋，未知其由。」（《全唐文》卷五三二）等，概屬前者。

袁參〈上中書令姚公元崇書〉云：「參將自託於君以重君，請以車軌所至、馬首所向，掩君之短、稱君之長。若使君遭不測之禍，參請伏死一劍以白居冤；若使君因緣謗書，卒至免逐則參以三寸之舌，抗義犯顏，解於闕廷；朝廷之士議欲侵君，則參請以直辭先挫其口，皆血次污其血；使君千秋萬歲後，門闌卒有飢寒之虞，參請解裘推哺，終身奉之。參於君非有食客之舊、門生之恩，然行年已半春秋，金盡裘敝、唇腐齒落，不得成名；獨念非君無足依，故敢以五利求市於君。」（同上卷三九六）之類，屬諸後者。

從他們的說辭中，我們可以發現無論是干謁遊說的方式、講議的內容、彼此關係的處理，完全是遊俠式的，不動之以言辭，則威之利刃，三寸舌和三尺劍，實在難以釐分。他們從戰國遊俠那裡得到歷史的經驗，從漢末名士那裡得到行為的榜樣，從當代俠者報恩仇和求知己的行為中，得到鼓舞和滋潤，所以精神意態，遂愈來愈有縱橫策士的氣息了。

從李白「十五好劍術，遍干諸侯」「喜縱橫術，擊劍，為任俠」開始，知識分子為俠客行，便與縱橫脫不了干係。李白讀書匡山時，他的老師趙蕤，就是一位「善為縱橫學，著書號《長短經》」的人（唐詩記事卷十八）；韓愈〈與鳳翔邢尚書書〉，沈欽韓也說它「頗似蘇張詭靡之說」[49]；三上宰相書，張子韶更曾評論為：「乃復自比為盜賊管庫，且云大其聲而疾呼矣，略不知恥，何哉？」至於那位托身遊俠的孟郊，〈答韓愈李觀別因獻張徐州詩〉更是說：「禰衡投刺遊，王粲吟詩謁，高情無遺照，明抱開曉月。在土不埋冤，有仇皆為雪，……欲識丈夫心，曾向孤劍說。」不僅如此，連韓愈那樣尚須干求乞人的人物，也還有人來請他做信陵君，可見遊俠養士的嚮往，對當時知識分子的精神、思想、行為，有多麼大的影響力。

通過這樣的影響力，唐代士人自然表現出一種縱橫市利的面貌，無所謂廉恥與價值。此處不留爺，自有留爺處，遊走於朝廷和諸藩鎮之間，《通鑑》卷二三〇載德宗對他們的批評：「近有卑官自山北來者，率非良士；有邢建者，論說賊勢，語最張皇，察其事情，頗似窺覘」，實在非常中肯。

以韓愈為例，他自己在〈順宗實錄〉中，說李實恃寵強愎、紊法蠹政、聚斂徵求，且陵轢公卿、斃踣百姓，故遭貶謫時，市里歡呼。但他在上書李實時，卻不如此說，而諛之曰：「所見公卿大臣不可勝數，未見有赤心事上、憂國如家，如閣下者。老姦宿贓，銷縮摧沮、魂亡魄喪、影滅跡絕。謹獻所為文兩卷八十五篇，非敢以為文也，以為謁見之資

也。進退惟命，愈恐懼再拜。」㊿

在這裡，還有什麼道德理性可說？還有什麼價值意義存在？然而，這就是唐代知識人最真實的一面，俠氣縱橫的結果。故《唐詩紀事》卷五八云：「自貞元後，唐文甚振，以文學科第為一時之榮。及其弊也，士子豪氣罵吻，遊諸侯門，諸侯望而畏之。……當時諸侯爭取譽於文士，此蓋外重內輕之芽蘖也。……其後如李山甫輩，以一名之得失，至挾方鎮，劫宰輔，則又有甚焉者矣。」51

而且，假若根據《雲麓漫抄》所載：「《西京雜記》：京兆有古生嘗學縱橫，揣摩弄矢搖丸樗蒲之術，為都椽吏，四十餘年。善訑謾二千石，隨以諧謔，皆握其權要而得其歡心」，則似乎縱橫之學從漢朝以後，便包括許多雜技諧謔，以及結要當道的技術了。唐人之所謂學縱橫者，蓋即如此（《雲麓漫抄》把他跟參軍戲結合起來討論，也可能可對有關戲劇之起源問題，提供另一條線索）。

這些縱橫射利、干進取名的知識分子，彼此之間，自然也像遊俠一樣，有氣類之感，且喜標榜，例如竹溪六逸、飲中八仙、大曆十才子之類，《唐摭言》卷四：「盧江何長師、趙郡李華、范陽盧東美，少與韓衢為友，江淮間號曰四夔」、卷二：「合肥李郎中群，始與楊衡、符載等同居廬山，號山中四友」、卷三：「南院主事鄭容，中書門下張良佐、何士參為三絕」、卷九：「咸通中，自雲翔輩凡十人，今所記者有八，皆交通中貴，號芳林十哲」、《通鑑》卷二三六云：「大抵叔文依伾，伾依忠言、忠言依牛昭容，轉相交結。外黨則韓泰柳宗元等，謀議唱和，日夜汲汲如狂，互相推獎，曰伊、曰周、曰葛，謂天下無人；榮辱進退，生於造次，惟其所欲，不拘程序。於是叔文及其黨十餘家之門，晝夜車馬如市」，唐代的朋黨便是這樣形成的。當時士大夫讚美劉三復之能將李德裕櫬歸葬洛中，而斥白敏中之以怨報德，原因也在於此。

另外，《通鑑》卷二三五又云：「初，陽城自處士徵為諫議大夫，人皆想望風采。而城方與二弟及客日夜痛飲，人莫能窺其際，皆以為虛得名耳，前進士河南韓愈作〈爭臣論〉以譏之，城亦不以屑意。有欲造城而問者，城揣知其意，輒強與酒；客或時先醉仆席上，城或時先醉臥客懷中，不能聽客語」，其行為殆與漢之陳遵無異，且也有客。

這種賓客、門客，是唐代重要的習氣。袁參所謂食客之舊，任華所謂君之門客，概屬此類。李觀〈與房武支使書〉：「足下誠肯徹重味於膳夫，抽月俸於公府，實數子之費，備二京之糧，則公之德聲日播千里，衛之客爭趨其門。」（全唐文卷五三三），更可以看出居上位者以衣食市恩、攬賓客以自固的情形。

《通鑑》卷二一九云：「房琯喜賓客，好談論，多引拔知名之士」，卷二二〇又云：「房琯既失職，頗怏怏，多稱疾不朝，而賓客朝夕盈門，其黨為之揚言於朝云：琯有文武才，宜大用」，足證此風不自中唐以後藩鎮始，而應從遊俠傳統中尋求根源。因為他與遊俠擁結徒眾賓客的情形，是完全一樣的。《酉陽雜俎》說「都亭驛有魏貞，有心義，好養私客」，即屬此一原理。

如果說縱橫遊說，代表唐朝知識分子向上位者的活動；朋黨交結、標榜揄揚，代表平列的活動；豢養私客，就是對下的活動。而這一切活動，則都是浸潤在遊俠風氣中逐漸成形的。

三、唐代知識分子行為既然深受遊俠風氣的影響，則唐代的俠風當然也就是唐代的士風了。唐代士風之壞，夙有定評。㊷但是士人的豪侈浮華、鬥雞、走馬、宿娼，不正是遊俠的行為嗎？《開元天寶遺事》云：「長安在平康坊，妓女所居之地，京都俠少萃集於此，兼每年新進士以紅牋名紙遊謁其中，時人謂此坊為風流藪澤」、《唐詩紀事》卷六四：「陸龜蒙居震澤之南，巨積莊產，有鬥鴨一欄」、《唐摭言》卷三：「曲江大會比為下第舉人，其筵席簡率，……爾來漸加侈靡，皆為上列所據。向之下第舉人，不復預矣。所以長安遊手之民，自相鳩集，目之為『進士團』」……，都可以證明士風即由俠風而來。故士若不得意，即為遊俠以沽譽，如崔涯張祜之流；若得意，則仕進為大夫，如李白郭元振等是。在這種情況下，像黃巢屢舉進士不第，遂挺身為盜，也是不足為奇的。

四、知識分子與俠的關係過於緊密，對俠本身的傳承和發展，也必然會產生若干影響。原來的俠，有一部分便因此而轉化為知識階層中人，知識理性與原始俠情對揚激搏的結果，固然知識分子深染俠風，俠的理性化行為成分也相對地增加了。韓愈〈送董邵南序〉說：「燕趙古稱多感慨悲歌之士，董生舉進士，連不得志於有司，懷抱利器，鬱鬱適茲土，吾知其必有合也。董生勉乎哉！夫以子之不遇時，苟慕義彊仁者皆愛惜焉，矧燕趙之士出乎其性情者哉。然吾嘗聞風俗與化移易，吾惡知其今不異於古所云耶？聊以吾子之行卜之也。董生勉乎哉！吾因子有所感矣，為我弔望諸君之墓，而觀於其市，復有昔時屠狗者乎？為我謝曰：『明天子在上，可以出而仕矣。』」，最能表現當時知識分子企圖使俠客趨向理性化行為的傾向。

這種企圖，使得俠的本質開始轉化，到了宋代，原始氣力盲昧的俠風，乃逐漸為理性價值的公眾俠義所取代，俠義內容及其精神，也從私人利害意氣感激，變成公眾集體之價值正義；除暴安良的俠客形象，與唐代以前那種「積惡凶暴，好遊俠」（**後漢書・郎顗傳**）的猙獰面貌，迥然不同。

當然，另外也有一部分俠者拒絕這樣的轉化，不願意為社會、為國家貢獻出力量，而篤意於原有俠義的傳承。重私人之間的然諾恩仇，甚於公眾的利益和秩序；保持著睚眦殺人、亡命作姦的傳統，其原始性質遂也因此而愈發增強了，逐漸趨向神秘化，而成為劍俠。

（三）唐代的劍俠

1. 劍俠的行為特徵

劍俠，在唐代並無固定的名稱。或稱劍客，如《通鑑》卷二五四：「宰相有遣劍客來刺公者，今夕至矣」；或稱俠刺，如〈上清傳〉云：「卿交通節將，蓄養俠刺」。又或通稱為刺客。[53]他們和一般的俠並不相同，其活動亦不相涉，且多異能奇術，非常人所能知。我嘗試歸納他們的行為特徵，稍做說明。其中有些行為，對於我們辨識唐代的遊俠也有若干幫助。

（1）飛天夜叉術

《酉陽雜俎》前集卷九〈盜俠〉：「或言刺客，飛天夜叉術也。韓晉公在浙西時，瓦官寺因商人無遮齋，眾中有一少年請弄閣，乃投蓋而上，單練髻履膜皮，猿掛烏跂，捷若神鬼。」㊹這種飛天夜叉術，類似後世之所謂輕功。同卷又載盜僧之子飛飛與韋生搏鬥時，「跳在梁上，循壁虛攝，捷若獵獵」，也是此術。

《太平廣記》卷一九三引《原化記》述車中女子事，亦云女子座中諸後生，「有於壁上行者，亦有手撮椽子行者，輕捷之戲，各呈數般，狀如飛鳥。」其他如裴鉶《傳奇》載崑崙奴磨勒，能「負生與姬，而飛出峻垣十餘重」「持匕首，飛出高垣，瞥若翅翎，疾同鷹隼，攢矢如雨，莫能中之，頃刻之間，不知所向」；聶隱娘「能飛，使刺鷹隼，無不中」；《劇談錄》載三鬟女子能「疾若飛鳥」，上下慈恩塔；《集異記》載賈人妻「挈囊踰垣而去，身如飛鳥」；《北夢瑣言》謂齊己於溈山松下遇一僧「於頭指甲下抽出兩口劍，跳躍凌空而去」……等皆是。

按：據《廣記》卷四十所引《北夢瑣言》逸文所載，「唐乾寧中，雲安縣漢城官道士楊雲外，常以酒自晦，而行止異常，前進士錢若愚甚敬之，……虔誠歛衽而白之曰：師丈，小子凡鄙，神仙之事，雖聆其說，果有之乎？楊曰：有之，我即其人也。若示以飛空躡虛、履水蹈火，即日有千萬人就我，不亦煩褻乎？因騰躍上升，冉冉在空中。」劍俠之飛騰虛躡，可能就是唐代方術的一種，與楊雲外之飛空躡虛相似。但是血肉之軀，梁上疾行、循壁虛躡，固然甚為可能，飛若鷹隼卻難以想像。據我們的看法，其中應當摻雜了若干障眼法或輔助器材。

這種器材，最主要的就是繩索。《原化記》所述崔慎思故事，曾說：「忽見其婦自屋而下，以白練纏身」（《廣記》一九四）；記車中女子也說：「仰望，忽見一物如鳥飛下，覺至身邊，乃人也。聽其聲，則向所遇女子也。以絹重繫此人胸膊訖，絹一頭繫女人身。女人聳身騰上，飛出宮城，去門數十里乃下。」（同上一九三）

他們之所以能飛騰，仰賴布帛繩索，殆無疑義。繩技，本是唐代最流行的遊藝活動，封演《聞見記》卷六說：「繩技，先引長繩兩端屬地，埋轆轤以繫之；轆轤內數丈，立柱，繩之直如弦。然後伎女以繩端躡足而上，往來倏忽之間，望之如仙。」這些踏索戲耍的妙齡少女，經常在索上跳丸擊劍，故劉言史〈觀繩技〉詩說：「兩邊丸劍漸相迎，側步交身何輕盈。」

《原化記》所載那兩位女子的繩技，應該就是從這裡演變出來的。因為若只是尋常繩技，人所習見，不足驚訝，但繩技若能玩到這種地步，就出神入化了：

「囚曰：『眾人繩伎，各繫兩頭，然後於其上行立周旋。某只消一條繩，粗細如指，五十尺，不用繫著，拋向空中，騰擲反覆無所不為矣。』官大驚悅。明日，吏領至戲場，此人捧一團繩計百尺餘，置諸地，……後乃拋高二十餘丈，仰空不見端緒。此人隨繩運手，尋身足離地，拋繩虛空，其勢如鳥，旁飛遠颺，望空而去。」（《廣記》一九三引《原化記》）。

這個故事，《廣記》收入豪俠類，非常正確。劍俠之虛空飛躡，大抵如此。這套技術，至宋猶有存者，王銍《默記》云晏元獻守潁州時，有歧路人獻技，即是此藝。可是它飛空而去，不知所在以後，晏殊卻認為是妖術，閉門大索，終於發現這個「妖人」幻化為馬柱而捕獲了。可見此術亦非別有神奇，只是加上了一些障眼法（所謂幻術）。我也曾聽友人王三慶說，他在南京夫子廟前即看過這樣的表演。舊版《大俠》更曾收錄過一張照片，是一位印度術士卡拉奇在一九五三年一月間表演的繩技，空繩直立上升。足證其術至今尚有存者。

從繩戲的來源看，它結合著若干幻術，也是非常自然的事，因為繩伎起於東漢，《晉書・樂志》說：「後漢天子受朝賀，舍利從西來，戲於殿前。以兩大繩兩柱頭，相去數丈，兩倡女對舞，行於繩上」，這位舍利，就是擅於幻術的胡人，《漢官職典》：「天子臨德陽殿受朝賀，舍利從西來，戲於殿前，激水化成比目魚；又化黃龍八丈；又踏局曲身，藏形於斗中」。(55)

（2）幻術

踏局曲身、藏形於斗中的幻術，其實也正是劍俠所擅長的。譬如裴鉶《傳奇》裡敘述的聶隱娘，便充滿了各種幻術：剪紙可以化作黑白二驢；隱娘可以化為蠛蠓，潛入人之腹中；又能與精精兒化作紅白二幡搏鬥。所以宋羅燁《醉翁談錄・甲集・小說開天章》，敘錄宋代話本，即將〈聶隱娘〉一篇著於妖術類。後人因其幻怪太甚，頗疑其事。

如王夢鷗《唐人小說校釋》以為：「唐世刺客，頗宣傳於元和之世，如《集異記》之崔慎思、《原化記》之賈人妻，皆以女流為刺客，其斷取人頭，來去如風。此說既行，而後出轉精，降至晚唐，宜有〈聶隱娘〉篇集其大成也。因其情節詭異，〈廣陵妖亂志〉曾用以充呂用之之詐術，又因其能緣飾以史事，使沈作喆竟信『唐時猶有俠客遊於世』（見**沈氏寓簡卷九**），豈非文人撰述之效乎？」㊻他基本上不肯相信唐代真有類似賈人妻、聶隱娘之類的劍俠，認為是因文人故弄狡獪而使後人誤以為真有其事。

但，這一類劍俠的敘述，並不全屬文人小說幻構，要全盤否認其事，根本不甚可能；而且像賈人妻、崔慎思等事，在唐代的社會條件下，也如上文所分析，其技藝乃是非常可能的，不全屬虛構的幻想，諸如聶隱娘之類幻術，更是如此。《酉陽雜俎》續集卷三，曾說坊正大俠張和，素以幻術掠人。可見俠客使用幻術，在唐並非罕見事。

同書前集卷九，又載韋行規少時遊京西，店前老人戒止夜行，韋不聽，果然天黑時，有人草澤中跟蹤他，韋不斷射箭，雖射中，而盜不退。後來韋生退返店中，老人正在箍桶，出示桶板一片，昨夜韋所射的箭都著在板上，這也是幻術之一。

《漢書・張騫傳》：「大宛諸國，以大鳥卵及犁鞭眩人獻於漢。」顏師古注：「眩讀與幻同，即今吞刀、吐火、植瓜、種樹、屠人、截馬之術皆是也。」更可證明幻術在唐甚為流行，劍俠只不過運用得較為巧妙而已。這是因為他們與僧道術士關係密切的緣故。譬如聶隱娘剪紙化做黑白雙驢，就跟《酉陽雜俎》前集卷五所載得如幻三昧的梵僧難陀，以三支笻杖幻作三位尼姑相似。㊼

（3）神行術

讀水滸者，無不知有神行太保；讀唐人小說，也無不對妙手空空兒和紅線夜行千里的神技魂移目駭。歷史上確實有能夠日行千里的奇人，如《舊五代史》說楊行密每日能行三百里、《金史・額爾古納傳》謂其「善馳驛，日能行千里。天會八年，從宗翰在燕，聞余睹反，宗翰令馳驛往探；額爾古納黎明走天德，及至，天未曛也。」

唐人所記載的劍俠，技藝之神，又在楊行密、額爾古納之上，如妙手空空兒「才未逾一更，已千里矣」、紅線「夜漏三時，往返七百里」；〈劇談錄〉載田膨郎「勇力過人，且善超越，苟非便折其足，雖千兵萬騎，亦將奔走」，小僕「南軍去左廣，往復三十餘里，入夜且無行伍，既而倏忽往來」（《廣記》一九六）；〈三水小牘〉載盧龍塞人李龜壽刺殺白敏中，被發現，「明日詰旦，有婦人至門，服裝單急，曳履而抱持襁嬰，請於閽曰：幸為我呼李龜壽。龜壽出，乃其妻也，且曰：訝君稍遲，昨夜半自薊來相尋。」（同上），白敏中所居在西京永寧里，薊在范陽節度使治，半夜而至，顯然也是神行術。為什麼說是術，而不是說輕功超縱之技呢？

因為根據我們理解，像楊行密額爾古納的馳驛，固然純憑體力技能，唐代劍俠的神行，卻只是當時的一種怪術。《酉陽雜俎・前集卷五・怪術類》曾載一事云：「元和末，鹽城腳力張儼，遞牒入京。至宋州，遇一人，因求為伴。其人朝宿鄭州，因謂張曰：『君受我料理，可倍行數日』，乃掘二小坑，深五六寸，令張背立，垂踵坑口，針其兩足。張初不知痛，又自膝下至髓，再三捋之，黑血滿坑中。張大覺舉足輕捷，才午至汴，復要於陝州宿，張辭力不能。又曰：『君可暫卸膝蓋骨，且無所苦，當日行八百里』，張懼，辭之。其人亦不強，乃曰：『我有事，需暮及陝』，遂去，行如飛，頃刻不見。」

所謂劍俠，可能都施行過這類手術，因此行蹤飄忽，給人「黃昏風雨黑如磐，別我不知何處去」（貫休・俠客詩）的感覺。俞樾《茶香室續鈔》卷廿一，引明沈德符語謂：「萬曆初，蒲坂張鳳磬相公家有一僕，陳姓，善走，一日能八百里。蓋蹻捷天賦，非有他術。近日吳中有一顧姓者，得異人傳授，一日夜可千里。為忌者奪其囊中一小鐵船去。奪者又不得其秘咒，亦無所用之。」所講的情況，與唐代相同。

但善於神行者，未必定是劍俠，如前舉田膨郎故事中的小僕就是，王敬弘問他：「我聞世有俠士，汝莫是否？」他答：「非有此事，但能行耳」。這話應該不假，因為它符合當時術士的行為。

（4）用藥

聶隱娘故事中，曾兩次出現一種化骨藥水：「白日刺其人於都市，人莫能見；以首入囊返主人舍，以藥化之為水」「精精兒已斃，拽出於堂之下，以藥化為水，毛髮不存矣。」這種藥物，並非純然虛構的。《酉陽雜俎》前集卷七說：「王玄策俘中天竺王阿羅那順以詣闕，兼得術士那羅邇婆，言壽二百歲。言婆羅門國有藥名畔茶法水，出大山中石臼內。有七種色，或冷或熱，能消草木金鐵，人手入則消爛。」，這種無機酸，又見《新唐書・西域傳》。歐洲在六百年後也有記載。聶隱娘的師父是尼姑，可能即得自中天竺。㊿

（5）斷人首級

劍俠殺人，必割首級以去。王夢鷗認為這是從盜殺武元衡，批其顱骨以去而獲得的靈感。59我們則認為這是俠刺殺人的慣例，刺殺武元衡的盜俠，也不過循例行事而已。何以能如此斷定呢？我們有兩方面的證據，一是時代的證據，一是遊俠行為的證據。

以時代來看，描述斷人首級的事，除了〈聶隱娘〉、〈虬髯客〉之外，還可見諸《集異記》所載〈賈人妻〉、《原化記》所載〈崔慎思〉、〈義俠〉、《北夢瑣言》卷八〈荊十三娘〉。另外，沈亞之《馮燕傳》裡的馮燕，雖非劍俠而只是「以意氣任俠」者，殺人也是「斷其頸，遂巾而去」。至於《甘澤謠》所載〈紅線〉，夜盜田承嗣金盒，更是要讓田驚怖：「某之首領，繫在恩私」。

諸如此類，〈虬髯〉、〈紅線〉、〈聶隱娘〉皆晚出，沈亞之則恰好是元和十年盜殺武元衡時的進士，崔涯張祜遇俠大概也在文宗開成前後。只有賈人妻和崔慎思故事時代較早。賈人妻，《廣記》卷一九六註出《集異記》。而薛用弱《集異記》一書，晁公武《郡齋讀書志》謂其「集隋唐間談論之事」，是其書所錄，多屬當代異聞。

其中〈賈人妻〉一篇，李肇《國史補》也有相同的記載，並指實該女子為貞元時人。《廣記》卷一九四引《原化記．崔慎思》一樣，事蹟與賈人妻完全相同，而也說其事在貞元中；另外《全唐文》卷七一八有崔蠡〈義激〉一文，記婦人復仇事與上述二文同，且云：「蜀婦在長安凡三年，來於貞元廿年，嫁於二十一年」。這三樁記載，可能是同一故事的傳聞異辭，也可能不是，但毫無例外地都揭明了事情發生於貞元年間。

其次，李白〈東海有勇婦〉詩，又指陳了另一類似的故事：「東海有勇婦，何慚蘇子卿。學劍越處子，超騰若流星；捐軀報夫仇，萬死不顧生。十步兩躍躍，三呼一交兵。斬首掉國門，蹴踏五臟行。豁此伉儷憤，粲然大義明。北海李使君，飛章奏天庭。」，詩大抵作於天寶三年十月李白遊李邕北海郡時，其中也提到斷人首級事。足見俠士殺人，本以斷人首級為當然，初不待武元衡被殺始能知之也。⑥⓪

事實上，殺人截頭，以為徵信，自秦漢以來皆然。但劍俠之所以為劍俠，又在於能夠啖此仇人首級或心肝。《虬髯客傳》云：虬髯「開革囊，取一人頭並心肝，卻頭囊中，以匕首切心肝共食之。」宋初張齊賢《洛陽耆舊故事》中曾載白萬州遇劍客事，與之相似：「從兄廷讓，為親事都將，不履行檢，屢遊行於廛市之中。忽有客謂廷讓曰：劍俠嘗聞之乎？……黃鬚於床上取一短劍出匣，以手簸弄訖，以指彈劍，鏗然有聲，……曰：此劍凡殺五十七人，皆惜財輕侮人，取首級煮食之，味如豬羊頭爾。」這位劍客，雖然跟張祜所遇到的劍俠一樣，是詐偽誑人的；但必然是唐末五代間，劍俠烹人頭而食之的風氣極盛，才能以此行詐，否則詐亦何用？⑥①

這種食人心肝或頭顱的風氣，非唐以前所有，而是當時特殊的俠行，其中亦有若干禁忌觀念存在。《酉陽雜俎》前集卷九：「李廓在潁州，獲火光賊七人。前後殺人，必食其肉。獄具，廓問食人之故，其首言：『某受教於巨盜，食人肉者夜入，人家必昏沈，或魘不悟者，故不得不食。』」，這巨盜，大約即是劍俠，因為劍俠即是盜，同書（盜俠）一篇便是很好的證例。

（6）劍術

正如上面所述，劍俠是環裹在一個幻術禁咒氛圍裡的人物，他們之所謂劍術，也是如此。這套劍術，與行軍擊刺或斐旻舞劍之類不同，而是一種與原始神秘信仰和法術思想相結合的巫術，主要是用匕首或短劍。

例如《酉陽雜俎》前集卷九云，盧生自稱：「『某，刺客也，如不得，舅將死於此』，因懷中探烏韋囊，出匕首，刃勢如偃月，執火前熨斗削之如札。」㉒據盧生所說，其師為仙，令索天下妄傳黃白術者殺之，後來又能轉眼間「忽失所在」。則他是個術士，殆無疑義。

又〈蘭陵老人〉故事中，京兆尹黎乾想學劍術，老人也說：「尹骨相無道氣，非可遽授」。據李綽〈尚書故實〉說：「凡學道術者，皆須有劍鏡隨身」，是一種道術士的傳統。而這類削鐵如泥的寶劍，也只有道術之士才擅長製造。《北齊書・卷四九・方伎傳》云：道士綦母懷文「以道術事高祖……造宿鐵刀，其法燒生鐵，精以重柔鍛，數宿則成鋼，以柔鐵為刀脊，浴以之溺，淬以五牲之脂，斬甲過三十札。」

假如我們知道六朝隋唐間道士燒丹，是我國化學的發軔，則對他們煉鋼技術如此精到，便不會驚訝難信了。事實上，如《神仙傳》八所載「孫傅，晚乃好道，治墨子之術，能引鏡為刀、屈刀為鏡」也必須如此理解，才能知道這時候道術早與工藝技能結合了。那些引劍變化的幻術，也是在這種原理之下創造出來的。㉓

引劍變化的幻術，可以《酉陽雜俎・前集卷九・盜俠類》所載店前老人為例。老人不但曾把桶板一片幻作盜匪，又讓韋生「見空中有電光相逐如鞠杖，勢漸逼樹杪，覺物紛紛墜其前，韋視之，乃木札也。韋驚懼，投弓矢，仰空乞命，拜數十，電光漸高而滅，風雷亦息」，據老人自言，這即是劍術。此種劍術，無論是從《吳越春秋》的處女或《莊子》

的「說劍」來解釋淵源，都是講不通的。唯一的解釋是：幻術加上鏡子和火藥。

除此之外，〈聶隱娘〉又說尼為隱娘「開腦後，藏匕首而無所傷，用即抽之」。三寸長的羊角匕首如何藏在腦中，委實難以理解，但《北夢瑣言》曾載：「詩僧齊己於滯山松下，親見一僧，於頭指甲下抽出兩口劍」，又有一夫婦：「俄自臂間抽出兩物，展而喝之，即兩口劍。躍起，在寂頭上盤旋交擊」，後來又出現一位頭陀僧，也是這類劍俠（《廣記》卷一九六引），足證此亦非純屬妄談。

我們懷疑他們與上面所述那種六朝隋唐間道術方士系統的法術不同，而是屬於天竺所傳幻術一類，唐王棨〈吞刀吐火賦〉曾說：「原夫自天竺來時，當西京暇日，騁不測之神變，有非常之妙術」，劍俠藏劍於腦後臂間，可能就是吞刀術的演變，並加上一些搓腹取丸之類眩眼戲法而構成的。[64]

將神乎其技的劍術做這樣的解釋，還有一個堅強的理由，那就是現存文獻中，凡是展現劍術的場面，從來沒有真正傷人的，更不用說殺人了。聶隱娘的劍術神奇無匹，但那純粹是她自己說的，真正行事時，劍術便完全遁形不見。[65]其它則都是表演性質，像《酉陽雜俎》裡的蘭陵老人，「紫衣朱鬟，擁劍長短七口，舞於庭中，迭躍揮霍，把光電激」；實在像極了《列子》書裡那位「宋有酋子，以技於宋君，宋君召見，以雙枝長倍其身，屬其踦，並驅並馳，弄七劍，迭而躍之。」劍術而不能真正擊刺，豈不證明了它們只是戲法和幻術嗎！[66]

2.劍俠的神秘性格

從以上的分析，我們可以知道：劍俠乃是唐代，尤其是唐代中業以後特殊的產物。當時的人，對於漢魏南北朝以來傳統的俠和這種新興的劍俠，尚未能有自覺地意識劃分，而僅有些模糊的感覺，感覺他們並不是一樣的；對於劍俠也有些畏懼之情。《北夢瑣言》卷八載進士趙中行以豪俠為事，偶至蘇州旅舍支山禪院，遇女商荊十三娘，遂同歸載揚州。其友人李正郎有一愛妓，被奪。荊知其事，即以囊盛妓，並殺妓之父母予李。趙是豪俠、荊十三娘則是劍俠者流，在這裡也分得很清楚。

大抵豪俠與劍俠最大的不同處：在於豪俠騖聲華、立虛譽，修行砥名，聲施天下。劍俠則身分隱晦，不為人知，平時則有多種身分作隱匿，如店前的箍桶老人、商人婦的荊十三娘、僕傭的崑崙奴、紅線等。他們只在某一時機出現，並迅即隱沒在歷史的背後，光影寂滅，不知所向。因此，他們每每給人帶來神秘詭異的感覺。殺人喋血、來去無蹤，又擅長各種飛騰虛躡、千里疾行、電光繞激、藥水化骨之術，不純屬技擊拳勇的範疇，更是讓人惴惴不安。

另外，劍俠也多半獨來獨往，不以交友結納見長。所以漢魏以來，遊俠傳統中所最重視的「友道」，劍俠並不太重視。他們的「氣義」，別屬一類，例如：聶隱娘和李龜壽，都是本啣某甲之命，往刺某乙，但行藏被某乙識破，於是他們便迅速「願捨彼而就此，服公神明也」。這不僅非漢魏南北朝隋唐遊俠交誼之道，設若荊軻豫讓等刺客被識破行藏後，立刻伏地叩頭，惟曰死罪，並願以餘生事奉秦王及趙襄子，也是令人難以想像的事。

何以劍俠的氣義會這樣呢？我們推測這恐怕仍與他們詭異的身分有關。豪俠遊俠及其刺客，以任俠行相交結，自然要對彼此交道負責為優先考慮。劍俠則不然，神秘性是他們生存的第一要件，神秘的面紗一旦揭去，行事不但難以成功，本身的安全更成問題，所以他們必須在行藏敗露後，立刻乞求饒命，或者立刻遁去。劍俠現形必是驚鴻一瞥，原因在此。

正因為如此，所以我們才知道：他們的獨來獨往，其實也並非全無徒眾，而只是為了安全。他們也有師弟授受、也有徒黨。車中女子、聶隱娘、盜僧、盧生等故事，都可證明這一點。透過他們這些師徒關係，我們更能發現他們跟佛道的關聯非比尋常。此一關係，非但如前文所述，與他們的幻術深具淵源，也指出了劍俠行事時的心理狀態。

〈聶隱娘故事〉說尼令隱娘刺殺某大僚，至暝，持其首而歸，尼大怒曰：「何大晚如是？」隱娘云：「見前人戲弄一兒可愛，未忍便下手」，尼叱曰：「以後遇此輩，先斷其所愛，然後決之。」這種斷其所愛的行事方法，在〈賈人妻〉、〈崔慎思〉等故事中亦可看到；她們甚至能殺掉自己的孩子，以免將來惹動自己的思念，既斷人所愛、也斷己所愛。這種態度與心理，必須明瞭他們對「愛」的看法，才能理解。就像〈杜子春〉故事，愛，在唐代的佛道信仰中，乃是必須割除的毒瘤，「恩愛害道，譬如毒藥」，他們本身是修習佛道之士，當然明白這層道理。(67)

（四）從文化史看俠與劍俠

1. 俠的生命情調

唐代，在我國歷史上，性格甚為特殊。一般對於這些特殊，多從文化交流的角度來觀察。但是文化交流究竟只是添加了姿采，還是變更了骨骼呢？換穿一套衣裳、改變一些化妝方式、唱支外國小曲兒，怕是與思想文化內容無太大關係的。唐代文化，基本上是含納了漢魏南北朝的文化內容，尤其是北朝的政治體系、南朝的文采風流，而在意識上以重開兩漢盛世自居。⑱遊俠，就是在這樣一個文化社會環境中活動的。

我們如果了解漢代遊俠的性質和變化歷程，對唐代俠客的行跡，便不難於掌握。唐初，社會與文化，一仍南北朝之舊，俠士亦然。但到了中葉，經過整個社會大變遷之後，類似東漢末葉黨錮遊士與遊俠的關係，也重新出現了。但繼此而後，它並不再走上南北朝的型態，而分化成另一類新的劍俠，與傳統遊俠駢行於歷史之中。

當然，除了唐代本身歷史文化的淵源和性質之外，遊俠傳統本身的特性，也是使得它如此綿亙不絕的因素。事實上，像戰國兩漢那樣的俠，到了宋代依然沒有太大改變；若非唐代劍俠這種新異素質的加入，可能到清代也不會有什麼變化的，為什麼呢？

因為俠者雖然是國家社會團體秩序的叛逆者，強調個體意志及其行為之自由，但他們卻仍有屬於俠者的規範和準則。俠的倫理生活，是一方面讓自己成為規範的給予者，一方面又同時成為規範的服從者。這樣的人，其實並不能追尋自我，而必須在某種形式的依據（**Fromal Source**）或限制中求生存：生活在固定的型態模式中，無可逃脫。其倫理生活是非人性的，因此，他們的生活底層，是痛苦的、無奈的，所謂「人在江湖、身不由己」。

他們的生活與行為，乃是為了完成這些規範，至於這些規範是否為人生的價值所在，並非他們所要問的。於是，像「報」「義」等，俠者規範中所謂的價值，往往也只是必須如此、不得不如此、怕為人所笑而如此，故價值不成為可欲的善（Any Desired Good），人生亦缺乏意義可言。整個行為的動力與方向，事實上，即是一種輕賤生命的表示。⑲以致於自我拋擲在時間和空間的漫遊中，毫無希望與企盼（**他們一直在說他們期待知己的出現，一直在強調人生是為尋找知己而活；然而，所謂知己，是個極茫然、極模糊的影子；什麼樣的人才夠資格稱為知己，他們並不很清楚；找到知己以後，要做些什麼事，更是不一定。至於知己，則往往只是跟自己喝酒喝得痛快的人罷了**）。因此，他們是「永遠的流浪者」；相對於倫理人世，他們永遠是「遊」俠、俠「客」。

這些流浪者，又稱為無賴、流氓，而其出現，很少是獨立個別的，總是一個集團一個集團的。我們如果要了解俠，就必須了解他們這種集團的性質。

這種遊俠集團，我們稱它為無名群眾集合體。所謂無名，並不是說它沒有主名，而是指該集團可能只有一個個體的名字可考，其他人則都是沒有面孔的。所謂群眾，也並不是說他們是像蒼蠅擠在腐肉上那樣，因偶然的碰合而聚集；而是指個體因為互相吸引，並由一個或多個個體誘發某種行為模式，使大家聚合在一起，成為一種群眾組織。

這種群眾，據勞倫茲（Konrad Lorenz）的看法，應該是「社會」最基本最原始的型態。但是，俠客團體並不出現於上古，這又應如何解釋呢？道理很簡單，所謂原始，不一定指著時間。俠客在性質上，乃是一種原始生命力的表現，人一旦投入這個組織之後，個人即消融於群體之中，個人的生活、價值、災難與榮耀，皆由群體替代了。

譬如：殺人是不對的，但一個人如果是俠，一切殺人的罪過，就都由「俠」去承擔，「俠」為我們擔負了個人原始生命力的責任，並使行動的主人（我們），轉移給匿名的形象（他們：俠）。俠客的行為，所以能夠被當作美感欣賞的對象，原因就在這裡。否則，紈袴逞豪、酗酒挾妓，有何值得謳頌之處？一個人如果殺人放火，確實讓人憎惡髮指，但如果是「俠客」所為，那麼，因為他是俠，所以反而讓人有種原始力量的舒暢感。這就是集團心靈的匿名作用。非人格性的原始生命力，能夠使俠客中完全淪於匿名狀態。他的標幟就是俠，不是某甲或某乙。每個俠也都差不多，不論是漢或是唐。

匿名作用，不但足以減輕人對自身原始生命驅力的責任所應負的重擔，同時還可藉之滿足原始生命力的要求。每個人體內都燃燒著這種要求，因此觀看俠客的行動，遂使人有了一種滿足的藉替感。

然而，對俠客本身來說，在這種匿名的情況下，原始生命力是非人格性的，無法整合於個人之內，故而他既無法發展出獨特而且個人化的生命潛力，又極感孤獨孤立。他的生命永遠在不安全的狀態中。「將自我委身於非人格性的原始生命力之後，我們將會進入一種同樣是非人格性的匿名狀態，於此，暴力便萌芽出來。」⑳

暴力與攻擊，是俠客行為的重要特徵。這種行為，通常我們總認為他是建立在「報」的行為規範上；其實，真正合乎理性交換原則的報，並不常見。⑪與其說俠士的行為，建立在報的基準上，不如說包括「報」在內的暴力行動，基本上乃是一種非理性的情緒（**Irrational passions**）。因此睚眦殺人或劫掠殺人，便成為俠的一般特徵。⑫

這種特徵是非常奇異的，因為通常攻擊性行動，多發生在生存競爭及困境中的反撲裡，俠卻不是。他們的亡命，常常是自己刻意造成的，因殺人而亡命，很少是因亡命而殺人。而且殺人的理由，亦往往只在於不如此不足以顯示自己是個俠。這顯然是因為他內在價值匱乏之後，必須自我追尋認同（**Identity with oneself**）的方式。他必須時常提防旁人是否看他不順眼、懷疑別人是不是看不起他，時常以「經驗自己」的方法，證明「我就是我所做的」。

正因為如此，所以俠其實是最自私自利的。他的目的是自我，而不是別人、國家或社會。例如他們可以為了表現自己、豐盈自己而殺人劫掠；為了表示自己是講義氣的好漢，不肯洩露同伴的行跡等等，充分顯示了一個「自利與道德衝突」的情況。通常我們也把這種行為視為俠客的道德，並予以歌頌；然而，那是因為原始生命面對虛偽詐飾的社會時，仍有他可愛的一面而說的；真就道德原理來看，對自己的愛、追求個人的幸福，就不可能是一種美德了。

康德曾就倫理原則討論過這個問題，他承認人不能放棄追求幸福，在某種情況下，它甚至是一種責任；但追求個人幸福是最主觀的，它所帶來的東西，也將埋葬道德的高尚性。道德原則的實現，只有在大群體中才能完成，也唯有完成了它，才有個人的幸福可言。⑬

傳統儒者講究人飢己飢、人溺己溺，博施而濟眾；墨家講摩頂放踵；佛家講地獄不空、誓不成佛。無論在實際行為上能否達成，但是在道德原則的掌握上，都不曾漠視群體利益和人性價值，也不會因自我形象的堅持而不顧道德原則。只有俠才是這樣。在文獻中，我們確實不易發現俠有什麼裨益公利的言論和行動，他們一切行為，皆來自自我，如有人能肯定他這個自我的存在，他便視為知己；否則就是遭到了侮辱，非報復不可。

這樣的自我，其實是極脆弱極虛幻的。所以遊俠經常在自我追尋肯定的過程中，拋擲自我，把自己交付給那些賞飯吃或賞臉看的人。「壯士徇知己，輕生一劍知」，他們確實是這樣輕賤生命哩！在他們非理性的原始生命中，情緒鼓盪而帶動的原始盲動力量，最終也必以殺死自己做為結局。這倒不是因為死亡的燃燒特別絢燦，而是因為攻擊力發展到無可替代時，必然會戕害自身。⑭

所謂攻擊力的替代，是將殺人或無故毆人這一類暴力，把它重導（redirect）到另一個替代物或方向上去。例如漢代號召遊俠去從軍就是。在平時，遊俠的鬥雞、走狗、射獵或賭博，也都有這種性質。這些儀式化了的攻擊行動，有時也表現在俠的「鬥豪」上。通過這類活動，可以提供俠者自身虛榮的滿足。而自尊虛榮的滿足，正是俠客所以存在的憑藉。明白了這一點，我們就可以知道俠為什麼總是在鬥雞走狗射獵及賭博了。⑮

當然，俠客的攻擊行為替代並不止於此，性攻擊也是其中重要一項。俠士的標幟之一，即是姦淫婦女，前文所舉《酉陽雜俎》坊正張和事和《北夢瑣言》崔夫人事，均是明證，青樓妓館也是俠士麕集之地。

本來，性及生物欲求（Ouasi biological strivings）就是俠士生活的內容和目標，但俠對性的看法稍微有點特殊，他們似乎承認性與愛並非同一件事，女人對他來說，只能是種商品，不必有什麼糾纏，也不必有什麼義務的負擔，玩物享受過後，就應該丟棄到一邊，由其他新鮮的事來取代。唐人樂府詩中的俠，充分證明了這一特色。

一如貫休《輕薄篇》所謂：「繡林錦野，春態相壓。誰家少年，馬蹄蹋蹋。鬥雞走狗夜不歸，一擲賭卻如花妾。惟云不顛不狂，其名不彰，悲夫！」歷來，我們都不易從有關俠士的記載中看到什麼纏綿悱惻的愛情，只發現了許多宿娼的記錄，主要原因就是俠並不能真正去認識與他相對的那個女人，考量她的存在價值和人格尊嚴，只是把她當作表現自我征服力及發洩慾望的對象而已。⑯

2. 俠義傳統在唐代的演變

春秋時期，禮崩樂壞之後，原始生命冒起，在歷史舞臺上，以俠客的姿態出現了。從漢迄唐，中間頗有點曲折，但基本性質並沒有什麼改變。直到唐代中葉，歷史大轉型的痕跡也刻鏤在俠士身上，俠遂開始以較新的面貌與世人相見了，那就是劍俠。

我們在前面說過，中唐知識階層與遊俠特殊而深厚的關係，使得俠在意識上有了一點改變。例如他們全面肯定漢代用遊俠無賴遠征的政策，鼓勵遊俠「報國仇」（雖然對於報國仇的結果，他們也覺得感傷），就為日後宋江之期望招安、明清俠義小說之協助官府破案，埋下了伏筆。自此以後，俠客愈來愈像「學成文武略，賣與帝王家」的士了。

然而，有些拒絕增強理性化行為的遊俠，也開始因此而朝原始性方面增強，慢慢形成唐代較特殊的一種遊俠，我們稱之為劍俠。換言之，劍俠與遊俠並不是截然不同的兩類，唐代除了沿循傳統的遊俠之外，還有把遊俠原始盲昧力量發展到淋漓盡致，且因唐代特殊社會背景而興起的劍俠。

劍俠興起的背景很複雜，第一，當然是漢末六朝以來源遠流長的道術傳統和佛教法術。所謂道術傳統，有些即是民間流傳的「墨子術」，如《北夢瑣言》卷十八載：「楊千郎者，魏州賤民，自言得墨子術於婦翁，能役使陰物，帽下召食物果實之類」，而自漢末以來，如于吉左慈等等，亦常以道術衒世，南北朝間，如《高僧傳》所載佛圖澄、鳩摩羅什諸神通也極多，《洛陽伽藍記》卷四更說：「沙門好胡法者，皆就（曇）摩羅受持之，戒行真苦，難可揄揚。秘咒神驗，閻浮所無，咒枯樹能生枝葉、咒人變為驢馬。見之莫不忻怖。」可見西域來華傳法諸僧，多半是具有這種神奇異能的。六朝間志怪風氣及作品，特別興盛，當然更是跟這種社會事例有密切的關係。⑰

不過，到了隋唐之間，情形便有了點改變，因為政府的主要意識導向已經開始傾向儒家，尤其是唐初，太宗明白表示佛老皆無益於國家，「三教講論」時也以儒生居首。這跟北朝崇佛、南朝盛道的情況很不相同。⑱其次，佛家和道教本身也有了改變。道教努力於制度儀式的建立，以符合國教的形象，並不太重視法術變化，且鄙之為左道；佛家則大乘佛學興起，完全捨棄法術神通而注重義理的探求及理論體系的完成。我們不能說漢末以來源遠流長的佛道方術，至此而斷絕，但是至少它已不像漢魏南北朝那樣盛行、那樣活動在歷史舞臺燈火輝煌之處，則是可以確定的。

正因為如此，所以它就幽闇神秘了起來，如燐燐鬼火，偶爾閃耀在社會的某一個角落。為劍俠的興起及其性質做了一點先導性的詮釋。

第二、在中唐的哲學突破活動中，譎怪靈異的風氣又熾烈了起來。求仙、問卜、參禪的風氣，伴隨著人對生命有限的恐懼而來，上焉者乞靈於服食丹鼎，下焉者爭趨於道法詭習，柳宗元〈與呂溫論非國語書〉說：「近世之言理道者眾矣，率由大中而出者咸無焉。其言本儒術，則迂迴茫洋而不知其適；或切於事，則苛峭刻覈，不能從容，卒泥乎大道；甚至好怪而妄言，推天引神，以為靈奇，恍惚若化，而終不可遂。」指的就是這種迥異於初盛唐的情況。⑲

所謂推天引神以為靈奇，落到社會行為上，就是譎怪靈異的風氣，例如《瑯琊代醉編》引《三水小牘》說：桂林有韓生，嗜酒，自云有道術，能收貯月光。這類道術之士經常以士人的身分出現，《酉陽雜俎》卷五「詭習」和「怪術」兩類中，就有許多這一型的秀才，像能指揮蠅虎作戰的王固，能令笻杖擊人的李秀才，續集卷一的柳成、續集卷四的張芬中丞等都是。這些人，又稱為「術士」，據《酉陽雜俎》說，他們都是「望酒旗、玩變場者」。大概也是幻術的性質。劍俠的興起，和他們必然脫不了關係。

第三、在這種社會風氣之下，又有若干西域胡人挾技東來，更增添了若干神秘之感。

例如《酉陽雜俎》卷五得如幻三昧的梵僧、與劍俠深具關聯的僧和尼，或崑崙奴等都是。唐人說部所載崑崙奴較著名者有三：一見沈既濟〈陶峴傳〉，云奴名摩訶，善游水而勇捷；一見裴鉶《傳奇》的〈周邯傳〉。亦云其善入水，如履平地；一見同書〈崑崙奴傳〉，云奴名磨勒，能負人逾垣，飛若鷹隼。

這些崑崙奴，並不來自西域，可能是產自中南半島及印度馬來群島等地，賣至中國為奴。⑧⓪摩訶摩勒，可能是通稱，不一定是他們的真名，故《宋史》卷四九〇大食傳說：「太平興國二年，遣使蒲思那、副使摩訶末、判官蒲囉等貢方物。其從者目深體黑，謂之崑崙奴。」

根據《唐會要》卷七五所載，有崑崙海寇，《大越史記》引《越史通鑑綱目》也曾記載唐代宗大曆二年「海寶來自崑崙、闍婆」，日本僧人迦葉波注《南海寄歸內法傳》更說：「堀倫、骨倫、崑崙，蓋一地異名也，其人不知禮義，惟事盜寇」，可見崑崙與海盜的關係，異常密切。可能崑崙奴摩勒就是改邪歸正的海寇。

總之，從以上這些社會背景中成長出來的劍俠，又剛好碰上了原有的遊俠型態開始轉變時期，遂佔據了整個歷史空間，成為遊俠傳統轉型期間，過渡性的特殊人物。

3. 俠與劍術、藩鎮的關係

最後，我們想附帶澄清兩個問題，一是劍俠與劍術的關係，二是劍俠與藩鎮的關係。

早期的俠，並不強調劍術技擊，而強調義氣交遊，像張良陳遵，甚至未必能勇武。劍技搏鬥是刺客的事，但如荊軻那樣的刺客，也是「傷哉劍術疏」。可見俠與劍術的關係十分鬆遠。真正開始講究劍術，並強調劍在俠士生命中的意義，是在唐代；而其中最重要的人物，則是李白。

李白傳世一千多首詩中，至少有一百首提到了劍。這些詩篇，大量用劍來表達傳統遊俠所最重視的交道，例如「知音不易得，撫劍增感慨」（贈從弟宣州長史昭）、「長劍一杯酒，男兒方寸心，洛陽因劇孟，託宿話胸襟」（贈崔侍御），劍本身除了象徵自己之外，還可以象徵俠情交道，如劇孟之俠、如五侯之客。這一點是前人所罕曾運用的，劍的意義當然也因此而提昇了。

但李白更突出之處，是他把劍又賦予人間功業追求和拯救蒼生的意義，一再宣稱要：「萬里橫戈探虎穴，三杯拔劍舞龍泉」（送羽林陶將軍）、「撫劍夜長嘯，雄心日千里，誓欲斬鯨鯢，澄清洛陽水」（贈張相鎬之二）。這種精神，當然也是來自戰國遊俠門客風氣所帶來的嚮往，所以他在〈上安州裴長史書〉中便說：「願君侯惠以大遇，洞開心顏，終乎前恩，再辱英盼，白必能使精誠動天，長虹貫日，直度易水，不以為寒」。在這種情形之下，他不知不覺已經把俠義精神和劍的價值意義做了一點轉化。

換言之，在盛唐，像李白這樣，統合了知識分子拯濟天下和遊俠市利沽譽兩種型態的人，實是孤明先發，對中唐俠義傳統的理性化做了先導。而劍，就是這個先導的主要見證。傳統遊俠對於劍，當然也有盪抉不平的看法，但所謂不平，乃是個人的榮辱恩怨，很少有宇宙國家和社會的大同情在；李白卻是「扣劍悲吟空咄嗟，梁陳白骨亂如麻」（金陵歌送別范宣）的人物。遊俠要到這種人物出現，才能開始成為人間正義的象徵；劍術也要到這個時候，才開始在遊俠的生命中重要了起來。[81]

李白為什麼如此重視劍和劍術呢？可能與他的道教信仰有關。六朝道士皆以劍為主要法器。李白詩所云：「閉劍琉璃匣，煉丹紫翠房，身佩豁落圖，腰垂虎革囊」，以及貞觀年間，大俠長公弼和雲臺觀道士劉法師，在泰山蓮花峰鬥法的事例，很可以讓我們聯想到：俠與道士之間的關係，可能就是劍術發展過程中一個關鍵。但是，李白本人是人間創業性格極濃厚的熱血性子，所謂劍術當然會轉向正義公益的意義。後來的劍俠便不如此，反而愈發神秘譎異。他們的行跡，我們上文述之甚詳，便不再多談了。

然而，像李白這種孤明先發的人物，活在盛唐，其實本身就不可避免地是一齣悲劇，終不免於「嘆我萬里遊，飄飖三十春，空談帝王略，紫綬不挂身」（門有車馬客行），因為他要以劍術遍干諸侯，在當時根本缺乏這樣的環境，所以最終只好以永王璘一事，做為他縱橫的結局。大曆以後，唐代的政局大變，藩鎮形同割據，戰國遊士的局面又恍若重現；於是像李白這樣的遊俠、遊士或遊俠兼遊士，自然就開始活躍了。[82]

在討論遊俠和藩鎮關係、或藩鎮與劍俠小說關係的著作中，歷來大家對於這個問題的理解，幾乎總是：因為藩鎮肆虐，互相攻伐，私養刺客，所以劍俠之風大熾，並影響到文學作品。這個觀點，是極為粗糙荒誕的。

《唐國史補》說得很明白：「天下未有甲兵時，常多刺客」，我們必須了解刺客跟俠的依存關係，刺客並不因藩鎮而存在，只要有養士之俠，就有被養的劍士。因此，在相關文獻裡，除了聶隱娘故事，真正與藩鎮豢養刺客相仇有點關係之外，沒有任何小說處理這個情況，大多數仍只著重個別俠跡的記錄。換言之，是藩鎮利用俠刺人物，而不是俠刺因方鎮而產生，也不保證因此而熾盛。武則天時，刺客殺都督謝祐時又何嘗有什麼藩鎮之禍呢？[83]

其次，論者只關心藩鎮與俠刺的關係，而對藩鎮與文士的關係多所忽略，也讓人感到遺憾。[84]需知藩鎮與文士的關係中，還蘊涵了俠和文士的關係在，複雜異常。例如《唐詩紀事》卷五四王智興條說：

> 智興為徐州節度，……（張祜）乃獻詩曰：「十年受命鎮方隅，孝節忠規兩有餘；誰信將壇嘉政外，李陵章句右軍書。」左右曰：「書生諂辭耳。」智興叱曰：「有人道我惡，汝輩又肯（如此說）否？」

張祜，就是一位諂媚藩鎮，並且後來又遊俠江淮的文士。這種類型的文俠之士，正如與李白交好的崔宗之所形容的：「袖有匕首劍，懷中茂陵書」（贈李白）。從開元之間，即開始有了這類活動，《唐詩紀事》卷二三云：「李林甫當開元末，權等人主，幽并人尉遲匡，耿概士也。以頻年不第，投書李林甫，皆擊刺之說」，即是明顯的例證。他們本身就是士子，但也很可能同時也是俠刺。所以這是在整個遊俠傳統中濡染成長的知識分子，儒與俠難以析分。早期的岑參，已經是「邊城寂無事，撫劍空徘徊；幸得趨幕中，託身廁群才」（北庭北樓呈幕中諸公）了，後來這類遊走諸侯幕府的儒俠愈來愈多。《唐詩紀事》卷五八曾感嘆說：

> 自貞元後，唐文甚振，以文學科第為一時之榮。及其弊也，士子豪氣罵吻，遊諸侯門，諸侯望而畏之。如劉魯風、姚巖傑、柳棠、平曾之徒，其文皆不足取。余故載之者，以見當時諸侯爭取譽於文士，此蓋外重內輕之芽蘗。如李益者，一時文宗，猶曰：感恩知有地，不上望京樓。其後如李山甫輩，以一名第之失，至挾方鎮，劫宰輔，則又有甚焉者矣。

這個見解是很深刻的。當時這些文士，除了本身可能是俠刺之外，也可能發生單純的俠刺爭寵的局面，例如費冠卿〈酬范中丞見惠〉詩說：「花宮柳陌正從行，紫袂金鞍問姓名，戰國方須禮干木，康時何必重侯嬴。捧將束帛山僮喜，傳示銀鉤邑客驚。直為雲泥相去遠，一言知己殺身輕。」詩雖昌言侯嬴不足貴，可是他自己仍然強調為知己捨命的俠義精神。而這種精神，在唐代遊士干謁時，正是被不斷強調的。俠與士，逐漸混合而成「俠士」一辭，其求知己、重私義、輕公理，大抵相同。士之好標榜，亦猶俠之結客。不但如此，遊俠傳統中最重視的交道與結客行為，唐士也很風行，所以標榜朋輩和結交詩友，成為唐代文風中極為突出的一面。但是「舉人皆飾名求稱，搖蕩主司，談毀失實」（同上卷十七），俠士的氣義，也往往只是徒託虛語。

崔國輔有雜詩云：「逢著平樂兒，論交鞍馬前，與沽一斗酒，恰用十千錢。後余在關內，作事多迍邅，何處肯相救？徒聞寶劍篇。」《酉陽雜俎》卷八亦載高陵縣曾捉到一名滿身刺青的流氓宋元泰，右臂刺著一首詩說：「昔日以前家未貧，苦將錢物結交親。如今失路尋知己，行盡關山無一人。」這兩首詩，對唐代的俠義精神可算刻畫入微了。

注釋

① 劉若愚"*The Chinese Knight Errant*"（The University of Chicago Press，Chicago，1967）P.2—3。

② 因為他們本身就是對生命的苟且，所以也常遭遇到極為可笑的騙局。《桂苑叢談》崔張自稱俠條載：「一夕有非常人裝飾甚武，腰劍手囊，貯一物流血於外，入門謂曰：『此非張俠士居耶？』曰：『然』，張揖客甚謹。既座，客曰：『有一仇人，十年莫得，今夜獲之，喜不可已』，指甚囊曰：『此其首也』，問張曰：『有酒否？』張命酒飲之。客曰：『此去三數里有一義士，余欲報之，則平生恩仇畢矣。聞公義氣，可假余十萬緡，立欲酬之，是余願矣。此後赴湯蹈火、為雞為狗，無所憚。』張……乃傾囊燭下，籌其縑素中品之物量而與之。客曰：『快哉！無所恨也！』乃留囊首而去，期以卻回。五鼓絕聲、東曦既駕，杳無蹤跡；張慮以囊首彰露、且非己為，客既不來，計將安出？遣家人欲埋之。開囊出之，乃豕首也。……豪俠之氣自此而喪矣」。另外，有關劉叉，清闕名〈靜居緒言〉謂其「武王亦至明，寧哀首陽饑」可為噴飯，捉金作賊，猶以諛墓之語掩飾，尤不足道，又詳《全唐文記事》頁四二四；張祐又詳《唐音癸籤》卷二五。

③ 參看本書第一章第二節。又、鈴木修次〈唐代における擬魏晉六朝詩の風潮〉（日本中國學會報）。

④ 這類論文，可參看陳曉林〈俠氣崢嶸蓋九州〉（六二・時報・收入《青青子衿》）、唐文標〈劍俠千年已矣！——古俠的歷史意義〉（中華文化復興月刊九卷五期）等。

⑤ 李頎〈緩歌行〉：「小來託身攀貴遊，傾財破產無所憂。暮夜經過石渠署，朝將出入銅龍樓。

結交杜陸輕薄子，謂言可生復可死。一沉一浮會有時，棄我翻然如脫屣。……早知今日讀書是，悔作從來任俠兒。」

⑥韓非所說的俠，當然也與中唐以後的劍俠不甚相同，此處幸勿拘泥，我們只是藉來做個比喻而已。

⑦唐代文化意識，常以漢代為投射對象，另詳龔鵬程〈孔穎達周易正義研究〉（六八・師大國研所碩士論文）第二章，尤其是頁三一、五九。

⑧譬如柯錦彥〈唐人劍俠傳奇及其政治社會之關係〉（七一・高師院國研所碩士論文）就曾認為唐代因胡漢民族大融合，而產生了創新的文化，乃能使俠氣盛行於社會，使遊俠得到最佳的發展契機。見其書第二章。在討論唐文化時，許多學者不暇深考其原委本末，就胡亂把各種文化現象和思想問題，歸因於胡漢融合，這只是其中之一例而已。

⑨俠並無學術思想背景，見錢穆〈釋俠〉（中國學術思想史論叢（二）・頁三六七～三七二・六六・東大）。

⑩參看岑仲勉《隋唐史》，頁六一八。

⑪葛氏《中國小說史》（四五・中華文化事業出版委員會）。

⑫封建未解體以前，是否有遊俠不可知，太史公嘗云古布衣之俠皆淹沒無聞，所以現在我們所有對俠之起源與性質的討論，大多仍只能就封建崩潰的情勢來理解。

⑬又參見註9。

⑭見陳登原〈東漢之士氣〉（教育雜誌廿四卷二期）、陶希聖〈辯士與遊俠〉（六十・商務印書館）。

⑮章炳麟〈儒俠〉（收入《檢論》）及梁啟超《中國之武士道》一書，皆主張儒與俠關係密切，漆雕氏之儒，為後世遊俠之祖。至於主張俠出自墨家，在民初更是一種流行的意見。大抵清末以來，國事積弱，學者志士遂不期而然地想在固有傳統中找到武力的因素予以發揚；民初熱衷討論俠，並附會各種學派，主要原因本是如此。我們現在討論問題，即應把這些因素和謬見先

予廓清。又詳第一章第三節。

⑯除此之外，可能還包括與官府的勾結等。例如郭解「以匹夫之細，竊生殺之權」，可以指揮尉史，決定誰當繇役。而像張敞、趙廣漢及酷吏王溫等，也都曾倚豪俠為耳目。詳《漢書補注》卷六七、卷九〇。

⑰後世之所謂俠，仍是如此，例如宋江號稱「及時雨」，意指其能瞻人之急，但他本人卻不見得有多高明的拳勇。楊聯陞主張近代杜月笙是俠（見清華學報新七卷一期），大約也是這個因素。

⑱把遊俠與豪傑看成社會秩序的領導者，如許倬雲〈西漢政權與社會勢力的交互作用〉（求古編・七一・聯經・頁四五三～四八二）、增淵龍夫〈中國古代的社會與國家〉（東京・弘文堂・一九五七）等皆是。

⑲高帝所徙王族有十餘萬人。文景募民徙陵的人數則頗不一定，時多時少，且並未用強迫手段。武帝初亦然。太始元年始有意識且半強迫性地遷徙「天下豪傑兼併之家亂眾民，內實京師，外銷姦猾」。因此茂陵一縣的人口，多達廿七萬七千二百七十七人。

⑳《漢書・地理志》：「（諸陵）五方雜厝、風俗不純，其世家則好禮文，富人則商賈為利，豪傑則遊俠為姦。」

㉑見《史記》〈季布傳〉、〈遊俠列傳〉。

㉒許多學者認為司馬遷和班固對遊俠的態度不同，誤。班固本人家世即與遊俠頗有關係，對遊俠的批評也仍依循《史記》的理路。

㉓《漢書・原涉傳》：「郡國諸豪及長安五陵諸為節氣者，皆歸慕之。」顏師古注：「五陵謂長陵、安陵、陽陵、茂陵、平陵也。」

㉔梁戴昌〈度關山〉：「博陵輕俠皆無位，幽州重氣本多豪」、蕭子顯〈從軍行〉：「左角明王侵漢邊，輕薄良家惡少年，縱橫向沮澤、凌厲取山田」、虞世南詩：「俠客吸龍劍，惡少縵胡衣」諸詩也都可為漢代這一政策作註解。學者常誤以為其中所詠為唐人事，不知唐初是徵兵

制，根本與詩中所述無關。

㉕唐盧照鄰〈劉生〉詩：「劉生氣不平，把劍欲專征，報恩為豪俠，死難在橫行。」劉生，就是漢代這一政策中的典型人物。樂府橫吹曲辭，有〈劉生〉，《樂府解題》云：「劉生不知何代人，齊梁以來為『劉生辭』者，皆稱其任俠豪放，周遊五陵三秦之地，或云抱劍專征、為符節官，所未詳也」，《古今樂錄》云：「梁鼓角橫吹曲，有〈東平劉生歌〉，疑即此劉生也。」按：梁元帝〈劉生〉云：「任俠有劉生，然諾重西京，扶風好驚座，長安恆借名，榴花聊夜飲，竹葉解朝酲，結交李都尉，遨遊佳麗城」，則劉生顯然是漢人。

㉖阮籍詩說：「少年學擊刺，妙伎過曲城，英風截雲霓，超世發奇聲，揮劍臨沙漠，飲馬九野坰，旗幟何翩翩，但聞金鼓鳴，軍旅令人悲，烈烈有哀情，念我平常時，悔恨從此生」（詠懷之六一），黃侃云：「言少年任俠，有輕死之心，及至臨軍旅，聞金鼓而悔恨立生，則知懷生惡死，有生之所大期，客氣虛憍，焉足恃乎？」

㉗參看王維〈隴頭吟〉：「長安少年遊俠客，夜上戍樓看太白。隴頭明月向臨關，隴上行人夜吹笛。關西老將不勝愁，駐馬聽之雙淚流。身經大小百餘戰，麾下偏裨萬戶侯。蘇武才為典屬國，節旄空盡海西頭。」貫休〈戰城南歌行〉：「萬里桑乾旁，茫茫古蕃壤，將軍貌憔悴，撫劍悲年長，胡兵尚陵逼，久任亦非強，邯鄲少年輩，個個有伎倆，拖槍半夜去，雪片大如掌。」

㉘後漢亦有類似的運用，《後漢書．劉陶傳》：「陶舉孝廉，除順陽長，縣多姦猾，陶到官，宣募吏民有氣力勇猛，能以死易生者，不拘亡命姦藏。於是剽輕劍客之徒過晏等十餘人，皆來應募。陶責其先過，要以後效，使各結所厚少年，得數百人，皆嚴兵待命，於是覆按姦軌，所發若神」，似乎效果還不壞。又漢代利用遊俠罪犯從軍的政策，及它在戰爭上的效益問題，另參雷海宗《中國文化與中國的兵》（六九．青年書店）頁二九～四四。

㉙這些街閭間的豪俠，據昭明太子〈相逢狹路間〉所稱：「京華有曲巷，曲曲不通輿；道逢一俠客，緣路問君居」，可知俠正是街閭間的地頭蛇一類人物。沈約也有類似的詩，所謂「道逢輕薄子，佇立問君家」，皆從漢人〈長安有狹斜行〉：「長安有斜狹，斜斜不容車，適逢兩少

年，挾轂問君家」化出。

㉚荀悅《漢紀》謂世有三遊，一曰遊俠、二曰遊說、三曰遊行。立氣勢、作威福、結私交以立強於世者，謂之遊俠；飾辨辭、設詐謀、馳逐於天下以要時勢者，謂之遊說；色取仁以合時好，連黨類、立虛譽以為權利者，謂之遊行。若勉強分析，東漢的名士，即使不是遊俠，也是遊行。但參看《史記．灌夫傳》就可知道兩者實質上並無不同。〈王符傳〉云和安以後，「世務遊官，當塗者更相薦引」，亦遊行之類也。

㉛參看惠棟《周禮古義》調人李澄源《秦漢史》（商務）頁一九三、一五〇～一五四。

㉜另詳呂思勉《魏晉南北朝史》第十八章，尤其是頁九八六～九九二。

㉝《後漢書．光武紀》：「莽末天下連歲旱蝗。地皇三年，南陽饑荒，諸家賓客，多為小盜」，大抵俠客有偶爾劫掠者、亦有以劫掠為事業者，自漢已然。全祖望《經史問答》卷十說：「遊俠至於宣光以後，日衰日陋，及至巨君之時，遂已一無可稱矣」，並不正確。

㉞《洛陽伽藍記》卷四：「市中有退酤、治觴二里，里內之人多醞酒為業。河東人劉白墮善能釀酒，……飲之香美而醉，經月不醒。……永熙年中，南青州刺史毛鴻賓，齎酒之蕃，逢路賊，盜飲之即醉，皆被擒獲。……遊俠語曰：『不畏張弓拔刀，唯畏白墮春醪』」，盜賊就是遊俠，甚為明顯。註8所引柯錫彥的論文，說魏晉南北朝是遊俠行為的中衰期，「遍尋史傳」，只找到了兩個例子。甚可笑。歷來討論遊俠的學者，對於魏晉南北朝俠風多不甚了解，主要原因是他們都只在《淵鑑類函．遊俠類》所收的文獻裡穿梭，那當然是不夠的。

㉟秦女休，事具左延年詩中。年十四五，為宗行報仇者也，李白亦為之作〈秦女休行〉（集、卷五）。

㊱俠，亦稱義俠，見《太平廣記》卷一九五。結遊俠之客，謂之結義。

㊲李白〈行行且遊獵篇〉：「邊城兒，生平不讀一字書，但知遊獵誇輕趫，胡馬秋肥宜白草，騎來躡影何矜驕。金鞭拂雪揮鳴鞘，半酣呼鷹出遠郊。弓彎滿月不虛發，雙鶬迸落連飛髓，海邊觀者皆辟易，猛氣英風振沙磧。儒林不及遊俠人，白首下帷復何益！」（集卷五）

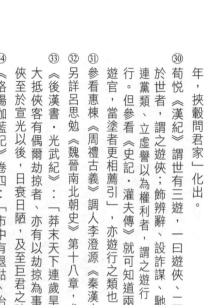

㊳《舊唐書・王處存傳》：「黃巢據京師，處存選驍卒五千以白練為號，夜入京，賊已遁，軍人皆釋兵爭據宅第，坊市少年多帶白號劫掠。賊偵知之，自灞上復襲京師，市人以為王師，歡呼迎之。處存為賊所迫，收軍還營；賊怒，召集兩市丁壯七八萬，殺之，血流成渠。」

㊴劉肅《大唐新語》卷七：「李勣少與鄉人翟讓聚為群盜，以李密為主。」

㊵《廿二史箚記》卷二十，有「名父之子多敗德」條，謂唐代名公大臣子孫多「敗德墮其家聲，不可解也」。原因當在於此。另外，據張齊賢〈洛陽縉紳舊聞記〉所載白萬州遇劍客事，云：「貴家子聞異人奇士，素所尚」，可見到唐末五代，這種風氣還很濃厚。

㊶王琦注《李白集》，謂李白〈少年行〉「淮南少年遊俠客，白日毬獵夜擁鄭」者為偽作（卷六），是也。然作史料看，則仍可顯現彼時遊俠少年之生活。

㊷唐代的地方大族本以禮法門風見稱於世。但六朝以來所謂華族巨室與遊俠的關係原本十分密切；中唐以後，望族在科舉制度下，想憑藉舊有的禮法門風及家族的社會地位來持續昇華，已經不太可能了，豪族子弟遭此鉅變，遂有許多更朝輕薄的型態走去。《唐詩記事》卷六六：「盧注門族甲天下，因宦家於荊南舉進士二十上不第」，這種門族子弟，跟「元和十一年歲在丙申，李逢吉下三十三人皆取寒素」「德裕頗為寒素開路」（唐摭言）的情形比起來，貴族子弟轉向浮薄行為的原因，實已不難想見。另詳龔鵬程〈唐宋族譜之變遷〉（聯合報國學文獻館主辦第一屆亞洲族譜學會議論文，收入《思想與文化》七五・業強）。

㊸《清異錄》：「自唐末無賴男子以箚刺相高……至有以平生所歷郡縣，飲酒、蒲博之事，所交婦人姓名年齡坊巷形貌之詳一一標表者，時人號為針史」（卷三・肢體）。

㊹這些無賴少年，可能與鬼道也頗有往來，《通鑑》卷二二〇：「上（肅宗）嘗不豫，卜云山川為祟，（王）嶼請遣中使與女巫乘驛分禱天下名山大川。巫恃勢，所過煩擾州縣，干求受贓。黃州有巫，盛年美色，從無賴少年數十，為蠹尤大」，即其一例。

㊺《樂府遺聲》所收遊俠廿一曲中，有〈結襪子曲〉〈結客少年場〉〈少年子〉〈少年行〉。

㊻歐陽修嘗與人行酒令，各作詩二句，皆須犯死罪者，一云：「持刀哄寡婦，下海劫人船」，一云：「月黑殺人夜，風高放火天」，歐云：「酒黏衫袖重，花壓帽簷偏。」一座不解，歐云：

「當此之時，凡死罪無不敢者。」這個故事，可以用來解釋這裡所提出的現象。

㊼唐代都市商業的發展和市民階層的興起，詳龔鵬程〈江西詩社宗派研究〉（七三・文史哲）第二卷。

㊽另參《唐摭言》卷二〈恚恨〉、卷四〈師友〉毛傑與盧藏用書條、卷六〈公薦〉王冷然上書條、卷七〈知己〉李翺感知己賦序條。

㊾馬其昶《韓昌黎文集校注》卷三引沈欽韓《韓集補注》說。

㊿見韓愈〈答呂毉山人書〉（文集卷三）。

51《唐詩紀事》卷四七：「李播以郎中典蘄州，有李生攜詩謁之。播曰：此吾未第時行卷也。李曰：頃於京師書肆百錢得此，遊江淮間二十餘年矣，欲幸見惠。播遂與之，因問何往？曰：江陵謁盧尚書。播曰：公又錯也，盧是某親表。李慚悚失次，進曰：誠若郎中之言，與荊南表丈，一時乞取。再拜而出」、卷五一：「楊衡初隱廬山，有盜其文登第者。衡因詣闕，亦登第。見其人，盛怒曰：一一鶴聲飛上天在否？答曰：此句知兄最惜，不敢偷。衡笑曰：猶可恕也。」唐人投卷風氣之惡濫，簡直難以殫述，像此類冒襲他人作品的情形，只是其中一端。所以到了後來，因投文而得賞識的情形也逐漸減少了，同上書卷五四引李昭象詩云：「投文得仕而今少」，所謂今，指咸通年間，即是一例。

52唐代士風，參看錢穆〈紀唐文人干謁之風〉（中國文學講演集・頁一〇七）、臺靜農〈唐代士風與文學〉（文史哲學報十八期）及註五十：四七引龔鵬程書，第二卷。

53此處並不是說俠刺、劍客、刺客，就是劍俠；只是說劍俠並無固定名稱，而且可能屬諸俠刺、劍客、刺客而已。

54夜叉，為梵語，捷疾鬼也。《維摩經》注：「什曰：夜叉有三種，一在地，二在虛空，三天夜叉也。」南北朝時，有以夜叉為名者，如北魏元叉即是。羅振玉〈松翁近稿跋〉：「傳稱叉字伯儁小字夜叉，傳中載咸陽王禧子樹〈在梁遺公卿百僚書〉有元叉本名夜叉、弟羅實名羅剎語」，趙萬里《漢魏南北朝墓誌集釋》亦云：「《魏書》《北史》及近出《元玕墓誌》俱作叉，乃小字夜叉之省，著其初名。」以夜叉羅剎為名，殆與當時佛教背景有關。又、唐張續

《宣室志》卷三，記江南吳生之妻為夜叉，亦可參看。

(55) 吞刀吐火與跳丸弄劍，同屬漢魏南北朝以來社會上流行的伎藝。《西京雜記》：「晉永嘉中，有天竺胡人，來渡江南。其人有數術，能斷舌續斷吐火，所在人士聚共觀視」、《法苑珠林》卷四引王玄策〈西國行傳〉：「婆栗闍國王為漢人設五女戲。其五女傳弄三刀，加至十刀；又作繩伎，騰虛繩上，著履而擲，手弄三仗刀楯槍等，種種關伎，雜諸幻術，截舌抽腸等，不可具述」、《太平御覽．七三七引崔鴻．北涼錄》：「元始十四年七月，西域貢吞刀吐火秘幻奇伎」、《抱朴子．辨問篇》：「使之跳丸弄劍、踰鋒投狹、履絙登幢、擿盤緣案」、《魏書．樂志》：「（天興）六年冬詔太樂總章鼓吹，增修雜伎，造五兵、角觝、麒麟、鳳凰、仙人、長蛇、白象、白虎及諸畏獸、魚龍、辟邪、鹿馬、仙車、高絙、百尺、長趫、緣橦、跳丸、五案，以備百戲，大饗設之殿庭，如漢晉之舊也」、《洛陽伽藍記》卷一：「吞刀吐火，騰驤一面；綵幢上索，詭譎不常」「飛空幻惑，世所未睹；異端奇術，總萃其中。」這些記載，不僅可讓我們明瞭此類伎藝在唐代的淵源，也可以推勘幻術和繩技的關聯。服部克彥《續北魏洛陽の社會と文化第二部，文化編第一章〈北魏洛陽における宮廷百戲とその藝能〉（シネルヴフ書房．昭和四三）對此也略有討論。

(56) 王夢鷗《唐人小說校釋》（七二．正中）上冊，頁三〇三。又其書頁二八九亦云：「聶隱娘之後，又接以紅線，其行事詭異，頗有別於以膂力角勝之徒；豈非當時荏弱書生欲托道術以文其所短，乃作此奇幻之談乎？」王氏這種看法，我完全無法同意。

(57) 《舊唐書．音樂志》：「大抵散樂雜戲多幻術。幻術皆出西域，天竺尤甚。……能自斷手足，刺剔腸胃」、張鷟《朝野僉載》：「河南立德坊及南市西坊，皆有胡妖神廟，每歲商胡祈福，烹豬殺羊，琵琶鼓笛，酣歌醉舞。酬神之後，募一胡為妖主，看者施錢並與之，其妖主取一橫刀，利如霜雪，吹毛不過，以刀刺腹，刃出於背，仍亂擾腸肚流血。食頃，噴水咒之，平復如故。此蓋西域幻法也」，又《後漢書．陳禪傳》：「永寧元年，西南夷撣國王獻樂及幻人能吐火，自支解，易牛馬頭」，都指出了幻術和西域、西南夷、天竺的關係。

(58) 薛調《無雙傳》中的古押衙，也曾用藥，但其藥得自茅山道士，且非化骨藥，而是「服之者立死，三日卻活」的藥術。古押衙應是遊俠之類，與聶隱娘那樣的劍俠不太一樣；而茅山道士這類藥術，也易使人想到劍俠何以多與僧道有關。宋吳淑《江淮異人錄》專敘俠客、術士、道流等異人，其中洪州書生條云：「成功文洪州遇一書生，能於重門鎖閉中失其所在，又能以藥化人頭為水，謂成曰：『無以奉報，願以此術授君』，成曰：『某非方外之士，不敢奉教』」，其所記唐人事也，俠為方外之士，足堪論定。又見註67。

⑲同註56所引王氏書，頁二六五～二六六。

⑳這首詩的繫年，依據黃錫珪〈李太白編年詩集目錄〉（六九．學海．與黃氏〈李白年譜〉合刊）

(61)《儒林外史》有〈俠客虛設人頭會〉一回，即採此故事。另參註54。《水滸》人物慣喝人心醒酒湯，大概也是從這裡得到的靈感。

(62)宋長白〈柳亭詩話〉：「劍具稍短，佩於脅下者，謂之腰品。隴西韋景珍常衣玉篆袍，佩玉鞘兒腰品，酣飲酒肆。李太白識之，有詩曰：玉劍誰家子，西秦豪俠兒。謂景珍也。見陶谷《清異錄》」。亦俠者佩短劍之例。

(63)又參看李豐楙〈六朝鏡劍傳說與道教法術思想〉（六九．聯經．《中國古典小說研究專集2》．頁一～二八）、胡菊人〈煉鋼的先驅〉（六八．時報．《李約瑟與中國科學》頁一七〇～一七四）。此種劍術，後世猶有傳者，如陳眉公《太平清話》下：「傳云：天遯劍術，遯法之最高志者。乃《九國志》云：俠客劍術，皆鬼為陰物，神仙清靜事異於此」、《小說考證．卷七引．蠡言》：「秀水王仲瞿先生，天才橫溢，又善劍術，能放掌心雷，……及奇遁幻變之術」等皆是。又，據《列子．湯問》云：「周穆王大征西戎，西戎獻鐘之劍，……其劍長尺有尺，煉鋼赤刃，用之切玉，如切泥焉」，則似此造劍術，與西域也有關係，而沈曾植《海日樓札叢》卷五則以為：「《好吉祥最勝根本大教王經》有成就劍法，云：『持明者，用華鐵作劍，長三十二指，巧妙利刃。持明者執此劍往山頂上，如前依法作大供養，及隨力作護摩。以手持劍，持誦大明，至劍出光明。行人得持明天，劍有煙焰，得隱身法；劍若暖熱，得降龍法，壽命一百歲。若法得成，能殺魔冤，能破軍陣，能殺千人。於法生礙，定不成就。』又有聖劍成就法。又云：『若欲成就劍法，及入河蘇羅窟，當作眾寶像，身高八指』云云。

按：唐小說所記劍俠諸事，大抵在肅代德憲之世，其時密宗方昌，頗疑是其支別，如此經劍法及他諸神通，以攝彼小說奇跡，固無不盡也。」

(64) 討論唐代劍俠者，對於劍俠之神技，大多從傳統劍士及越女袁公、《列子》含光承影宵練等記載中，尋其根源。然而，這樣的討論，其實並無意義。因為劍俠雖以劍術聞名，但所慣用的乃是匕首，所以他們近於刺客而遠於劍士，即使用劍，也是短劍。以幻術的觀點來看，當然匕首和短劍也遠較長劍方便些。另參看唐薛防〈幻戲志〉（收入《筆記小說大觀》三編第二冊）。

(65) 蕭登福〈聶隱娘之淺探〉曾批評聶隱娘先前自稱「白日刺其人於都市，人莫能見」，而後來隱娘之刺人及精精兒空空兒之刺劉卻都以夜至，認為是一個疏漏（六三·四·今日中國三六期）。而這個疏漏的真正原因，可能就在這裡。

(66) 南北朝間，有跳刀擲刀之戲，如《通典》一四六：「梁有跳劍伎」、《通鑑》八五注：「今鄉落悍民兩手運雙刀，坐作進退為擊刺之勢，擲刀空中，高一二丈，以手接之」，《齊書·王敬則傳》：「景和使敬則跳刀，高與白虎幢等，如此五六接，無不中」等，所載皆是此戲。《洛陽伽藍記》亦云有角觝擲刀之戲。

(67) 參見龔鵬程〈唐傳奇的性情與結構〉（七十·學生·《古典文學》第三集）。又，幻術受佛道思想的影響，另一個證據見唐佚名所撰《無能子·卷下·紀見》第八：「秦市幻人，有能烈鑊膏而溺其手足者，烈鑊不能壞而幻人笑容焉。無能子召而問之，幻人曰：『受術於師，術能卻火之熱，然而訣曰：視鑊之烈，其心先忘其身，手足枯框也，既忘枯框手足，然後術從之，悖則術敗，此吾所以得之。』無能子顧謂其徒曰：小子志之，無心於身，幻人可以寒烈鑊，況上德乎？」這也是老莊的工夫運用之一。

(68) 亦參註7所引書。按：唐人這種重開兩漢盛世的意識，也表現在他們對遊俠的態度上。譬如我們在前面所曾一再提到的漢代募任俠少年赴邊之事，本來與唐是不相干的，唐代的兵制、局勢，皆與漢不同。但是唐人在肯定漢代邊城遊俠兒的社會和生命意義之餘，自然也會有種模仿的行為。所以在府兵制逐漸廢棄時，他們也嘗試過類似漢朝的辦法，《歷代兵制記》云：「天寶之後，（府兵）稍復變廢，應募者皆市井無賴，未嘗習兵。承平日久，議者謂兵可稍減，是時民間挾兵者有禁，子弟為武官，父兄擯而不齒；猛將精兵，皆聚集西北邊。」（卷六），這些市井無賴，其實也就是令狐楚〈少年行〉所說「未收天子河隍地，不擬回頭望故鄉」的少年遊俠兒。但是，這樣的遊俠從軍，在性質上跟漢人完全不同，也是非常明顯的。唐人所描述的，也只是一種歷史的嚮往，與當時這類事況無關；邊塞詩及邊塞意識，時代較早，當然就更無牽聯了。

⑲ 宋朝人常將俠客的生命型態，和柳宗元所描述的失足婦人「河間婦」，作有意義的比較。王楙《野客叢談》卷八：「客或譏原涉曰：『子本吏二千石之世，結髮自修，以行喪推財禮讓為名，正復讎取仇，猶不失仁義，何故遂自放縱為輕俠之徒乎？』涉應曰：『子獨不見家人寡婦耶？始自約勅之時，意乃慕宋伯姬及陳孝婦，不幸一為盜賊所污，遂行淫佚。知其非禮，然不能自還，吾猶此矣』，此柳子厚《河間傳》之意也。」俞文豹《吹劍錄》、戴埴《鼠璞》卷下，都如此說。知其非禮，然不能自還，其言甚可哀也。

⑳ 見羅洛梅（Roll May）《愛與意志》（六五．志文．蔡伸章譯）頁二〇五～二〇八。

㉑ 關於「報」的分析，在當時也是個令人矚目的問題，如柳宗元韓愈的〈復仇議〉，應該是企圖為復仇之類行為尋得一個理性化和合理化的解釋。但是他們把問題集中到倫理和經傳上，顯然也有意避開類似俠者那種毫無限制的報之行為，因為事實上俠者之報，很難在理性基礎上討論。另外，關於「報」，參看楊聯陞〈報：中國社會關係的一個基礎〉（六八．聯經．《中國思想與制度論集》頁三四九～三七二）、文崇一〈報恩與復仇：交換行為的分析〉（七一．中研究院民族學研究所．《社會及行為科學研究的中國化》頁三一一～三四四）。

㉒ 《唐國史補》曾記載李勉為開封府尉時，曾開脫一名囚犯，後來李罷官北去，遇此囚犯，反欲害李，幸得俠客相救，並將忘恩負義的囚犯殺死，大快人心，明夢龍《醒世恆言》李汧公窮邸遇俠客一回所本即此。讀者見此類記載，恐即不免要懷疑我們此處所云非理性情緒之說。然此處所謂非理性的情緒，並不是說他的行為結果必然是違背理性的，而只是說：在俠客的非理性情緒中，含雜了若干原始茫昧的成分，使得他的行為並無確定之目標與價值，可以殺人而表現一正義行為，也可以殺人而表現為一不道德之行為，但實際，他並不是為了正義而殺人，也不是為了不道德而殺人，只是情緒而已（所謂「意氣」）、只是由此不根據理性及價值肯定的情

緒發展出來的暴力而已。

⑬ 詳見弗洛姆《為自己而活》（七十・大地・陳秋坤譯）第四章〈人性倫理的問題〉，尤其是頁一二八～一二九。

⑭ 林鎮國〈死亡與燃燒——談遊俠的生命情調〉（鵝湖月刊三十期）一文，以為死亡是遊俠用來完成生命價值的方式，通過死亡來獲得生命的自由。這個看法並不準確。遊俠本身乃是個生命自我流失的歷程，他們不斷在「求知己」，並將自己交付給知己或求知己的活動。然而，莫逆於心、相悅以解的知己，原不待外向追求，遊俠不能理解人生孤獨的本質，故為孤獨虛無所震撼，而他在生命底層又無任何價值和意義可以肯定，於是即不得不向外去尋求慰藉。但是，生命愈向外去干求，自我就愈向內萎縮；萎縮的結果，則是空虛與幻滅的感傷。大凡遊俠，無論他是折節讀書、是殺人亡命、是殉身知己、是感傷不遇，其結局都是如此。在遊俠的過程中，他已經磔傷了自己，所以殺人和自殺，都成為生命中的必然；感傷不遇，則只是慢性自殺者的哀嘆；折節向善，卻成為對遊俠生命的否定。而這一切，都可總稱之為喪失自我的悲哀。

⑮ 比武，也是另一種儀式化了的攻擊行動。另詳註70所引書，頁一三七～一三九。

⑯ 尤有甚者，是俠客的豪情，往往表現在對女人生命的輕賤上。以崔涯張祜的事為例，崔涯〈俠客〉詩說：「一朝若遇有心人，出門便與妻子別」，張祜也有愛妾換馬詩。男人與女人的糾葛乃是人類最纏綿的牽繫，但若做為一個俠客，他即必須漠視另一個與他相對的生命體，斬斷任何牽繫（無論是情感或倫理的牽繫），而讓自我永遠漂泊。今人謂傳奇中有紅線、聶隱娘一類故事，便代表唐朝女性地位甚高，或俠尊重女性，實在太可笑了。傳奇作品盛於中唐以後，而唐朝前後期的婦女地位是不同的，北朝女性地位甚高，「大曆以前，士大夫妻多悍妒者」（西陽雜俎・卷八），大曆後則漸不然。而就俠的傳統看，他們對女性的輕賤也是證據確鑿的。康駢《劇談錄》則刻劃了一個凶悍的女俠形像：〈張季弘逢惡新婦〉條載張自負武勇，要替一老嫗管教其新婦，但這位新婦向他申訴時，「每言一事，引手於季弘所坐石上，以中指畫之，隨手作痕，深可數寸」，把張氏嚇得神駭汗落。

⑰ 按：後世劍仙劍俠小說所說劍術，乃是道術，其說本於《真龍虎九仙經》。此經相傳為唐羅公

遠著，葉法善述。歷來論俠者，不嫺道術，故不知其淵源之所從來，今特錄出，以供參考：

「煉精華為劍，巡遊四天下，能報恩與冤，是名為烈士。」

羅公曰：「列仙俠有九等不同。第一天俠，第二仙俠，第三靈俠，第四風俠，第五水俠，第六火俠，第七氣俠，第八鬼俠，第九遇劍俠。第一天俠，本天仙奉上帝賜劍也；第二仙俠，已修上真升天之行，又復煉氣為劍；第三靈俠，已是地仙，鎮居山岳，及煉就劍七，萬里聞有不平之事，飛劍立至，謂之靈俠；第四風俠，亦是地仙，煉得劍七，修之間斷，未通極靈，知有不平通風處，身劍一時俱至也；第五水俠，本是水仙煉成，號曰水俠，無水不可飛騰也；第六火俠，修之自焚起，亦號火光三昧，煉七劍成了，身欲飛騰，須化火一團，乘而來往，故號火俠也；第七氣俠，唯學定息氣，便將精華煉劍，劍成如氣仗而往來，號曰氣劍也；第八鬼俠，人不見其形。本修神仙，水墨形、水墨劍也，出入往來如氣不殊；第九遇劍俠者，或因遇於寶劍，亦得隨意東西變現也。

「葉公曰：俠劍者，先收精華，後起心火，肺為風爐，肝木為炭，脾為黃泥，腎為日月精罡也。腎為水脾，土為泥模，身為爐，一息氣中，為法息成劍之氣也。磨之於膽也。心為火，再燒精華內淬。又膽上磨九度了，一度一度磨時，肝血染著，故曰耶溪鐵打，即精華也。師子膽磨雨水金妝，即心火燒時，肺為火煉金熔，滴在劍上也。蛟龍血洗磨時，肝血染著也。若鑄金錘，又則不同，每咽日月華，納歸肺臟，肺緣屬金，故號金錘也。又金錘出，准前是黃金本。肺應白，何得卻黃本？肺臟是脾之子，肺主涕，若吞日月華，納歸肺一十二月滿，舉心火下，火鑄之，火克金，故一時熔下脾為土為模也。號子投母，乃隨母之象。脾黃氣起，拒火之力，方成金錘。凡鑄劍就者，即為列仙也。烈士遊四天下宇宙之中，折平處眾，不得非為也。有人遇者，傳得金錘七劍，皆有神通也。」

⑱詳見註7所引龔鵬程書，第二章。

⑲詳見註67所引龔鵬程文，及註47所引龔鵬程書第二卷。

⑳詳見方豪《中西交通史》（五七・中華文化事業）第二冊第九章：唐宋時代來華之黑人；瞿宣穎《中國社會史料叢鈔》甲集中冊（六一・商務）頁三七七。

㉑參看呂興昌《李白詩研究》（六二・臺大中研所碩士論文）。本書特別提到李白的龍泉意識，

這種意識關涉到：（1）俠氣的迸放與交道的重視，（2）濟世拯物與功成身退的操持，（3）功業無成的焦急，（4）友誼落空的失望，（5）懷才不遇的苦悶，（6）時間消逝的逼迫，（7）長安的嚮往等層面，對於俠義精神轉向的理解，頗有幫助。

⑧2《唐音癸籤》卷二五「談叢」：「太白永王璘一事，論者不失之刻，即曲為之諱、失之誣。惟蔡寬夫之說為衷，其言云：太白非從人為亂者，蓋其學本出縱橫，以氣俠自任，當中原擾攘時，欲藉之以立奇功耳。」

⑧3《通鑑》卷第二百三：高宗永淳元年，「黔州都督謝祐希天后意，逼零陵王明令自殺，上深惜之。黔府官屬皆坐免官。祐後寢於平閣，與婢妾十餘人共處，夜，失其首。垂拱中，明子零陵王梭黎國公傑為天后所殺，有司籍其家，得祐首，漆為穢器，題云謝祐，乃知明子使刺客取之也。」

⑧4另外，文士奔走藩鎮的風氣，可能也有經濟上的因素。唐中葉以後，士人多薄京官而重外任，《陔餘叢考》卷十七：「是時州刺史日俸千緡，方鎮所取無藝，而京官祿薄。自方鎮入為八座，至謂罷權。薛邕由左丞貶歙州刺史，家人恨降謫之晚；崔祐甫任吏部員外郎，至求為洪州別駕；其節度使府賓佐，有所忤者，薦為郎官。」

四　由《詩品》到《點將錄》：俠與文士的一種關係

三國時，魏劉邵曾認為「仲尼不試，無所援升，猶序門人，以為四科；汎論眾材，以辨三等」，所以他也「敢依聖訓，志序人物」，撰成《人物志》三卷，分別流品，研析人物。

在文學的世界裡，也不斷有人嘗試著將文學家分別流品，以說明文學發展、觀察文學現象、評價作家成就、標舉學習楷模、討論作家之間的關係等等。這樣的活動，起源可能很早，型態也可能很多，且是文學批評的基礎工作，因此並沒有什麼特別值得討論之處。但在我國的文學史上，這種活動卻似乎有點特殊，因為除了用時代、地域及偶然聚合關係（如前七子、後七子、閩中幾子之類）來類秩作家之外，我們也發展出了一些特別的形式架構，以這些架構聯繫作家、志序人物。

我所指的，是鍾嶸的《詩品》，以上中下三品論秩作家；張為「詩人主客圖」，以主客關係，評騭詩人；呂本中《江西詩社宗派圖》，以宗族閥閱與社集觀念，敘次宗派；舒位《乾嘉詩壇點將錄》，以水滸一百零八好漢比擬文士。

這些東西，不但迄今並無人綜括系統地討論，且對《宗派圖》充滿誤解，《點將錄》

更是從來沒有人研究過。我因研究俠的問題，而發現俠跟知識階層文士有密切的關聯，很願意藉著說明詩人評騭活動怎樣借用了英雄榜的過程，來點明這一有趣的現象。

而且這樣的秩次布勒，事實上也出現在有關書法、繪畫、棋弈等各種藝術門類的討論中（在武俠世界中，同樣有人會運用這種方式來秩序俠客的位置，如古龍所描述的百曉生《兵器譜》，司馬翎所敘述的居太史《武林金榜》等都是），因此它可能顯示了中國美學與藝術批評的某些特質，而在文學批評史上，它也代表了我們觀察或掌握文學現象的重要方法。

這一批評方式，跟一般性的作家評述，大不相同。就像評論人物，起源甚早，但無論其內容、意義或批評方法，都不能跟《人物志》所代表的那種人物品鑒相提並論。這些詩家人物志，也是我國文評裡一個值得深入探討的問題。

（一）人物才性的銓量

不過，這個問題真正的開端，不能從《人物志》講起，而應上溯於《漢書・古今人表》。舒位《乾嘉詩壇點將錄》序說：「登壇而選將才，亦修史而列人表。……爰仿東林姓氏之錄，演為江西宗派之圖」，最能顯示這種淵源關係。

儒家孔孟荀皆曾論及觀人的問題，《尚書・虞夏書》有「知人則哲」之語，《逸周書‧官人篇》《大戴禮‧文王官人篇》，對觀人任官亦有專論。但《漢書‧古今人表》跟這些可能都沒有什麼關係，它應該是由漢代人性論思考所開展出來的。

漢儒自董仲舒以下，以陰陽言性。陰氣重的，易趨為惡；陽氣重的，易於為善，故人性宜有品級之分。恰巧孔子又有上智下愚的講法，於是即因孔子之說，而論性有三品。如董仲舒說，人有聖人之性、中民之性、斗筲之性，王充也說性三品。荀悅《申鑒》則更推之為九品，說：「或問天命人事，曰：有三品焉，上下不移，其中則人事存焉爾。或曰：善惡皆性也，則法教何施？曰：性雖善，待教而成；性雖惡，待法而消。唯上智與下愚不移，其次善惡交爭，於是教扶其善，法抑其惡，得施之九品。」（雜言下）①

這樣的分品論人，與儒家設官分職、觀人以察情偽的舊義，實不相同。而班固論人，既原本氣性，認為：「人函天地陰陽之氣，有喜怒哀樂之情。」（禮樂志序），當然也就會在這樣一種人性論思考之下，試著以三品九等來區分人物，進行判斷。②

此一判斷，甚為複雜。因為班固自稱他的〈古今人表〉是自有書契以來，凡經傳所稱、先民可得而聞者，一概敘列，以究極經傳，繼世相次，總備古今之要略。而他的理論根據則是：

> 孔子曰：「若聖與仁，則吾豈敢。」又曰：「何事於仁？必也聖乎！」「未知，焉得仁？」「生而知之者上也，學而知之者次也，困而學之又其次也，困而不學，民斯下矣」，又曰：「中人以上，可以語上也；唯上智與下愚不移。」傳曰：譬如堯禹舜稷卨與之為善則行，

鮌讙兜欲與為惡則誅；可與為善，不可與為惡，是謂上智。桀紂龍逢比干欲之為善則誅；于莘崇侯與之為惡則行，可與為惡不可與為善，足謂下愚。齊桓公管仲相之則霸，豎貂輔之則亂，可與為善可與為惡，是謂中人。——因茲以列九等之序。

九等的階序地位，是對古今人物進行一次總的價值判斷，而這一價值判斷，所根據的其實是氣稟才性之異，以及因此氣稟才性而形成的善惡趨向，因此它同時也是才性品評與道德判斷。也唯有在這樣的判斷中，它脫離了作為歷史判斷時所必須倚賴的時空條件，能夠把古今人物一體平鋪在這樣的人性論思考架構中，總括論斷。換句話說，班固雖然把這篇〈古今人表〉放在《漢書》書，它的性質與意義卻非僅歷史所能涵蓋，所論人物不限於漢代，而是「直接就個體的生命人格，整合地，如其為人地來品鑒之。」③

這樣的品鑒，依牟宗三說，乃是一種「全幅人性的了悟」。但他認為此種全幅人性的了悟之學，係我中國學問之核心，而此種學問，可分為兩方面進行，一是先秦的人性善惡問題，由道德之善惡觀念來論人性；二是《人物志》所代表之才性名理，由美學的觀點來對人之才性或情性的種種姿態作品鑒的論述。前者是道德的，後者是美學的。④

此一說法，可能是採用了康德對美學與道德的區分。但依此區分，卻不免使他跳過〈古今人表〉的問題。須知〈古今人表〉與《人物志》都是才性的品鑒，班固以第一等為聖人，劉邵也以至德純粹者為聖人，不能強說一是道德的、一是美學的。而應該說：在順氣言性的系統中，雖然講性成命定，講天才生知，但即氣即理，五行氣性流行，在人則為仁義禮智信。⑤

依其為仁義禮智信說，是道德的⑥；然若依此仁義禮智信諸才質所偏，而論人的差別相或特殊性，則又同時也可以開出一美學境界。道德與美學，在這裡不是截然二之的，人性善惡問題與才性名理也不是不相干的；《漢書・古今人表》同時是道德的，但也是品鑒的。⑦

至於《人物志》也不像牟氏所說，即屬於藝術境界的品鑒，反而是這本書想以德、法、術三者建立一套人物材性的品類系統，以觀人、釋爭。故《隋志》將之列入形名家。這形名，是指漢末名理徵覈之學，如王符〈潛夫論〉所說：「有號則必稱於典，名理者必效於實，則官無廢職、位無廢人」，要求循名責實，考核能力，因任授官。

劉氏自序云：「聰明之所貴，莫貴乎知人。知人誠智，則眾材得其序，而庶績之業興矣。是以聖人……躬南面，則援俊逸輔相之材，皆所以達眾善而成天功也。是以敢依聖訓，志序人物」，分明正是就這個意義而說。故〈材能篇〉又謂：「人材不同，能各有異，量能授官，不可不審也。」⑧

他以五行論性情，大抵也與〈意林〉評孔融「金性太多，木性不足，背陰向陽，雄倬孤立」相似，代表當時品題人物、循名責實的風氣。乃形名之學，如徐幹〈中論〉「長形立而名之曰長，短形立而名之曰短」一類，非美學之賞鑒，彰彰甚明。

因此，從〈古今人表〉開啟了人物品鑒以來，順著東漢政局的發展，月旦人物、綜核名實之學興起，反而將這種品鑒逆推回最早期的觀人任官那條路去，美學藝術境界的品題並未真正展開。⑨

而所以會如此，除了東漢政局學風使然以外，更本質性的原因，可能還在於全幅人性了悟，很難不全幅考慮人性的善惡道德與心智等問題，並不能單獨欣賞其藝術境界，而抛開道德宗教之境界與智性之境界等領域。同時，落到具體人物及其存在情境上的評斷品題，也不太能夠直接就個體的生命人格予以評判，而必須牽連其存在的歷史情境綜合判斷，這中間當然就會產生一些差距。如魏張晏批評班固：「老子玄默，仲尼所師，雖不在聖，要為大智。文伯之母，達於禮典，動為聖人所嘆，言為後世所則，而在第四。田單以即墨孤城，復強齊之大；魯連之博通，忽於榮利；藺子申威秦王，退讓廉頗，乃在第五……」云云，就是如此。⑩

這是人物品鑒的困難，而要解消這樣的困難，恐怕只有將對現實世界的個體生命人格之品鑒，轉而成為對藝術世界的個體生命人格進行品第了。

（二）藝術境界的品題

鍾嶸《詩品》做的正是這樣的工作。他批評陸機、李充等人「只談文體，而不顯優劣」，選詩選文，亦無品第；所以就優劣而分三品以校論詩人，序說：

昔九品論人、七略裁士，較以賓實，誠多未值。詩之為技，較爾可知，以類推之，殆均博弈。

這一段話，注家都指出前兩句講的是《漢書・古今人表》和《藝文志》，但沒有人真正搞清楚鍾嶸為何引此為說。⑪論者甚或從陳群九品官人法上去推敲，說鍾嶸此處指的是九品官人法，而且是因鍾嶸出身寒微，所以故意運用這種六朝政治風俗上區分人物等第的方法，去批評只有貴族才能評論的詩和詩人，以報復沈約拒其求譽之宿憾。⑫

這當然不對。鍾嶸是反省自〈古今人表〉以來的人物品鑒，發現這些東西「校以賓實，誠多未值」，在形名的考慮下，似乎都有問題。因此，他不可能再倒回去走到官人法的老路，而是重新從棋品中覺察到方向。

當時沈約有《棋品》、蕭衍有《圍棋品》、范汪有《圍棋九品序錄》、褚思莊有《永明棋品》、柳惲有《天監棋品》、袁遵有〈棋品後九品序〉等。評棋而分九品，可能也仿自〈古今人表〉；但評棋與評人實不盡相同。棋力高下，確實較爾可知，馮元仲〈弈旦評〉曾說林符卿自稱：「四海之內，不知幾人稱帝，幾人稱王，非徒勝我者不可得，即論敵手，闃其無人。」此等狂語，是否真切，一試便知。故為人固不可如此說，論藝則不妨如此自詡。技藝巧能，自有高下，詩與棋，應該都是一樣的。

這種優劣品第，顯然是以藝術品為範圍，以藝術世界中的個體生命人格為觀覽察鑒的對象。它跟〈古今人表〉一樣，略以世代先後為次，凡所品評，不錄存者，有歷史判斷的意味；以氣化流行，動物感人、搖蕩性情說詩，肯定天才，也同屬才性一路講法。⑬但它只是在文學世界裡「論茲月旦，類彼汝南」（簡文帝與湘東王書），而不是面對具體的人物；只評價詩藝優劣，而未嘗涉及道德善惡與智性高下。因此它是個純粹的美學判斷，是對藝術人格的品鑒。

鍾嶸的這種品鑒，與沈約《棋品》一類書，共同代表了一個新的轉變。它意味著藝術創作領域已經開始獨立於自然界和社會體制之外，自成一個世界。⑭沈約推闡四聲，定為條例，又評棋品，即是這種肯定藝術世界，想替藝術世界立法、制定上下階序位差關係的活動。⑮鍾嶸對聲律的看法，不同於沈約，但他希望藉此品第，辨彰清濁，掎摭病利，卻也是一次新的嘗試，所以他說這三品升降，「差非定制，方申變裁」。這樣的嘗試，我們應視為齊梁間一種新的藝術批評活動，與謝赫《古畫品錄》、庾肩吾《書品》一樣，顯示了藝術人格的獨立性，與針對藝術表現做全幅人格觀照之可能。⑯

從這一方面看，我們才能曉得為什麼鍾嶸在品第優劣的同時，必須溯論體源。在緣情的系統裡，從個人生命之內涵說，人的情性志氣、才具資稟，都是與生俱來的，詩既被承認是「緣情」的人的生命表及完型態之一，它當然就是個人性情才質志氣的表現。這樣一來，便又走到風格與人格合一的問題上去了。如《文心雕龍‧體性篇》說：「表裡必符」，又說：「賈生俊發，故文潔而體清。長卿傲誕，故理侈而辭溢。子雲沉寂，故志隱而味深。子政簡易，故趣昭而事博……」。

其人如何，故其文如何，這是一種必然的符應關係，風格與人格於焉合一。我們當然可以說這裡的這個人格，不是道德人格，而是自然情性的才性人格，因此二者可因同為審美判斷而合一。⑰

但風格與人格的糾纏，畢竟是問題重重的，鍾嶸在此，便截斷眾流，只是論詩。從序文一開頭說：「氣之動物，物之感人，故搖蕩性情，形諸舞詠」以後，筆不旁涉，專從詩的表現上說，但論風格，不及人格。⑱故一人之創作，遂不詳其體性，而要從風格上去考其體源，例如他評李陵，云：「陵，名家子，有殊才，生命不諧，聲頹身喪。使陵不遭辛苦，其文亦何能至此」，正是大可就其體性與遭際立論的例子，他卻將之納入體源的考慮，說陵詩「源出於楚辭，文多悽愴，怨者之流」。

由此，我們可發現他實在煞費苦心，體源論與分品評詩，也不是並行的兩種方法。二者本屬一體，正因為分品評騭，類似古今之人表、汝南之月旦，以人物為品第，所以要用體源論來界定。他討論的「人物」，其實並不是具體的現實世界人物，而只是作品中顯現的藝術風格。這便使得整部《詩品》成為一風格論的作者思考，而不是作者論。

他在許多地方，雖然也討論到天才的問題，如評陸機「才體詞贍」「張公嘆其才大」「陸才如海」、評潘岳「潘才如江」、評謝靈運「興多才高」、評顏延之「經綸文雅才」、評鮑照「才秀人微」。⑲但此所謂才，皆不是體性論的講法，不是某人才性如何，故其詩亦如何。他是因潘詩爛若舒錦，無處不佳，所以嘆其才大如江；因陸文披沙揀金，往往見寶，故讚其才大如海。⑳這樣子，他才能避免從作品風格以逆斷作者主體人格、或順作者才性以規定作品風格表現等危險，且可因此而劃清道德與審美之間的糾葛，確定藝術世界的獨立性。

此一獨立世界，鍾嶸有段生動的描述：

嗟乎，陳思之於文章也，譬人倫之有周孔、鱗羽之有龍鳳、音樂之有琴笙、女工之有黼黻。俾爾懷鉛吮墨者，抱篇章而景慕，映餘暉以自足。故孔氏之門如用詩，則公幹升堂，思王入室，景陽、潘、陸，自可坐廊廡之間矣。（卷上・曹植）

自然世界的龍鳳、道德人文世界的周孔，和藝術世界的琴笙黼黻陳思王詩，並列於此。從此，詩人乃可以因其詩之造詣高下，形成一個詩社會的階序地位。鍾嶸不但用三品品詩，又用了升堂入室的譬喻來說明這種階序關係。他將詩人群視為一「社會團體」的想法，在此表露無遺。㉑

三品的劃分，類似社會階層化（Social Stratification），討論到該團體中的權威與社會聲望問題，所謂：「懷鉛吮墨者，抱篇章而景慕，映餘暉以自足」；討論到詩人的階序地位，所謂升堂入室坐廊廡間等；更討論到詩人之間的社會關係，這就是體源論所探討的了，如評魏文「源出於李陵，頗有仲宣之體則」、謂郭璞「憲章潘岳，文體相輝」、說鮑照「得景陽之淑詭，含茂先之靡媚」等等均是如此。㉒

而社會階層化的標準，可能就是他評陳思王所說的「情兼雅怨，體被文質」。雅與怨，謂詩人之情；文與質，謂詩歌之體。出於《風》《雅》者雅，出於《楚辭》者怨，體源論以《風》《雅》《楚辭》為三大系，正是兼雅與怨，指文情。㉓文謂藻績華采，質謂文體省淨、殆無長語；前者或有傷直致之奇，後者或至雕潤恨少，皆指文體。㉔依據這個標準，偏文偏質、偏雅偏怨者，各各降格序列，而以陳思王為王者矣。

（三）詩人的族群社會

宋葉夢得《石林詩話》曾說：「魏晉間詩人，大抵專攻一體，如侍宴、從軍之類。故後來相與祖習者，亦因其所長取之耳，謝靈運擬鄴中七子與江淹雜擬是也。梁鍾嶸作《詩品》，皆云某人出於某人，亦如此。」這顯然誤解了《詩品》體源論的意義。體源論之體，非文類意義，而是風格意義，其云某人出於某人，乃謂某人詩風屬於某風格；他雖然也曾舉出某人憲章某人、祖述某人，但這些都是放在風格論裡討論的。這樣的架構，跟張為《詩人主客圖》有同有異。

張為《詩人主客圖》，性質至今仍不很清楚。《四庫提要》卷一九五〈唐詩紀事〉云：「張為之書，藉此編以見梗概，猶可考其孰為主，孰為客，孰為及門，孰為升堂，孰為入室，則其輯錄之功，亦不可沒也。」張氏原書，實不可見，藉諸家記載間存梗概，故論者亦往往僅能模糊影響而談。

如《四庫提要》因有一「圖」字，而謂其為摘句之始，就是誤把主客圖跟詩句圖混為一談了。詩句圖主要是摘取秀句評賞，主客圖則是針對作家關係的繫聯，兩者性質根本不同。且主客圖往往在評述作者風格時列舉全詩，像他評白居易，就選錄了秦中吟第二首、寓意詩第一第二首、讀史詩第四首等，與摘句賞論，亦不相侔。

陳振孫《直齋書錄解題》和清李懷民《中晚唐詩人主客圖》等又都說張為此圖，乃宋人詩派說之所本。但主客圖跟詩派之說也是不同的。它基本上是作家的分類，以一位主要作家代表一種風格；然後在每一風格之下，又分為入室、升堂、及門等數等。自序云：

若主人門下處其客者，以法度一則也。

・廣大教化主：白居易。上入室楊乘。入室張祜、羊士諤、元稹。升堂盧仝、顧況、沈亞之。及門費冠卿、皇甫松、殷堯潘、施肩吾、周元範、況元膺、徐凝、朱可名、陳標、童翰卿。

・高古奧逸主：孟雲卿。上入室韋應物。入室李賀、杜牧、李餘、劉猛、李涉、胡幽正（貞）。升堂李觀、賈馳、李宣古、曹鄴、劉駕、孟遲。及門陳潤、韋楚老。

・清奇雅正主：李益。上入室蘇郁。入室劉畋、僧清塞（周賀）、盧休、于鵠、楊洵美、張籍、楊巨源、楊敬之、僧無可、姚合。升堂方干、馬戴、任蕃、賈島、厲元、項斯、薛壽。及門僧良乂、潘誠、于武陵、詹雄、衛準、僧志定、喻鳧、朱慶餘。

・清奇僻苦主：孟郊。上入室陳陶、周朴。及門劉得仁、李溟。

・博解宏拔主：鮑溶。上入室李群玉。入室司馬退之、張為。

・瓌奇美麗主：武元衡。上入室劉禹錫。入室趙嘏、長孫佐輔、曹唐。升堂盧頻、陳羽、許渾、張蕭遠。及門張陵、章孝標、雍陶、周祚、袁不約（全唐文卷八一七）。

廣大教化、瓌奇美麗、清奇雅正、博解宏放、清奇僻苦、高古奧逸代表六類風格，而每種風格以一人為主，其餘風調相近者，歸併於其門下。同門未必相識，甚至未必同時。也有些年輩在前，而依風格判斷則入廁門客之列者，如顧況列入白居易門下即是。每一門，除一人為主以外，分上入室、入室、升堂、及門四種客。㉕

這樣的主客排列，不僅顯示了詩歌的判斷，每一風格中也如《詩品》，有等第之差別。但它跟《詩品》不同處，可能在於《詩品》溯論體源，以《詩・國風》《詩・小雅》和《楚辭》為三大風格類型，它則以作者來替指風格。其次，它主客的比擬，雖然極像《詩品》論陳思王那一段，但它用以秩序詩家的主客關係架構，卻可能不再來自六朝人物品鑒的哲學，而是唐代盛行的主客風氣。

如本書第二章所說，唐代科舉，干謁之風氣極盛，遊士復興，刺史且可自辟掾督，因此文人奔走，往往以戰國諸公子與門客關係為喻。如李觀〈與房武支使筆〉說：「足下誠肯儆重味於膳夫，抽月俸於公府，實數子之囊，備二京之糧，則公之德聲日播千里，衛之客爭趨其門。」（全唐文卷五三三）、任華《與庚中丞書》說：「昔平原君斬美人頭，造躄者門，賓客由是復來。今君猶惜馬蹄不我顧，僕恐君之門客，於是乎解體。」（卷三六七）……等，莫不如此。以致形成「諸侯爭取譽於文士」（唐詩記事卷五八）的現象。

根據這種普遍的社會現象，張為大概也把詩人比擬為一個個集團。主客，客就是賓客、門客。客有數等，也是戰國諸公子養士之常例。這一區分，升堂入室云云，固近似《詩品》，但主客的架構，卻非鍾嶸所有。因此它與《詩品》的主要差別，就在於它兼用了作者論與風格論，並直接將詩人風格關係類擬於人事社會結構。然而詩社會的階序地位與詩人權威關係，卻顯得更為嚴密了。

事實上，將詩人類擬為仙、聖、天子，在唐朝即已有之，但同類型的活動，可能可以陶弘景的《真靈位業圖》為嚆矢。《真靈位業圖》是依人間朝廷的組織，按仙家等級之尊卑，敘為七階，各有仙銜職稱，〈序〉說：「搜訪人綱，定朝班之品序；研綜天經，測真靈之階業。」這所謂人綱，就是人倫社會的組織結構。既然陶弘景能根據人綱，定仙家之朝班品序，張為又為什麼不能也據主客關係，列詩人之社會組織。㉖

宋呂本中《江西詩社宗派圖》，大抵也是類似這樣的工程，但它比主客圖複雜得多。楊萬里〈江西宗派詩序〉曾解釋它的名義，說：

> 大抵公侯之家有閥閱。豈惟公侯哉？詩家亦然。婁人子崛起委巷，一旦紆以銀黃，纓以端委，視之，言公侯也、貌公侯也。公侯則公侯乎爾，遇王謝子弟，公侯乎？江西之詩、世俗之作，知味者當能別之矣。——昔者詩人之詩，其來遙遙也。然唐云李杜，宋言蘇黃，將四家之外，舉無其人乎？門固有閥，業固有承也。

以詩家類擬於人群社會組織之公侯閥閱。詩的宗派，就像門閥宗族一樣，李杜蘇黃，猶如王謝高門，自與其他寒人流品不同。呂本中確實有這樣的宗族意識嗎？有的。《揮麈錄》卷二說：「本朝一家為宰執者，呂氏最盛。呂文穆相太宗，猶子文靖參真宗政事、相仁宗，文靖子惠穆為英宗副樞、為神宗樞使，次子正獻為神宗知樞、相哲宗，正獻孫舜徒為太上皇右丞。相繼執七朝政，真盛事也」，本中即好問子，喬木世家，蟬聯珪組，不僅蔚為中原文獻之所歸，自呂公著以下，被列入《宋元學案》的，就有七世二十二人之多，是宋朝最著名的望族。呂本中家世如此，又恰好碰上宗族意識勃興的時代，援用了宗族結構來討論詩人關係，毋寧是極為自然的。㉗

《江西詩社宗派圖》原圖當然已不可得見，但據《陵陽先生室中語》說：「宗派圖本作一卷，連書諸人姓字。後豐城邑官開石，遂如禪門宗派，高下分為數等，初不爾也」，《艇齋詩話》也說：「東萊作《江西宗派圖》，本無詮次，後人妄以為有高下，非也」，可見其圖應是仿宗族派分的結構而作。

族有所宗，宗黃山谷；族內有派，陳后山韓駒徐俯等二十五人，就是一宗所傳之派，支分派衍，其族即有此二十五派。故《童蒙詩訓》說：「近世欲學詩，則莫若先考江西諸派」。楊萬里又曾把這個圖，稱之為「譜」，大概也就是因為它類似一張詩人族譜吧！

譜裡所顯示的，是宗與派的關係，各派是平行的，不像父子祖孫有世次高下的縱行關係，所以說諸人排名本無高下。後人因對此圖之性質不甚了解，故或疑其「如佛氏傳心，推次甲乙」而於諸人排名高下，多所揣測；或謂派中人籍貫不一，不得同屬江西；或以為

二十五人同歸一派。其實都是誤解。㉘

我在《江西詩社宗派研究》中，曾舉出宋李元綱《聖門事業圖》、理宗淳祐五年曹士冕的《法帖譜系》和元吳鎮的《文湖州竹派》來說明。《文湖州竹派》也是一卷，也載有廿五人，畫竹皆宗文與可；也是連書諸人姓字而無世次關係。《法帖譜系》一卷，以淳化法帖為歷代法帖之祖，以澧陽帖、鼎帖、大觀太清樓帖、慶曆長沙帖、紹興監帖、絳本舊帖為派，繪之成圖，也與宗派圖相仿，只是多了派下的傳承而已。

呂本中的圖，今雖不可得見，但想來大體是差不多的。當時普遍運用這種宗族觀念來討論藝術、聯繫作家，恐怕跟社會宗族組織、族群意識都很有關係，像呂本中，除了以宗派聯屬詩人以外，也寫了《童蒙訓》三卷、《師友淵源錄》五卷。這淵源之義，即不同於鍾嶸。因前者有鼻祖雲礽、宗派源流之意，後者則僅如摯虞所謂「文章流別」耳。㉙所以前者可以有源流正不正的判斷，源流之正，即是正統。

不僅李元綱《聖門事業圖》曾以「傳道正統」論儒學傳承，文章正統、元祐正宗、傳詩正統之類講法，也都普遍見於當時文獻。㉚因此，《古今人表》和《詩品》之人物評價，是以三品區分等第，張為《主客圖》猶存其遺意。

到了宋朝，則不再是高下三品之分了，源流正不正才是第一考慮。源流不正，如行邪道，不見如來，永遠沒有希望。南宋詩論，普遍談到「識源流之正」「學詩者以識為主，入門須正，楊萬里也形容江西詩跟世俗之作是兩種異質的東西。這些都可能與宗族的嫡庶之分有關，與當時人禽之辨、聖凡只在一線之間的哲學，大概也有點關係。

（四）草澤英雄的美感

《江西詩社宗派圖》的複雜處，尚不止於此。因為它除了宗派義之外，還牽涉到一個詩社的觀念。

會社，是一種契約關係的擬宗族組織。結社本係盟會，故當時輒名詩社或詩人雅契為詩盟，如東坡〈答仲屯田〉詩：「千里詩盟忽重尋」、呂本中〈將發福唐〉詩：「相尋如有日，請盟吾此詩」、〈別後寄舍弟〉：「惟昔交朋聚，相期文字盟」、〈永州西亭〉：「說詩到雅頌，論文參誥盤，此樂固可樂，此盟安得寒」之類均是。

周必大〈跋楊廷秀贈族人復字道卿詩〉也說：「江西詩社，山谷實主夏盟，後四方人才如林。」所謂盟，據《禮記・曲禮》云，是殺生歃血誓於神。[31]宋人論詩盟，常徵引《左傳》哀公十二年「盟可尋也，亦可寒也」之說，顯然有意將詩人之集會結社，比擬於春秋的會盟。詩人的領袖，猶如春秋時主盟的霸王，故社頭又稱之為盟主。像周必大，既說山谷主盟江西，又說：「臨川自晏元獻公、王文公主文盟於本朝，由是詩人項背相望」（周益公集，平園續稿卷八跋撫州鄔虜詩），即是這樣的觀念。

詩社盟會，既是契約關係，必有「約」，田汝耔刻，月泉吟社詩，說當時吟社諸公「約盟揭賞」，即指其事。依月泉吟社的社課來看，最前面列「蒲陽盟詩潛齋吳渭清翁」及其徵詩之約，其次是「誓詩壇文」，再其次才是評詩標準。這大概是當日社集之通例。

其中，所謂誓詩壇文的壇，本是指祭神的地方，朝會盟誓等事，亦多設壇為之，故孔子過故杏壇，曰：「茲臧文仲盟誓之地也」（禮記・雜記）宋人既為詩會，自宜登壇誓盟。㉜

由《江西詩社宗派圖》到《乾嘉詩壇點將錄》，這是個關鍵。

《點將錄》並不起於乾嘉，明魏忠賢乾兒王紹徽曾以東林諸君子比擬梁山泊一百零八人，如稱李三才為東林開山元帥托塔天王、葉向高為總兵都頭領天魁星呼保義之類，造《東林點將錄》。其性質猶如元祐黨藉碑，以東林為盜魁也。㉝

至清中葉，「舒鐵雲孝廉、陳雲伯大令，當時與二三名下士，以遊戲三昧，效汝南月旦，取《水滸傳》中一百八人，或揄揚才能、或借喻情性，或由技藝切其人，或因姓氏聯其次」，撰成《乾嘉詩壇點將錄》。

此書作者署名鐵棒欒廷玉，一般認為即出自舒位（鐵雲）手。以沈德潛為托塔天王、袁枚為即時雨、畢沅為玉麒麟。比擬切人，頗為貼合，所以葉德輝重刊序說：「始一展讀，即足令人失笑。」㉞

然而，葉序一開頭就用了壇坫這個典，說：「當其時海宇承平，公卿縉紳各以壇坫主盟，迭執牛耳。」這跟舒氏自序相同，自序謂其書乃：「登壇而選將才。效東林姓氏之錄，演為江西宗派之圖。」後來論者也多從這裡發揮，如韓崇題詞：「江湖姓氏記傳聞，高築詞壇領冠軍」、程庭鷺詩：「從古文章有霸才，舊家壇坫孰雄恢」、藍居中詩：「兩朝誇月旦，壇坫耀星辰」……等。

表面上看，《點將錄》與《宗派圖》在形製上完全不同，但通過社集盟會這個觀念，

《點將錄》確實是《宗派圖》的延續。因為東林本來就是一個會社，其會約與月泉吟社盟約，正復相似。

而社會在宋朝，除了行商職業與宗教崇拜之社以外，也早就有了秘密結社，如《宋史》所載：「章丘民聚黨村落間，號霸王社」（曾鞏傳）「揚州群不逞，為俠閭里，號亡命社」（石公弼傳）。梁山泊，也可以看成是這樣一個社會。他們歃血盟誓，登壇聚義，與詩家之盟誓詩壇，實無不同。借相喻擬，誰曰不宜？

除了比擬之外，《點將錄》對每一人物也多少有點說明或評論。如智多星錢籜石，「遠而望之幽、修、漏，熟而視之瘦、透、皺，不知者曰老學究」，便深中肯綮。錢氏詩，用古文章法句調，古貌法言，世或目之為鄉愿體；作詩好掉書袋，與翁方綱同有學究之譏；然自有其皺瘦透者在。[35]這些評論，題為「玉爐三澗雪山房贊」，可能也是舒位的手筆。是研究清朝中葉詩人的主要材料。難怪葉德輝說此書：「固月旦之公評，抑亦文苑之別傳矣」！

然而，把詩人文士比為萑苻巨寇，畢竟仍是令人駭怪的。這其中當另有一觀念為之中介，那就是「英雄」。韓崇題詞曰：「試看漢上英雄記，即是江西宗派圖」、釋祖觀也說：「荒唐野史英雄記，標榜詞壇黨籍名」。點將錄「苦將一代芬芳蹟，譜入英雄草澤狂」（榑園先生題）。英雄，古無此詞，有之自漢末始。

《三國志・魏志・武帝紀》：「方今收英雄時也」、蜀志劉備傳：「天下英雄，惟使君與操耳」、《通鑑》獻帝建安十三年：「英雄無用武之地，故豫州遁逃至此」，王粲亦著有《漢末英雄傳》，而劉卲《人物志》則有〈英雄篇〉。說：

> 章之精秀者為英，獸之特群者為雄，故人之文武茂異，取名於此。是故聰明秀出謂之英，膽力過人謂之雄。此其大體之別名也。若校其分數，則牙則須。各以二分取彼一分，然後乃成。何以論其然?夫聰明者，英之分也，不得雄之膽，則說不行。膽力者，雄之分也，不得英之智，則事不立。英雄異名，然皆偏至之才，人臣之任也。故英可以為相，雄可以為將。若一人之身兼有英雄，則能長世。一人之身兼有英雄，乃能役英與雄；能役英與雄，故能成大業。

按《人物志・九徵篇》乃緒論，本論自《體別》迄《英雄》，以中庸兼至為貴，而以剛柔抗拘論偏材之體性，以人材之表現分別流業。流業有十二種，體性也有剛柔十二類，這十二類又可據智力文武區為英與雄兩種偏至之才。若兼英雄之才，則應即是他所說中庸的聖人了。[36]

這是劉卲的看法。但脫離了才性論，英雄這一觀念仍自有其意義。凡能表現一英氣之風姿風力者皆可名為英雄，如宋蘇丕試禮部不中，即拂衣去，曰：「此中最易短英雄之氣。」這種英雄人物，以其氣力英姿，亦輒能表現一美感。草澤英豪與文章秀士，雖文武殊途；然其飆舉英發，同具一奮然崛起、相向爭鋒的雄傑之美，則無不同。舒位自序和各家題詞，都用筆「陣」詞「鋒」來譬況文事，甚至說「作詩如作賊，橫絕方能躋險絕」，就是特意指出這種創造性的氣魄大力，常能突越格套，而顯一剽悍雄恣之美。㊲這一美感，與壇坫選將這個意象，亦相符合。故後人對《東林點將錄》並無好感，對《乾嘉詩壇點將錄》則頗能接受，且迭有仿作。㊳

（五）藝術人格的掌握與整體詩壇的觀點

從《詩品》《主客圖》《宗派圖》到《點將錄》，逐漸形成了一個明確的評騭傳統，那就是：它們各用不同的形製，逐步建立了一個以作者論為主的風格論批評，並擬構了作家之間的威權關係。

所謂風格，一是作者個性才情所展現的生命之姿，一是作品文辭所表現的藝術之姿，兩者相互涵融而構成的完整形象。注意前者，當使風格論者重於文氣；注意後者，則易使研究者趨於文體文類之探究。中國文評，自《典論論文》以來，顯然即有鮮明的文氣論傾向，以作家為主的批評觀點成為傳統批評的主流。與西方自亞里斯多德以降的詩學傳統，側重作品分析之批評觀點，相映成趣。㊴人物志的文評，讓我們更強而有力地證明了這一點。

但是，這裡仍然有兩個問題。第一，中國的風格論並不僅表現為文氣一路，若以《詩品》為一典範的話，司空圖的《詩品》便剛好代表了另一種典型，它完全不涉及作者，只純作風格的分品區分。

六朝才性論緣情感物的詩觀，到了六朝末期和唐朝，似乎也正遭到了另一股力量的挑戰與平衡，像永明體以迄唐人詩格詩例句圖一類東西，即是注重作品形製之語言規範面和風格表現面的探討，不太過問作者的才性，亦不以作者為品鑒的對象，所品者只在於詩。郭紹虞曾說鍾嶸《詩品》「晦於宋以前而顯於明以後」，晦於宋以前的原因，可能就在於此。㊵

但第二，雖然有這兩條路線的爭衡，鍾嶸《詩品》終於顯於宋明以後，中國文評終於仍以作家為主，這就不僅是文氣論傳統所能解釋的了。可能的原因，是唐宋興起的理學，使文學批評再次著重於個體生命人格的掌握，將對作品外形結構上的辨識和討論，拉回到創作主體的了悟上。理學固然以道德人格之建立為主，但主體性的強調，的確會使得文學批評在審美意識的發展中，直接就作者人格的整體來了解。《江西詩社宗派圖》的作者呂本中是位理學家，《乾嘉詩壇點將錄》的直接仿擬對象，也恰好是《東林點將錄》，均替這一現象作了個有趣的注腳。㊶

依這樣的理解，我們當然會發現六朝與唐宋之後，雖然都講主體，都認為風格即是人格，但唐宋以後並不從才性主體上去說作者之創作風格，因此《詩品》與《主客圖》《宗派圖》《點將錄》均不相同。然而，這些人物品評，卻共同表現了它們特殊的評鑒方式，這種特殊，一是評鑒的語言，一是評鑒的形式架構。

鍾嶸《詩品》以具體意象擬喻作品風格的辦法，一直發展到《點將錄》中得到進一步的推闡。《點將錄》以九紋龍、美髯公、花和尚等小說人物來類擬詩人時，其本身便是一種擬象批評；我們對嚴學淦、姚椿、洪亮吉的了解，全靠我們對《水滸》人物九紋龍等人的了解。而這些人，又不是自然人，乃是小說藝術世界中創造的「典型」。

這些典型，若依康德在「崇高的分析」中所說，從藝術創造上看，乃是天才以其創造性、想像力表達的「審美的意象」。所謂審美的意象，為理性觀念的感性形象。就其為感性形象來說，它是個別的、具體的；就其顯現出理性觀念來說，它卻有著普遍性與高度概括性。其中如花和尚或行者武松，更為「一種理性觀念的最完滿的感性形象顯現」。以致我們想到某種剛直或莽撞時，腦海中便常浮現出武松和魯智深的形象。

而這個別具體的形象，所表達的，其實也很難明言，因為那包含了理性觀念內容（**如剛直或莽撞**）以及其可能引起之無數有關的思致，故它不是邏輯概念，只是以有盡之言，達無窮之意。靠著讀者的共同感覺力，在每個人心中憑自己的想像力來顯現這一觀念或意象。㊷現在，《點將錄》的作者，再用這些審美意象，作為擬喻。這事實上是比用自然景物作意象化喻示，如鍾嶸之所為者更加複雜，且也更純粹地使這種批評成為美感的品鑒。㊸

同時，由於審美意象的高度概括性，使得它可以重複運用以批評另一批人，如乾嘉點將，以趙翼為天猛星霹靂火秦明，光宣點將則以范當世；乾嘉以洪稚存為魯智深，光宣則以金和；乾嘉以黃仲則為武松，光宣則以黃遵憲。人不同、詩不同，然細細味之，確又皆有其似秦明魯智深與武松者在。早期如鍾嶸式的擬象批評法，便不能如此，我們不能說謝靈運如芙蓉出水，李白或其他人亦如芙蓉出水，否則「芙蓉出水」一辭即成濫套，喪失了風格描述意義。

其次，在這高度概括的審美意象運用中，《點將錄》的贊辭，仍是非邏輯概念的指述。贊之以歌謠、申之以詠嘆，而不使用說明清晰的概念語句。如托塔天王沈歸愚，「贊曰：衛武公、文中子、風雅有篇，隋唐無史。然而築黃金臺以延士者，則必請自隗始也。吁嗟乎！東溪村、曾頭市。」；沒遮攔許周生，「結客少年場，春風滿路香」；急先鋒周雲，「長槍大戟，震動一切。」贊語若指水滸中人、若指所擬詩家，語意兩可，並不直說許宗彥為如何人、何以似沒遮攔。而結客少年場，春風滿路香云云，亦仍為意象化喻示，有呼喚讀者之美感，以對其詩風作一整體性感受的作用，卻不能明示一客觀概念與分析。

這樣的批評方式，恐怕跟是人物品鑒所含「全幅人性之了悟」的性質正相配合的。審美意象，以有盡表達無盡，藉用擬譬之以迂迴間接地走向整體的掌握，均顯現了這類批評是穿透了言意之辨，緊扣住審美判斷的特性，以掌握全幅藝術人格。依其不明確、不曾通過論證的規定來說，它是主觀的；但依其以人類共同感覺力為根據說，則它又是客觀的。鍾嶸相信「詩之為技，較爾可知」、藍居中明言「茍能深悉錄中人顛末者，讀之未有不擊節失笑也」（點將錄抄訖後記），大抵即是這個道理。

而且，更詭異的，是經由這種最高度的不確定的理性概念，意建構出明確的、穩定的詩人關係圖表來。

圖表的形式，無論是近乎九品裁官、類同賓主門客、擬於宗族社群、或為英雄榜譜，均使風格與風格間的關係，形成了一種恍若社會組織的結構。而這個結構，事實上就是以審美判斷構築的詩人國度，因為無論《詩品》《主客圖》《宗派圖》和《點將錄》，都是總包綜攝的，而不只是分類區劃地指當時某一小部分詩人。

換句話說，除了它們所顯示的國家秩序外，並無與它相對的另一個國家在。在這國家裡，詩人以其詩，成就他的威權地位，某也升堂、某也入室、某也為宗、某也為派、某為掌管詩壇錢糧頭領、某為步軍衝鋒挑戰正頭領，一一秩列，若不可易。㊹

這文學權威的形成，本身即來自我們對文學現象的理解，總是要嘗試在紛紜複雜的文學狀況中，以某一種有系統的組織方式、以知識的綜攝，排比出一個足以理解及掌握的秩序，來顯示我們的價值判斷與經驗認知。因此，審美判斷固然是主觀的，卻由此外現為一客觀化的活動，而又在客觀之中包蘊了主觀。

不只此也，作者在行使其審美判斷、或構築他心目中詩人風格間的秩序時，他的秩序感，通常與他所存身的社會結構密不可分。那個實際規範著人際關係的社會制度與組織結構，可能跟他的秩序感有著共同的理念根源，也可能是他感受到秩序的最直接對象或來源。《詩品》之與九品官人法、《主客圖》之與唐代主客關係，《宗派圖》之與族群意識及宗族會社組織，無不可以具體地看出這樣的關係。《點將錄》所擬譬的，雖然不是實際的社會結構，卻是個更典型的山寨組織，是組織更為嚴密的秘密社會。

這一點，或許是討論此類批評時，另一個值得注意的有趣問題。因為在主客辯證的一體性之外，它同時指向創作者在社會結構（**Social Context，指討論文學的方式如何受到社會之制約**）上的地位，以及彼此所構成的一體性，顯示了作者個性與社會性的統一。而且，比較這些形式架構，我們當可發現；在這裡面，詩人之間是從上中下三品的價值判斷，逐漸演變成主賓門客、宗派承衍的關係，再變到統領從屬的關係。權威的關係逐步明確而嚴格了。這到底是文學世界中權威形成之必然趨勢，還是作者們受到現實政治環境之演變的結果，恐怕也是個值得探究的問題。

不過，從批評法則上來看，由《詩品》到《點將錄》可能是有點必然性的。《詩品》中已有升堂入室的階序地位之分，也有體源論的探索，以規定詩人間縱的關係。這樣的做法，與《主客圖》已甚接近。而《宗派圖》論源流，不採河水分流之義，而用血統宗派義，遂使所謂體源論變成了文統論，在文學的世界中，乃有「統一王之法」的正宗正統涵義。統領之權威與統屬的關係，事實上業已具備，《點將錄》因之而有什麼「詩壇都頭領」「掌管詩壇頭領」「參贊詩壇頭領」，實不足為奇。

因此，總結來說，由《詩品》到《點將錄》，其特異的批評方式，是在中國哲學與社會發展中形成的。它一方面強烈顯現了我們對藝術世界中個體生命人格的關注，一方面也展露了我們對藝術世界之體制組織的思考，以及對作者價值評估問題的重視，達成了主觀與客觀、批評者個體性與社會性的一體統合，以照看整體風格、整個詩壇。

這種批評方法，在其他藝術門類中，也所在多有，如《書估》《棋品》《畫品》《文湖州竹派》《法帖譜系》之類均是，只不過不像論詩時這麼集中罷了。因此它大概也可以看成是中國藝術批評的基本理則之一。但我們今天來討論它，似乎更要想想：才性論和統宗一元論的哲學、親族意識和權威統領意識，可能都已不再適用或存在於今日矣；今日之為文學批評時，可能發展出什麼樣的批評架構？

注釋

①參看唐君毅《中國哲學原論・原性篇》頁一二二～一二三，新亞研究所印行。顏承繁〈人物志在人性學上之價值〉（六七・師大國研所碩士論文）頁十六、賈元圓〈六朝人物品鑒與文學批評〉（七四・東吳中研所碩士論文）均承唐氏說。但以董仲舒之人性理論，是從為政施教的立場而來，受儒者傳統的設官分職態度所影響。這當然是不對的。儒家的人性論，並不只為完成禮化政制、設官分職的目標，先秦不是，漢朝也不是。

②從前的研究者並未注意到班固的人性論立場，所以多以為〈古今人表〉是針對歷史人物之行為表現予以歸納，討論的是現象世界層面的善惡、及人物之歷史評價。其實班固所論乃人之才性問題。

③楊慎就是因為不了解這個道理，所以批評班固「作《漢書》記漢事也。上古群佐，非劉氏之臣，乃總古今以作人表，既以乖名，復自亂其體，名義謬矣。」（古今人表論・古今文鈔卷四・論辯類）

④見牟宗三《才性與玄理》（六九・學生）第二章。

⑤《人物志・材理篇》：「天地氣化，盈虛損益，道之理也」，即氣即道，即道即理。又〈九徵篇〉：「凡有血氣者，莫不含元一以為質，稟陰陽以立性，體五行而著行」。依氣化之理而言，不能說順氣言性即無道德義、只是材質主義（Materialism），只是經驗的實然的。牟宗三一定要把「元一」解釋為「普遍的質素底子」，實在甚為牽強。《才性與玄理》頁四九云：「此元一非後來朱子所謂太極，蓋朱子言太極是理，而此元一當是氣是質」，不但沒有正視劉邵所說「道之理」的問題，也不曉得漢末人亦嘗言太極之理。李日華《紫桃軒雜綴》卷三載：「太極之理，人知本於易，而發明於周元公，以為元公之說與伏羲畫卦同功。然考東漢張遐則已先之矣。遐字子遠，餘干人，嘗侍其師徐穉，過陳蕃。時郭泰、吳炳在座。穉曰：此張遐

也，知易義。蕃問。遐對曰：易無定體，強名曰太極。太者至大之謂，極者至要之謂。蓋言以理至大至要，在混沌之中，一動而生陰陽。陰陽者氣也，所謂理生氣，而氣寓夫理者是也。蕃顧炳曰：若何？炳良久曰：遐得之矣。觀遐之言甚精切，不曰動生陽、靜生陰，而無一動而生陰陽，更自有理會處。宋人好抹殺前古，而伸以所宗，若此類者，不能不為指出」。遐嘗著《太極說》及《五經通義》，諸葛瞻、陸遜都是他的門人，劉邵對其言論亦不陌生，我們能說漢人之氣化宇宙論並未於氣化流行處提出一創造性原理嗎？

⑥《書・洪範》疏：「天深定下民，與之五常之性」、《甘誓》疏：「五行在人為仁義禮智信」。

⑦顏承繁說《古今人表》是在善惡觀念下，就人之才德表現及其對社會政治之功用價值來定人的品類。誤。

⑧這個問題當注意湯用彤〈讀人物志〉一文，及呂思勉〈燕石札記〉中討論的魏晉法術之學（商務、頁一三二～一四三，又收入《讀史札記》）與考績人才辨法（讀史札記，頁八三八～八五三）。

⑨所謂美學境界的品題並未真正展開，是說當時品題人物，雖多美學藝術境界之趣味與用語，但基本上，並不能脫離其門閥品第的社會結構，來獨立地對人物作一品題；又不能真正評論才性，而不涉及任事職官之考慮。因此其品題人物，於理論層面固然才性名理，談之甚玄；可是針對人物的品評，卻多半仍從「流品」上說。如《人物志・流業篇》謂人流之業十有二類：有清節家、法家、術家、國體、器能、臧否、估倆、智慧、文章、儒學、口辯、雄傑；傅玄品才也分為九類：德行、理才、政才、學才、武才、農才、工才、商才、辨才；這與《世說》分為德行、言語、政事、文學、方正、雅量、夙慧、豪爽、巧藝、任誕、儉嗇……各類一樣，既不是賞鑒人物外顯的神采風姿，也不是徵驗人物內蘊的情性，而是類別才能之所宜。這樣的品人方式，除此而外，如陸景《典語》、石崇《許巢論》等，亦往往如此。所以我們並不以為在對人的品評方面，美學藝術境界的品題業已真正展開，此中仍然夾纏甚多。

⑩見《漢書・古今人表》序顏師古注引張晏語。

⑪包括我在寫《江西詩社宗派研究》時，亦含糊略過，未及注意。廖蔚卿《六朝文論》頁二五

四，則說九品論人之出處有二，一是〈古今人表〉、一是九品官人法。其實鍾嶸在此並未涉及九品中正制度的問題。又，各家注解，於「校以賓實，誠多未植」，皆僅引《莊子．逍遙遊》「名者實之賓」語，而未想到這跟漢魏之際形名綜覈賓實的學問有關，可能是造成此句不得確解的主要原因。另參註15。

⑫見前引廖蔚卿書，頁二五四～二五五。

⑬序：「詞既失高，則宜加事義，雖謝天才，且表學問。」天才一辭，六朝人屢言之，如《顏氏家訓．文章篇》：「必乏天才，勿強操筆」，即其一例。

⑭當時如魏五斗米教經典《正一法文天師戒科經》說人可因所修功德之厚薄，而成上中下三品神仙；上清派經典《紫陽真人內傳》也分藥有數種、仙有數品；《抱朴子》所引古道經及《上清觀天經》之類，也有三品神仙之說。這都是把神仙世界自成一類，故有仙品。藝術之自成一世界，亦類乎此。

⑮《文心雕龍．總術篇》也用弈棋論文學創作。似乎棋是當時討論藝術者所認為的藝術標準型。其所以如此，班固說得很好：「夫博懸於投，不專在行，優者有不遇，劣者有僥倖，跟拿相凌、氣勢力爭，雖有雌雄，未足以為平也。至於弈則不；高下相推，人有等級，若孔氏之門，回賜相服；循名責實，謀以計策，若唐虞之朝，考功黜陟」（弈旨），這段話，就是鍾嶸《詩品．序》的注腳。另參註11。

⑯《書品》的問題，詳龔鵬程〈書品：書法藝術的品鑑〉（《文化文學與美學》．七六．時報）。

⑰參看顏崑陽〈論魏晉南北朝文質觀念及其所衍生諸問題〉（古典文學．七六．學生）第四節。

⑱這可以從他論陶淵明處見之。卷中雖云「每觀其文，想見人德」，卻仍說「世嘆其質直」。因為陶詩文體省淨，殆無長語。至於說陶「篤意真古」，也不是從他自號羲皇上人的胸襟志意那一方面說，而應是如他評應璩所云：「善作古語，指事殷勤，雅意深篤」，所以下文接著說陶「辭興婉愜」，並以陶詩源出應璩。

⑲《詩品》論才，不指天生質性，而指作詩的能力，如卷下云：「惠休淫靡，情過其才」，才即專指文才而言，故序又云：「嶸今所錄，凡百二十人，預此宗流者，便稱才子」。

⑳當然《詩品》中也有偶爾會有不純粹處，例如卷上評謝靈運：「其源出於陳思，雜有景陽之體，故尚巧似，而逸蕩過之，頗以繁蕪為累」，是由文體源流上說其繁富的原因，但下文又說：「嶸謂若人興多才高，寓目輒書，內無乏思，外無遺物，其繁富宜哉」，則又是從人之體性來解釋了。但大體看來，鍾嶸仍以文體風格之討論為主，如卷中謂沈約「詳其文體，察其餘論，固知憲章鮑明遠也，所以不閑於經綸，而長於清怨」，此即不從體性上說也。這個立場，可能也影響到他對文質問題的討論。

㉑參看龔鵬程〈論詩文之法〉（註十六所引書）第三節第一項。

㉒社會階層化，參看《雲五社會科學大辭典・社會學》（商務）頁一〇三「社會階層化」條。

㉓鍾嶸論體，皆指文體，如云曹丕「頗有仲宣之體則」、張華「其體華艷」、張協「文體華淨」、郭璞「憲章潘岳，文體相輝」、袁宏「雖文體未遒，而鮮明緊健」，皆就文字表現之體貌而說，不涉及內容問題。雅怨之情才指內容，如論班婕妤「怨深文綺」左思「文典以怨」等均是。

㉔鍾嶸說王粲「文秀而質羸，在曹劉之間，別構一體」、陸機「尚規矩、貴綺錯，有傷直致之奇（按：貴上有不字，疑衍）」，文多質少；謂劉楨「氣過其文，雕潤恨少」、陶潛「文質省淨，殆無長語。世嘆其質直」，質多文少。文質皆就其藝術形相的語言表現而說。且凡偏於質直者，多以古形容之，如「曹公古直」、「元瑜堅石七君詩，並平典、不失古體」、「張景雲雖謝文體，頗有古意」、「欣泰子真，並希古勝文」，文質之辨，似即有古今之爭，而鍾嶸云「體被文質」者，亦意在辯證融合此一問題歟？——六朝崇古趨新與文質的爭論，詳注16引顏崑陽文，但顏文未論及鍾嶸，是一缺漏。而廖蔚卿說「體被文質」是指內容與形式調和，文指文飾、質謂感情意象，則大謬矣。（見《六朝文論》頁二六七）

㉕羅根澤曾批評它：「孟雲卿可以高古奧逸主，而韋應物反算是他的上入室，李賀杜牧更只算是他的入室弟子。不惟高下倒置、亦且時代倒置」（晚唐五代文學批評史、第四章）（七二・文史哲），就是不明白它的性質所致。

㉖以上俱詳龔鵬程《江西詩社宗派研究》第四卷第二章。又王夢鷗有〈唐「詩人主客圖」試析〉

（傳統文學論衡·七六·時報·頁二〇四～二一五）可參看。

㉗宋代宗族意識勃興，詳龔鵬程〈唐宋族譜之變遷〉〈宋代的族譜與理學〉（均收入《思想與文化》、七五·業強）二文及《江西詩社宗派研究》頁二一五～二二〇。

㉘詳註25所引書，頁二六四～二七九。又、謝思煒《呂本中與江西宗派圖》（文學遺產，一九八五、三）一文，引孫覿〈與曾端伯書〉謂徐師川嘗詬罵呂舜徒，故居仁撰圖，貶之於祖可如璧下。亦是誤解宗派圖體制之例，故謝氏謂其說尤為荒謬，是也。然謝氏又將宗派圖斷於政和元年左右作，云其圖乃政和間，欲標榜正人端士以與紹述集團對抗而作者。此甚不然。洪芻「縱慾忘君，所謂悖逆穢惡，有不可言者」（朱文公集卷八一），徐俯晚年藉閹寺以進身，「倒行逆施」（堯山堂外紀），都未見得即是端士。且謝氏誤讀孫覿文，謂宗派圖於建炎中即已流行。其實孫氏是說：「元祐中豫章黃魯直獨以詩鳴。至靖康建炎間，魯直之甥徐師川、二洪駒父玉父皆以詩人進居從官大臣之列，一時學士向慕，作為江西宗派」，殊難據以作證宗派圖於建炎間已流行，況謝氏又上推至政和元年耶！

㉙宋人論詩派，亦有用源流之義者，如狄遵度即是，詳注25所引書，頁十二。後人對江西詩社宗派，也常用這種意義去理解，所以誤把宗派看成是水流之一派。如清張泰來〈江西詩社宗派圖錄跋〉：「詩派，人之性情也，性情不殊，繫乎風土，而支派或分，十五國而下概可知矣。譬之水然，水雖一，其源流固自不同，江淮河漢皆派也，若捨派而言水，是鑿井得泉而曰水盡在是」、宋犖〈序〉：「四瀆百川之既分，分而溢，溢而溯其所由出，然後稱派以別之。派者，蓋一流之餘也。居仁之名山谷，殆以一流小之，非尊之也」，都持這種看法，當然不能得江西之真相了。

㉚詳註25所引書，頁四、二二七～二三四、三二七，《思想與文化》頁三〇〇，文訊月刊廿三期頁三四一「正宗」（文學術語辭典）。

㉛不歃血為誓、歃血為盟，詳章太炎《膏蘭室札記》頁三八。

㉜以上俱詳《江西詩社宗派研究》，頁九五～一〇三、二二一～二二七。又杜牧〈贈趙嘏詩〉即已有「今代風騷將，誰登李杜壇」之句，引見《唐詩記事》卷五六。

㉝《東林點將錄》傳本甚雜，作者亦多異說，詳朱倓〈東林點將錄考異〉（文史學研究所月刊第二卷第一期）。

㉞乾嘉詩壇點將錄，舒位集中不載，傳本亦多不同。葉德輝曾重刊同治己巳巾箱本，又重刻武進莊氏舊藏足本，並予補訂考證之，輯入《雙楳景闇》書。

㉟詳錢鍾書《談藝錄新編》頁一七五～一九五。

㊱牟宗三《才性與玄理》謂劉邵從才性來了解聖人，不知聖人是德性人格的成就，不是才性人格的代表，故對聖人不能有相應的理解（頁六〇），甚是。但他批評《人物志》能以專章論英雄，卻不能以專章論聖人，則顯然不了解在劉邵的系統中，英雄與聖人非二事也，本不可能在〈英雄章〉之外另闢〈聖人章〉。

㊲以偷盜喻詩之創作，早見於釋皎然《詩式》。

㊳汪辟疆有《光宣詩壇點將錄》，高拜石有斠注本，輯入《古春風樓瑣記》；傳聞香港亦有人撰《民國詩壇點將錄》，未見。

㊴參見蔡英俊〈六朝風格論之理論與實踐〉（七三・臺大中研所碩士論文）第一章。

㊵六朝迄唐對詩歌創作法則體制的討論，及其與六朝緣情詩觀的關係，詳龔鵬程《論詩文之法》（古典文學第九集，收入註16引書）。

㊶江西詩社宗派與宋代理學的關係，詳註25所引書，第四項第二章。

㊷詳見朱光潛《西方美學史》第十二章第二節第四項：美的理想審美的意象──典型問題。這裡所使用的理性一辭，當然沒有康德那麼嚴格。

㊸意象化喻示及擬象批評法，詳見註36引蔡英俊書，第三章第四節；廖棟樑〈論鍾嶸的形象批評〉（古典文學第八集）。這種批評法，論者多訾其含糊，但蔡英俊指出藝術鑑賞的主觀性本質，與康德《判斷力批判》言鑑賞原理是判斷力一般的主觀原理（上卷第卅五節），當能讓人重新思考此一問題。

㊹詩人的權威，詳註20引龔鵬程文。

五　清代的俠義小說

（一）說「逆流」

清代俠義小說，狹義地說，只指那些在書名上標明為俠義的小說，如七俠五義之屬。廣義地看，卻應包含清朝所有涉及武俠的作品，如魯迅即曾將文康的《兒女英雄傳》視為俠義小說。我們認為後者這樣的做法，比較恰當。因為兒女英雄類小說之中，也有《俠義風月傳》、《俠義佳人》、《義勇四俠》、《閨英傳》等書，理應合併討論。①

但不管如何，清代俠義小說在小說史上的評價一直不很高，雖然它們影響深遠、風靡社會，甚至與戲曲、電影關係複雜，評論者仍然認為它們意識陳腐、語言粗糙，非優良之文學作品。例如范煙橋《中國小說史說施公案》「庸陋」，又說《彭公案》續集「凌亂雜湊，不可卒讀」。孟瑤也說：「所謂俠義小說這一流派，除小部分經過文人的潤飾，而產生了文學價值以外，其餘都是品質低劣的東西」。②到葉洪生編《近代中國武俠小說名著大系》時，便直接斥之為中國武俠文學的「逆流」了。

惡詬之來，自有其理由。一般的看法，是清代俠義小說的主題意識有問題。那裡面不再是抗暴起義的英雄，替天行道；反而是為官府奔走，以「肅清奸邪」為職志的侍衛。它所表現的，也不再是脫於禮法皇綱之外的強人社會，反而是個名教森嚴的世界。所以，當女俠十三妹轉變成一位想著五花封誥的官太太時，我們便覺得此類小說似乎已經背離了俠客的精神。

在葉洪生所編大系的序文中，陳曉林就說得很清楚：俠出於偉大的同情，武俠小說所強調的精神，基本上是一種同不公道的命運或體制抗爭的精神，所以能廣受民間歡迎；而清代的俠義公案小說，卻並不向體制爭抗，反而「常以表彰朝廷武功、削平草莽流寇為內容主旨」，故清之俠義小說，實已離了原始遊俠精神。葉洪生則指出：俠義公案小說，「命意所指，莫非忠於朝廷、效力官府。凡此恰與替天行道的古遊俠精神相反。這自是滿清的懷柔政策成功，而漢人民族意識衰落的象徵。」③

的確，從清代早期《俠義風月傳》中所謂：「恩愛反成俠義，風流化作綱常」（第五回）；到清末《七劍十三俠》裡，描述諸飛仙劍俠們一齊下跪，口稱：「臣等乃世外閒民，特來見駕，願吾皇萬歲萬萬歲」（一七九回）云云，都頗令受過五四新文化運動洗禮的現代文學批評家們惱火。所以葉洪生說清代俠義小說，乃「俠道精神之中衰與扭曲」。

孟瑤則批評《兒女英雄傳》致命的失敗，「是作者思想的陳腐，從而影響到主題意識的正確」「於是全書泛濫著一股令人難耐的酸腐氣。」她又說：清代俠義小說，「初期的作品都是由盜而俠，然後幫助一位清官辦理奇案、打盡人間的抱不平，其精神還是可尊敬的。從施公案以後，則越來越接近於過分地歌功頌德，所謂英雄豪傑者，不過高級奴才而已。」

為什麼會產生這種現象呢？魯迅曾解釋說：

清初，流寇悉平，遺民未忘舊君，遂漸念草澤英雄之為明宣力者，故陳忱後《水滸傳》云云。歷康熙至乾隆，百三十餘年，威力廣被，人民懾服，即士人亦無二心，故道光時俞萬春作結《水滸傳》，則使一百八人無一倖免。然此尚為僚佐之見也。《三俠五義》為市井細民寫心，乃似較有水滸餘韻；然亦僅其外貌，而非精神，時去明亡已久遠，說書之地又為北京，其先又屢平內亂，遊民輒以從軍得功名，歸耀其鄉里，亦甚動野人歆羨。故凡俠義小說中之英雄，在民間每極粗豪，大有綠林結習；而終必為一大僚隸卒，供使令奔走以為寵榮。此蓋非心悅誠服，樂為臣僕之時不辦也。④

其後范煙橋又加上「文網嚴密」說，以為「清代武功彪炳，而又文網嚴密，故盜賊忠義之說，已不見容於社會，乃有俠義小說」。相反地，葉洪生則認為是清朝懷柔政策成功，故漢人民族意識衰落；只有到晚清鴉片戰爭以後才會興發振奮，故俠義公案式微而新武俠小說興起。

以上這些批評與解釋，均能言之成理，持之似亦有故。顯然，論者是以「反抗者」來概括清朝以前的俠，而以抗議精神作為俠義傳統，認為諸如水滸傳之類小說，即體現此一精神者。而清朝俠義小說，雖以俠義為名，卻貌似神離，令人失望。為了說明清代俠義小說為什麼會形成這樣「怪異」的現象，他們乃不得不尋找各種理由，予以說明。

然而，這些說明多半是不成立的。

例如魯迅說清初遺老頗念草澤英雄，故陳忱作後水滸；其後則人無二心，乃有結水滸一書。但後水滸到底有多少代表性呢？清初如《好逑傳》就已經充滿了名教觀念，與道光中定稿、光緒中出世的《兒女英雄傳》一類作品，主題意識並無不同。⑤而金聖歎批的《水滸傳》，固然完成付刊於崇禎末年，但又過了二十一年他才去世，死在順治崩、康熙即位那一年，未嘗不是明之遺民，未嘗不能代表清朝初年人對水滸傳的看法。可是他對水滸的批評，難道不是跟俞萬春的結水滸一樣，讓一百零八好漢都無一倖免嗎？

魯迅說《三俠五義》係石玉崑在北京說唱，天子腳下說書，內容自然不可能有造反抗暴的意味，而只能成為替皇室奔走的英雄贊頌（**石玉崑本是禮王府的說書人，見《老書館見聞瑣記》，他說唱龍圖公案的情況，詳周純一〈包龍圖在北方鼓書中的文學意義〉，民國八十一年《古典文學》十三集**）。

但是，《綠牡丹》之說書盛於揚州、《群英傑繡球緣》刊於廣東、《蕩寇志》刊於南京、《續施公案》刻於上海、《七劍十三俠》為姑蘇人編，改訂《七俠五義》的俞樾，當時也寓居吳門，《續施公案》書前文光主人序文更是聲明：「《施公案》一書，久已海內風行，南北書肆，各有翻刻」，則這是當時普遍的意識，還是說書之地近在北京使然，豈不甚為明顯？

另外，范煙橋說清朝文網密察，故盜俠忠義云者不能見容於社會。然文網之密，無過乾雍二朝，道咸以後漸疏，何以文網漸疏之後，亦無忠義俠風？且漢人的民族意識勃興於光緒朝，可是這些被斥為無抗爭意識的俠義小說也正大盛於此時，如《兒女英雄傳》於光緒間面世。《續兒女英雄傳》刊於光緒廿四年、《蘭花夢傳奇》刊於光緒三十一年、《義勇四俠閨英傳》刊於光緒廿六年、《小五義傳》刊於光緒十六年，《永慶昇平前傳》刊於光緒十八年、《仙俠五花劍》則根本就刻於宣統二年，怎麼能說這是避文字獄的緣故呢？

至於葉洪生說，民國初年之武俠文學因激於時代之鉅變，故肯定亂自上生，要替天行道，起而爭抗革命，因而復興了已被清代俠義小說扭曲的俠義精神，恐怕也大可商榷。因為民初與平江不肖生齊名的《趙煥亭奇俠精忠傳》，仍是「取有清乾嘉間苗亂、回亂、教匪亂各事，以兩楊侯、劉方伯等為之幹，而附以當時草澤之奇人劍客」，為清朝大僚奔走盡忠。

後來鄭證因寫《鷹爪王》，在故事結尾的七二回淨業山莊困群雄，鐵蓑顯身手裡，讓鷹爪王說：「民子王道隆叩謝大人天恩」、又讓鐵蓑道人表演威震天下的雷音劍法給幫帶官兵觀賞。這跟清代俠義小說又有什麼區別？難道這時仍有文網，仍有清朝懷柔政策嗎？諸如此等問題，在在顯示了批評家只以簡單的邏輯扣到清代俠義小說頭上，遂不免處處隔也。

（二）論「忠義」

魯迅說清代俠義小說喪失了水滸傳的精神。那麼，水滸的精神是什麼呢？簡單地說，就是「官逼民反」，依五四時期人的看法。而清代俠義小說的發展，卻剛好是循著對這所謂「水滸精神」的反省而來。

水滸一書，大行於晚明。晚明人論水滸，自以李卓吾為巨擘，他拈出「忠義」二字，來概括水滸的精神。李卓吾先生批評《忠義水滸傳》序云：「水滸傳者，發憤之所作也。敢問洩憤者誰乎？則前日嘯聚水滸之強人也。欲不謂之忠義不可也。水滸之眾，皆大力大賢有忠有義之人。」認為水滸強人為忠義之人，寫此書的施耐庵等也心存忠義；且其所以敘述這個強人故事，乃是為了洩憤。

這真可謂夫子自道了，因為懷林在批評《水滸傳》述語中即曾指出：「蓋和尚一肚皮不合時宜，而獨《水滸傳》足以發抒其憤懣，故評之為尤詳」。

但不管如何，李卓吾這個忠義說，影響深遠。如袁無涯忠義水滸全書發凡、大滌餘人〈刻忠義水滸傳緣起〉等，皆採用其忠義說，謂水滸強人所殺者，皆不忠不義之人。

為什麼李卓吾這一種個人偏宕的洩憤言論，竟能引起這麼多的回響呢？這當然就涉及了他們言說環境的時代問題了。一方面國事蜩螗，有心人不免誦秋風而思猛士，如鍾惺

〈水滸傳序〉就說：「噫！世無李逵吳用，今哈赤猖獗遼東，每誦秋風思猛士，為之狂呼叫絕。安得張、韓、岳、劉五六輩，掃清遼蜀妖氛，剪滅此而後朝食也。」另一方面，晚明社會風氣惡劣，士林虛矯之習氣，業已令人無法忍受；水泊山寨中那原始生命力的發舒，遂成了人們另一種嚮往。

如五湖老人《忠義水滸全傳》序說：「試稽施羅兩君所著，以較今之偽道學、假名士、虛節俠，妝丑抹淨，不羞暮夜泣而甘東郭饜者，萬萬迥別，而謂此輩可易及乎？茲余於梁山公明等，不勝神往其血性，總血性發忠義事，而其人足不朽。今天下何人不擬道學、不扮名士、不矜節俠？久之而借排解以潤私橐、逞羽翼以翦善類，買有司惑其公道，仁鄉友信其義舉，茫茫世界，竟成極齷齪極污蔑乾坤，此輩血性何往？而忠義何歸？」言之至為痛切。所以崇禎年間即有將《三國演義》與水滸合刻為英雄譜者。稱其為英雄，就是欣賞其有血性有真情：「凡稱丈夫，各有鬚眉；誰是男子，不具血性？」（熊飛・英雄譜・弁言）

在這種情況下，水滸之被稱為忠義，可謂理所固然。但我們當注意，即使如此，他們也並不是主張造反有理，亂既由上作，英雄自可替天行道的。他們的重點在於招安。如李卓吾說：「宋公明者，身居水滸之中，心在朝廷之上，一意招安，專圖報國，卒至於犯大難成大功，服毒自縊，同死而不辭，則忠義之烈也」；袁無涯也說：「滸，水涯也，虛其辭也。蓋明率土王臣，江非敢據有此泊也。」其他像大滌餘人說：「亦知水滸惟以招安為心，而名始傳，其人忠義也。」陳枚說：「卒之反邪歸正，出谷登高，矢公宋室，為王前驅，功業爛然。吾願天下正氣男子，當效群雄下半截。」顧苓說：「三百年之後，高杰、李定國之徒，聞風興起，始於盜賊，歸於忠義。」等，都持這種看法。英雄豪傑卒歸於道揆法守。

但徹底謳頌水滸英雄者，仍不是這一路，而是余象斗等人。余氏在題水滸傳序中揭出「水滸等於春秋之說」云：盡心於為國之謂忠，事宜在濟民之謂義。宋德衰微，乾綱不振，官箴失措，下民咨咨，山谷嗷嗷。英雄豪傑，憤國治之不平，憫民庶之失所，乃崛起山東，烏合雲從，據水滸之險以為依不知者曰：此民之賊也、國之蠹也。噫！不然也，彼蓋強者鋤之、弱者扶之、富者削之、貧者周之、冤曲者起而伸之、囚困者斧而出之。玩之者當略彼之非，取其平濟之是！（《水滸傳評林》卷首）

其後劉子壯說：「自古國家崇賄賂而不修廉節者，必有民患」，陳忱說：「宋自紹聖以後，何人非賊子？高賢肥遯、姦倭比櫛，宋江為盜跖之後身，橫行江淮間，官軍莫敢其鋒，替天行道，即春秋之別名也。惜多假仁假義，而不保其終，有以也。」此類說法均可說是對《水滸》最高的尊崇了。

但也就在此時，已有人對於過分推崇水滸，頗不以為然，像與李卓吾關係那麼密切的袁中道，都曾指出李氏憤世嫉俗的論點有其可笑之處，並提到「名教」觀念的重要性。他說：

萬曆壬辰（一五九二）夏中，李龍湖方居武昌朱邸。余往訪之，正命僧志常抄寫此書，逐字批點。常志者，乃趙濮陽門下一書吏，後出家，禮無念為師，龍湖悅其善書，以為侍者。常稱其有志，數加讚嘆鼓舞之，使抄《水滸傳》。每見龍湖稱說水滸諸人為豪傑，且以魯智深為真修行，而笑不吃狗肉諸長老為迂腐。一一作實法會。初尚恂恂不覺；久之，與其儕伍有小忿，遂欲放火燒屋。龍湖聞之大駭。微數之，即嘆曰：「李老子，不如五臺山智真長老遠矣。智真長老能容魯智深，老子獨不能容我乎？」時時欲學智深行徑。龍湖性褊多嗔，見其如此，恨甚，乃令人往麻路招楊鳳里至右轄處，乞一郵符，押送之歸湖上。道中見郵卒牽馬少遲，怒目大罵曰：「汝有幾顆頭？」其可笑如此。後龍湖惡之甚，遂不能安於湖上，北走長安，竟流落不振以死。癡人前不能說夢，此其一徵也。

今日偶見此書，諸處與昔無大異，稍有增加耳，大都此等書，是天地間一種閒花野草，即不可無，然過為尊榮，可以不必。往晤董太史思白，共說諸小說之佳者，思白曰：「近有一小說，名《金瓶梅》極佳。」子私識之。」追憶思白言及此書曰：「決當焚之。」如今思之，不必焚、不必崇，置之而已。焚之亦自有存之者，非人之力所能消除。但水滸傳，崇之則誨盜。此書誨淫。有名教之思者，何必務為新奇以驚愚而蠹俗乎！（遊居柿錄・卷九）

這篇文章是個極重要的線索，可見在推崇水滸的同時，另一種注重名教的思想也在發軔。《水滸》越被推崇，這種思想的反撲也就越強烈。這裡，我想舉三個人為例，說明這種思想趨勢。一是思想家王船山，二是批評家金聖歎，三是民間編書家天花藏主人。

這三位都生活於明清之交，但活動領域各不相同，可是他們對俠或水滸的態度卻相當一致；皆尊朝廷、重名教而貶盜寇。船山在讀通鑑論卷八嚴厲地批評招安說，云：「胥吾民也，小不忍於守令之不若，稱兵以抗君父。勝則自帝自王而唯其意，敗則卑詞薦賄而且冒爵賞之加。一勝一敗，皆有餘地而自居，而不失其尊富，桀猾者何所忌而不盜耶？南宋之諺曰：『欲得官，殺人放火受招安』，且逆計他日之官爵而冒以逞，勸之盜而孰能弗盜耶？」

金聖歎也痛斥招安說。不僅在斬腰改竄的七十回裡，用一個夢把一百零八好漢一一處決，以為天下太平之地，且把「孝義黑三郎宋江」批評為不忠不義不孝的罪魁，而認為《水滸傳》的主題就在「殲殂渠魁」。他不承認所謂逼上梁山之說，特別點明是宋江百端設計，逼使秦明徐寧等人走投無路，而進入水泊之後再說等候招安，以歸順朝廷施展抱負。認為那根本就是騙人的把戲，所謂賺人入夥而已。

第二序說：「施耐庵傳宋江，而題其書曰水滸，惡之至，迸之至，不與同中國也。而後世不知何等好亂之徒，乃謬加以忠義之目，嗚呼！忠義而在水滸乎哉？由今日之忠義水滸言之，則直與宋江之賺入夥、吳用之說撞籌無以異也。無惡不歸朝廷，無美不歸綠林。已為盜者讀之而自豪，未為盜者讀之而為盜，嗚呼！」因此，他也仿《春秋》之志，要以百世不改的君子大法，嚴格地審判水滸，為宋江等人定罪。以「昭往戒，防未然，正人心、輔王化」（《宋史斷》）。

這種強調君子之大法的禮法名教思想，與他批西廂記時，以「周公之禮盡在張矣」論張生、謂崔鶯鶯為深諳禮教，並抨擊當時戲曲「類皆肆然蚤作狂蕩無禮之言」，立場是一致的。

天花藏主人也是如此，他曾在《定情人》序中說：「情定則由此收心正性，以合於聖賢之大道，不難矣。」他對水滸的批評不像金聖歎那麼強烈，他一方面對晚明的亂自上說，頗能同情，認為強梁跋扈之源，在於朝廷腐敗，故廟堂大奸大詐，則草野無法無天。但另一方面他又堅持：不管為什麼而走險弄兵，盜就是盜，不能因廊廟有過失，所以盜就值得褒揚，「名教攸關，誰敢逾越？前所曰妖曰魔，作者之微意見矣。」（**後水滸傳卷首題序**）⑥

（三）辨「俠盜」

名教中人所撰，號稱第二才子書的《俠義風月傳》（**又名《好逑傳》**），最足以代表這種思想趨勢。

此書描述女子水冰心及俠男鐵中玉遇合的經過。水冰心以其機智，逃避了她叔父及一位癩蝦蟆想吃天鵝肉的過公子之糾纏，遇見俠士鐵中玉。二人互相解救過對方的急難，也互相欣賞，但卻總保持著禮法大防。後來兩人家長替他們辦了婚事，小姐竟然不願與新郎同房。理由是從前的交往過程中略有曖昧，怕人家藉此攻擊，有礙名譽。後來果然。於是天子下命檢驗，證明水冰心仍為處女，保全了兩人的名聲，並奉旨成婚，有情人終成眷屬。

這本書，可說是《水滸傳》與《西廂記》金批理想世界的呈現。水冰心和鐵中玉兩人皆為忠臣、皆為孝子、皆秉聖人禮法之教。這種才子佳人，正是金聖歎所夢寐以求的。例如《西廂記》驚艷總批中，金氏大罵：「我見今填詞之家，其於生旦出場第一引中，類皆肆然蚤作無禮狂蕩之言：生必為狂且，旦必為倡女。夫然後愉快於心，以為情之所鍾在於我輩也」，好逑傳則宣稱：「烈烈者真性，殷殷者柔情，調乎情與性，名與教方成。」（第十四回）

金聖歎杜撰水滸第七十回忠義堂石碣受天文，梁山泊英雄驚惡夢，並在總批中感嘆：「後世乃削去此節，盛誇招安，務令罪歸朝廷，而功歸強盜，甚且至於裒然以忠義二字而冠其端，抑何其好犯上作亂，至於如是之甚也哉？」好逑傳則強調：「若要敦倫明理，畢竟歸天子」「聖明一察讒言止，節義始知有此」（第十八回）。其書合俠義與風月為一，其意義正與金聖歎批水滸和西廂相同哩！

在這樣的工作中，作者名教中人遂成功地改塑了俠客的形象，據好德堂本前面維風老人的序說：「於歸之徑，周行是正，直御為安。稍涉逶迤，而俠者則避之，義者則辭之，非以之子為不美而不動心，非以家室為不愿不屬意。所以然者，愛倫常甚於愛美色，重廉恥過於重婚姻」，俠不再是盜賊或具血氣之勇的英雄，而是尊重並護衛禮法的人了。

順著這個基調發展下來，清代俠義小說大抵表現為兩類，一是如金聖歎、王船山那樣，要「殲厥渠魁」；一是強調俠義與盜賊之別，俠士為了維護名教綱常及正義，即必須剿滅盜匪。

前者以原名《結水滸》的《蕩寇志》為代表。俞萬春在該書引言中批評宋江：「殺人放火也叫忠義，打家劫舍也叫忠義，戕官拒捕、攻城陷邑也叫忠義。看官你想，這喚做什麼說話？」因此他指出水滸中人並非忠義，反對招安，並歸罪宋江。自稱十三歲時就夢見一位仙姿絕代的女郎，來告訴他：「余雷霆上將陳麗卿也，助國殄滅妖氣，化身凡三十六矣，子當為余作傳。」後來則碰上嘉慶中葉的黎民之亂等事，其友半月老人說：「（水滸）流傳，凡斯世之敢行悖逆者，無不借梁山之鴟張跋扈為詞，反自以為任俠而無所忌憚。其害人之術，以流毒於鄉國天下者，殊非淺鮮。近世以來，盜賊蜂起，朝廷征討不息，草野奔走流離，其由來已非一日。非由於拜盟結黨之徒，托諸水滸一百八人以釀成之耶？」（續序）很能說明他著書的心情。

這種心情，固然有時代的刺激與切身遭遇的苦痛，但時代民變只是助緣，他的態度應屬清初思潮一種合理的發展。因為有此想法的人很多，卻未必皆曾身歷民變。例如那位據說曾經上書洪秀全的天南遯叟王韜，與太平天國關係如此密切，也仍然批評「鄉曲武豪放縱為任俠，小民鮮識，遂以犯上作亂之事視為尋常」，而昌言：

> 鄙意與其逆以遏之，不如順以導之，世之讀水滸傳者，方且以宋江為義士，雖耐庵、聖嘆大聲疾呼指為奸惡，弗顧也；而揚波揮焰者，又復自命為英雄，即正言以告之，弗信也。耐庵於水滸傳，終結一夢，明示以盜道無常，終為張叔夜所翦除。於是山陰忽來道人遂有《結水滸》之作，俾知一百八人者，喪身授首，明正典刑，無一漏網，今我以《水滸傳》為前傳，

《結水滸》為後傳，並刊以行世，俾世之閱之者，懍然以懼，廢然以返，俾知強梁者不得其死，奸回者終必有報。即使飛揚跋扈，弄兵潢池，逆焰雖張，旋歸澌滅，又何況區區一方之盜賊哉！（第十才子書卷首）

以王韜的身分來說這番話，可見這種思想乃是極為普遍的。必須是在這種意識底下，蔡元放才會評陳忱的水滸後傳，扭轉了陳忱書的主題。陳書因為傷心人別有懷抱，故高揭盜跖為典型，曰：

跖之日晡人肝，必弒逆之臣也、必梟獍之子也、必悖義之夫也、必淫蕩之婦也。夫子志在春秋，僅以空言懼天下後世之亂臣賊子，未若跖之見於事實，而日顯戮天下之亂臣賊子也，正所以輔行《春秋》。⑦

然而蔡元放評刻陳氏書，卻認為此書是：「人猶是前傳之人，而其事則全非前傳之事。」因為在水滸中，皆是綠林豪客、御人奪貨之行；在《水滸後傳》裡，據他的看法，則是：「開基世外、海國稱王，並非有所損於宋室，而且救駕銘勛，愛君報國，有廉頑立懦之風，立德而兼立功，足以開愚蒙而醒流俗。」（評刻《水滸後傳序》）其批評意識，與俞萬春和王韜顯然如出一轍。

另一類型的俠義小說，雖仍以綠林豪俠為描述對象，但強調俠義與盜匪之不同。認為俠即須愛君報國，殲除寇匪，則與前者實際上沒有什麼兩樣。例如《綠牡丹》（又稱《四望亭全傳》或《龍潭鮑駱奇書》）便以駱宏勛和花碧蓮的婚姻為線索，表達「為主盡忠，為義全友」的想法。

其中第四十五回，多路聘余千曾對接受聖旨、迎王保駕的大臣狄仁傑說：江河水寇鮑自安和旱地響馬花振芳「二人皆當世之英雄，非江湖之真強盜也，所劫者皆是奸佞；所敬者咸係忠良，每恨無道之秋，不能吐志，常為之吁嗟長嘆。」⑧這幾句話，清楚地說明了整個《綠牡丹》以降，一系列如七俠五義施公案、彭公案小說的基本性質。

俠與盜不同，俠雖或為盜為寇，但「身歸綠林為寇，不劫買賣客商，單劫貪官污吏、勢棍土豪。得到銀子也不亂用，周濟孝子賢孫」（彭公案全傳・第二八回），最後則往往救駕有功或御前獻藝，而得欽賜黃馬掛或其他，此則為俠。若終不改悔，便終只是盜，不會有好下場。小說的主要內容即在描述俠士與奸邪盜寇間的糾紛爭鬥，如七俠五義寫御貓展昭與五鼠間的糾葛，彭公案寫楊香武三盜九龍杯、歐陽德巧得珍珠衫，施公案寫黃天霸與竇爾墩之類。

這即是所謂的「忠義」。他們的小說，表面上看起來，與水滸似不甚相同，但從小說理念的發展來分析，卻可說是脈絡一貫的。早先的忠義說，因肯定「水滸之眾，皆大力大賢有忠有義之人」，而承認了若官逼民反，則豪傑自可起而替天行道。後來因此說流弊滋多，乃有注重名教的思潮，強調忠義不可偽託，盜賊終不可為，「深明盜賊忠義之辨」（蕩寇志引言），而以愛君報國為忠義。是通過名教觀念重建的忠義說，當時三俠五義又名《忠烈俠義傳》，且出現了謳頌朝廷武功的聖朝鼎盛萬年青、永慶昇平前後傳等，都顯示了這一事實。此即思想之曲折，治史者理應深入掌握思想發展的脈絡，方能對因思想轉變而形成的小說現象有所理解。

（四）存「意氣」

不過，說忠義是替天行道，或主張忠義應救駕銘勛，就俠之本質來說，都只得其偏義。正因水滸之類小說所描寫的俠客風範不全是打抱不平、不全是濟弱扶傾，所以才會有那麼多人痛恨此等強梁豪傑，建議將之明正典型。但也因為盜寇之中，亦不乏逼上梁山、並非以殺人越貨為樂之輩，所以才要在盜寇與俠義之間做一區分。且俠與統治階層的關係至為複雜，所以才會有關於「招安」的爭辯。就這些問題來看，清代俠義小說是較能貼近俠之真相且引人深思的。

例如彭公案寫黃三太做壽，濮大勇提起：「咱們綠林的朋友，死走逃亡真個不少。也有遭了官司，身受重刑的，死於雲陽之上，也有死於英雄之手」，顯示綠林豪客或作案犯官或私鬥死傷，皆為常事。然後他又激黃三太：在曠野荒郊劫鏢車不足為奇，「倘得北京天子腳底下，把當今萬歲爺的物件，拿他一兩件來；或在戶部把那些銀鞘劫了他的來，才是真英雄。」黃三太氣往上衝，立即赴京師劫銀，回來後，誇口說劫點銀兩算什麼，就是劫聖駕我也敢去。濮太勇說劫聖駕可不是鬧著玩的，拜託你算了吧。黃三太一聽，氣又衝上來了，決定去劫駕。卻不料南苑竄出一隻老虎來，被黃三太飛鏢打死，竟成了個打虎救駕之功，得了御賜黃馬掛。誰知此事又惹惱了楊香武，逕入大內，盜得九龍御杯，要讓天下知道誰才是英雄。於是朝廷乃責成黃三太追回玉杯。追回後，康熙聽楊香武談盜杯緣由，心中不悅，又聽他說起諸豪俠家中設立英雄會，招聚天下嚮馬及避俠莊中分贓聚義廳之佈置等事，立刻下諭，查抄避俠莊，「心中說：把黃三太楊香武殺了，以免後患。」後來幸而楊香武演出三盜九龍杯，才獲恩赦（見第廿六回、三八回）。

這段情節，與《七俠五義》中南俠展昭於耀武樓獻藝封官，被稱為御貓後，激惱了錦毛鼠白玉堂，深入大內，盜得三寶；最後經「開封府恩相保賢豪」，才得「錦毛鼠龍樓封護衛」，異曲同工。他們在精神上並不自以為是有意識的抗議英雄，事實上亦無「向不公道的命運或體制爭抗」的行動。坐地分贓，聚義劫財，乃是生計手段。刀頭舔血、水旱剽掠，最後可能捉將官衙去，更可能損在道上朋友手中，這樣的下場，他們原也非常清楚。至於他們處事的法則，本來就不根據天理與王法，自然也不太考慮是非利益，一任意氣行事，往往就顧不得其他。

因此，綠林是個王法以外的世界，他們只依個人意氣行事，不怕王法，都霸天周應龍說得好：「你叫皇上發官兵來要九龍玉杯，我在家中等候於他」（彭公案第卅四回）；倘使落入官司，就算是命，反正二十年後又是一條好漢！但他們也不主動去與王法抗爭，對朝廷、法律以及執法者，仍保持著相當的尊重，只是道不同不相為謀罷了。後來有些人入了仕途，或與朝廷有了來往，如展昭、白玉堂及黃三太等，亦非立意要為朝廷效力、為主上盡忠，而常是意氣感激所致，如黃三太本意是要爭一口氣、逞個英雄，前去劫駕；結果跳出一頭猛虎，他是英雄，飛鏢了得，怎能不打？於是弄成了個打虎救駕，得了欽賜的黃馬掛，歡天喜地而去。不料這襲黃馬掛一旦上身，他就從與禮法王權相忘於江湖的境況，掉入國法王權的體制內，不得不赴刑部投審，不得不領假尋贓，不得不帶罪見駕。

錦毛鼠白玉堂又何嘗不是如此？他本來是著惱展昭的御貓之稱，犯了他的名號，所以執意到皇宮內走走，管他「縱使斧鉞加身，也不枉我白玉堂虛生一世」（四十回）。其後蔣平激他不敢到京，又「氣得他三尸神魂暴出、五陵豪氣飛空，說：好病夫！你把白某看成何等樣人？慢說是開封府，就是刀山箭林，也是要去走走的！」（五七回）。等到包公對他十分禮遇，並予保奏入朝之後，便「心平氣和，惟有俯首謝恩」，成為四品衛護。

他們並不著眼於個體自由或公眾利益，只顧肯定自我。如有人能肯定他的存在，他便視為知己，否則就是遭到侮辱，非報復不可。意氣激昂，本是原始盲動的力量，並無理性與價值的判斷，所以「吃軟不吃硬」，所以可以劫駕也可以救駕。主政者自然非常清楚這一點，故能收為己用便用，否則便立予剿滅了事。他們跟統治者的關係並不是和諧的，其中有利益的交換，也須摸清俠客行事的法則。⑨

前文說過，清代俠義小說的理念，乃是忠義名教，可是這些俠客實際上卻常是王法外的強梁，是血氣之勇、意氣之豪的好漢，他們並不服膺名教，並無理性與價值的判斷。因此，要他們自動行俠仗義，自覺地扶持綱常名教，就往往太不可能。所以，在結構上，清官是必要的。俠客的原始盲動力量，必須要在清官所代表的清明道德理性精神控制、導引之下斂才就範，才可以表現為理性。縱使是兒女英雄傳，也有在青雲山與西山說服十三妹的安學海，其他的就更不用說了。

這是一種卑之無甚高論的俠，較接近黑社會流氓的社會真實，是民間講「氣魄」的好漢，而非知識分子理想中的英雄。自唐代中葉以降，俠義精神在文人學者的意識中轉化為濟弱扶傾、主持正義，現在則重新回它到本來的意識中去。⑩原因很簡單：清代俠義小說是民間文學，不是文人小說。

俠義小說的作者，在清代包括了旗人、女子、書商、專業編書人以及像俞樾這樣的大儒。流通出版續小五義的潘伯寅則為京朝大老。⑪但它的基本型態是民間文學，大部分與說唱關係密切。如龍圖耳錄孫楷第藏抄本第十二回末，有抄者自記：「此書於此畢矣，惜乎後文未能聽記」，當時石玉崑在京師以唱單弦著名，此即其說唱之故事。另外，張廣瑞序《永慶昇平前傳》亦云：「余少遊四海，常聽評詞演永慶昇平一書，國初以來，有此實事流傳。咸豐年間有姜振名先生，乃評談古今之人，嘗演說此書，未能有人刊刻，流傳於世。余長聽哈輔源先生演說，熟記在心，閒暇之時，錄成四卷。」又，郎潛記聞說：「少時即聞鄉里父老言施世綸為清官，入都後，則聞盲詞院曲，有演唱其政績者」，此即施公案。

換句話說，各書皆與彈唱說演有關。或雖未正式彈唱說演，亦以說唱為寫作模範，如文康的兒女英雄傳就自稱為「評話」，後來東海吾了翁重訂，遂題為兒女英雄傳評話。故魯迅云清人俠義小說「正接宋人話本正脈，固平民文學之歷七百年而再興者」。⑫

這樣的平民文學，在文字敘述方式上，重覆、套用，都是常見的現象；文字本身的藝術效能，也不須那麼講究，不像文人小說注重文字水準和獨創性。在主題意識方面，通常亦卑之無甚高論，只要滿足一般世俗的想法與企盼即可。比如十三妹何玉鳳想五花官誥、黃三太喜得黃馬掛之類，正是一般人最尋常的想頭。

知識分子雖不免亦有此想法，但常採取一種嘲諷或批評的態度，特別是五四以來文學瀰漫著一股「知識分子感時憂國的精神」，對於傳統小說，自然也期待在其中具有這樣的精神。所以，像《鏡花緣》那樣大力舖張褒揚中國文化理想和樂趣的小說、那樣站在嚴格的傳統道德立場頌揚女性德性與才華的作品。論者居然也能從中摘取一小段，而認為它是一部諷刺中國社會中婦女地位的小說。在不容易找到批判或諷刺當軸王權的清代俠義小說中，他們會感到失望，實在是不難理解的。但是，這種反抗傳統、反抗體制、反抗權威，凡能反抗，就代表進步，否則便是陳腐、便是主題不正確的浪漫抗議觀，其實只是屬於文人的意識型態，用來討論民間文學，並不妥當。

今天，我們要研究清代俠義小說，便應跳開這些舊有的批評窠臼，了解從明代到清代有關俠義精神的思考，並掌握它們做為一民間文學的性質，重新評析它的價值與內涵。畢竟，清代俠義小說實不如一般所認為的那樣簡單，它形成於一曲折且發展的忠義觀中，混揉著忠義、爭抗與名教思想。但它雖受一思潮所導引，卻又在事實上暴露了俠的真面貌，體現了它做為一民間文學的特質，將俠的形象，從正義的英雄神話，轉回到現實社會。必須經過這一層轉化手續，才能完成「忠義」，扶持名教綱常。

我們可以說，從唐朝塑造了俠義傳統的新內容之後，這是一個新的轉捩點，導引了後來民國武俠文學的高峰。特別是江湖奇俠傳等描寫江湖恩怨、綠林事，以及姚民哀式幫會小說，或白羽十二金錢鏢之類尋仇報復的故事，皆有清代俠義小說的套子在。而另一方面，正義英雄的知識分子理性俠義觀，則繼續在詩文中展露發皇，從龔定庵的「劍氣簫心」、譚嗣同、章太炎的俠客思想，到南社諸子，再曲折地轉回到民初武俠小說裡去表現，它與民間俠義小說先分流而後合水的現象，也很值得注意。⑬

再者，我們既知清代俠義小說描寫的乃是王法之外的強梁，我們便應同時注意到它與社會的關聯。其一是它與武術發展的關係。講中國武術或武俠技藝的人，無不推源遠古，什麼越女劍、達摩易筋洗髓神功之類。然而事實上，我國武藝向以兵陣實戰技術為主，步戰本不如馬戰重要。長兵器，如弓弩、刀、槍也較短兵器重要。

南宋華岳云：「軍器三十有六，而弓為稱首。武藝一十有八，而弓為第一。」（《翠微北征錄》卷七・弓制），可以證明這種思想到宋朝尚未改變。故《夢粱錄》及《西湖老人繁勝錄》所載當時民間武術社團，除角觝、相撲之外，就以射箭為多，如錦標社、川弩社、射水弩社、川弩射弓社、射弓踏弩社等。

但武術從宋朝起，畢竟有了些新的發展，主要是戰陣武技被用來做為遊戲表演，形成武術體育化及表演化。而為了表演，長兵器、馬上使用者，必須改為短兵器。且逐漸形成套子武藝（即拳套、套招對練之套式）。順著這種套子武藝，才漸有明代出現的趙太祖神拳卅六式、張飛神拳、王拳、童子拜觀音神拳、二郎棒、五郎棒、楊家三十六路花槍之類。《陣記》載當時劍法有「卞莊子之紛絞法、霸王聚之起落法、劉先生之顧應法、馬明王之閃電法、馬起之出手法，其五家之劍，庸或有傳」。足見此時才逐漸形成流派家數，且由重視兵器長度與重量，轉而重視技術。可是這時的技藝仍甚粗糙簡單，水滸傳描述武松之技，亦不過是「鴛鴦腳」「連環腿」，餘則多為兵陣馬戰場面。

我國拳種真正作為武術流派的時代，是在明末清初。太極、八卦、形意三大拳派，約在乾隆至道光年間先後定型於北京。所謂少林武術，則主要也是乾隆年間居福禪師傳授、升霄道人整理了羅漢行功全譜。因此，總括來說，這才是中國歷史上真正的武藝時代，其俠義小說所反映的，即是這樣一幅英雄好漢各練就一身武藝的時代，為後來技擊小說開了先路，而不同於武技並未發達時期的小說描述。著重敘述英雄們的武打技巧。而且，它們的描述，也造就了後人對中國武術史的認知。

以少林武術為例，現在仍有許多拳派自認為屬於南少林系統，謂其淵源，係由於白眉道人破了少林寺，殺死至善禪師，其徒洪熙官、方世玉、胡惠乾等逃出，乃流傳洪拳等。可是事實上，這個故事乃是由《萬年青》杜撰出來的。⑭在這本小說以前，至善禪師與洪熙官等，均不見著錄。小說本係因當時各派武技爭雄，受其影響而構作情節，卻又反過來影響了後人對武術史的認知，清代俠義小說中此類例證，殊不鮮覯。

此外，練武人常聚合成為會社。如咸同年間，華北之鄉團結為梅花拳會。於光緒十三年，山東冠縣梨園屯發生教案，拳會即與教民抗爭，形成仇教團體。至光緒廿四年，再改稱為義和拳或義和團。⑮清代這類會社，與武術之關係，其密切往往如此。

像理教，又稱白幫，其創教者為康熙間的山東人楊來如，以十誡授徒，其中就包括「尚武」「任俠」二誡。乾隆間捕獲之白蓮教徒「朱培卿能知鐵布衫法術」。又天理教之林清黨徒藏有金鐘罩拳符咒，而金鐘罩教後即衍為大刀會。

清代俠義小說所描述的綠林豪傑、幫會恩怨，事實上也就是當時的秘密會社之寫照。⑯至於劍俠之神奇武技，則多與當時各秘密教派之法術有關，如白蓮教能「撒豆成兵，騎凳當馬」「擅遁甲術，呼風喚雨」「得石函中寶書神劍，役鬼神，剪紙作人馬相戰鬥」，這種神幻奇技與武術相結合，影響小說對劍俠劍仙的描述很大。自唐朝以來，久久沈寂之劍俠小說遂得復甦而成巨觀，要非無故。

要從這幾個角度去討論清代的俠義小說[17]，我們才有可能超越舊式批評，為小說史及俠義傳統之研究另闢新途。

注釋

①我們可以把清代這類小說分成幾個系統：

一、兒女英雄

《好逑傳》，四卷十八回，一名《俠義風月傳》，題名教中人編次，遊方外客批評兒女英雄傳，四十一回，文康撰。

《還讀我書室主人評兒女英雄傳》，四十一回，董恂撰續兒女英雄傳，六十二回，無名氏撰。

《蘭花夢傳奇》，六十八回，煙波散人序，云吟梅山人撰。
《俠義佳人》，存中集二十回，邵振華女士撰。《爭春園》，四十八回，無名氏撰，寄生序，寄生即五美緣作者。
《雲鍾雁三鬧太平莊全傳》，五十四回，無名氏撰，珠湖漁隱序。
《大明全傳繡球緣》，四卷二十九回，無名氏撰。
《後唐奇書蓮子瓶演義傳》，四卷二十三回，無名氏撰。
《義勇四俠閨英傳》，六卷五十回，無名氏撰。

二、水滸餘波

《征四寇傳》，十卷，又題水滸後傳，蕩平四大寇傳、續水滸傳，賞心居士序。
《水滸後傳》，八卷四十回，陳忱撰，題古宋遺民著，雁宕山樵評。
《蔡奡評水滸傳》，十卷四十回。
《別本後水滸》，云宋江轉世楊么、盧俊義轉世王魔，不知撰人。
《蕩寇志》，七十卷七十回，附結子一回，原名結水滸，俞萬春撰。

三、俠義公案

《龍圖耳錄》，百二十回，又題三俠五義或龍圖公案，無名氏抄錄。
《忠烈俠義傳》，百二十回，又名三俠五義，題石玉崑述。
《忠烈小五義》，百二十回，無名氏撰。
《續小五義》，百二十四回，無名氏撰。
《正續小五義全傳》，十五卷五四回，繡谷居士序。
《七俠五義》，百二十回，俞樾改訂。
《施公案奇聞》，八卷九十四回，又名百斷奇觀，無名氏撰。
《續施公案》，三十六卷一百回，又名施公後案、清烈傳，無名氏撰。
《彭公案》，二三卷一百回，題貪夢道人撰。
《續彭公案》，八十回，無名氏撰。
《再續彭公案》，八十一回，無名氏撰。

四、演史異聞

《大漢三合明珠寶劍全》傳，四十二回，無名氏撰。

《綠牡丹全傳》，八卷六四回，又名四望亭全傳，無名氏撰。

《新鐫異說奇聞群英傑》，六卷三四回，附范仲淹訪察，無名氏撰。

《永慶昇平前傳》，二四卷九七回，姜振名哈輔源演說。

《永慶昇平後傳》，一百回，貪夢道人撰。

《異說反唐演義傳》，又名大唐中興演義傳、武則天改唐演義，十卷百回，序署如蓮居士題。

《聖朝鼎盛萬年青》，八集七十六回，不著撰人。

《熱血痕》，四卷四十回，李亮丞著。

五、劍俠

《七劍十三俠》，三集，百八十回，又名七子十三生，題唐藝洲編次。

《仙俠五花劍》，四卷四十回，惜花吟主自序。

這幾大系統，略依孫楷第《中國通俗小說書目》的分類而劃分。

就小說發展史的觀點來看，其中頗有幾點值得注意者：

第一，兒女英雄類，發源甚早，起自清初，迄於末造，均有作品。而俠客與美人在唐宋元明武俠文學中往往屬於絕緣體，甚至俠客以女色為厲禁，偶逢此類題材，亦常寫成《趙匡胤千里送蛾眉》的禁慾故事。故清朝發展出兒女英雄小說，當係武俠文學的一大突破。這些小說，內容在才子佳人與武俠義勇之間，堪為民國以後受鴛鴦蝴蝶派影響而出現的俠骨柔情小說之先導，在武俠文學史上意義重大。

第二，俠義公案類小說，與公案小說如《包公案奇聞》不盡相同處，在於公案小說以警世、斷案、偵探為旨趣；俠義公案小說則以清官斷案和俠士江湖恩怨雙線交錯進行，前者轉為後者之陪襯而已。綠林恩怨、豪俠行徑之描述，遠紹水滸，下開民初幫會技擊小說，影響深遠。由小說發展史上看，則此類當為公案小說的歧出或公案與朴刀桿棒的結合。

第三，演史異聞類，也是鐵騎戰爭小說朝武俠小說轉化的作品。早期的講史系統，敘述戰役平亂，均為馬戰，或布陣交鋒；即使水滸寫山寨出戰，亦捨棄步戰而讓眾英雄上馬。可見講史鐵騎的系統較強，俠客技擊在清朝之前，很難不被它消融。清朝則相反，如俠義公案與演史異聞類，均有朝武俠性格強化的象。事實上，講史曾是小說上最龐大的系統，可是入民國後，幾乎消聲匿跡；反而武俠小說大為風行。其中轉折的關鍵，正在此處。

第四，陳曉林嘗謂：「這些名為俠義的通俗文學作品，大抵出於兼具紳吏身分的文人學士之手，故而常以表彰朝廷武功、削平草莽盜寇為內容主旨。」其實不然。俠義小說，大部分來自民間說唱，足見俠義小說在清朝可以算得上是全民關心和喜愛的文類。也正因為如此，武俠小說要到了這個時候，才能成一個茁壯的文學系統或類型，跟唐人那幾則單薄的盜俠傳記雜俎、元明孤峰獨立的《水滸傳》比起來，我們就應曉得什麼時候才可算是武俠小說的成熟期了。

第五，劍俠小說，唐人傳奇雖嘗略開其端，但宋元明各朝均無太多發展。清代則有飛仙入幻、練劍成丸的小說。民國初年武俠小說，如孫玉聲飛山劍俠大觀、平江不肖生、江湖奇俠傳、以至還珠樓主、蜀山劍俠傳等，皆承此洪流而為巨瀾者。

一般認為，清朝俠義小說除少數幾本，如《兒女英雄傳》《七俠五義》結構緊密、行文優美外，其他各書皆屬民間說唱或「書商迎合低級趣味而粗製濫造出來的東西」。像葉洪生說：「《施公案》、《彭公案》等俱出於不學書賈之手」，孟瑤說：「石玉崑講唱的底本打動了文學修養較高的入迷道人的興趣，乃於公餘之暇，予以增刪潤飾，成了日後《三俠五義》。在《三俠五義》變成《七俠五義》的時候，俞曲園氏又以他的大手筆加入其中。這樣，《七俠五義》自然變成一本非常出色的小說。至於中、下部的《忠烈俠義傳》，因為沒有受到文人的青睞，所以在行文上，自不免給人一種粗率的感覺」，均是如此。

但這樣的批評，可能並不公允。五四以後的小說評論者，一方面在理念上宣揚民間通俗文學，以打倒貴族山林文學；但他們做為一高級文化人，在文學的品味上卻很難認同平民文學。所以這其中事實上存在著一種矛盾。早期的話本，因為本來就由民間來，談起來並沒有什麼問題，可是明朝出現文人小說後評價就困難了。至今為止，那些職業編書人如羅貫中、熊大木、馮夢龍、天花藏主人等，不但年齡爵履仍然不太弄得清楚，其小說史的地位更是遠不及吳承恩、董說、夏敬渠、吳敬梓、李汝珍和曹雪芹這些文人小說家（scholar novelist）。

對於明清小說，我們的批評家們所喜愛的，乃是脫離民間說唱傳統，成為作者個人表達屬於一文人或知識分子情操、趣味及理念的作品。這些作品，文字當然遠較民間說話傳統「文」，趨近書寫傳統而遠離說與唱的表演；其內容也當然遠較民間文學傳統「雅」，不那麼粗俗，較接近文人的世界觀。所以它們比較容易博得稱賞。當馮承基為文人小說與中國文化一書寫序時說：「像《隋史遺文》那樣，文人根據了說話人的講話，潤色成書，那是最理想的。」我們就曉得孟瑤他們為什麼鄙視民間說書與職業編書人所作的俠義小說，而推崇文字較優美的《兒女英雄傳》和經過文人潤飾成書的《七俠五義》了。但即使是《兒女英雄傳》和《七俠五義》也沒什麼地位，胡適說得很清楚：「這五十年內的白話小說可分為南北兩組，北方的評話小說、南方的諷刺小說。北方的評話小說，可算是民間的文學著書的人多半沒有什麼深刻的見解，也沒什麼濃摯的經驗。他們有口才、有技術，但沒有學問思想。他們的小說只能成為一種平民的消閒文學。《兒女英雄傳》《七俠五義》等書屬於這一類。南方的諷刺小說便不同了，它們的著者多是文人官場現形記老殘遊記都屬於這一類。」（胡適文存二集卷二五十年來中國之文學）文人小說的立場，他自己倒也並不諱言。

②本文所引葉洪生、陳曉林二先生說，皆見於《近代中國武俠小說名著大系》（臺北：聯經出版公司，民國七三）。

③魯迅，《中國小說史略》（北京：人民文學出版社，一九八二）第廿七篇。

④參看侯健，《好逑傳》與《克立麗薩兩種社會價值的愛情故事》，收入文學・思想・書（臺北：皇冠出版社，民國六八），頁二〇四～二一八。兒女英雄傳試評，收入廿世紀文學臺北：眾成出版社，民國六五，頁二〇〇～二一七。

⑤以上明人論水滸言論，皆見於馬蹄疾編水滸資料彙編（臺北：里仁書局，民國六九年重印本）。天花藏主人，另參明清小說論集一、二冊（遼寧：春風文藝出版社，一九八四、一九八五）中相關論述。

⑥陳忱在《水滸後傳・論略》中自承：「水滸憤書也。憤大臣之覆餗，而許宋江之忠；憤群工之陰狡，而許宋江之義。後傳為洩憤之書」，但他又指出：「宋江，劇賊也」「盜有道，特非君子之大道也，不可認真」，而特別寫出李俊等人救駕之功，所以從大的思想趨勢上說，仍是名教收關之想。

⑦參見蔡國梁〈俠義小說之新葩：綠牡丹〉，收入《明清小說探幽》（浙江文藝出版社，一九八五）頁三三～三六。

⑧有關俠的生命情調，詳龔鵬程《大俠》（臺北：錦冠出版社，民國七六），頁一七三～一七九。

⑨俠義傳統在唐代的轉變，詳註9所引書，頁一三八～一八〇。

⑩《彭公案》的作者是貪夢道人，《永慶昇平後傳》亦然，此公應屬職業編書人。另外，刊刻忠烈小五義傳《續小五義》的文光樓主人，也值得注意。《續施公案》光緒十九年文光主人序有「本舖」云云，似乎他不只印書而已，他這家書店也負責編寫。

⑪這種民間說評書傳統，使得俠義小說在清朝形成了一個明確的文學類型，有其類屬之延續性和統一性，例如主題頗為一致、彼此可能有繼承關係、在美學效用上也有固定的寫法等。在文學的屬類學上說，同類作品必受別的作品之因襲、楷模、改變；《兒女英雄傳》雖係文人寓寄理想之作，仍不能不受民間評話之影響，適可證明這個道理。其擬仿、續書現象，亦復類此。另外，依古典理論，類型上的社會性區別，大體上是史詩與悲劇寫皇室貴族；喜劇寫中級人士，如城市中的中產階級；諷刺與鬧劇則寫小人物。俠義小說之主要角色，多是社會中的遊民，本係小人物而竟寫得成為大英雄，故在諷刺與鬧劇之中，又能顯其堂皇莊嚴之感，亦值得注意。但本文不及細論矣。

⑫龔定庵的問題，詳龔鵬程，《說龔定盦的俠骨幽情》，收入《讀詩隅記》（臺北：華正書局，民國七一），頁二〇五～二二二。章太炎那種虛無主義的儒俠觀，則詳註九所引書，頁一四～二〇。另外，清末民初知識分子的俠客情懷。詳見龔鵬程《俠骨與柔情》：論近代知識分子的生命型態，收入本書。

⑬詳見林伯原《試論宋代武術的發展變化》，收入《武術科學探秘》（一九九〇，人民體育出版社）。

⑭見方汝輯《至善辨偽》，同註十四所引書。又，莊吉發則認為少林寺被焚之說，乃附會唐朝十三棍僧救秦王之故事而成、似忽略了《萬年青》這部小說。其說見《清史拾遺》，（民國八十一年，學生），頁三三〇。

⑮見戴玄之《義和團源流考》，收入《中國秘密宗教與秘密會社》，（民國七十九年，商務，丙編）。

⑯嘉慶十三年七月戊寅上諭：「近日多有無賴棍徒，拽刀聚眾，設立順刀會，虎尾鞭、義和拳、八卦教等名目，橫行鄉曲，欺壓良善」。這些教、會，共同的特點就是「講道、教拳」。故美國駐山東龐莊傳教部之博特（H.D.Porter）於一八九九年一月十三日致函美國傳教部的秘書說：「此會社頗似德國之體操家」。另外，秘密宗教會社與技擊法術的關係，一九九〇，齊魯出版社《道教文化面面觀》、頁一八四《王倫清水教的氣功與拳棒》、一九二頁《咒語與神拳》亦可參看。

⑰另參註1。

六　英雄與美人：晚明晚清文化景觀再探

（一）崇拜英雄的社會

中研院文哲所辦的「世變中的文學世界」系列研討，要求我從文學想像與歷史現實來再探晚明與晚清之文化景觀，而且還希望涉及性別議題。但要做這種工作，茲事體大，實難措手，令我頭疼不已。幸而晚明與晚清論者雖多，沒談過的東西其實還不少，揀選一個線頭，也許就可以串起一大串相關的事務。因此也不妨隨意說說，讓我由當時人論俠客處談起好了。

古代說俠客，多為貶辭，中唐以降，始漸稱揚俠義，然猶褒貶參半，明末卻是個較為推崇俠客的時代。①萬曆十七年刻《水滸傳》天都外臣汪道昆序，說宋江等人「嘯聚山林，憑凌郡邑，雖掠金帛，而不擄子女；唯翦棼墨，而不戕善良。有俠客之風，無暴客之惡，是亦有足嘉者。」推崇水滸諸人固多溢美，其觀念中認為俠士與暴客不同，卻是十分明顯的。

余象斗也持同樣的觀點，謂宋江等人「蓋強者鋤之、弱者扶之、富者削之、貧者周之、冤曲者起而申之、囚困者斧而出之，原其心，雖未必為仁者博施濟眾，按其行事之跡，可謂桓文仗義，並軌君子」（萬曆廿二年《水滸志傳評林》卷首）。

在此稍早，已有沈王景撰《義俠記》傳奇，敘武松事。呂天成序不惟推揚武松，且說：「彼世之簪珮章縫、柔腸弱骨，見義而不能展其俠，慕俠而未必出於義，愧武松多矣。」容與堂刻本《忠義水滸傳》李卓吾的評，也引陳眉公「天上無雷霆，則人間無俠客」為魯智深張目，說：「鄭屠以虛錢實契而強占金翠蓮為妾，此是勢豪長技。若無提轄老拳，幾咎天網之疏」（第三回）；又說：「鄆哥堪與唐牛兒合做一小俠傳」（廿五回）。

《水滸傳》的詮釋與評價，在晚明是個複雜的問題或現象，因此，以上這類說法並不足以概括當時人對「水滸」的整體看法。但藉由這一部分評述「水滸」之言論，卻不難讓吾人發現：在晚明，俠的形象已大抵正面化、高大正義化了。余象斗說俠客可以「並軌於君子」、汪道昆說俠與暴客強盜不同、沈王景將俠與正義結合起來，李卓吾強調俠士可以平衡或矯正人間的不正義狀態，他們都顯示了這是一個鼓吹俠義、重塑俠客形象的新時代。②

在這個時代中，俠客崇拜的內涵之一，即是英雄崇拜。③最明顯的證例，就是熊飛把《水滸》與《三國》合刊的《英雄譜》了。英雄是嶔崎歷落，有血性、有肝膽的；遇喜成狂，遇悲成壯，胸懷蕩曠，毛鬲羽思奮，熱血熱腸、慷慨淋漓。其平正者，固然如關雲長忠義傳千古，與日月而爭光。縱使為夜叉如李逵，「發憤於一劍、登人肉於刀俎」，也仍然與志士貞夫、烈女壯婦一般，其「逞奇於天地之間」的英雄性質，「寒煙涼月，淒風苦雨之下，焉必無英雄豪傑之士相與慷慨悲歌，以共吐其牢騷不平之氣耶？」（楊明琅‧英雄譜序）

三國人物與水滸人物就是在這種態度中被併視為一類，不問其為忠蓋抑或強梁，他們都彰顯為一種英雄人格的典型。而英雄，據他們的分析，是「英雄自有本色，何種何苗？何人能禁、何人能開？貞元會合，久屬腐談；星煞降生，尤為俗諢」「血歃專諸豫讓，骨鏤聶政荊軻，同聲同氣沛江河」「世上羞小節者，決非英雄」「子胥有言，暮途窮，吾故倒行而逆施耳，英雄豈樂反噬哉？仇怨迫之也」「勝場世所必爭，英雄不多讓人」等等。這類水滸人物圖讚的英雄人格觀，又可見諸當時流行的水滸葉子。

水滸葉子酒牌在當時到底有多麼流行，固然不易說明。但陳洪綬所畫的水滸葉子，在明末清初最少就有四種刻本，故想必流傳頗廣。酒牌又是民間習用之物，也足以徵見社會上對於這類人物的態度。陳老蓮對水滸人物的評語亦不可能與社會公眾態度相差太多。而其整體態度則是嗟賞的，說宋江「刀筆小吏，爾乃好義」、解珍「赴義而斃，提攜厥弟」、董平「一笑傾城，風流萬戶」等等，固然是嗟賞；對史進「眾人皆欲殺，我意獨憐才」，或說魯智深「老僧好殺，晝夜一百八」，也都是嗟賞的。

他們所欣賞咨嗟的這類英雄人物，生命多奇詭不恆，用儒家的話來講，「皆不得乎中行」，有狂者氣象。故縱肆無端，叱吒嗚咽，行為也往往顯得偏激，人格近乎佚宕。或雞鳴狗盜，小節頗不謹飭。或倒行逆施，動輒殺人放火。但欣賞他們的人不從社會道德上著眼，只從其血性迸邀的這一面欣賞他們的真。五湖老人《忠義水滸全傳序》說得好：「夫天地間真人不易得，有真人而後一時有真面目。雖然，其人不必盡皆文周孔孟也，即好勇鬥狠之輩，皆含真氣。」

據此，他認為水滸人物「較今日之偽道學、假名士、虛節俠，妝丑抹淨，不羞暮夜泣而甘東郭饜者，萬萬迴別」，故「余於水滸一編而深賞其血性」。

（二）研究目光的轉向

晚明時期有一股崇尚「真」的思潮，例如公安派講真、真趣、真情、真人，是眾所周知的事。陽明後學，如泰州學派，據稱多狂者氣象，其人多赤手搏龍蛇者，也是大家都熟知的事。因此，敏感的讀者可能猜到我底下或許將要把它們關聯起來說。

但是，不是的。我想談的不是這些。我摘舉這些事例出來，只是想提醒大家：一、俠義傳統到晚明發生了變化，原先視如盜匪暴客的俠，在社會上普遍具有英雄人格的崇拜心態中，轉化成為英雄。這些英雄，可能是正義的化身，可以矯治人間之不平。但他縱使不正義也沒有關係，一樣可因其血性、因其真而獲得社會的認同。這是一種非常特殊的時代氛圍與社會心態，對俠客形象之再塑，也有決定性的影響。影響著此後幾百年中國人對俠客的認識與態度，直到現在。

二、這種英雄人格的企慕、俠客崇拜的態度，是過去論晚明思潮與文學者較少注目的課題。以往我們較常見的思路，是從「性理」與「情欲」的對比來展開論述，描述晚明如何掙脫理學及復古論的雙重枷鎖，從對情的尊揚與對欲的正視，達到文學及人性的雙重解放。

這樣講對不對，姑不具論（大家都知道，我是反對的）。但如此談晚明，必然較多關注到其中「兒女」的部分，而罕能注意到另一個「英雄」的層面。馮夢龍之情史、湯顯祖之情教，以及「對愛情的嚮往與追求，成為晚明的風尚；有情人、情癡、情種等成為最時髦之用語；對女性的歌頌和品鑒著為專書」（見陳萬益《馮夢龍情教說試論》的描述）之類，吸引了大部分研究者的目光，把晚明形容成一個溫柔鄉。此一鄉中，風雲氣少、兒女情長，甚且由情而慾，為一人慾橫流之世界。此乃一偏之見也，對情的討論亦不通透。④

三、關於晚明人的英雄俠客崇拜，可論之處甚多，由此人格態度而發展成的女性觀，就很值得注意。

（三）面對女性的英雄

英雄氣魄，是男性化的特質，在英雄的世界中，自然看不起娘娘腔，也不需要柔孌婉約的鶯聲燕語。因此，英雄譜如《三國演義》、《水滸傳》中，都是沒有花前月下談情說愛之場面的。女性角色極少，即或存在，亦為陪襯或牽針過線的性質，例如藉貂嬋以寫呂布如何與董卓反目，藉解救弱女子以寫魯智深如何仗義之類。女子屬於不存在、不重要、卑下而待拯救之地位。這是英雄人格取向中對女性的第一種態度。

對於男女情感的輕忽，則是第二種明顯的態度。英雄，強調的是血性而非情感。英雄固非無情，但其情是指向大的社會、存處於大空間中的。其身手與襟抱，欲發用抒洩於天下，故不願槁首老死於牖下，更不能繫戀執縛於一婦人之手。倘若為了私人感情而誤了「大事」，則尤其不可饒恕。李卓吾評《水滸》，謂：「最可恨者董平那廝，只因一個女子，便來賣國負人。國家如有是人，真當寢皮食肉」，又讚美燕青不為美色所動，能辦成招安之事：「燕青不承應李師師，是大聖人。風流少年，定以為滯貨。」事實上，英雄與風流少年之不同，正在此處。⑤

同理，對於林教頭刺配滄州道，李卓吾評亦惜其「兒女情深，英雄氣短」；對於朱仝義釋宋公明，則力讚其「美髯公義重如山，百計為公明商量躲避之策，實是情至。」足見英雄之情重在朋友而輕於兒女。

這樣的情況，在現實上也是不難見到的，例如以寫艷體詩著稱的王次回，即有「丈夫意氣矜然諾，不惜如花換干莫。自是荊卿俠氣深，非關石尉歡情薄」（**櫟園姨翁席上預聽名歌，並觀二劍**）之說，足徵此亦為現實上存在的狀況。⑥

對於男女之情表現淡漠，乃是輕視男女之情的價值與意義。英雄的這種觀點若再強些，則不難發展出第三種態度：將男女之情的價值負面化，女人不但不是可愛的或平等的交往對象，更有可能是可怕的。故與女人交往千萬要小心，男女之情亦可能使英雄陷入危險。

水滸傳描寫潘巧雲、潘金蓮、閻婆惜等「淫婦」的情節，遂因此而特受重視。李卓吾評：「國有賊臣，家有賊妻，都貽禍不淺。真有意為天下者，先從妻子處整頓一番如何？」好像只有賊妻才是可怕的，但一來對賊妻的懼恨是普遍的（如熊飛《英雄譜圖贊》云：「懿厥哲婦，為鴟為梟。春秋時，魯文公已為文姜所弒。孟子稱亂臣賊子而不及賊妻何？」），二來賊妻到處都是，所以男人不能不有所提防。

李卓吾評云：「《水滸》描畫淫婦人處，非導慾已也，亦可為大丈夫背後之眼，鄭衛之詩俱然」，即是此意。金聖歎說《水滸》「借題描寫婦人黑心，無幽不燭，無醜不備，暮年蕩子讀之咋舌，少年蕩子讀之收心，真是一篇絕妙針砭蕩子文字」，也同樣指出了它刻畫出賊婦心腸與技倆之貢獻，足以做為英雄之教材，莫教英雄大丈夫著了小女子的毒手。

三，則妻子不論其本身賊不賊，都可能讓英雄遭難，林沖就是個例子。熊飛《英雄譜圖贊》嘆惜林沖：「太史公曰：衛世子以婦見誅，抑且兄弟爭死，何其悲也。豹子頭異世同禍。其妻義不受辱，則義烈矣。」林沖之妻是個好女人，但林沖以婦被禍，適足以證明：對英雄而言，女人正是禍水。故同書另有一評語謂：「陷井設於廣廈，英雄何處逃藏？紅顏值得底事？白虎幾殺忠良。」

賊妻、淫婦、禍水之外，女性更可能具有妖魅性質。所以，這個時期忽然出現了一種「女仙小說」。

所謂女仙，實為妖人。焉夢龍《新平妖傳》講狐狸化成胡媚兒，與其母聖姑姑作亂之事。康熙四十年左右的呂熊《女仙外史》則寫唐賽兒。另有作於雍正時期的《歸蓮夢》，描述女子白蓮岸創立白蓮教，以符籙神水起事，天意本「要她救世安民。不想她思戀一書生，情慾日深，道行日減」，上天覺得她「多情好色」，所以讓她滅亡了。

這些女性，已不再是六朝唐宋時期那種女仙真，而都具有法術或妖異性質，故能魅惑世人，造作反亂。此種女性形象及其小說出現於此時，是與英雄人格中對女性之敵視有關的。⑦

除此之外，英雄們還可能有第四種面對女性的態度，那就是希望女人也成為與他們一樣的人，不要娘娘腔，只愛娘子軍，美女佳人應轉而成為英雄豪傑。《水滸》人物中的母夜叉孫二娘、一丈青扈三娘，乃因此而深受英雄之喜愛。

陳洪綬水滸葉子讚母夜叉能「殺人為市」、稱揚一丈青「桃花馬上石榴裙，錦撒英雄娘子軍」，最能體現出這種心情。熊飛贊則說：「母夜叉肝人之肉，登之刀俎，居為奇貨，窮凶極惡，即黏沒喝見之，亦應吐舌。中國所望吐氣者，賴有此哉」，居然把做人肉包子的母夜叉看成是足以為民族爭光、與胡虜鬥狠的民族英雄。無怪乎李卓吾評要說：「孫二娘、武二郎卻是一對敵手。覺得張青還不相配。」

如此配對，與五湖老人在「好勇鬥狠之輩，皆含真氣」以下，逕以「天下有心漢、娘子軍」當其人，意義其實是一樣的。王次回壽曾太夫人詩說：「彤管定應題女俠，青蓮早已悟禪真，窮鄉野老傳歌頌，通國閨娃識典型」，則充分說明了男性期望女性認同這種新典型的心態。

（四）女性的英雄形象

孫二娘或扈三娘並不僅存在水滸世界中。研究過性別問題的人都知道：男性將其性別意識投射在對女性的期待中，是一種極常見的現象，因此，他們一面在《水滸》這類書中找到了他們對女性角色期待的認同對象，一方面也要自行創造新的、符合其理想的女性。這，就是女俠出現於這個時代歷史舞台的邏輯了。

古無女俠，唐人傳奇所載紅線、聶隱娘、賈人妻之類，在唐宋文獻中僅以「異人」視之，既未明標女俠一類，也無相關專著。有之，則自晚明始。

林保淳曾舉萬曆四十年的周詩雅《增訂劍俠傳》、四十一年的徐廣《二俠傳》，及其前後如鄒之麟《女俠傳》、馮夢龍《情史》、《情俠》、《秦淮寓客》、《綠窗女史》、《節俠》等等為說，認為俠女之稱呼、著作，以及一種不同於劍俠幻化妖異的女俠類型，均起於萬曆中晚期。⑧其說甚是。而事實上，徐廣《二俠傳》凡例早就說過：「古聞有男俠，而未聞以女俠」，女俠確實是晚明的新生事物。

與女俠同樣誕生於晚明的，還有一批驍勇善戰的女將。如嘉靖間熊大木的《北宋誌傳》與萬曆間的《楊家府演義》，描寫楊門女將、穆桂英等，大破幽州、十二寡婦西征，女將們比男人更英武無敵，活脫呼應著《水滸傳》中對一丈青扈三娘的那闋贊詞：「霜刀把雄兵亂砍，玉纖將猛將生拿」。她們是性別屬雌的英雄，而非假扮男性的花木蘭。

此即社會英雄人格追求中，對女性形象的新塑造。參與這樣工作的人很多，例如《石點頭》第十二回〈侯官縣烈女殲仇〉，講「紅顏俠女斷頭時」；《型世言》第七回〈胡總制巧用華棣卿〉，王翠翹死報徐明山，稱王翠翹為義俠女子；〈金雲翹〉中亦予以渲染；《西湖二集》中則有卷十九的〈俠女散財殉節〉；《二刻拍案驚奇》卷十二〈硬勘案大儒爭閒氣〉，甘受刑俠女著芳名，又盛讚嚴蕊：「君不見貫高當日白趙王，身無完膚猶自強。今日蛾眉亦能爾，千載同聞俠骨香」。凡此等等，無不可見其用心。

其中最有意思的，應是《拍案驚奇》卷四〈程元玉店肆代償，十一娘雲岡縱談俠〉。本篇先說「有好事者類集它（劍俠之事蹟）做《劍俠傳》，又有專把女子類成一書做《俠女傳》的」，所指雖與鄒之麟《女俠傳》未必為同一本書，但接著，即把紅線以下，這些女性劍俠的故事一一敘述一番，性質亦同於一部俠女傳。但講古的目的，卻是要了為俠重新定義。古之女劍俠或混於盜賊，故它要區別正邪，指出正路：「這兩個女子便都有些盜賊意思，不比前邊這幾個報仇雪恥、救難解危，方是修仙正路」，所以後面才舉韋十一娘之故事為說。

這樣的敘述，事實上，乃是俠義精神的改造，將俠由報私仇、鬥勇力的層次，轉為成為公義的使者，所謂：「雙丸雖有術，一劍本無私。」俠不但不能是盜賊，「就是報仇，也論曲直」「仇有幾等，皆非私仇」。而此種刑殺守令、將帥、宰相、考官的事，似乎原本屬於男性的工作，卻已因此而轉移到女俠身上來了。同時，女俠之女性特質也被封閉了，韋十一娘的師父是位道姑，告誡她「切勿飲酒及淫色」。女俠不能動情、不能與男人性交，這與《歸蓮夢》說白蓮岸因思戀一男子「多情好色」而敗，是同一個意義。女俠實質上是無女性性徵，也無女性情慾的。

不但如此，韋十一娘初初從師習藝時，某夜「有一男子踰牆而入，貌絕美」，擁她求歡。她取劍與之鬥，不勝，那人以劍逼她就範，韋一娘死也不肯。那人才收劍稱許她。「仔細一看，不是男子，原來就是趙道姑，作此試我的。」這段插曲，是本篇最形象化的一段。趙道姑不但封閉了女性的情慾，其性別意識上，其實也正是個男人。

（五）相互宰制與解放

男人把他們對英雄人格的嚮往、對俠客的崇拜，投射到女性身上，期待女人也成為英雄俠士。女人當然也不乏將男人對她們的角色期待，拿來做為自己之性別意識的。

善於伺（男）人顏色的妓女們，對此最為敏銳，所以我們在晚明，便忽然會看見一大批崇尚俠風的名妓。如馬湘蘭「性喜輕俠」、薛素素「以女俠自命」（均見《列朝詩集》）、「李貞麗，李香君之假母，有豪俠氣」、李香君「俠而慧」、「李大娘得俠妓聲於莫愁桃葉間」、寇湄「歸為女俠，築園亭，結賓客，日與文人騷客相往還」（均見

《板橋雜記》）等等。

當然，說崇尚俠風者以善伺男人顏色之妓女為最敏銳，語稍輕薄，但不可否認，崇尚俠氣與英雄風姿的時代，確實提供了女性另一種不同於以往的形象，供其選擇。以前，男人似乎只要女人文秀麗治、柔媚婉孌就好了，若再加上一點貞節嫻淑之品德，大抵即可登錄於史傳。現在，卻喜歡女人有俠氣、像英雄。

這種對女性人格要求，會讓女性得到新的啟發、新的鼓舞。從女性主義的角度看，或許這樣並不能稱為女性的自主，因為女人仍是以男人對她的性別角色期待，內化為自己的意識。但我們也不能不注意，在這種新的期待中，女性內在陰柔之外的質素，事實上卻是得到了釋放。女人也可以陽剛、也可以恢闊、也可以俠烈、也可以好勇鬥狠，甚至殺人放火，或參與國政大事。

男性對女性意識的宰制，遂因此而促成了解放。女性單一的面目與姿勢，乃豐富了起來。此明末清初之所以多奇女子也。

沈曾植《跋投筆集》云：「明季固多奇女子。沈雲英畢著，武烈久著聞於世，黔有丁國祥、皖有黃夫人、浙海有阮姑娘。其事其人，皆卓犖可傳。而黃、阮皆與柳如是通聲氣。蒙叟通海，蓋若柳主之者。異哉！黃夫人，見《廣陽雜記》，余別有考。阮姑娘，見《劫灰錄》，云甲午正月，張名振兵至京口，參將阮姑娘歿於陣。」

按：阮姑娘事，又見錢牧齋後秋興之三，傷其「娘子繡旗營壘倒」。彼為參將，與沈雲英擔任游擊相同，均非掩飾性別、代爺出征之花木蘭，而是不折不扣的娘子軍。是楊門女將的現實版，為文學想像與社會現實提供了一個足資印詮的例證。

沈氏自稱對黃夫人事蹟別有考證，惜今已不傳，唯牧齋有《六安黃夫人鄧氏詩》詠其事，讚美娘子軍：「鐃歌鼓吹競芳辰，娘子軍前喜氣新，嘯鼓昔聞梁刺史、錦車今見漢夫人，鬚眉男子元無幾，巾幗英雄自有真。還待麻姑擗麟脯，共臨東海看揚塵」。事又見王葆心《蘄黃四十八砦紀事》二附〈皖砦篇〉。

牧齋對黃夫人、阮姑娘等奇女子如此欣賞，與他自己即擁有一位俠女河東君想必有密切的關係。他稱黃夫人為英雄，亦以此稱許柳如是。《書夏五集後》，示河東君云：「帽簷欹側漉囊新，乞食吹簫笑此身，南國今年仍甲子，西台昔日亦庚寅。聞雞伴侶知誰是，畫虎英雄恐未真。詩卷叢殘芒角在，綠窗剪燭與君論。」

南宋亡時，謝皋羽曾於庚寅歲至西台慟哭，牧齋既以之自比，當然有故國之思，甚或如陳寅恪所推論的恢復之謀。在謀畫時，柳如是雖未必如陳寅恪所說，即「為暗中之主持人」，但必然是牧齋聞雞起舞之伴侶。牧齋批評當時天下英雄均如畫虎，未必為真英雄時，其心目中之英雄，自然就是這首詩所要示知的河東君了。

牧齋所來往者，本多豪俠，如陳寅恪《柳如是別傳》即指出牧齋與嚴武伯交好，而武伯「身橫跌蕩」「眉宇軒軒，如燕趙間俠客壯士」。其實當時江湖上豪俠之士何止此二人？晚明乃俠氣縱橫之時代，遊俠者不可勝數。牧齋所欣賞的黃宗羲，曾說：「司馬遷傳《遊俠》，十年以前，余亦嘗從事於此。」（文定・前集・卷八・陸周明墓誌銘）

其弟黃澤望「臨觴高談，割臂痛哭」，其友人張元祜「未嘗忘世，學雙劍，學長槍，皆精其技」（卷七，張元祐先生墓誌銘）、魏子一「逆知天下大亂，訪劍客奇才，而與之習射角藝，不盡其能不止」（翰林院庶吉士子一魏先生墓誌銘），另有陸文虎，是遊俠郭元振之類人物；王征南，是內家拳宗師。他又推崇「何心隱之遊俠」（文定・前集・卷十）。

此外，《板橋雜記》也說：「方密之、孫克咸並能屏風上行」，擅長輕功，曾假扮盜匪去恐嚇其友人姜某。王次回《贈櫟園》也有「奇文若冠人傳誦，俠窟騷臺爭引重」之句。此皆萬曆崇禎間風氣所染，遂成此一段異樣景光也。過去論晚明史事者，但知才子佳人、偎紅倚翠，於此實多懵然；對於女子之英烈剛俠，當然也就較難予發現了。

這種女性的剛烈氣質，在詩的表現上也是有所反映的，如明末任俠為黃冠的傅青主古意云：「乾坤即有郎，不可郎無妾，請郎腰下劍，看妾頸上血」、「郎有萬里行，不得隨郎去，郎若封侯歸，一盞酹儂墓。」詩用六朝樂府體。而自六朝以來，這類詩都是桃根桃葉、憐歡愛儂、回身就郎抱的，從來沒有這麼剛烈的態度。

這或許是男人對女人的期許，也或許正是當時女性的表現讓男人有此感受，故形諸詩歌。牧齋與傅青主本人多俠行，此類詩也許不足為證，但本人並不任俠的吳梅村，事實上也有這樣歌頌俠女之詩，如《秦淮老伎行》即是。

此詩以「羊侃侍兒能走馬，李波小妹解彎弓」，來說明歷史上女人不盡為弱者，接著講良鄉妓女冬兒，如何在甲申國變之後，都督劉澤清想派人去北方打探消息，而「賊騎充斥，麾下將，無一人肯行」的情況下，毅然化妝北上，「持匕首，間關數千里，穿賊壘而還」（陳維崧・婦人集）。此類女子，非俠而何？男人如何能不歌頌之？

而最有趣的，是晚明的英雄嚮往，本有一部分是來自國勢積弱之後的渴求，如飢者欲食、渴者欲飲，鍾惺《水滸傳序》云：「噫！世無李逵吳用，今哈赤猖獗遼東，每誦秋風思猛士，為之狂呼叫絕。安得張韓岳劉五六輩掃清遼蜀妖氛、剪滅此而後朝食也？」非常能顯示這種心情。料想那些編書講述楊門女將如何殺敵破遼的人，也有此種心情。「遼」非契丹，實寓指遼東之事。寄望女將去破敵，則與熊飛讚揚母夜叉，說：「宋家一朝壯氣，盡淹沒於誠正心意之爭，士大夫談兵色變，屈膝虜廷，況於巾幗婦人乎？母夜叉窮凶極惡，即黏沒喝見之，亦應吐舌，中國所望吐氣者，賴有此哉」，心情適相符契。但借助女英雄來抗敵吐氣，畢竟仍只是紙上之空想。孰料十年後，時局之變，居然真出現了一批女將女英雄們，在胡虜猖獗的時代中，特顯其英武俠烈，這真不能不令人感嘆歷史之奇了。⑨

（六）理想人格的追求

明末清初的這一種文化景觀，在清多有延續。如女將故事，乾隆間的《說唐後傳》《征西說唐三傳》、嘉慶間的《五虎平西前傳》、《五虎平南後傳》中有更多的發揮。此類女將甚且陣前招親，自主擇婿。俠義小說中也新開兒女英雄一類，合風月煙粉於俠義，合才子佳人於英雄，如《俠義風月傳》、《兒女英雄傳》、《俠義佳人》、《繡球緣》、《義勇四俠閨英傳》、《大明奇俠雲鍾雁傳》、《續兒女英雄傳》、《爭春園》、《後唐奇書蓮子瓶傳》之類。代表了人們對陰陽調合雌雄同體理想人格的嚮往，謂：「有了英雄至性，才成就得兒女心腸；有了兒女真情，才做得出英雄事業」（兒女英雄傳，緣起首回）。而且此種理想人格並不是由男子來表現，而是體現於女兒身上的。天地靈氣不鍾於安公子，而鍾於十三妹，以致十三妹極其美麗，且「這人天生的英雄氣壯、兒女情深，是個脂粉隊裡的豪傑，俠烈場中的領袖。」（第五回）

此類雌雄同體之理想人格，似乎與明末英雄要求女俠禁慾無情不同。但事實上，在男人期待女人也應同時具有英雄人格之特質時，具有英雄氣的俏佳人不就是雌雄同體的了嗎？冷月昏燈十三妹，英氣勃勃脂粉兵，這就是明際之流風餘韻呀！

其實雌雄同體之典型，也不必待水冰心十三妹而後然，晚明那些俠妓即已具此風範了。風氣所被，清代娼門中竟亦頗見俠蹤。讀者可能會記得，《花月痕》中的妓女是會舞劍的。在現實社會中，俠妓固然未嘗絕跡，如個中生《吳門畫舫續錄》載：「王蘭珍詞氣倜儻，有豪俠好義之風」、珠泉居士《續板橋雜記》云：「張玉秀以此俠妓之名振一時」，均為此類人士。其中又實有拳勇者，如《續板橋雜記》即曾說：「徐二姬幼工技擊，不輕示人。余曾乘其薄醉，強一試之，矯若猿飛，疾同鳥落，騰躍半炊許，觀者咸目眩神驚，姬一笑斂身，依然尋常旎旖也」，李斗《揚州畫舫錄》卷九另記了幾則，錄於下：

△徐二官，字硯雲，江陰人，身小神足，肌理白膩，善吹簫諧謔，每一吐語，四座譁笑。住合欣園，拳勇絕倫。與官家子某至密。一日雨中，官家子招之，雨如注，輿不能行。因著男子服，躍馬越敵台下，倒城坡而進。時人遂以飛仙稱之。

△曹三娘，金陵人，體豐肥，有肉金剛之稱。閒居喜北人所弄石鎖戲。有某公子者，揚州武生，自負拳捷。一日與三娘對面坐榻上，戲三娘曰：「我欲打爾。」，三娘曰：「是好漢即來」，公子以手撲其乳，三娘一發手，公子跌於地。自是以能撲跌名。

△徐五庸以拳勇稱，不受睚眥，凡里閈不平之事，五庸力爭之，於是市井諸無賴憚其力，稱之都老大。徐晚年蓄一婢，名珠娘。吳門人，腰細善舞。教之拳。及五庸死，珠娘名噪一時，遇者咸謂青樓之俠。其鄉人錢梅庵為之繪《珠娘拳式圖》，江寧金虞廷、杜九煙、隨敬堂皆有詩，吾鄉黃秋平為之跋。這些不都像十三妹嗎？

另據屠紳《六合內外瑣言》卷下載：「浙東濱海多盜。廉有年小婦練娘，一旦裹頭出，求入角牴人黨，其籍北方者，皆不納。唯南部之雄，稱俞氏者，考其能而進退之。練娘能以足承梯及巨缸，又能走長繩如平地。俞氏女弟么妹愛慕殊切，相結納焉。練娘喜么妹能使雙股劍，年十七而姿容絕佳」云云。練娘是捕頭之妻，憑其技藝打入盜匪圈子裡，終能偵破巨案。這類女子，與盜酋之妹一樣，均武勇可觀，不讓十三妹。

凡此等等，再舉下去，材料有的是。但僅此已可證明兒女與英雄合為一體且表現在女子身上，固然是一種理想，現實社會中卻也不乏與相印合之實事。而當時之所以能出現這種事例，則是由於明末人對英雄人格之嚮往及將之投射於女子身上使然。清代中葉之社會狀況雖與明末清初頗不相同，可是這種人格嚮往以及它對人行為之模塑力量並沒有消失，仍在文學作品和具體生活中起著作用。

不過，無論這些作用有多大，清中葉與清末葉仍舊是不能比擬的。晚清與晚明，在俠客崇拜方面，有驚人的相似性，志士拔劍斫地，慷慨悲歌，震耀其俠氣俠行，重新激揚水滸人物式的英雄肝膽，講暗殺，行報仇，血性迸發，不嫌於倒行逆施，都與晚明甚為接近。女性在這個時候，也是以英雄自期、以豪俠自居的，秋瑾以「鑑湖女俠」自號，最能說明這一點。

南社詩人方榮杲又有詩云：「那知俠義出平康，羞煞鄞鄲擊劍郎」「佳人自古說多情，況復簫心劍氣橫」（題紅薇感舊集），多情柔美的佳人，被嚮往俠士的男子視為兼具柔情與劍氣俠氣的表徵，其心境與晚明殆亦無異。⑩

若要說它們之間有什麼差別，那就是：明末清初所開啟的這個傳統，是以剛柔互濟、雌雄同體、英雄兒女合為一體之理想人格賦予女子的。清末民初固然也依循著這個型態，如方榮杲詩所說的那樣⑪，但另有一個新的處理方式出現，亦即男人自己來擔當這個角色，認為具有俠骨的男人同時也是多情的。不但有憂國憂民的憂世之情，也有傷春悲秋的憂生之念，更有憐香惜玉的豐富男女感情，所以俠骨與柔情合為一體，而徵現於男子身上。正如蔡寅稱讚黃喃喃的，英雄們是「斗大黃金成底事？英雄俠骨美人心」，具有英雄肝膽、美人心腸。

這樣的英雄們，造就了清朝末年的中興、維新與革命，也成就了無數歌詩、傳奇、小說，其人格取向，與其社會事功及文學表現息息相關。好學深思、善於考古燭幽之士，宜於此賡所求索焉。

注釋

①這個問題，俱詳我《大俠》一書及《廿四史俠客資料彙編》的序文。

②另可見方汝浩《通俗奇俠禪真逸史》、凌濛初《二刻拍案驚奇》三九卷《神偷寄興一枝梅》，俠盜慣行三昧戲之類。

③俠客崇拜常以英雄崇拜為其部分內涵，但它並不盡同於英雄崇拜。在晚明，英雄崇拜可以讓人不管英雄是否為盜匪，只要他能顯英雄氣魄，就可博得稱許。對俠客則不然，除了應具有英雄肝膽之外，尚須符合正義的原則，才能獲得推崇。

④具詳我《晚明思潮》一書，此處也不必多談。

⑤周銓《英雄氣短說》頗能代表這種英雄應大其情的態度，他說：「或者曰：兒女情深，英雄氣短，以言乎情，不可恃也。情溺則氣損，氣損則英雄之分亦虧。故夫人溺情不返，有至大殺而無餘。甚矣，情之不可恃有如是也！周子曰：非也。夫天下無大存者，必不能大割；有大忘者，其始必有大不忍；故天下一情所聚也。情之所在，一往輒深：移以事君，事君忠；以交友，交友信；以處事，處事深。故《國風》許人好色，《易》稱歸妹見天地之心。凡所謂情，正非一節之稱也，通於人道之大，發端兒女之間。古未有不深於情，能大其英雄之氣者。以項王喑啞叱吒，為漢軍所窘，則夜起帳中，慷慨為詩，與美人倚歌而和，泣數行下。漢高雄才謾罵，呼大將如小兒，及威加海內，病臥床席，召戚夫人與泣曰：若為我楚舞，吾為若楚歌。歌數闋，一慟欲絕。嗟夫！此其氣力絕人，皆有拔山跨海之概，乃亦不能不失聲兒女子之一蹙！他若如姬於魏信陵、夷光於范少伯、卓文君於司馬相如，數君子者皆飄飄有凌雲之致。乃一笑

功成，五湖風月；與後之自著犢鼻，與傭保雜作，滌器於市，前後相映。嗚呼！情之移人，一至是哉！余故謂惟兒女情深，乃不為英雄氣短。嘗觀古來能讀書善文章者，其始皆有不屑之事，後乃有不測之功。觸白刃、死患難，一旦乘時大作，義不返顧，是豈所置之殊乎？竭情以往，亦舉此以措云爾。余故曰：天下有大割者，必有所大存，蓋不係於一節而言也。乃後世有擁阿嬌，思貯金屋，曰吾情也，噫！烏足語此？」

⑥吳梅村《圓圓曲》講：「妻子豈應關大計，英雄無奈是多情」，即是這類批判。上句猶如：「紅顏值得底事」，下句則感慨英雄通不過美人關，終歸是會失敗貽禍的。這種評價與晚清有些不同，晚清很有些人主張英雄即該要多情。詳後文。

⑦六朝唐宋之女仙常與凡人談戀愛，此處則不然。

⑧見林保淳〈中國古典小說中的女俠形象〉，中研院文哲所集刊第十一期。

⑨李漁《笠翁偶集》是最有趣的例證。他一方面在《習技第四》中批評當時女子「儘有專攻男技，不屑女紅，鄙織紉為賤役，視針絲如寇仇」，他認為如此是不對的。但他這種記載，卻剛好洩露了一個時代的風尚。其次，趙吉士《寄園寄所寄》的焚塵寄所記「閨中異人」凡四十則，全都是女子而具有英雄豪烈氣息的，而且他說：「女主乎內。以聲不越閫為賢，豈尚異哉？獨自媧天補石以來，異者多矣。吾摘其近，以愧鬚眉」，可見也是有意提倡此種女英雄的。故其中除了娘子軍、女將、女俠之外，還記「閨詩多有帶英氣者」，某某「亦有英雄氣色」。非常值得參考。

⑩詳見我《俠骨與柔情：論近代知識分子的生命型態》一文，收入本書。

⑪晚清蟲天子編《香艷叢書》五集中，收了《女盜俠傳》、《女俠翠雲娘傳》、《女俠荊兒記》可參看。

七　俠骨與柔情：近代知識分子的生命型態

（一）士風／俠行

譚嗣同十八歲時，曾自題小像，填《望海潮》詞，云：「拔劍欲高歌，有幾根俠骨，禁得揉搓？」譚氏好任俠，對自己也有俠骨崢嶸的期許。這種期許，並不是譚嗣同個人特殊生命情調使然，而更應視為一種劇烈變遷社會中，知識分子常見的性格。①

例如漢代末期，社會與文化都面臨著劇烈的變動，士風便往往表現為俠行，《廿二史箚記》卷五就指出：

自戰國豫讓、聶政、荊軻、侯嬴之徒，以意氣相尚，一意孤行，能為人所不敢為，世競慕之。其後貫高、田叔、朱家、郭解輩，徇人刻己，然諾不欺，以立名節。馴至東漢，其風益盛。其大概有數端：是時郡吏之於太守，本有君臣名分，為掾吏者，往往周旋於死生患難之間；又有以讓爵為高者；又有輕生報讎者。蓋其時輕生尚氣，已成風俗，故志節之士，好為苟難，務欲絕出流輩，以成卓特之行，而不自知其非也。然舉世以此相尚，故國家緩急之際，尚有可恃以搘拄傾危。

此等俠行，都是偏激的，因為他們本來就是被時代與社會所激擾的生命。但這一時代的俠，畢竟仍是消極的抗議者，他們只能以比一般人更刻苦更艱難的方式，去顯示俠行的可貴，卻不能積極地剷除社會的不義，以超越社會體制、打倒規範的行動，「絕出流輩」。這是由於那個時代的社會問題還不嚴重、文化變遷還不劇烈，晚清就不同了。

晚清社會文化變遷之巨，是人所共知的。在這個文恬武嬉、官貪民刁的時代，知識分子自覺對時代有責任，所以也就更嚮往正義之實現，也更期待英雄，或自己願意成為拯救時代的英雄。對於各種現存的社會體制，更是力予批判，意欲「衝抉網羅」，以獲得個體的自由和群體的解放。

在這種存在的基礎上，他們的性格往往就傾向於俠。如龔定庵說：「陶潛詩喜說荊軻，想見停雲發浩歌，吟到恩仇心事湧，江湖俠骨已無多」（己亥雜詩），他不但自認為俠，也以俠客視陶潛哩！深受定庵影響的新民叢報及革命黨人，更常以俠士精神為號召，如《秋瑾號》、《鑑湖女俠》、《吳樾號孟俠》、章太炎寫〈儒俠篇〉、他的弟子黃侃也寫過一篇〈釋俠〉，他們均提倡復仇，讚揚俠以武犯禁。

章氏《答張季鸞問政書》更談及：

今日宜格外闡揚者，曰以儒兼俠。故鄙人近日獨提倡〈儒行〉一篇。（《制言月刊》第廿四期）

俠與儒是不一樣的兩種人，兩種生命型態。儒者之學為己，俠客之行為人；儒者沉潛內斂，俠士激昂跳脫；儒者循義，俠則行多不軌於正義。但儒家學問中也有激昂抗烈的一面，如《儒行》所記載者，剛毅之行、勇決之操，即近於俠客。在這個困蹇晦暗的時代，章太炎等人便特別把儒家這一面掘發出來，希望能夠以儒兼俠，替時代開拓一個新的局面。

這種作為，跟譚嗣同說：「墨有兩派，一曰任俠，吾所謂仁也，在漢有黨錮、在宋有永嘉，略得其一體。」（《仁學自敘》），意義相同。不論其溯源於儒亦或墨，共同的主張即是統合士風與俠行。儒或墨，代表知識分子，在漢末、宋末，這些知識分子都曾因時局的刺激，而表現出與俠相似的生命氣質，晚清自不例外。

當時維新一派，如梁啟超撰有《中國武士道》一書，鼓吹俠刺精神。楊度、蔣智由序，亦皆強調中國應該恢復俠風。譚嗣同更是「少好任俠」的人物，直到他因戊戌政變而死，都還留下了大刀王五的故事。革命派比維新派更激烈，主張暴力革命，所以也特別鼓勵暗殺、復仇。②

那時，不僅許多人以俠為名為號（如上舉的秋瑾、吳樾），也有不少人以劍為名，像南社，柳亞子的書齋叫磨劍室、高旭的號叫鈍劍、俞鍔又字劍華、朱慕家號劍芒、傅鈍根叫君劍、王鋭字劍丞，諸如此類，其心情恰好可以俞鍔的一闋詞來說明：「只怕雄心還未滅，遇冤魂驟把鋼刀起，可酬得平生意」（《金縷曲》，〈題與馮心俠合影小照〉），希望能消弭人間的不平。③

這種儒俠合一的、經過轉化改造後的俠客精神，可說普遍流布在那個時代的知識分子心中。撇開著名的任俠人物如章太炎、譚嗣同不談，我們從整個《南社詩文叢選》中去觀察，將更能說明這個現象。

《南社詩文叢選》中所錄各詩，多傷同志之死難、哀生民之流離者，而其中即往往有直標俠義，以當鼓吹之作，如方榮杲《題紅薇感舊記》提到：「那知俠義出平康，羞煞邯鄲擊劍郎」，劉國鈞的《并遊俠行》歌頌遊俠：「要遣功名到狗屠，男兒意氣輕細作」，周亮《俠士行》亦云：「手不斬仇人頭，口不飲仇人血，俠士替天平不平，其情如山心如鐵」，沈礪《吳中雜詠》則說：「要離塚外五人塚，猶占吳門俠氣多」。高旭又曾畫花前說劍圖，同社諸人吟詠殆遍，因為這是他們共同的心聲，他自己題詩云：「提三尺劍可滅虜，栽十萬花堪一顧，人生如此差足奇，真風流亦真雄武」，也確是豪氣干雲。

錢劍秋別有秋燈劍影圖，柳亞子題云：「亂世天教重遊俠，忍甘枯槁老荒邱？」「我亦十年磨劍者，風塵何處訪荊卿？」也把他們這一夥人共同的想法點出來了。鄭叔容在給柳亞子的信上談到整個南社的詩文時，他用「躡扶風豪俠之景，歌旗亭楊柳之詞」來形容，可見這個革命團體確實也給了大眾一個激揚俠風的印象。這種印象，跟他們自己的自白，相當一致。④

（二）憂世／憂生

然而，南社諸君的詩文中，同時也存在著大量傷春悲秋、綢繆婉孌之詞，這又將如何解釋？是的，這些儒俠們固然能夠意氣昂揚地衝抉網羅，所謂「五陵結客當年少，一劍橫天喝月開」（俞鍔《酬鈍劍見枉六次前韻》）「寶刀斫地精神壯，健筆摩天意氣凌」（同上《贈惕生》），顯現出飛揚跋扈的氣勢。但整個時代的苦難，擔在他們心頭，他們在意氣昂揚之中，當然會有蒼涼哀傷之感。

這一方面是因為在「獐頭鼠目盡賢臣，蒼狗紅羊幾劫灰，赤鳳宮中齊按曲」的時代，總不免「紫鸞鏡裡獨傷神」（同上《再酬惕生和作》），知識分子會感到憔悴與焦慮。另一方面，他們又對時代未能忘情，不忍割捨、不能坐視，所以蒿目時艱，江湖滿地，心境上便備覺蒼涼。譚嗣同的詩說：「茫茫天地復何之？悵望西風淚欲絲，悲憤情深貂伴肉，功名心折豹留皮，一朝馬革孤還日，絕勝牛衣對泣時。」對時代，悲傷到寧願用自己的生命來塗染它，也不願坐視，心境之沉痛，可想而知。俞鍔的悲憤，不如譚嗣同，但他也要說：「三爵後，拔劍蛟龍吼，氣吞牛斗，看破碎山河，淒涼世事，付與捧天手。」（《摸魚兒》）然天不可捧，所可掬者，但為作者獨立天地之間的茫茫哀感而已。

這是一種對時代苦難之擔當，所謂「詩人之憂世」，即《詩大序》所說：「明乎得失之跡，傷人倫之廢、哀刑行之苛。」然而，這種對於時代的憂戚，可能會使人追究到人生命本質的問題，例如從亂世中人命微賤的現象，反省體察到生命本身的飄忽與脆弱，於是，對一時一地社會的憂傷，便可能瀰漫為對整個生命的感悵。此即從「詩人之憂世」，擴展到了「詩人之憂生」。⑤

在憂世的階段，儒俠們孤傲不群、憂鬱多思的性格，到他們昂揚澎湃的激情心態輾轉反覆的思維方式，乃至一廂情願的烏托邦式理想託寄，無不反映了自歌德（Goethe）的少年維特（Werther）以後所謂浪漫英雄的標記。其中含有類似普羅米修斯（Prometheus）為蒼生獻身、犧牲小我的叛逆勇氣，代表了一種激情的心態。而到了詩人之憂生時，激情便開始沉澱了下來，直指生命中最深沉的悲苦，正面面對著死亡。

龔定庵《琴歌》曾自謂：「之美一人，樂亦過人，哀亦過人」，哀樂無端且極強烈，正是激情心態的表現。但情莫大於死生，所謂「死生亦大矣」。《世說新語》〈傷逝篇〉記載了一則鍾情的故事：

> 王戎喪兒萬子，山簡往省之，衍悲不自勝，簡曰：「孩抱中物，何至於此？」衍曰：「聖人忘其情，最下不及情；情之所鍾，正在我輩。」簡服其言，更為之慟。

山簡本來是去勸慰王戎的，不料王戎的話觸動了山簡，山簡竟也哀慟不已。這是什麼道理？原來，情在生命中的分量，正是由這種死亡陰影的反襯中才突顯出來的，王羲之在《蘭亭集序》中一再嗟嘆：「死生亦大矣」，並質疑老莊之達觀是：「一死生為虛誕，齊彭殤為妄作，後之視今，亦猶今之視昔也，悲夫！」就是這個意思。⑥

清末憂時念亂的儒俠們，悲歌慷慨之中，其實就有這樣的憂生之懷。像寫出：「壯士髮上指，蕭蕭生悲風，一擊聊快意，身死國亦從」（《哀朝鮮》）的古直，就有一首〈憶亡友〉朝露，次殘夢韻。以朝露、殘夢為名，即可以顯示：在這個時代或這群儒俠之間，存有一種共同的視生命為虛幻且即將面臨死亡之心理。

因此，在他們的詩文中，明顯有著對歲序流逝的驚痛，對草木零落、生命死亡的哀戚。如劉國鈞的《餞春詞》、沈宗畸的《落花》十首、周實的《痛哭四章》、龐樹柏《雨中見桃花零落有感》、硯愁《秋怨詞》、高旭南《哀吟十二章》、王德鍾《落花篇》、費公直《海棠零落作詩弔之》等等，這些春愁秋怨、落花哀吟，幾幾乎要近於《紅樓夢》裡的黛玉葬花了。豪俠奇男子，亦作此顰卿捧心之態乎？

這是當然的。譚嗣同在〈遠遙堂集外文初編自序〉中，描述自己是個「憂傷之中人」，對生命有一種「蒼然之感」。大抵身在亂局之中，知識分子對於生命的脆弱，都能有所體會。而他們衝抉網羅的豪情，又反過來不斷地構成對生命本身的質疑；因為人的具體生命，其實是與社會不可分的，一再批判社會，撼動既存價值的結果，可能也就懷疑到個人存在的價值。這樣就不免逐漸走向虛無。如章太炎最後成了一位虛無主義者，倡言：無政府、無社會、無人類、無眾生、無世界。譚嗣同的《仁學》，亦歸於虛空、無。⑦

他們對虛無的理解當然不會一樣，但我們要指出的是：這種人生空虛之感，很自然地使得他們趨近於佛家、道家。道家以人生為蘧舍，說人生猶如幻夢。南社諸君子即常以夢蘧、幻庵、幻園、栩園、夢廬為名。而佛家超越人生，視人生為苦、為空的態度，更成為他們最好的滋潤與伙伴。

晚清這些講儒俠精神的人，多少都跟佛學有點關係。早期的龔定庵：「吟罷江山氣不靈，萬千種話一燈青，忽然擱筆無言說，重禮天臺七卷經」，跟天臺宗淵源極深。章太炎、譚嗣同則精研唯識宗，梁啟超也有佛學著述多種。楊度替梁氏《中國武士道》撰序時，更曾主張俠道精神是「參會儒佛之長」而形成的。南社中人，也有許多取了佛家意味極濃的字號，什麼「影禪」、「定禪」、「佛子」、「宴佛」、「蛻僧」、「曼陀」、「一粟」、「恨佛」、「龍禪」、「天梵」等等。還有根本就是和尚的蘇曼殊、弘一大師。他們其中未必都精深於佛家之義理，但卻都是契合於那種生命空苦之感受的。⑧

（三）俠骨／柔情

通過這樣面對死亡的體會，儒俠於生命自有一種蒼茫之感。俞鍔題亞子夢隱第二圖竟，百感叢集、愁思萬端，因復作短歌行以寄所謂：「夢裡圖中俱無那，傷心一樣可奈何！可奈何！拔劍為君歌短歌」，即指向這種百感交集的生命蒼然之感。他另有一闕〈倦尋芳〉，小序云：「甲寅春暮，訪心俠於寧靜廬，剪燈話雨，共欣無恙。偶翻書篋，得五年前誤聞君死所作《金縷曲》輓詞。蝕過半矣。各愴然久之，因囑補填，以留紀念，蓋不勝死生流轉之感」，講的也是這類心情。

無論是柳亞子〈變雅樓三十年詩徵序〉的感慨：

鐃吹之曲，變而為蒿里平陵。優曇之花，原於電光石火。白杜人間，黃壚地下，何處不可迴車痛哭？

還是程善之〈胡氏族譜序〉的疑惑：

人生一世，豈不蒼蒼茫茫也哉？自顧此身，其來何所？其去奚窮？

總之，從現實上看，「客天涯無多俠骨，雄談還健，此地從來逋逃藪，一霎風流雲散」（俞鍔《金縷曲》），叛逆的英雄不斷地凋零死去；從道理上說，人生苦短、憂患實深。英雄們行走在人生道路上，也越來越覺得孤寂蒼涼。

負荷時代苦難的擔當精神，和體會人生悲苦的宗教意識，本來是有些衝突的。因為宗教意識常在體會人生悲苦空虛之後，超越於人生之上，以解脫空苦。但這些俠儒們往往只是能知超越之理，卻不能真正超越，無法以澄觀之心，超越地撫平人世的激情。反而，他們太過濃摯的擔當精神，除了負荷時代的苦難之外，也同時要負荷人生的苦難。所以，宗教意識所體味到的人生空虛感，不僅不能解脫他們在現實世界上的激切之情，還倒過來，強化了他們的擔當與負荷，以致於他們的激情，從現實層面透入了生命存在的本質。

現實中的苦難可以獲得改善，生命中的悲戚卻永遠無法逃脫。而他們的激情也永遠不會減淡。甚至於對這些俠客來說，可能唯一可以詮釋他們生命的，就是一個「情」字。情之所鍾，正在吾輩。他們幾乎是唯情論的。龔定盦的詩：「情多處處有悲歌」「夢中自怯才情減，醒又纏綿感歲華」（《己卯雜詩》）、「情苗茁一絲」（《因憶》）、「深情似海」（《百字令》）。深情、多情、鍾情，正是這批儒俠們共同的寫照。

柳亞子《周烈士實丹傳》即特別指出：「余觀烈士生平，蓋纏綿悱惻，多情人也。」俞鍔在〈鐵崖自檳島來書〉述荔丹近況及所在並新詩二章之際，也說：「癡情尚憶深情者，兩袖長懷詩幾篇」。其他如：

為誰歌哭為誰癡，自有閒愁自不知。（《島南雜詩》）
南國吟殘紅豆句，使君何事也情癡。（《調楚傖》）
癡情作底拋心力，辛苦頻裁血淚詩。（《重觀血淚碑》）
撩情晨鵲噪庭柯，悵望西南兩鬢皤。（《偶成》）
笑倚瓊樓弄明月，風流天付與多情。（《天仙子・贈姚石子》）
怕天也緣情頓老，嘆人間歷歷恩仇總未了。（《淒涼犯・觀落花夢示楚傖》）

朝暮愁者，也難解愁些甚底。情鍾我輩，偏獨消磨，月明千里（《慶宮春》）

癡怨愁絕，總為情多。這種情，不僅指男女愛悅，而是李商隱所謂：「深知身在情長在，悵望江頭江水聲」的情，纏綿不可解於心。所以他們也最喜歡李商隱的詩，幾乎人人都大作落花、無題、有感、重有感；李商隱的一些詞彙，更是被他們反覆摭拾套用。光就《南社俞劍華先生遺集》來檢查，他就作過無題詩一百一十八首以上，李詩風靡的情況，可以想見。⑨

另外還有一些多情的自供，如陳蛻僧的《斷腸》云：「斷腸情事斷腸詩，比似春蠶宛轉絲」，大似義山春蠶絲盡的口吻。又《原病》說：「情愁積久都成病，病去情愁又別生」。對此纏綿多情的痛苦，他們未嘗不曉得，但唯情論者就是要繼續耽溺於這種情愁的折磨與煎熬之中，春蠶自縛，明燭自燒，總不能解脫。陳蛻僧固然自號蛻僧，固然也有《悟情詩》云：「此鄉誰與號溫柔？一到情深便是愁」，卻也未嘗開悟，仍然要說：「銷魂還是有魂時，更不銷魂事可知。佛說色空真淺義，最愁空處著相思」（《最愁》）。他們的情愁，非著於色相之中、亦未必有一對象，而根本就是他們生命的本身。所以是身在情在，於空虛著其相思，在本質上就是無法超脫的。

因此，俠士不是「其情如山心如鐵」，而是柔情款款，慣為傷春悲秋之詞的多情種子。方榮杲《題紅薇感舊記》稱之為：「居士生來本逸才，才多更復種情胎」。

（四）英雄／兒女

情胎情種，徒感流年於風雨、傷零落於芳華，固可在空處著其相思。但在人世現實存在的處境上，情不可能沒有著落。所以從心境上看，多情可以是纏綿於生命之中的內在最幽深隱微的心緒；可是情的表現，卻一定得具體顯於某些對象上面。

這些情的表現對象，最重要的，乃是朋友和女子。柳亞子《余十眉寄心瑣語序》說：五倫之中，君臣一倫應該取消，其餘四倫，「彼父子兄弟，關於天性者靡論矣。若朋友夫婦之間，蓋有難言者。夫朋友以義合，義乖則交絕。夫婦以愛合，愛疏而耦怨。苟非至情至性，孰能恆久不易？」父子兄弟是性，朋友夫婦才是情的遇合，所以他們要篤於朋友之情義、深於夫婦男女之情愛。

篤於友朋之義，是俠士本來的傳統。⑩深於男女夫婦之愛則是新的內容。俠士原無夫婦之愛，更嚴男女之防。唐人小說《賈人妻》、《崔慎思》都描寫女俠逕別其夫遠遯，說：「今既剋矣（已報了仇），不可久留，請從此辭」，然後便走了。其夫大悲，她又轉回，說是要餵孩子吃奶，餵完後真的走了。其夫再仔細一看，原來已把孩子弄死。這樣的故事，顯示了俠的殘酷無情，正如聶隱娘的尼姑師父所教的：俠必須「先斷其所愛」，必須無情。明代小說程元玉店肆代償錢，十一娘雲崗縱譚俠，甚至描述程元玉的尼姑師父除了告誡她：「切勿飲酒及淫色」之外，還假扮一美貌男子來調戲她，進而逼姦，用來試探她是否真能不動情。

女俠如此，男俠亦然。〈趙太祖千里送京娘〉之中，趙匡胤千里迢迢把京娘送回家鄉，小說不但在一路上描述京娘如何「欲要自薦」，著力挑逗趙匡胤，而趙卻絲毫不動心。直到送女還家，女方欲把京娘嫁他，他還義正辭嚴地大罵：「俺是個坐懷不亂的柳下惠，你豈可學縱慾敗德的吳孟子，休得狂言，惹人笑話！」弄得京娘只好懸樑自盡。趙匡胤慚咎嗎？不，這才顯得出他大英雄不貪女色的本分哩！《水滸傳》對女人的態度，眾所周知，宋江說得好：「但凡好漢，犯了《溜骨髓》三個字的，好生惹人恥笑。」（卅二回）⑪

可是到了晚清，這無情禁欲的俠士形象改變了。儒俠的芬芳悱惻之情，其中蘊含著對生命的矜惜，生命是脆弱而美麗的，就像女子。而女子那種幽微細緻的心靈、纖巧敏銳的感覺，又剛好可以貼合儒俠們內在深刻隱曲的心境。女子不待學習，與生俱來的多愁善感，也正是儒俠深情癡情的同類，所以面對女子，儒俠們大有知己之感。

他們欣賞女人，讚美女人，進而崇拜女人，歌頌女人。俞劍華《有悼》說他：「天涯別有傷心淚，不哭英雄哭美人」，確屬實情。他們集中寫女子的詩，向來不少。方榮杲說女俠玉嬌：「能將慧眼看才子，慷慨悲歌慰寂寥」，也是他們共同的盼望。高旭《自題花前說劍圖》說：圖中人兮別懷抱，花魂劍魄時相從。要離死去俠風歇，一杯酒洒冢中骨。青衫紅粉兩無聊，指掌高談古荊聶。東風浩蕩催花開，紅顏自古解憐才。誓洗清談名士習，頓生遲暮美人哀，美人應比花常好，萬紫千紅天不老。一室猶秋孤劍鳴，四海皆春群花笑。

英雄與美人，似乎有生命的同一性，所以把俠客「求知己」的傳統，轉換成了求美人青睞。這與一般意義的「博取異性歡心」，有極大的不同，故陳蛻僧有詩云：「已瘞精魂傍美人，情根休更出埋塵」（《精魂》），埋精魂於美人之傍，竟近於龔定庵的「落紅不是無情物，化作春泥更護花」，肉體之慾甚少，也不是藉異性之讚賞來肯定自己的英雄氣概，反而是壓低自己，情願為美人服務。

此亦定盦所謂：「甘隸妝臺伺眼波」。但英雄多情，即表現為美人。因此這種服務，也並未矮化自己。蔡寅說得不錯：「斗大黃金成底事，英雄俠骨美人心」（《贈黃喃喃》），在一個人身上，一位標準的儒俠，就應該是英雄肝膽兒女心腸的。在兩個生命個體之間，則英雄與美人，將也因其同質而能互相欣賞。

不僅如此，英雄擔當天下之苦難，肩負改革開創的責任，衝撞奔波之餘，美人正好提供一個撫慰其心靈、舒緩其疲勞的處所，故龔定盦曰：「少年雖亦薄湯武，不薄秦皇與漢武。設想英雄垂暮日，溫柔不住住何鄉？」奔馳流盪的生命，常在不安與騷動之中，而溫柔鄉則為其安居之處。

諸如此類，美人之思在他們生命中至為重要。像蘇曼殊，雖為衲子，卻多艷情，高旭曾說他想重譯《茶花女遺事》，並讚許他是：「下筆情深不自持。」俞鍔又說他在東京與一彈箏人交好，至西班牙又與一女郎有瓜葛，返國，則遊於南里，「有館於桐花下者，慧而麗，所鍾愛，不啻東京之彈箏人也。」（《追悼曼殊師》），對於他這些情事，俞鍔用拜倫來比擬曼殊。

曼殊之欣賞拜倫，世所周知。但他所欣賞於拜倫者，固在其《哀希臘》，足為革命之鼓吹，更在於拜倫與女子的關係。他自稱所譯拜倫《答美人贈束髮》、《帶詩》六章是「情思眇幻」。俞鍔用拜倫相擬，正是有見於此。他又喜雪梨詩，說雪梨詩奇詭疏麗，能兼義山長吉，並譯其《去燕》詩等，章太炎題其耑云：「師梨所作詩，於西方最為姸麗，猶此土有義山也。其贈者亦女子，輾轉移被，為曼殊闍黎所得。或因是懸想提維與佛弟難陀同轍，於曼殊為禍為福，未可知也」，對他是和尚卻纏綿於美人之間，似不以為然。但是，這其實是很普遍的現象，李叔同在東京也自演《茶花女遺事》，其他南社中人，愛情事蹟也不比蘇曼殊少。更重要的，不在於這些事蹟，而是說「婉孌佳人」乃心中之一種情感、一種追求與嚮往，美人成為人格理想的化身，也成為現實上可悅的對象。⑫

（五）劍氣／簫心

他們這種態度，有兩個來源，一是知識分子「思美人」的傳統；一是龔定盦深刻的影響。中國士人自古即有「思美人」的傳統，《詩經》所謂：「云誰之思，西方美人」，《楚辭》既常以美人香草譬喻賢人，又有〈思美人〉篇。美人既可自喻亦可喻人，作為嚮往追求的對象，求之不得，則輾轉反側。

這時美人不但是可悅的，也是崇高的，所以常以神、聖、仙來譬說，聖潔而不可褻瀆，只能仰望崇拜並企圖接近之，如《洛神賦》那樣的描繪，可說是個典型。所謂：「西方有佳人，皎若白日光，飄飄恍惚中，流眄顧我旁」（阮籍《詠懷》）。我對此美人，則應不顧一切地去追求，陶淵明《閒情賦》把這種思美人之情形容得尤其好：「願在衣而為領，承華首之餘芳；願在裳而為帶，束窕窈之纖身；願在髮而為澤，刷玄鬢於頹肩；願在眉而為黛，隨瞻視以閒揚；願在莞而為蓆，安弱體於三秋；願在絲而為履，附素足以周旋。」熱切投注，為情奉獻，不計一切，只求能常伴美人左右。⑬

然而，這個思美人的傳統，一方面固然顯示了士以美人為可思可慕、可生死以之的對象，一方面卻也提示了人應該超越情執的路線。以陶淵明的《閒情賦》來說，情之所鍾，誠然纏綿悱惻，但「閒」者防閒也，整篇賦的主旨乃是要從情的糾纏中超越出來，其宗趣與張衡之《定情賦》，蔡邕之《靜情賦》，陳琳、阮王禹的《止欲賦》、王粲的《閒邪賦》、應暘的《正情賦》、曹植的《靜思賦》等一致，都是通過一個超越觀點，直指人生虛幻短暫，以止息這種情執。《閒情賦》最後說：「意夫人之在茲，託行雲以送懷，行雲逝而無語，時奄冉而就過」，人既領悟了時間的飄忽，則知美人塵土，可以「坦萬慮以存誠，寄遙情於八遐」矣。

這是由情出發，止於無情的路子。儒家之思無邪、克己復禮、以性制情，都屬於這個路數，清末民初的儒俠們卻不然，他們只有上半截。對於情的執著與耽溺，使得他們雖知超越之理，而竟不能超脫，反而一往不回，俠氣漸消、柔情愈熾，成為龔定盦所說：「風雲才略已消磨，其奈尊前百感何，撐住東南金粉氣，江湖俠骨已無多。」時間的飄忽感、生命的虛空蒼涼，並未令他們超悟，反而逼使他們更熱烈地擁住美人，視為蒼茫人世的唯一慰藉：「溫柔不住住何鄉」！

這就是龔定盦的影響了。吳雨僧《餘生隨筆》曾說定盦詩在晚清甚為風靡，「如梁任公，其三十以前作，固似處處形似。即近年作，皆定庵之句法也。又集定盦句互相贈答，亦成一時風尚，近經南社一流，用之過多，遂益覺其可厭。」而梁任公自己在《清代學術概論》中就指出：「光緒間所謂新學家者，大率人人皆經過崇拜龔氏之一時期。」他們學龔定盦、好集龔句以相贈答、作詩句法多效定庵，是不錯的，翻開清末民初人集子，隨處都可看到這個現象。但龔氏影響當時知識分子最大的，並不在字句方面，而是他那種合儒、俠、佛、艷為一的生命態度，英雄美人之思、俠骨柔情之感，才是令這些儒俠們神銷骨醉、低迴不已的所在。所以姚鵷雛《論詩絕句》說他：「艷骨奇情獨此才，時間謦咳動風雷。」

定盦這種艷骨奇情，他自己稱為簫心劍氣。他小時聽巷口有人吹簫賣餳，心神輒癡，彷彿生病一般。這沉沉然、陰陰然，每每引發極混眇又極真切感受，讓他如癡如病的簫聲，逐漸就變成他內在心靈幻動的一種徵象。他自謂：「早年攖心疾，詩境無人知；幽想雜奇悟，靈香何鬱伊」，這種以明言的鬱伊幽奇之心，他便把它稱為簫心。在《懺心詩》中，他描述心潮鼓盪，「來何洶湧須揮劍，去向纏綿可付簫」，又在《秋心詩》中說：

「秋心如海復如潮，聲滿東南幾處簫」，詩中凡幽、香、靈、艷、纏綿、美人云云，都跟他這簫心之發動有關。

但簫心只是心的一面，偏於沉、靜、纏綿、幽怨的一面；心還有奇狂、鼓盪、激昂的一面，那他就用劍來象徵。「按劍因誰怒，尋簫思不堪」（《紀夢之四》）「一簫一劍平生意，負盡狂名十五年」（《漫感》）「沉思十五年間事，才也縱橫，雙負簫心與劍名」（《醜奴兒令》）「長鋏怨、破簫詞，兩般合就鬢邊絲」（《鷓鴣天》），都是雙提簫劍，這代表了他的心緒，也代表了他的生平。

這個生平，既有儒的經世濟民，又有俠的跌宕不羈，但畢竟一事無成，徒留蒼涼：「少年擊劍更吹簫，劍氣簫心一例消。誰分蒼涼歸棹後，萬千哀樂集今朝」（己亥雜詩）。所以他要參禪學佛，以求脫解超越。卻不料，情執未解，「萬一禪關砉然破，美人如玉劍如虹」（夜坐）！⑭

美人如玉劍如虹。這種簫心劍氣，委實讓清末民初諸儒俠們心折不已，前引方榮杲《題紅薇感舊記》最後結尾處就說：「佳人自古說多情，況復簫心劍氣橫」。被稱為纏綿多情人的周實哭友人詩也說：「塵寰從此知音稀，劍氣簫心誰與抗？」

（六）水滸／紅樓

簫心與劍氣，都顯示了生命的激情狀態，也表現了晚清民初知識分子中普遍的英雄兒女之情。不只南社君子，包括曾慷慨從軍至臺灣抗日的易順鼎，其詩皆有此種「少年哀艷雜雄奇」的特色，如「眼界大千皆淚海，頭銜第一是花王」「生來蓮子心原苦，死傍桃花骨亦香」「秋月一丸神女魄，春雲三摺美人腰」「寸管自修香國史，萬花齊現美人身」「僕本恨人猶僕僕，卿須憐我更卿卿」「渭城小雪如朝雨，秦地殘雲似美人」「何忍呼他為禍水，尚思老我此柔鄉」之類。

換句話說，政治立場可能不同，但在時代的激盪之下，這個時代的知識分子常有以儒兼俠的趨向。當時顧鼎梅曾刻意把他的詩集稱為《非儒非俠齋詩集》，即是面對這樣一種時代風氣的自嘲之意。而這些儒俠們一方面憂生，一方面念亂，對生命更常有鬱伊蒼然之感及浪漫的激情。他們也很自覺地在發展這種多情的生命型態，感流年於風雨，寄芳意於美人。而隨著生平遭際的挫折，儒俠們也可能逐漸英雄氣短，兒女情長。即或不然，亦將引美人為知己、為同調，耽溺於有情世界，歌頌美人。

此一趨向，固屬其生命型態之性質使然，但「思美人」的傳統及龔定盦的「簫心劍氣」說，也發揮了很大的作用，構成了清末民初頗為普遍的現象。在沈宗畸所輯《國學粹編》中，我們可以看到《鍊菴駢體文鈔》卷三，周家謙的《醉芸詩集》序。我們想藉這篇文章來印證這個說法。

該文一開始就說：「詩以窮而益工，情以鬱而彌暢」，然後介紹李經世如何「平子工愁，休文善病。亭臺景寂，春夢靡任其婆娑；池館涼生，秋思那禁其蕭槭。往往興與古會，永夕永朝，憂從中來，載歌載泣。」這就是我們所說，他們往往對生命有種飄忽淒涼之感，善於憂生。接著，李生開始出而經世，「斑馬蕭蕭，長劍鬱風雲之氣；荒雞喔喔，短檠寒霜月之燈」，燕市悲歌，慨當以慷，而又逐漸孤鶴離群、冥鴻陣斷，有人世流離之感了。再下來，則柔情所繫的「又一境也」出現了；好色不淫，緣情而綺，紅袖添香，粉膩黛濃，艷體每託無題，閒情不妨有賦，香草美人，篇什濡芬於楚艷，傷心人別有懷抱，誰能遣此，有情人都成眷屬，徒喚奈何。

這幾「境」，恰好就是他們心境與詩境的表現，而且具有普遍意義，清末民初許多人的詩文，都可以通過這條線索去理解。特別是南社及後來與南社關係極為密切的鴛鴦蝴蝶派。因為民初盛行的哀情小說，其整個人生態度，就跟這種唯情主義或俠骨柔情有密不可分的關連。徐枕亞的《雪鴻淚史》，意義固同於易順鼎的「眼界大千皆淚海」，書前題詞，尤多劍氣俠情的套語。什麼「儂欲懺情情不斷，英雄自誤誤蛾眉」、「俠骨癡情累此身，相思無復問前因」、「醇酒婦人自古爾，柔情俠骨有誰耶？」、「兒女情腸亦太癡，英雄肝膽劍相知」等等。鴛鴦蝴蝶派作品，皆可作如是觀。其後又從哀情之中發展出俠骨柔情的新式武俠小說，原因也可由此處索解一二。⑮

不只此也，鴛鴦蝴蝶派與創造社、文學研究會、左翼作家聯盟長期對抗，這種對抗被形容為新舊文學之爭，癡情的兒女故事與武俠小說則為頹廢的作品。但激情的生命既是晚清知識分子普遍的型態，民初便不僅表現在「舊派文人」或「舊文學」身上，新文學家又何嘗沒有一點遺跡在？例如郭沫若、蔣光慈的感傷濫情，或郁達夫的沉淪頹唐，乃至戲劇方面如陳大悲的《英雄與美人》、袁昌英的《孔雀東南飛》之類，不也都是浪漫激情的嗎？然而新文學家不曉得它與那些舊文學家們其實是一樣的，更不能發現近代儒俠觀出現以後，帶給知識分子心境上的轉變，只好費力地彈那五四反傳統的老調，一以貫之地把它解釋為反傳統精神。像魯迅所說：

> 五四運動之後，將毅然和傳統戰鬥，而又怕敢毅然和傳統戰鬥，遂不得不復活其「纏綿悱惻之情」。（《中國新文學大系》，小說二集序）

為什麼要反傳統又不敢反傳統，就不得不復活那纏綿悱惻之情呢？為什麼這種纏綿悱惻，就是「和為藝術而藝術的作品中的主角，或誇耀其頹唐或炫鬻其才緒，是截然兩樣的」呢？魯迅這類的解釋，真是毫無道理。纏綿悱惻之情，是清末儒俠觀底下蘊釀出來的一種人生態度。自覺情之所鍾，正在我輩，且勇於追求，以謀情之實踐與完成；但生命之中又存在著蒼涼之感，不免自憐自艾，所以才會出現「那時覺醒起來的知識青年的心情，是大抵熱烈，然而悲涼的，即使尋到一點光明，徑一周三，卻更分明地看見了周圍的無涯際的黑暗。許多的作品，就往往春非我春，秋非我秋，玄髮朱顏，卻唱著飽經憂患的不欲明言的斷腸之曲。雖是馮至的飾以詩情、莎子的托辭小草，還是不能掩飾的。」（魯迅・同上）只是這種悲情纏綿，卻與覺醒不覺醒沒有關係。

同理，魯迅認為當時知識青年之所以如此多情，是因為：「摭取來的異域的營養又是世紀末的果汁：王爾德、尼采、波特萊爾、安特萊夫們所安排的。」這更是詳遠略近，羌無理實。在晚清到五四，革命昂揚、社會巨變的時代，知識青年為什麼反倒流行起世紀末的頹唐多情呢？王爾德、波特萊爾是怎樣被知識青年接受的呢？我們不要忘了同盟會中人傳譯《茶花女遺事》的往事，也不可忽略「冷紅生」林紓「非反情為仇」，所以才能譯《茶花女遺事》的事實。浪漫主義對中國近代文學的影響，正是在知識分子普遍具有俠骨柔情心態這個基礎上建立的，猶如蘇曼殊之喜歡拜倫、雪梨。這跟清末民初李商隱詩之流行，道理是一樣的。

再進一步說，唯情的人生觀，本身就具有反傳統的力量，也足以做為說明晚清到五四思潮發展的線索。因為前文已談過，傳統儒學所採取的都是超越情欲的路子，講究以性制情、克己復禮。這條路子發展到宋明理學，遂有禮教、性善情惡、存天理去人欲之類講法。可是晚清具有俠客氣質的知識分子對於情的態度，卻不是要克制、要超越，而是沉浸執著於其中。這種態度顯現在理性思維上，當然就會出現為情欲辯護的哲學。

例如譚嗣同《仁學》直接質疑：「性善，何以情有惡？」「世俗小儒，以天理為善，以人欲為惡，不知無人欲尚安得有天理？吾故悲夫世之妄生分別也。天理，善也；人欲，亦善也。王船山有言：『天理即在人欲之中，無人欲則天理亦無從發現』。」他拉王船山來替他撐腰，章太炎則擁荀子、戴震為旗號，大揭釋戴尊荀之幟，說：「以欲當為理者，莫察乎荀卿」；又說：「性者天之就也；情者性之質也，欲者情之應也。以欲為可得而求之，情之所必不免也。極震所議，與孫卿若合符契。」（《太炎文錄》・卷一・釋戴）

整個五四反禮教的精義，即在於此。故胡適接著寫《戴東原的哲學》，提倡戴震「凡有血氣心知，於是乎有欲。既有欲矣，於是乎有情。生養之道，存乎欲者也。感通之道，存乎情者也。」（《原善上》）「喜怒哀樂、愛隱感念、慍懆怨憤、恐悸慮嘆、飲食男女、鬱憂戚咨、慘舒好惡之情，胥成性則然，是故謂之道。」（中）的說法。這個說法，既辯護了他們自己的人生觀，也攻擊了宋明理學，特別是五百年間具有壟斷勢力的程朱之學，動搖了傳統儒家的某些信念，是晚清到五四反傳統思想的核心觀念。

這個核心觀念，有它正面的主張。而這種主張，最好的說明工具，就是《紅樓夢》與《水滸傳》。這兩部書，一代表柔情、一代表俠骨。

（七）革命／愛情

在一個俠風激揚的時代裡，《水滸傳》受到重視是很自然的。問題在於他們怎麼去看這部傳統上謂為誨盜之書。以南社的黃人黃摩西為例，他便不同於金聖歎之大罵水泊強梁，欲一一將之正法。他正面肯定「《水滸》一書，純是社會主義。自有歷史以來，未有以百餘人組織政府，人人皆有平等之資格而不失其秩序。山泊一局，幾於烏托邦矣。」（《小說林》卷一〈小說小話〉），梁啟超也說：「《水滸》一書，為中國小說中錚錚者，遺武俠之模範，使社會受其餘賜。」「《水滸》者，人以為萑苻宵小傳奇之作，吾以為此即獨立自強而倡民主、民權之萌芽也。」（《小說叢話》）⑯

這些言論，意味著激情時代中，《水滸》「痛快淋漓，能為盡豪放之致」，故為人所樂讀；而那種企求衝抉網羅、掃盪不平的心理，也恰好可以在書中得到滿足，因此他們在《水滸傳》中看到了民主民權與平等。認為「施耐庵獨能破千古習俗，甘冒不韙，以廟廷為非，而崇拜草野之英傑，此其魄力思想，真足令小儒咋舌。」（眷秋《小說雜評》）「《水滸傳》者，痛政府之惡横腐敗，欲組成一民主共和政體，於是撰為此書。」（燕南尚生《新評水滸傳》）

古人並無如此視《水滸》者，即使如李卓吾之激烈，也仍把此書看成是忠義的，未嘗稱許它打破君臣，社會平等。⑰這豈不反映了當時強調任俠者的心理企盼嗎？如譚嗣同的《仁學》就說：「仁以通為第一義，通之象為平等」，提倡儒俠的章太炎更是主張排滿革命、推翻君政、建立民國。所以吳沃堯批評這些討論《水滸傳》的意見，就覺得它們太染時代色彩：「輕議古人固非是，動輒牽引古人之理想，以闌入今日之理想，亦非是也。吾於今人之論小說，每一見之，如《水滸》，志盜之書也，而今人每每稱其提倡平等主義，吾恐施耐庵當日斷斷不能作此理想。」（月月小說卷一・雜說）

但這是不足為奇的，詮釋本來就依讀者存在的感受來進察尚志。只是我們要注意：

五四以來對《水滸》的詮釋，仍然是根據著這時的看法，諸如官逼民反啦，建立社會主義式平等社會啦。且不僅在歷史理解、學術討論上，在政治態度和實踐上，這些看法也都發生了深遠的影響，包括中國共產黨的出現。這一時期對《水滸傳》的重視，在歷史上也是罕見的。

而更妙的，是這一時期論《水滸》往往兼及《紅樓》、《西廂》。梁啟超喜歡金聖歎，頗恨金氏未能自撰一小說如《西廂》者，又恨《紅樓夢》、《茶花女》二書出現太遲，未能得聖嘆之批評（見《小說叢話》）。眷秋則說我國小說「自以《石頭記》、《水滸》二書為最佳。兩書皆社會小說，《水滸》寫英雄，《石頭記》寫兒女。」黃人更指出：

> 《水滸傳》、《石頭記》之創社會主義，闡色情哲學，托草澤下民賊奴隸之砭，假蘭芍以塞黍離荊棘之悲。（一般人）即或賞其奇瑰，強作斡旋，辨忠義之真偽，區情慾之貞淫，亦不脫俗情，當無本質。（南社十一集，小說林發刊詞）

以衝抉網羅的革命意義來說，色情哲學具有如馬庫色（Herbert Marcuse）所說的革命性力量。感性與愛，衝破了理性的束縛，使「壓抑性的理性讓位給新的滿足的合理性（rationality of gratification）」，所以情欲對世界可以有顛覆性。⑱這與任俠的儒者，要掃盪不義，「為天平不平」，本來就是同一的。俠者的生命又悱惻纏綿，對此闡色情哲學之巨著，自然就更具會心了。⑲

比如陳蛻僧即著列《石頭記》於子部說云：「《石頭記》一書雖為小說，然其涵義，乃具有大政治家、大哲學家、大理想家之學說，而合於大同之旨，謂為東方《民約論》，猶未知盧梭能無愧色否也。」又說：「《石頭記》，社會平等書也。然夢雨樓則以男女平等評之」（夢雨樓石頭記總評），這是指出言情之書的激進革命性。

他又著《憶夢樓》、《石頭記》泛論說：「千古言情，惟此一書，警幻所謂閨閣中可為良友，誠不誣也。慨自巫山雲雨，誤屬登徒；靖節閒情，託之亡國，幾不許玉臺有新詠，僅僅得此」，則是由情之所鍾的立場來讚揚《紅樓夢》。⑳

此外，南社中還有王蘊章《西神客話》之類，討論到這部情書。後來徐枕亞說：「東風裡，三生癡夢，一種深情」（《紅樓夢餘詞》），也可代表這一代人對這部書的同聲之應。但《紅樓》是否真的是「千古言情，惟此一書」的情書呢？自來論《紅樓》者，也有許多人認為它提供的是個超越觀點，即由情起悟，超脫情執，了悟人生猶如夢幻，故名紅樓「夢」。然此輩情癡，並不願悟，或不能悟。那位大評《紅樓夢》的陳蛻庵，雖欲悟情，卻仍感「有夢都為累，無情未是空」（《述夢》），而只能「已瘞精魂伴美人」，其餘可知。

然而，以《紅樓》為情書及社會小說，畢竟是近代最強而有力的解釋，紅學的發展，也應放入這一脈絡中來觀察。㉑只是在這「情」與「社會平等」之間，似乎也存在著類似評價鴛鴦蝴蝶派文學的矛盾。後期的批評論者，往往強調救國救民、覺醒、社會現實主義等等。早期佚名中國小說大家施耐庵一文已經談到：「中國之小說，大致不外二種，曰兒女、曰英雄。而英雄之小說，輒不敵兒女小說之盛，此亦社會文弱之一證。民生既已文弱矣，而猶鏤月裁雲、風流旖旎，充其希望，不過才子佳人成了眷屬而止，有何於國家之悲、種族之慘哉？」（《新世界小說社報》第八期），後來批判主情文學均不脫此類聲口。因此即使要談《紅樓》，也往往單取其社會小說一義，而放棄那主情的詮釋，並逐漸走上反美、反感性的正統馬克思主義觀點，情之所鍾的那個「我」，其主體性就被社會客觀性所消解了。

其實英雄肝膽與美人心腸既可合而為一，俠骨之中即有柔情。情之一字，固屬個人的傷春悼秋、朝露殘夢之感，也不妨是對時代的憂戚，憂世與憂生，亦不衝突。俠，可以「平天下之不平」，顛覆既存體制；情也同樣具有革命性的力量。因此，俠骨與柔情，對近代知識分子心境的重新理解，應該是我們重新探討近代思想史、文學史的新進路。

注釋

①有關俠儒的不同，以及近代在重新詮釋俠的活動中提出的儒俠、墨俠等問題，俱詳龔鵬程《大俠》第一、六章，一九八七，臺灣錦冠。中唐社會變遷時期，知識分子對於俠義傳統的變化，則詳該書第八章。本文可算是該書一個補論，已詳於該書者，皆不贅陳。

②俠的暴力傾向，是革命的內在動力之一。霍布斯邦（Eric Hobsbawm）《革命分子》第廿一章，便提到了顛覆行為與革命的「暴力法則」。但不同的暴力行為，寓含有不同的暴力素質，有些是赤裸裸的私人肉體力量，有些則經過特殊的運作方式，形成公眾的暴力。革命，通常就是要打破那個控制肉體暴力使用的社會機制，即以個人暴力去反抗國家暴力。而弔詭的是，革命也

常是以個人暴力去建立一個新的國家暴力。

近代知識分子的俠客人格，導致暴力革命在中國歷久不衰、普遍盛行，且從肉體層次提昇到意識與意志層次，例如陳獨秀在高揭文學革命大幟時說：「改良中國文學當以白話為正宗之說，其是非甚明，必不容反對者有討論之餘地，必以吾輩所主張者為絕對之是，而不容他人之匡正也」，就是霸道、專橫的暴力行為。

這種態度，幾乎已成近現代知識分子論事時的普遍現象。這種現象告訴了我們：近代知識分子的俠客心態或革命態度，常跟他們自覺的言論、學說、價值自覺的方向，有悖離或矛盾之處。所以政治立場上宣揚維新的，心境上卻可能是嚮往革命及任俠，認同暴力顛覆的，高談民主，而卻有陳獨秀式反民主之獨霸、暴力傾向，也不在少數。五四後，理論上是推動科學、發展實證主義，但骨子裡卻絕對不像近代思想史的表面論述那麼理性，反而是充滿感性與激情的。故即使是科學，也弄成了「理性顛倒濫用」（The Abuse of Reason）的科學主義。通過俠、革命的心理分析，以及後文所將論證的唯情主義人生態度，我們將可看到跟一般近代史表面論述不同的東西。

③本文在底下的討論中，仍將採取這種選例取樣以說明「普遍」狀況的方式。但在方法上，並非藉部分之例來推證全體，而是反過來，於「普遍」現象中摘取例示，以供說明。至於這種「普遍」的認定，一方面是由於選例之外，已存有大量事實，給予我們「這是種普遍現象」的感覺；一方面則是：某些人雖無具體的言論與行動，足以表示他也具有這種俠客人格；但是在清朝末年這樣劇烈變動的時代，俠客人格的形成，卻有一堅實與普遍的社會基礎。也就是說，在那樣的社會條件下，人們普遍相信；應該採取一些非常手段，否則不足以應付變局。「非常手段」之被認可、甚至被期待，正是俠客人格的社會心理學基礎。

④所謂亂世天教重遊俠，除註3所談到的社會心理狀況之外，也涉及知識分子之角色認同問題。面對社會問題時，既然亟思改革，知識分子必然會有程度不等的反體制精神。因為反體制，便嚮往那不為體制所束縛的原始生命型態及某些非理性的力量。同時，其反體制的行動及思想，在知識分子心中，往往自認為並不是為了自己，而是為了他人（國家、某個團體、某一群人或某個人），這就一方面自覺地負荷了他人的苦難，一方面又要替這個苦難平反。前者表現為擔

當精神，後者表現為抗議精神。而這種抗議，既是為弱者申冤，則其行動上也要突顯以個人一己之力，向某個強勢體制抗爭的悲劇意義，悲劇感、抗議精神、擔當精神、反體制、具有原始血氣、相信非理性手段之力量等等，這些東西加起來，那就是俠，或者說只能在歷史上選擇俠來作為認同的對象。

但是這種俠客人格固然推動了改革、批判了社會不義，在政治活動中卻蘊藏了高度的危險性。例如，他們會迷戀原始生命之非理性力量，採取恐怖主義、暗殺、暴動，進而形成一種反智的傾向，詆斥溫和改革、說理的方式或議會抗爭。而同情弱小的態度，若結合了反智與非理性，又變成仇視知識分子（這一點也不奇怪，歷來俠客詩中，譏嘲或反對儒生，乃是其常見的態度），於是提倡俠客精神的知識分子，便走上自我毀滅的道路。不僅如此，知識分子永不妥協的抗議精神，必將如俠客之「殲滅」敵人而後已。這就不可能落實民主，因為民主的精義正在妥協與寬容。反之，永不妥協的抗爭，只能成為不斷革命論。再者，反體制精神容易將體制視為根本惡，以為一旦打倒了，即如俠客已將敵人殺死了，問題就解決了。這不但有簡化政治社會思考的危險；亦有「畢其功於一役」立登快樂美善之城的天真樂觀傾向。而把批判對象視為惡，以自己代表善與正義，更是近代知識分子權威人格的根源。

我以為：近代知識分子之認同馬克思主義，以及中國共產黨之所以能在知識分子擁護下取得政權，跟這種對俠的角色認同，極有關係，後來知識分子被自己選擇與擁護的政權折磨，也同樣與此極有關。對以上的討論，我再做個方法學上的補充。文化人類學中，文化與基本人格論、文化與個性論之研究皆歷有年所，這些研究大抵都集中於探討文化如何影響人格之形成。

近來討論中國人的國民性，亦屬熱門話題。但早在一九六一年，Hsu《心理人類學研究文化和個性的方法》一書中，斯帕伊洛就建議心理人類學不應再注意處於特定文化體系中的個人，而應研究個性動力、人的欲求，對於維持或改變整個社會文化體系所發揮的作用。這個建議質疑了長期以來視文化、個人為兩個獨立實體的理論框架，所以也未引起太大的反響。但這個建議是有意義的，我願更進一步地主張：不只要討論個性動力、人的欲求對社會體系之作用，亦將探索這個個性動力內含的文化因素，例如俠的欲求，成了近代知識分子對社會與文化的作用，而俠也即屬於人對文化的認同之一。不過這並非兩個實體間的互動或移動，而是人在做俠的角色認同時，俠既是文化與歷史的，同時也是個人欲求的，歷史文化中的俠，也隨著人的欲求有了轉變。

⑤這兩種區分是用王國維的說法，《人間詞話》：「我瞻四方，蹙蹙靡所騁，詩人之憂生也；昨夜西風凋碧樹，獨上高樓，望盡天涯路似之。終日馳車走，不見所問津，詩人之憂生也；百草千花寒食路，香車繫在誰家樹似之。」

⑥參見呂正惠《物色論與緣情說——中國抒情美學在六朝的開展》，一九八八，臺灣學生書局，中國文學批評研討會文集。他在這篇文章中論證了魏晉名士如何在面對死亡時發現了：「情」成為界定人之自我不可或缺的內容，成為人之所以存在的依據，成為人之本質。這也是近代知識分子對「情」的態度。

⑦這種虛無感，未必就成為虛無主義，但清末以來，虛無主義思潮必然與這種虛無感有關。據大陸學者的解說，「無政府主義是小資產階級的思潮。新文化運動中，它成了在青年知識分子中較有影響的流派，並成為馬克思主義哲學在中國傳播的主要障礙之一」（袁偉時，《中國現代哲學史稿》。上卷第三編第二章，一九八七，中山大學）。姑不論虛無主義是否為小資產階級思想，為什麼在新文化運動中，青年知識分子會同時接受虛無主義及激進的馬克思主義？清末介紹來中國的虛無主義，事實上包括了巴枯寧的破壞主義和暗殺，蘇報則認為西方這些無政府主義，「造出了燦爛莊嚴之新政府」，可見中國人接受無政府思想，實在是與其激進態度不可分的。而且，當時無政府主義者主張廢除私有財產制、家庭與婚姻強制關係，建立無政府共產社會，劉師培甚至說：「欲維持人類平等權，寧限制個人之自由權」（〈無政府主義的平等觀〉，《天義報》第四期）。這些都與後來馬克思主義共產之發展頗有關係。換句話說，虛無感發而為政治態度，未必是消極的，反而可能非常激烈。俠客而有虛無感，虛無感可能表現為俠客，乃是一體之兩面。

⑧張灝〈烈士精神與批判意識〉（一九八八，臺灣聯經）特別討論了譚嗣同的「宗教心靈的湧現」。但他主要是從傳統儒家宇宙觀失位後，對宇宙之茫然與困惑。譚嗣同的生平遭際（例如家庭生活不愉快、親人去世）兩方面來剖析。我則認為這種宗教意識既不必從傳統儒家宇宙觀之失位來解釋，也未必與個人生命歷程相關，因為無特殊遭遇而仍具此生命苦空之想者太多了，整個近現代知識分子心靈，普遍具有這種宗教意識。

⑨關於晚清民初李商隱詩流行的情況，另詳龔鵬程〈論晚清詩——雲起樓詩話摘抄〉，收入《中國學術年刊》第十期。（一九八九年二月）

⑩譚嗣同即於五倫之中，特別強調朋友一倫，近代政黨組織中，互稱同志的習慣，殆即為此倫之擴充。

⑪俠對情愛及性的態度，見註1所引龔鵬程書頁六二、六五、一二五、一五八、一七九。崔奉源《中國古典短篇俠義小說研究》（一九八六．臺灣聯經）頁一六五、一六七、一七三、一八六。

⑫與南社詩學立場相反的同光體等作家，對情的執著亦無不同，典型的例子，是孫雄《眉韻樓詩話》卷八所引陳寶琛、陳衍等人題雙紅豆圖詩。如陳寶琛自云：「老來歡念日銷磨，便著禪塵亦不多，欲向軟紅作情語，前賢失笑近賢訶」，其纏綿正不讓南社諸人也。鄭孝胥之情詩情事，詳註9所引文。又，南社諸人之美人嚮往，已化為他們共同的語言，以陳匪石筆錄的南社第十次《雅集紀事》為例，他們輪流行酒令，先是什麼「赫赫宗周」「萬國衣冠拜冕旒」，逐漸便帶出家國之感，說「望江南，禾黍離離」「今日之日多煩憂」，然後便集中到情愛方面，如「芙蓉帳暖度春宵」「羅敷媚，窈窕淑女」「六寸圓膚光緻緻」「好女兒，美目盼兮」「期我乎桑中」「有約不來過半夜」「此恨綿綿無絕期」。其所謂詩文雅集，如此。

⑬中國詩人對女性之崇拜，可看葉嘉瑩《迦陵說詩》論義山詩部分。

⑭詳龔鵬程〈說龔定庵的俠骨幽情〉，收入《讀詩隅記》，臺北華正書局，頁二〇五、二二三。

⑮關於鴛鴦蝴蝶派，詳註1所引龔鵬程書，第十章《鴛鴦蝴蝶與武俠小說》；及龔鵬程《論鴛鴦蝴蝶派——民初的大眾通俗文學》，收入一九八八臺北時報，文化、文學與美學。

⑯王鍾麒有一篇跟梁啟超幾乎同名的文章〈論小說與改良社會之關係〉，說：「吾嘗謂《水滸》則社會主義小說也，《紅樓夢》則社會小說也、種族小說也、哀情小說也。」（《月月小說》第一卷九期）；又，中國三大小說家論贊說：「生民以來，未有以百八人組織政府，而人人平等，有之惟《水滸傳》使耐庵生於歐美也，則其人之著作，當與柏拉圖、巴枯寧、托爾斯泰、迭蓋司諸氏相抗衡。觀其平階級、均財產，則社會主義小說也。其復仇怨、賊污吏，則虛無黨之小說也。」（同上）均可與梁啟超之說合觀。互詳註7。

⑰明末及清朝人論《水滸》，另詳龔鵬程〈論清代的俠義小說〉一文。

⑱詳馬庫色《美學的面向》，一九八七，臺北南方，陳昭瑛譯。另外，馬庫色在《反革命與反叛》第二章〈自然和革命〉中提到：感性經驗受到現存體制的合理性宰制，使人不易獲得自由，因此「發展合理而獨立的感覺，就具有重大的政治意義」。因此他呼籲感覺的解放，並闡釋青年馬克思對感性之顛覆能力的說法。

⑲（1）「俠士替天平不平」是周亮的詩，見於前引。但論《水滸》者也常見此一說法，如燕南尚生《新評水滸傳》的〈新或問〉中便說：「以平天下之不平為己任，專一捨身，則仁也。」（2）把俠的精神說成是仁，正顯示此時所謂俠乃是儒俠。同上書云：「盧俊義，盧是儒家的儒，俊義就是大義。耐庵說這一部書，不是大逆不道，也不是邪說惑人，辯言亂政，原是儒家學說的大義啊」，將俠與儒綰合為一。黃人的《小說小話》也說：「史遷之進遊俠，其旨趣與尊孔子無異，皆所以重人權而抑專制也。」（3）提倡《水滸》，與提倡「情」有同一性，因此也討論到水滸精神的反理學意義。如佚名〈中國小說大家《施耐庵傳》〉即指出：「《水滸》出而理學壁壘一拳洞之，快矣哉！」謂《水滸》之撰寫，乃受「理學餘毒」之刺激而然。他這篇文章揚英雄而抑兒女，但事實上，它是以英雄兼兒女，故他認為施耐庵具有民權思想、尚俠思想和「女權之思想」。《水滸》有發達女權的思想嗎？若非他有上述特殊想法，焉能如此說？

⑳俞劍華《與柳亞子書》說：「假暑岑寂，倏憶雲雷春秋之論、娟娟閨閣之談，急思披讀，而竟遍覓不獲。豈瘴煙蠻雨中，非神瑛所能堪？抑將待價而沽？望速囑空空道人，向青埂峰下，袖之以來。」再與《柳亞子書》又提醒他：「《紅樓夢》已為購下否？念念！」可見他們對這部書的嗜愛。

㉑《紅樓夢》有主情與主悟兩條註釋路線，詳龔鵬程〈紅樓猜夢・紅樓夢〉的詮釋問題，收入註15所引書。

八　鴛鴦蝴蝶與武俠小說

民國十二年七月廿一日的《小說日報》上，刊登了一則有趣的廣告：當時上海文人許廑父招收「遙從弟子」的啟事。

所謂遙從弟子，名稱甚為古舊，實即類似後來的通訊函授學生。函授的課程內容，包括中國的「新舊文學、如論說、尺牘、公文、小說、傳記、諧文及各種實用之文」；每人學費是每月一元五角，全年十八元。但若專學小說，學費就得加一倍。而小說呢？又分言情、偵探、武俠、家庭、社會、滑稽等門。據許氏說，學生習作這些小說，如果有佳作，他還可以介紹到各書報雜誌上去刊登。

這個廣告的有趣之處，除了在史料價值外，它由許廑父提出，也是值得注意的。原來，在民國十一年間，上海一批作家，在大西洋酒樓聚餐，組織了一個「青社」，並刊行《長青周刊》。這批人都是小說家，共廿一人，其中有周瘦鵑、嚴獨鶴、趙苕狂、許廑父、胡寄塵、范煙橋、沈禹鐘、程小青、包天笑、王鈍根等。大概都是《禮拜六》派，擅長作鴛鴦蝴蝶式哀情小說的人。

在《禮拜六》停刊之後，畢倚虹寫《娑婆小記》，即曾認為《禮拜六》停刊後，此派分化為六，其中許廑父與徐枕亞屬於「小日派」（即小說日報派）。許氏自己也寫過一篇〈言情小說談〉，大論哀情、苦情、豔情、慘情、奇情、愛情、深情、怡情等等。他之為言情一派，自然毫無疑義。但在他的招生啟事裡，最讓我感到興味的，是他也教人寫武俠小說——這是個有趣的線索。

果然，在同年十一月《紅玫瑰》第二卷第十三期，又刊載了一則類似的廣告，青社諸小說家發起創辦「上海小說專修學校」，也要招生了。而贊助人中，赫然便有大名鼎鼎的武俠宗師「平江不肖生」向愷然在。

如果據當時也曾參與其事的范煙橋敘述，武俠小說是「哀情小說過去後的新潮」（見范氏《中國小說史》：最近十五年之小說）。但事實上，落葉哀蟬、淒感頑豔的鴛鴦蝴蝶派，乃是和近代武俠小說共生互榮的，不是它的前導。

因為包括許氏在內，鴛鴦蝴蝶的名家似乎也常伸出另一隻手來寫武俠小說。如許氏不僅寫過《蓬心萱淚錄》、《南國佳人傳》、《碧海精禽》、《恨之胎》、《心印》等言情之作，也有《武林秋》、《歷代劍俠傳》、《中國女海盜》；趙苕狂有《閨秀日記》、也撰《劍膽琴心錄》、《江湖怪俠》、《太湖女俠》；胡寄塵寫《春水沈冤記》、《蕙娘小傳》、《藕絲記》、《蠑首蛇心錄》、也作《羅霄女俠》、《黛痕劍影錄》、《女子技擊大觀》；程小青既有《舞后的歸宿》、《狐裘女》，也寫過《霜刃碧血》。

當然，在近代武俠小說史上，這些人的作品並不頂出色，但這無疑已可顯示那個時代的一種趨勢。因為比如說像顧明道、王度廬這樣的大宗師，其實也不乏言情之作。王度廬的《鶴驚崑崙》、《鐵騎銀瓶》、《風雨雙龍劍》等書，轟動武林；但其悲劇俠情、纏綿悱惻，實與他創作《朱門綺夢》、《瓊樓春情》、《落絮飄香》、《朝露相思》之類，聲息相通，差別只在人物不屬江湖綠林豪傑而已。

顧明道《荒江女俠》亦為武俠名著，但此公哀情小說尤其出色，所作言情小說多達廿餘種，《哀鵜記》更為鴛鴦蝴蝶派中佼佼之作，當時《珊瑚雜誌》甚至說：「明道的作品，哀情確比武俠好得多，可是『無可奈何』之下，明道竟成了武俠小說家。」言下之意，若不勝其悼惜。大可想見當時人對他，直不以武俠名家視之。

類似的例子還有，如鄭逸梅，他也寫過《玉霄雙劍記》，民國十四年曾拜訪平江不肖生，邀他為「明星日報」寫武俠長篇，並推崇不肖生的作品「詭譎雄奇，狀俠士鬚眉，躍然紙上」，又說趙煥亭的《俠骨紅妝》，膾炙人口。顯然他也是個武俠小說的愛好者。

但是民國二十五年校經山房出版《小品大觀》中，卻載有鄭氏〈武俠小說的通病〉一文，對當時武俠小說的寫刊頗致不滿，認為：書賈的收寫小說稿，抱著除卻巫山不是雲的宗旨，非武俠不收、非武俠不刊。並且寫有個訣門要關照著寫的：就是書中的人物一一出場，最好神鏢李四勝過鐵臂張三，還有個水上英雄打倒神鏢李四、空中大俠又降服水上英雄。技能的高，高至無上，那麼不得不出之以神怪了。什麼一道劍光殺了許多人，騰雲駕霧，瞬息十萬八千里。無識之徒，讀了眉飛色舞，不覺拋棄家庭，孑身遠赴峨眉山修道訪仙的。

把庚子義和團鼓吹神道和武俠小說的神怪一聯想起來，武俠小說自然就擔負了毒化無知百姓的罪名，該令人痛恨了。這篇文章，可算是這位曾經愛過武俠的小說家絕交後的惡聲；也可以代表當時他們對武俠的看法。多少總是有點鄙視與猜防——雖然曾經愛戀過。

張恨水也是這樣。張氏是鴛鴦蝴蝶派一代宗匠，但據他自述，他開始創作小說，卻是由武俠起頭的：「十四歲的時候，我看了《水滸》、《七俠五義》、《七劍十三俠》之後，我常常對弟妹們演講著；不知那一天，我憑空捏造了一段武俠的故事，說給他們聽，他們也聽得很有味。過了兩天，我就把這捏造的故事擴大起來，編了幾個回目。這小說究竟是幾多回、是什麼名字，我都忘記了；彷彿著曾形容一個十三歲的孩子，能使兩柄大錘，有萬夫不當之勇。」

這就是張恨水的少年英雄夢，依稀還有李元霸、裴元慶的影子。而這個夢，不久雖遁入溫柔鄉中，因緣啼笑，亦有萬夫不當之勇；但在寫《啼笑因緣》前後，他仍寫了一部洪楊役後，幾個散在江湖的豪士小說：《中原豪俠傳》。共十回，登在北平新晨報上。足見春明金粉之中，猶有英雄之思，非一味媚嫵者。故即使是《啼笑因緣》裡，也有俠義的描述。

雖然如此，張恨水對當時流行的武俠小說，也是鄙視、猜防的。他曾寫過一篇〈武俠小說在下層社會〉，是鴛鴦蝴蝶派文家論武俠的壓卷之作。他認為傳統章回武俠小說教導了下層社會的民眾反暴力、反貪汙，提供了一個人民抒發其不平之氣的場所，替中國下層社會敷上了一層模糊的英雄主義色彩，都值得稱道。但毛病在於它所教導民眾的鬥爭方法，常有錯誤，託諸幻想，不切實際；在於它封建思想太深，替老百姓鋤暴安良的俠客，往往投靠到「清官」的麾下，變成吾皇萬歲爺的奴才：「這樣的武俠小說，教訓了讀者，反貪汙只有去當強盜。說強盜又不能不寫他殺人放火，反而成了社會罪人，只好寫出一批俠客來消滅反貪汙的強盜。而這些俠客呢？他們並非社會的朱家郭解，都是投入衙門去當捕快，充當走狗。」（民國三十四年十一月《前線周刊》第二期）

他指的當然是《七俠五義》、《施公案》一類傳統俠義小說，但假如我們再看看鄭振鐸〈論武俠小說〉（收入其散文集《海燕》中）、沈雁冰《封建小市民文藝》（《東方雜誌》三十卷三號）諸文，便可發現這樣的批評，亦未嘗不是指當時流行的國術武俠、神仙劍客類小說。而他的這種批評模式，至今也仍通行。譬如鄭證因《鷹爪王》最後兩回，寫鷹爪王等大破鳳尾幫，鐵簑道人在官家面前獻藝、群俠見官折腰的場面，輒令現代武俠小說批評家氣結。古龍也曾當面向筆者談過他對《七俠五義》式「奴化英雄」的不滿。固然張恨水這種論斷並不公允，所見甚淺，《七俠五義》類小說亦非一句奴才走狗即能抹煞。但從這些例證中，我們倒不難看出此一說法，影響至為深刻。

換言之，這批鴛鴦蝴蝶派作家，對於武俠，真是愛怨交織，若有意似無情，既矜惜又多遺憾。它們之間的關係，實在是不容易遽然分析得開的。像徐枕亞，雖不曾寫過武俠小說，可是《雪鴻淚史》書前的題詞，卻往往透露出劍氣俠情。當時上海諸名士品評其書，贊曰：

「琴心覺到文君誤，劍氣欣從俠士分。」（浮塵過客）

「儂欲懺情情不斷，英雄自誤誤蛾眉。」（虞啟徵）

「俠骨癡情累此身，相思無復問前因。」（劍影）

「醇酒婦人自古爾，柔情俠骨有誰耶？」（劍魂）

「兒女情腸亦太癡，英雄肝膽劍相知。」（王吟雪）

諸如此類，未讀其書者，幾將疑為武俠巨著矣。

而其中最值得注意的是姚民哀。姚氏以說書為生，以說書的筆調寫了幾十部江湖好漢的傳奇，他熟諳江湖行當、黨會秘聞、幫派組織，所撰《江湖豪俠傳》等，時稱為「黨會小說」，乃是近代武俠小說史上的巨擘。此公生平未見有鴛鴦夢綺的作品，但題《雪鴻淚史》卻有幾首纏綿苦恨的癡情語，所謂「借澆塊壘人間有，豈獨傷心阮步兵」，大有「情之所鍾，正在我輩」之慼。足證鴛鴦蝴蝶與武俠兩系作家，有牽絲攀葛的關係，不能皮相地僅以是否寫過另一系作品為判斷依據。

正因為如此，一九八四年由蘇州大學負責編輯的《鴛鴦蝴蝶派文學資料》（屬於中國現代文學史資料匯編甲種），就乾脆把武俠也併入鴛鴦蝴蝶，算作其中一部分。

本來，所謂鴛鴦蝴蝶，乃是指這類型的作家多寫愛情作品，才子佳人，柳蔭花下，宛宛然如「卅六鴛鴦同命鳥，一雙蝴蝶可憐蟲」。而現在把俠氣崢嶸、吞刀舔血的武俠也算進來；把白羽、朱貞木、鄭證因、還珠樓主等等都視為鴛鴦蝴蝶派，豈非格格不入嗎？或許編輯這本資料匯編的先生們，也是在披覽舊日文學史料，發現兩者血乳相融時，所作的不得已措施吧！

可惜這種做法，卻不免只知其一，不知其二。

蓋鴛鴦蝴蝶一派作家，雖或拔筆投身於武俠小說行列，對傳統俠義及公案小說、當時流行之武俠，卻也多有不滿。從這一個貌若矛盾的現象上，我們自當看出近代武俠小說，在中國俠義文學傳統中有一大轉變。而此派小說家所寫武俠故事，在性質和風格上，也實有與其他各派不同之處。

因為中國俠義小說，夙推《水滸傳》、《兒女英雄傳》、《三遂平妖傳》。前兩書寫江湖豪傑，後者開劍俠長篇章回小說之先河。至清朝中葉，又興起公案小說。這些流派，在民國初年全部復甦，且又加上新的「技擊派」，或稱為國術小說，自林琴南《技擊見聞錄》之後，此類作者不少。

至抗戰前後，亦即鴛鴦蝴蝶盛行時，劍俠類以「還珠樓主」李壽民擅場，技擊加上江湖豪傑故事的名家，則有鄭證因、白羽、朱貞木、徐春羽等人。前者馳情入幻、恢詭無端；後一派則刻意描寫武功技擊，以及江湖道上綠林規矩、切口、門檻，鴛鴦蝴蝶派文家，對劍俠類殊無好感；對俠義公案小說，亦覺其為奴性之英雄；至於江湖技擊一道，所諳不多，蝴蝶戀花的情懷，也與江湖豪客不太一樣；要寫武俠，即不能不別出蹊徑，另闢一個俠骨柔情的世界。

俠骨柔情，本是劍影劍魂諸名士對《雪鴻淚史》的評語，但此派文家寫起武俠來，又何嘗不是如此？白羽寫《十二金錢鏢》時，初得時時諮詢於鄭證因，故描寫技擊一板一眼；後鄭氏別去，遂大兜圈子，扯上女俠柳葉青，大談她與楊華的愛情風波，一扯卅萬言，頗能具體顯示這派文家的習性。

大抵在鴛鴦蝴蝶派小說家未染指武俠以前，武俠小說很少書生、才子、少年女俠，所重在於武功技擊與江湖恩怨、閱歷，其人物也多半是中年漢子。由於鴛鴦蝴蝶派文人加入，小說人物遂大量出現少年俠客與女俠。

當時光是以女俠為名的小說，便有張春帆《煙花女俠》、雷珠生《女俠紅玫瑰》、裘劍鳴《黑衣女俠》、惜花館主《風流女俠》、黃南丁《女俠紅娘子》、孫漱石《金陵雙女俠》、徐哲身《鴛鴦女俠》、徐亮臣《江湖女俠傳》、《石破天驚奇女俠》、顧明道《俠女喋血記》、突兀生《怪女俠》、姜鴻飛《花叢艷俠》、席靈風《華山女俠》、《女俠紅娘子》、趙苕狂《太湖女俠》、鄭小平《女飛賊黃鶯》……等。

這些女俠，或涉身煙花，或託命鴛鴦，在書中哀情、癡情、苦情、怨情、艷情一番，武俠小說便理所當然地掉轉了一個方向：風雲氣少，兒女情多。把一個浩浩江湖，變造成了情天情府；武俠小說，也成了情書、情史。

如戴悼芳有《有情天英雄》、曹夢魚有《有情天奇俠傳》、徐哲身有《情天大俠》、趙仲雄有《情俠》……，然則，他們筆下的是一種什麼俠？他們的小說主題是什麼？即使書名不如此露骨，其內容也總是在慷慨俠烈中，一片纏綿悱惻。王度廬就是最好的例子。

這種小說，你若再以「武」「俠」求之，往往索然無味。它不再寫江湖閱歷，不再強調俠客的集團性，對於俠這種集團行動的法則和規矩也不再關心。它偏向於個體，描述個體性的英雄或美人，刻畫他成長的歷程，關心他的內在感情世界，並努力舖敘英雄與美人戀愛的經過。在俠的生命中，愛情不再是可有可無的東西了，早先那種「陰人不吉」的俠義傳統，早已蕩然無存；英雄俠士，從武松、趙匡胤那樣的模式中跳脫出來；愛情佔據了書中的主導地位，也成為武俠小說中最扣人心弦的部分。直到現在金庸的《神鵰俠侶》之類武俠，仍是如此。

這是一次重大的改變，開啟了武俠小說新的局面。在近代中國小說史上，鴛鴦蝴蝶派貶多於褒，其作品亦多湮沒於歷史的煙塵中，但他們所開啟的這種武俠路數，卻綿延至今，金庸等名家，誰不受其沾溉？必須要了解這一層，才會曉得為什麼不能把還珠樓主、鄭證因、蔣珍庭等人含糊籠統地視為鴛鴦蝴蝶派；才會曉得鴛鴦蝴蝶派文家寫武俠，為什麼不是一種奇怪的現象。

造成這種轉變最直接的原因，當然是這裡所談到的，因鴛鴦蝴蝶派文家參與了武俠小說創作的行列。但還有幾個原因也不能忽略，那就是新讀者的崛起、上海平津諸地的經濟社會條件、西洋文化與小說的衝擊。

所謂新讀者，主要是指女性讀者。女性讀者在民國後才大量出現，她們在觀念上和教育程度上，都遠較從前開放進步，更是小說的主要消費者之一。民國六年一月《小說畫報》創刊時，其引言廣告就特別指出這本畫報上的小說讀者，包括了「閨秀」。

民國三年《香艷雜誌》創刊時，也有廣告云：「天地靈秀之氣，獨鍾於女子，故香閨佳話，代有所聞。廿世紀尤為女界文明極盛時代，《香艷雜誌》者，中國女子優美之成績也……願當世才子美人咸來購閱此書。」（原刊《禮拜六》第三號）

書一旦要供閨秀美人賞閱，自不能不稍走柔性軟性路線，武俠之改弦更張，此正其時。鴛鴦蝴蝶派把武俠寫成情史，或許有它市場的影響因素。

假如我們把這個因素，再加上社會經濟條件、西方個人主義之衝擊，浪漫文學風潮之吸引等原因合在一塊看，可能就比較能明瞭為什麼技擊類、俠義公案類、劍俠類武俠小說終歸沒落，獨此俠骨柔情一派，在今日仍然盛行了。

九　武俠小說的現代化轉型

（一）呼喚新武俠的聲音

臺灣的武俠小說寫作，一般認為始於一九五〇年，郎紅浣在大華晚報連載的《古瑟哀弦》、《碧海青天》、《瀛海恩仇記》、《莫愁兒女》、《珠簾銀燭》、《劍膽詩魂》六部曲。其後臥龍生、諸葛青雲、司馬翎、伴霞樓主等相繼崛起江湖，逐漸帶動風潮。但這段時期，臺灣本身作家所創作的武俠小說，數量並不敷市場之需，坊間所流行的，仍以大陸時期之武俠小說及翻印香港作品為多。

一九五九年十二月，警備總部執行「暴雨專案」，共取締了大陸、香港翻版武俠小說五百多部。文藝界也對武俠小說日益風行頗多抨擊。但是在翻版大陸及香港作品已遭嚴禁，市場卻仍有大量需求的情況下，臺灣本身的作家與作品自然就越來越多了。需求面刺激了供給面，這個經濟學的原理，在武俠小說發展史上也是印驗了的。

從一九六〇年開始，十年之間，風起雲湧，作者蔚起，據葉洪生統計，有三百餘人之多，許多出版武俠小說的專業出版社，為應付市場之需，甚至必須挖掘新人，培養專屬的作家。

在這些出版社中，真善美出版社無疑是最重要的一家。葉洪生在〈當代臺灣武俠小說的成人童話世界──透視四十年來臺灣武俠創作的發展與流變〉一文中，即說：「在六〇年代初，臺灣武俠出版商為因應市場需求，紛紛以重金徵求新人新稿。真善美書系，為臺灣第一家以刊行武俠小說為主的出版社，無論是選書、排印或讀者口碑都最令人稱道。由其培養而成一流名家計有：司馬翎、伴霞樓主、古龍、上官鼎四位。」①對該出版社在武俠小說史上之地位論斷甚為中肯。

唯該社除上述四位較負盛名外，如臥龍生、諸葛青雲、倪匡、墨餘生、郎紅浣、成鐵吾、醉仙樓主、易容、蕭逸、古如風、陸魚、紅豆公主、王秋遠等，也都在真善美出版過作品。

真善美出版社成立於一九五〇年，至一九七四年，主持人宋今人先生發表〈告別武俠〉，宣布不再出版武俠小說，其間二十餘年，幾與武俠小說全盛期相始終。共出版了作品一百二十部，兩千五百集，培養了上述許多著名作家。它在武俠小說發展歷程中的地位，自是不難想見的。

不過該社之所以能在「選書、排印或讀者口碑都最令人稱道」，並不僅由於它出書量多，而在於主持人宋今人先生對武俠小說有其主張，他是抱著文化理想來出版這些作品的。

武俠小說的出版者，常被描述為「不肖書商」。武俠小說常被指為「戕害青少年身心」，尤其在一九五四年文藝界發起大規模「文藝清潔運動」以後，此說更是甚囂塵上，影響到許多人對武俠小說的觀感。但事實上卻不是這樣的，宋先生就是個明顯的例子。

宋先生對於年輕作家甚為提掖，他會親自寫文章介紹新人新作，並表達他自己對武俠小說的看法。例如他曾寫〈介紹「塞上曲」兼論武俠小說〉認為陸魚的「少年行」文字典雅，有幽默氣氛，但情節不夠緊湊，打鬥不夠激烈，而「塞上曲」已有不少改進，且國家民族思想濃厚，值得嘉許。這些口吻，足以表現他對新進的支持與指導。另外，我們從他的語調中，也可以看出他辦真善美出版社及出版武俠小說的原因。

他是覺得當時正值苦難戰亂，整個社會又充滿了虛偽、邪惡、醜陋的現象，處在苦悶與不滿情緒中的人，自然希望追求真、善與美之境界，而武俠小說也恰好提供了這種境界。在這方面，武俠小說提供的，是超越現實的寄託。所以那裡面會有大仁大義的崇高情操，也會有超乎尋常的體能與奇情異事。

除此之外，武俠小說寄情於往古，託事於名山大川之間，他覺得也很能增益世人對國家的認同與理解。武俠小說表現出傳統的倫理道德觀，例如因果報應、忠孝仁義等，則甚能教育民眾。②

這些言論，均很有見地，宋先生公子德令先生說他「創設真善美出版社，出版高品質之武俠小說，表彰忠孝節義，有益社會人心，尤對彼時動亂後之安定人心頗有裨益」，洵非虛語。③我們曉得，武俠小說的出版甚為混亂，一位武俠小說出版業者即曾慨地說：

「在這個行業裡不肖者亦不少，盜印、掛假名均可謂司空見慣，自行培養新人者甚為難得。」處此濁流之中，宋今人先生之行誼，自是難能而可貴的。

依宋先生之見，武俠小說的寫作有其常規，但亦有可以新變之處。在〈告別武俠〉一文中，他指出：正規的武俠書大略包含下列內容：「時在數百年前，地在中國大陸，偶涉邊疆；人分正邪，且邪不勝正；男主角英俊仁厚，文武兼擅，女主角美艷多情，武功可能更高；用刀劍，不用槍炮；強調武功、靈丹、秘笈等；行道江湖，快意恩仇，尊師重道，退隱山林。」

這些，即是武俠小說這種文類的類型化特徵，武俠小說與偵探小說、愛情小說、歷史小說、神魔小說、戰爭小說之所以不同，就在於這些類型化特徵，在小說內部進行了次文類的區分。於武俠小說之中，可以包含偵探、愛情、歷史、戰爭等各種成分，但藉由上述各項類型特徵，我們仍能輕易地辨識某書是否可稱為武俠小說。因此，此即可稱為武俠小說之寫作常規。

但是，在不甚違反這些常規和類型特徵的情況下，武俠寫作又容許、也鼓勵新變。宋先生對陸魚的稱道，就是對他「新型寫作方法」的肯定。在〈告別武俠〉一文，他更提出「寫人性」的理想來。他希望武俠小說的作者能針對七情六慾等人性的特點來寫：

> 首先創造一群代表性的人物，編織一個接近當年現實社會的故事。於是在動作和語言中，在江湖、在廟堂、在街市、在鄉村，發生種種事，盡量激發這人性的特點，使之喜、使之怒、

使之哀、使之懼、使之愛、使之惡、使之慾。一而再，再而三的撞擊它，自始至終的揭發它，導入正途，即是積極的、理性的、美好的人生；流入邪途，則是野蠻的、邪惡性的、醜陋的末日。——這是個意識型態的問題，我們要把武俠情操，在盡情激發之下，趨向善良的一面，昇華再昇華，變化人性。

他對陸魚新型武俠的揄揚，主要是就其寫作手法而說。此處所談則涉及主題，要問「寫什麼」以及「寫了做什麼」。不但如此，宋先生還認為：在這一方面，武俠小說與一般文藝作品並無不同，只不過武俠書必須加上武功的敘述而已。也就是說：武俠小說不是次文學、通俗文學，它跟所謂純文學作品一樣，致力於刻劃人性，使人在閱讀時得到靈魂淨化的功能。

正因為這樣，所以武功方面的描述雖然不可少，但畢竟不是最主要的東西：「武功有一個限度，以人可能有的體能極限為準，但可強調精神力量，那是無限的。」宋先生認為這即是「武俠書可行的路及武俠書的前景」，因為「武俠書風行二十年，必將百尺竿頭，更進一步」。

宋先生是當時主要的武俠小說出版者、發行者，又培養了不少作家，他的見解與期望，當然會影響到武俠寫作的發展。新派武俠，特別是古龍作品，便顯然與宋先生的見解有密切的關聯，宋先生並沒有寫出他想寫的這種武俠小說，但其理想卻被古龍充分實踐了。

（二）新派武俠出現江湖

其實不只是古龍，真善美旗下的主要作家，基本上都是走這個路子。所以葉洪生曾有論斷曰：「正因真善美是臺灣早期武俠出版界的主流派，在其刻意提倡與鼓勵下，武俠作家乃紛紛跟進，而以『新穎俠情』或『新藝俠情』相標榜。」④

一九六三年真善美出版社在出版陸魚時，甚至刻意在封面上冠以「新型武俠」名號，倡議武俠新變之心，不言可喻。當時宋先生曾撰文介紹該書，謂：「《少年行》的風格、結構和意境，除了特別強調武功這點外，較之歐洲十八世紀的文學名著並不遜色。這種新型武俠的寫法，是頗可提倡改進的。」

次年，司馬翎（吳思明）發表《劍神傳》的後傳《八表雄風》時，宋今人也推介說：「吳先生的文字清新流暢，略帶新文藝作風，一反過去講故事的老套。武俠小說中之所謂『新派』，吳先生有首先創造之功，譽之為新派領袖，實當之無愧。吳先生的作品，有心理上變化的描寫、有人生哲理方面的闡釋、有各種事物的推理。因此有深度、有含蓄、有啟發，吳先生似乎跑前了一點，相信今後的武俠作品，大家會跟蹤而來。」

當時同在真善美出版小說的上官鼎（即前交通部長劉兆玄），亦是此新派中佼佼者。《其沈沙谷》之敘述方法、分段型式，均為後來者所效仿。

他們的寫作各有特點，但既稱為新派，便有其成派的共同之處。例如小說的敘事模式改變了，傳統的武俠小說，沿襲了中國古代俠義公案的寫作傳統，基本上是說書體，作者以說話人的姿態「講故事」；如今則吸收現代小說之寫作方式與技巧，並以寫出一種以武功為題材的現代小說來自我期許。這是武俠文學的現代小說化，進行著敘述模式的改革。陸魚、司馬翎、上官鼎等人都在這方面卓有貢獻。⑤

又如其寫作均不是為了記佚事、述江湖，而是以描寫人性衝突為擅長。因此，其作品中並不是以描述打鬥場面、記載江湖規矩、保存武林佚史、提供武術知識而令人著迷，乃是以其對人物與事件所構成的衝突張力，而印象深刻。他們大抵上都喜歡藉由人性的衝突，來凸顯善惡，表現人的價值抉擇，展示人性的光輝。上官鼎、司馬翎尤為此道高手。⑥

小說雖以武以俠為必要素材，但既已現代小說化，既以寫人性為主，武功的描寫，相對來說便不那麼重要。而且為了要與前期名家如白羽、鄭證因、李壽民等相區別，武俠小說的寫作即不能只在武技招術上打轉，須更要深入到心理刻劃的層次。所謂技進於道、無劍勝有劍。其論武比鬥，乃不約而同地走向宋今人所說「強調精神力量」之路。不再詳細描寫冗長的打鬥過程，重在營造氣氛，講究以意克敵、執簡御繁、氣機感應、心靈修煉、武無常形等等。

這些特色綜合起來，就構成了新派的風格。但因走向這種風格時，上官鼎、陸魚、司馬翎等人都還只是二十歲左右的青少年，所以他們事實上也在摸索中發展，逐漸成長；宋先生亦只能從觀念及出版稿費上支持或推動，並未親自操觚。所以由舊入新，過渡時期的痕跡，總是不能擺脫的。順此路向，真正扭轉了武俠寫作的傳統，成就「新型武俠」者，仍不得不推古龍，古龍即是由司馬翎再往前發展的。

古龍曾說：「過去還珠樓主、王度廬、鄭證因、朱貞木，以及金庸的小說我都愛看。而在臺灣的武俠小說先驅者中，我唯一『迷』的，只有司馬翎，他算得上是個天才型作家。記得當年為了先睹為快，我幾乎每天都待在真善美出版社門口，等著看司馬翎的新書，後來一集追一集地等煩了，一時技癢才學著寫武俠小說。」⑦淵源脈絡，頗可稽考。與宋先生說：「古龍自其小學生時來本社看武俠，大學時為本社寫武俠，十多年來，日有進步」，適相契合。

（三）武俠小說的常與變

古龍稱司馬翎為天才型作家，誠然，唯彼時武俠小說實可謂為一群天才之創作。如司馬翎在寫《關洛風雲錄》等書時，才讀大學二年級，上官鼎開始寫武俠小說時還就讀高中二年級，陸魚、古龍初寫武俠小說則在大學時期。

古龍，本名熊耀華（一九三八－一九八五），江西人，但生在香港，長在漢口，一九六〇年就讀淡江英專時開始寫武俠小說《蒼穹神劍》，接著又寫了《飄香劍雨》、《月異星邪》等書。但這個時期，古龍實仍屬於玩票性質，為了好玩、為了優渥的稿費而寫，態度並不認真。例如該年寫《劍毒梅香》即未寫完，逼得出版社只好急徵快手捉刀（所徵之捉刀人，就是上官鼎）。同時，他也替臥龍生等人代筆，這當也是由於當時武俠小說特殊的出版情境使然。市場太大，生產者太少，趕稿交差或粗製濫造，實所不免。若真無法完篇，亦不能不請人代筆，或託稱有病有事，不了了之。依這種情況，要產生傑構，自然是較為困難的。⑧

但逐漸地，古龍對於武俠寫作有了新的認識，其小說也有新的面貌，一九六三年完成《孤星傳》及《湘妃劍》，其中便援用了許多西洋文學的筆法。一九六五至一九六六年陸續推出《大旗英雄傳》、《浣花洗劍錄》開始，一種新的、古龍式的新型武俠小說即已成形。《楚留香傳奇》、《絕代雙驕》等名作相繼問世，逐步奠定了他特殊的地位。⑨

或謂古龍如此發展，是因他失去了家庭溫暖，孤身由海外來臺求學謀生，加上好友、好酒、婚姻又不美滿，導致心境孤獨，故文體愈趨奇變。又或嗤其文體句句分行、支離破碎，是因為報刊及出版社都論行數計稿酬，所以用這種辦法湊篇幅、賺稿費，不免有「商品化的弊病」。⑩

這些說法都不恰當。古龍並不是從武俠小說寫起的新手。他在高中時期便是標準的文藝青年，寫散文、新詩、短篇小說。因此他原本較熟悉較擅長的，就不是傳統武俠文學的寫作型式，參與武俠寫作之後，原也試圖把自己融進這個文類常規中去表現。但在發現寫作遭遇瓶頸，並受到宋今人這類思想的鼓勵之後，把武俠寫作轉向他本不陌生的現代文學路子上去，實在是非常自然的事。例如他為真善美出版社所寫的前期作品《孤星傳》及

《湘妃劍》，便已充滿了現代文學的筆法及意境，何況他本係英語專科學校出身，汲採外國文學之英華，亦較只有傳統中國舊學根柢的其他作家便利得多。所以他的轉變，自有他整體文學素養上的條件和原因，不能只從圖利或心境孤涼等方面去理解。

轉變後的古龍，確如陳曉林所說：「基本上是與現代文學——尤其是西方小說比較接近，而與原來中國長久以來傳統演義小說之間的距離越來越大：從回目與遣詞用字方面，都可以看出，到古龍筆下已經是相當現代化的小說，而不再根植於民族文學的固定形式，不再屬於陳套，而是嚐試性、開放性非常強烈的新生產物」「力圖走出中國傳統小說的窠臼，邁向更開闊的與現實結合的現代武俠。」⑪也就是說，一種新的文類革命至此業已形成，由陸魚、司馬翎發展到古龍，宋今人所提倡的那種新型武俠（**以新的寫作法，寫人性，強調精神力量，武俠小說與文藝小說並無不同**）可謂修成正果。

其果云何？古龍在桂冠版《楚留香傳奇》前附了一篇〈代序〉，對他為何要創新、如何創新，都有詳細的解釋，大意是說：

「在很多人心目中，武俠小說非但不是文學，甚至也不能算是小說，因為武俠小說已陷入了格套之中。什麼格套呢？少年學武，歷盡艱辛，終於揚眉吐氣，正直俠客，運用武功智慧，破除江湖中龐大的惡勢力……等。這些格套又都寫得太荒唐無稽、太鮮血淋漓，忘了只有『人性』才是小說中不可或缺的。人性有善有惡，我們除了寫邪惡之外，更應去寫愛、友情、幽默、同情、慷慨等那一面。」⑫

如何寫呢？他主張吸收外國文學作品的精華，創出一種新的風格，「讓武俠小說也能在文學的領域中占一席之地」。

因為是寫人性，所以古龍的英雄，除了長得較英俊、武功較高之外，乃是一個人而不是神，「因為他們也有人的缺點，有時也受不了打擊，他們也會痛苦、悲哀、恐懼」「絕不是那些不近人情的神」。他希望寫出「偉大的人、可愛的人」、「活生生的、有血有肉的人」，卻很排斥那種血腥殺戮、鮮血淋漓的寫法。

所以他刻意去寫「不殺人」，且經常「急得就像熱鍋上的螞蟻」、「苦笑」、「心更往下沉」、「覺得有說不出的悲哀、說不出的憤慨」、「心膽俱裂，熱血一下子都沖上頭來」、「咽喉的肌肉似乎忽然抽緊，連聲音都發不出來」的楚香帥。刻意去寫「只覺得又髒、又餓、又累，喉嚨裡更像被火燒一樣，燒得他整個人都要發瘋，整個人都要裂開」的胡鐵花，而且在創造這些人物和小說寫作手法上，他又大量吸收外國文藝的營養。

林無愁在〈訪古龍，談他的楚留香新傳〉中談到：「那時〇〇七的史恩康納萊，正像一陣狂風吹襲臺灣，而受影響最大的是古龍。〇〇七殘酷，但優雅的行為；冷靜，但瞬息的爆發力；神經，但時時自嘲的幽默；微笑，但能面臨最大的挫折。這幾種特質，使古龍創造了楚留香。」

古龍自己也在〈關於武俠〉一文中，以《米蘭夫人》受莫里哀影響為例，承認他的《流星、蝴蝶、劍》曾受到「教父」的影響，又說：「他沒有被悲哀擊倒，反而從悲哀中得到了力量。這就是《多情劍客無情劍》和《鐵膽大俠魂》的真正主題，但是這概念並不是我創造的，我是從毛姆的《人性枷鎖》中偷來的。」⑬

偷，古龍自己說：「近十年的作品自己也還滿意，這或許跟我喜歡近代日本及西方小說，從中『偷招』有關吧！」吉川英治、大小仲馬、海明威、傑克倫敦、史坦貝克，及前述〇〇七、教父等電影，都是古龍取資之對象。

但也就在這一點上，古龍與宋今人卻有了區別。

因為宋先生雖希望把武俠小說提昇到與西方文學作品類似的地位，也鼓勵採用現代小說的筆法，然其歷史感畢竟較濃，認為「正規的武俠小說，必須時在數百年前，地在中國大陸」，且「應點明朝代，有關帝王、將相、重要人物乃至當時的文物制度、地名、官名、服飾、方言等都須作一番考證，不得馬虎。地理、歷史、文物、制度、人情、風俗等，一定要真實，不容錯誤。」

古龍的小說，卻只有一個模糊的「古代」，做為人物活動及情節遞展之場域。可是朝代並不明確，地理、文物、制度、官名亦不講究。小說中人物之行事和心理狀態，作者也不試圖去模擬歷史情境的人物行事與心理狀態，而是以現代人一般的行為模式及心理反應為基準。這種「去除歷史化」做法，與宋今人主張以武俠小說「建構歷史化」，實代表了武俠小說發展的兩個方向。

宋先生說的，是「正規的武俠小說」；古龍所做的，則是武俠小說的新變。小說一旦模糊其歷史情境，淡化它有關史事、地理、文物、制度之外，向敘述和具體化描寫，即表示它正著力向內轉，形成一種內省或內視性的特質。亦即前者重在情節的推移，刻畫人與外在世界互動的狀況，後者重在人本身的動作和心理內涵。所以我們才會看到古龍用電影分鏡式的方法，仔細地、分行分段地，去寫人的一個一個動作；一次一次、一層一層的心理轉折，情緒波動。同時，我們也才會看到古龍對人物搏鬥殺伐中的心理狀態，著墨遠多於對武打招式的形象描述。換言之，他的文字表現，是與其歷史觀有密切關聯的，其所形成的美學樣式，也是與其小說之內視性相吻合的，並非無意義或刻意扭曲割裂文字，以成其新奇。⑭

而這種轉變，當然與古龍吸收日本及歐美小說甚或電影之技巧，有實質之關係。

（四）從武俠小說到小說

古龍對武俠小說的看法，本來就是「截斷眾流」的。他認為要到唐人傳奇才有與現代武俠比較接近的地方，再經宋元明清才逐漸發展出武俠寫作的型式。但這些都只是遠源，這一代的武俠小說，仍由平江不肖生《江湖奇俠傳》開始，至還珠樓主達到巔峰。⑮可是這個傳統，「至王度廬《鐵騎銀瓶》和朱貞木的《七殺碑》為之一變，至金庸的《射鵰英雄傳》又一變，到現在，無疑又已到了應該變的時候。」

變的小說史觀，導生了他變的行動，把武俠小說這種文學類型轉變成了現代小說。這個行動，是具有歷史意義的，非金庸等人之「變」所能比，為什麼呢？

中國傳統的小說，在五四新文化新文學運動之後，即已衰微。魯迅所開展的新小說寫作型態，形成了小說敘事模式的革命。其後歷經現實主義、社會主義之風潮；到一九六一年間，始逐漸出現現代主義的小說寫作風氣。

王文興、白先勇、歐陽子等人辦「現代文學」，大量參酌歐美現代小說之技法，深入探討現代人的心靈處境，刻畫人性之隱微與衝突。這種現代主義，本身即含有一種反傳統的態度，要打破藝術上的成規，創造出能夠內省生命奧秘的文學。以文學作品來揭露生命存在的虛無、荒涼、痛苦、無奈，而進行生命價值的抉擇，發現人存在的意義。

武俠小說，幾乎是五四新文學運動以後，仍能以敘說傳統社會中之故事、擁有傳統形式（例如章回結構）、傳統意識內容（例如忠孝節義）、傳統小說敘事方法（例如說書體）而存在，且繼續發展的唯一特例。甚且我們可以說，武俠小說這種文類，根本就是在新文學運動及新小說出現之後才出現的。⑯平江不肖生發表《江湖奇俠傳》已在一九二三年了，到了武俠巔峰之作《蜀山劍俠傳》出現，更是從一九三二年寫到一九四九年。大陸易幟以後，在香港出現的梁羽生、金庸，其實仍是順著傳統的型態而發展的。

從讀者分布及市場占有率來看，此種民國以來日益發展茁壯的「傳統小說」，正是當時中國人進行小說閱讀的主要對象。但深受新文學影響的知識社群，彼時卻以新文學為正統美學典範，只承認新文學的創作價值與書寫地位。他們縱然也常在私人書齋中大讀特讀武俠小說，可是要他們從文學角度上去肯定其價值，終究說不出口。因此，文學界乃運用一種「純文學／通俗文學」的思維架構，把武俠小說推入「文學」以外的界域。任由武俠小說以其傳統樣式及市場占有，在學院的文學知識社群之外花開花落。⑰

古龍一再表現出的焦慮，即肇生於此一情勢中。他是文藝青年，又是英專出身，他格外能感受到武俠小說在這個新文學知識社群中喪失身分的困窘。所以他反覆地感嘆：「在很多人心目中，武俠小說非但不是文學，甚且也不能算是小說。」、「我有多朋友都是智慧很高，很有文學修養的人，他們往往會對我說：『我從來沒有看過武俠小說，幾時送一套你認為得意的給我，讓我看看武俠小說裡寫的究竟是什麼。』」、「他們認為武俠小說的讀者，絕不會是他們那階層的人，絕不會是思想新穎的高級知識分子。」

依當時的文學權力壟斷階層之見，武俠小說不是小說，「正如蚯蚓雖然也會動，卻很少人將牠當作動物」。所謂小說，則是專指由魯迅以降，那種現代小說而言。

此一焦慮，構成了古龍的核心問題。他企圖打破這種困境。可是，處在龐大的知識壟斷、新文學正統霸權之下，他雖亦暗哂知識階層的愚闇自是，卻終無徹底顛覆新文學霸權之雄心，因為他反求諸己，確實發現了武俠小說本身也存在著敘述模式僵化與老化的毛病。所以他採取了一個新的進路，把武俠小說改造成現代小說，以改善武俠小說被摒於現代文學之外的困境。

這番改造，毀譽參平，毀者謂其「拋棄傳統，走向現代。既迷失了武俠，也迷失了自己」。因為許多讀者閱讀武俠小說，正是要品味其中涵蘊的中國風味，故其審美趣味仍以

《蜀山》《鷹爪王》《十二金錢鏢》《鶴驚崑崙》《七殺碑》等為正宗、為依歸。⑱

但同樣地，也有許多人厭膩了傳統武俠小說的敘述模套，對古龍之翻新出奇表示高度的讚揚，例如王中原〈武俠小說新談〉便認為：傳統武俠小說頗多幻想及幼稚之材料，如放飛劍、弄法術、掌風、過分的輕功之類，古龍之小說卻「不趨於公式化，沒有像坊間流行的武俠小說脫離事實，而是真實。」⑲

他所謂真實，是指古龍只是藉「他創造之人物來描寫各種不同的人性、他們的心理及他們處世的態度。讀他小說之後，讀者對人性的本質便有更深的認識，對人生的問題，有更深的了解。」⑳

古龍小說之遭毀譽，也與其小說結構和技法有關。譽者謂其語法新警，結構縝密，具有現代感。反對他的人則覺得，古龍之語言表現固然簡練明快，擅長營造場景氣氛，有近於電影劇本之效果，但太受「敘事詩體」的分段影響，卻使得文章顯得雜碎，形成了文字障。

這些爭論與毀譽，是古龍這樣的創新者所必然遭到的待遇，且古龍秉其理念，在一條新的跑道上奔馳，偶爾也有摔跤的時候，姿態未必盡稱曼妙，著作未必本本精心，當然也不免有貽人口實之處。但大體而言，武俠小說的現代化轉型，確實已在他手上完成了。這種文體變革，與當時現代主義小說之風行，正可互相呼應，互為印詮。

（五）敘述模式之變革史

古龍之變，乃是漸漬而然的。據古龍自己說，他本身的創作歷程可分成四個階段，早期依循傳統風格，《浣花洗劍錄》《留香傳奇》時期，已從熱衷於財寶秘笈回到人生經驗與人性表現之中。第三期以《多情劍客無情劍》《歡樂英雄》為代表，可說是順著第二期所開創之格局而繼續發展的。第四期也是順著這條路線再發展，可是希望能寫得更真實，更寫實地去表達人性之掙扎與無奈。

這四期，其實僅可視為兩期。因為第三、四期都是沿著第二期風格發展的，把人物投擲到人生最尖銳的環境中去，在「極限情境」中去顯現價值的抉擇與衝突，讓讀者體會到人在江湖的悲哀。

但評價古龍，也不能僅著眼於他的變，只注意到他後期的作品。早期的古龍，雖然尚未完全現代小說化，然其小說亦自有特色，且與後期之發展有脈絡潛通的地方。

例如一九六三年出版的《湘妃劍》，寫少年仇怨復仇的故事，但古龍卻企圖在仇恨與鮮血之外，寫出仁慈與寬恕。同年出版之《孤星傳》，也寫少年復仇的故事，然其重點亦不在於仇怨得雪、忠信得直，而在於說明冤冤相報的荒謬性質；並要人在仇恨所帶來的悲哀、煩惱、痛苦、驚怖之外，感受到友情的溫暖。

這些小說，結構雖然簡單，對人物性格的刻畫也較後期平板，但其中用了許多現代文學的筆法，足以顯示古龍已有擺脫武俠小說敘述模套的企圖了，對小說主題也正費力經營中。他曾批評當時之武俠小說：「已落入了一些固定的形式中，一個有志氣、『天賦異稟』的少年，如何去辛苦學武、學成後如何去揚眉吐氣，出人頭地。這段經歷中，當然包括了無數次神話般的巧合與奇遇，當然也包括了一段仇恨、一段愛情，最後是報仇雪恨，有情人成了眷屬。」他這幾本小說，採用的正是這些最通用的模式，但神話般的巧合奇遇少一點、報仇的意義淡一點，小說的主題便有了點不太相同的意蘊，看得出作者對人生是有想法的。

一九六四年出版的《情人箭》，採用的則是另一種被古龍所批評的模式：「一位正直的俠士，如何運用他的智慧和武功，破了江湖中一個規模龐大的惡勢力。這位俠客不但少年英俊、文武雙全，而且運氣特別好。其中的人物有英雄俠士、風塵異人、節婦烈女，也有梟雄惡霸、蕩婦淫娃、奸險小人，其中的情節一定很曲折離奇，緊張刺激。」《情人箭》正是這樣一部小說，描寫死神帖情人箭肆虐江湖，少年展夢白歷經波折，終破其巢穴，殲厥渠魁，故事曲折，波瀾壯闊，親情、友情、愛情糾纏錯綜，在當時同類作品中允稱傑作。

可是古龍覺得此類寫法雖也不錯，卻「已成了俗套」，所以接著寫出《大旗英雄傳》，便又試圖突破。這仍是一則復仇的故事，但非一人之仇，而是鐵血大旗門和五福連盟之間的世仇，整部書寫此兩大集團之仇殺，一路抽絲剝繭，最後方知仇怨之結，竟結自大旗門早期創派祖師夫妻不睦。這也是《情人箭》的發展。因為情人箭主蘇淺雪之所以要製造情人箭殘害武林，即是因為愛情不順遂，起意報復。《大旗英雄傳》中，一切恩怨也都肇因於男女之情不能圓滿。其中描寫鐵中棠，智勇雙全，重義氣，富謀略，與水靈光之間的愛情真摯感人。

這些小說都談復仇，但情感的糾葛越來越繁密厚重。男性的衝動、偏執、幼稚，女性的深沉、神秘、多情、執著，也越來越費筆墨刻畫。小說已不再只是講一個故事，而開始展開了人性探索。江湖之詭譎，人性之難以捉摸，以及情欲之糾結衝突，構成了小說奇特的魅力。彷彿油畫般層層抹彩，光影繁重，氣象萬千。此所以這二部書雖非後期古龍之典型風格，但久為識者所重。

與《大旗英雄傳》約略同時的《浣花洗劍錄》，最大的特點便在於放棄了復仇母題，也不從情的角度去處理人的衝突，而是以「比武」為軸線，藉情節的發展，逐步發現武學的真諦。要從草木榮枯、日月運行、流水連綿之中去體察武學奧義，超越血腥搏殺、招式變幻之模套，強調學武者心靈的鍛鍊。

待《楚留香傳奇》推出時，古龍更是徹底擺脫了復仇和情愛糾纏的類型。楚留香不記仇，也不報仇，他一切行動都是為了別人。楚留香對蘇蓉蓉的情愛很專注，對別的女人也不會因愛而生情仇恨欲。所有生事的女魔頭，如柳無眉、水母、石觀音，亦均不是愛他或恨他，而另有情緣。楚留香人在江湖，身不由己，既不為寶藏，又不為秘笈，憑仗的乃是機智與冷靜，並不靠其武功（因為他的敵人，武功大都比他高），當然更缺乏神話般的巧合和奇遇。

因此，《楚留香傳奇》其實是最世俗化理性化的小說，沒有少年習武成功，報仇雪恨、揚眉吐氣；沒有神功圖笈、珍寶秘藏；更沒有奇遇，一切都在情理之中。英雄宛如常人，會與朋友開玩笑，享受生活；也會焦灼驚慌，不知所措。因一切都在情理之中，所以決勝之機，即在推理之能力；情節之進展，亦可由推理而得。但如此理性化，反倒使得楚留香成就了真正的傳奇性，成為真正的傳奇人物，就像福爾摩斯那樣。

相對於古龍，其他的作家，例如金庸的小說，幾乎每部都是秘笈（**金蛇秘笈**、**九陽真經**、**九陰真經**、**胡家刀譜**、**葵花寶典**……），都是少年邀天之幸，經無數神話般的奇遇和巧合，獲得神功與愛情。而此古代遺留下來的圖經拳譜，其神秘，竟又都為當代才俊殫精竭慮所莫能及。每部小說中又均情愛糾纏，女子千伶百俐，冰雪聰明，男子椎魯憨鈍或油滑浮薄。試想黃蓉、溫青青、殷素素、趙敏、袁紫衣、程靈素、任盈盈等女子和她們的愛情對手，其模套現象難道不嚴重嗎？

這種愛情與神功之寫作模式，古龍在《情人箭》中也有類似的處理態度，但漸漸地便超越了這些陳腔舊套，截斷眾流，斬棄萬緣，千山獨行，絕塵而去，「送行者皆自崖返，而君自此遠矣」。把自己鑲進武俠文學發展史裡，成為不可動搖的一顆星星。[21]

討論臺灣文學史的人，對於這一武俠小說現代化轉型的歷程，當然也不宜忽略。

注釋

①葉洪生〈當代臺灣武俠小說的成人童話世界——透視四十年來臺灣武俠創作的發展與流變〉，通俗文學研究會論文，收入一九九一，時報「流行天下」，又發表於《上海文論》一九九三年八月號，《中國故事》一九九二年二月。

②俱詳宋今人〈告別武俠〉，收入司馬翎《獨行劍》，一九七四年出版。

③見宋德令《宋今人先生事略》。

④王達明〈期待武俠新秀〉，幼獅月刊六三卷三期。

⑤葉洪生〈當代武俠變奏曲——論古龍「新派」範本《蕭十一郎》〉，收入《武俠小說談藝錄：葉洪生論劍》，一九九四年，聯經。

⑥註5引葉洪生書，收有〈少年英雄之死——論上官鼎《沈沙谷》之情天恨地〉一文，可以參看。

⑦註5所引文，葉洪生訪古龍時所記。

⑧另詳龔鵬程訪古龍的記錄《人在江湖》，收入本書。

⑨見周益忠《拆碎俠骨柔情——談古龍小說中的俠者》，一九九三年學生書局。

⑩遠流出版社，梁守中《武俠小說話今古》所收〈古龍小說商品化的弊病〉一文即有此說。

⑪詳陳曉林〈奇與正——試論金庸與古龍的武俠世界〉，聯合文學，二十三期。

⑫這篇〈代序〉不詳其寫作年代，但古龍在許多地方都講過同樣的話，如〈關於武俠〉（《大成》四三期），〈說說武俠小說〉（春秋版《歡樂英雄》卷首）皆與本文雷同，可以代表古龍的基本觀念。

⑬見萬盛版《午夜蘭花》序。

⑭批評古龍扭曲文字者，可以葉洪生為代表，詳註5所引書頁九十、三九七、四〇五～四〇九。

⑮同註12。

⑯類似的情形，即是代表傳統戲劇之典型的京戲，也是在五四新文化運動之後，才逐漸發展成型的。梅蘭芳等四大名旦、四小名旦及其他名角建立的表演型態，是根據清代京劇予以翻修劇本、重編唱腔，調整表演方式而形成的。其普遍流行，亦在一九三〇—一九四〇年之間，但它被稱為傳統中國戲，而不放在現代的戲劇史中討論。

⑰當時知識界文學人對武俠小說基本上是貶抑的，一般不予討論，縱或論及，也是把它當一個「問題」來處理。如一九六一年一月十二日「中國文藝協會為配合中央政策，組成專案小組，研究目前武俠小說的寫作問題，檢討武俠小說出版及出租現況與影響，對於如何改進其內容，及鼓勵武俠小說優秀作家之問題，提出研究，以供有關機關參考」（應鳳凰編《光復後臺灣地區文壇大事紀要》，一九八五年，行政院文化建設委員會出版，頁一二四）。而在前述大事紀要中，也看不到有關武俠小說寫作、出版之任何紀錄。

⑱這可以葉洪生為代表，詳註14。

⑲載於《大成》第四一期。另亦可以參看陳曉林〈奇與正——試論金庸與古龍的武俠世界〉。

⑳詳註8所引訪古龍文。

㉑真善美出版社將古龍轉變前後這幾部作品編成《古龍精品系列》，重新出版。恐怕是唯一正視此一武俠小說現代化轉型的作為。此系列包括《孤星傳》、《湘妃劍》、《情人箭》、《大旗英雄傳》、《浣花洗劍錄》、《楚留香傳奇》。

十　人在江湖：夜訪古龍

人在江湖，有許多事是身不由己的，譬如喝酒與聊天。

酒是劣酒，劣酒傷喉，所以今天古龍來時沙啞著嗓子：「喝多了紹興！」

昨天，只因昨晚「多情環」殺青，拍攝人員向老闆古龍敬酒，他當然要喝。

「我也是個江湖人！」雖然喉嚨壞了，也要撐著來聊天。

記得嗎？劍無情，人卻多情！

有一個世界，奇麗而多情，那是古龍的世界。

無論小說或人生，它都代表著一種探索和追尋，在酒與劍與女人之間。

劍？是的，它沒有固定的形狀或效用，它只代表尖銳而富刺激的人生境域衝突。唯有在劍光的映射下，人性最深沉、最真實的一面才能迸顯，剝開偽飾，照見本然。

或貪婪、或自私、或驚懼、或狂傲。

這紛雜而有多樣性呈現的眾生相，就構成了江湖。

只有江湖人才懂得江湖！

因為只有他們才能真實體會到自我生存經驗，或情感歷程與它相呼應、相接合的樂趣，並享受那一番生與死的悸動與震撼。

所以我們請古龍來談談他的「江湖」。

與他小說一樣尖銳的人生衝突，穿在他身上：黑衫白褲，鮮明的對比存在著，還有一臉詭譎而溫厚的笑意。聲音很大，卻沙啞得幾乎聽不清楚；慣作哲學性的思考與咀嚼，卻又是個無比情緒化的人；鬆散中夾滲著忙碌的緊張、浪蕩而又深沉，一點也不像他小說中手足白皙、指甲修剪得十分平整的少年俠客。

古龍當然不再少年，三十八歲原也不大，但在他精力充沛的神采裡，看來卻似半百。稀疏微禿的頭髮，順著髮油，平滑地貼在腦後；走起路來搖搖晃晃的骨架，撐起他微見豐腴的身軀。沒有刀光，也沒有殺氣，坐在縟椅上，他像個殷實的商人，或漂泊的浪子。

浪子也曾年輕過的，他是江西人，卻生在香港、長在漢口，直到今天還不曾去過江西。從六、七歲時在漢口看「娃娃書」起，就與武俠結下了不解之緣，凡屬武俠，無所不看，早期的還珠樓主與後來的金庸、司馬翎、諸葛青雲、臥龍生……等，看了又看，雖也不免有嗜好之殊，但在他日後的創作生涯中，都有著一定影響與作用。

這時的古龍還未縱身投入江湖，他寫新詩、寫散文、雜文、短篇小說、辦刊物（例如《中學生文藝》、《青年雜誌》、《成功青年》等，都是高中時的事蹟）。第一篇發表的文藝小說是：從「北國到南國」，約三萬字；覃子豪編《藍星詩刊》時也發表過許多新詩。

當時正逢武俠小說倡行，市場需要量既大，人人都可提刀上陣，寫他兩篇。古龍又因離家工讀、生活清苦，遂在友人慫恿下，寫出了他第一本武俠小說：《蒼穹神劍》，第一公司出版，稿費八百元。自此以後，登門邀稿者絡繹不絕，稿費飛漲，且多預支稿酬。

在他三天一冊的速度下，錢愈賺愈多，幾乎連自己的尊姓大名都忘了。二十餘歲的古龍開始浪蕩，買了一輛車，開著去撞個稀巴爛，臉撞壞了，書也不寫了；等錢用完了再寫。很任性吧！這時的古龍正在淡江讀英文系。

任性的浪蕩與職業性的忙碌，自此與他相伴。

浪蕩與忙碌，他笑著說：「做我的妻子很難！」——忙於拍片、忙於喝酒、聊天，也忙於看漂亮的女人，古龍現在已經停筆了。

停止，未必即是終結，它可能是另一段長征的開始。因為每一次停頓，都必在生活與心境上更有番新的體認與探索，正像那位性格怪異的傅紅雪，在殺人生涯中，偶然一次停止了殺生而替孕婦接生，接生後，刀法卻更加精純了，古龍的筆也是如此。

從四十八年開始創作第一本武俠小說開始，這樣的停頓與遞進共有四次：最初的《飄香劍雨》、《傲劍狂龍》、《天禪杖》、《月異星邪》等，只是不自覺的隨筆，寫來賺錢，沒有特殊的創作反省或藝術要求，人寫亦寫而已。故事散漫、結構冗雜，且多未寫完，惹得讀者火起，拒看之後，古龍只得擱筆。

再拾筆時，風格即開始轉變，《武林外史》、《楚留香》、《絕代雙驕》、《大旗英烈傳》等名作，都是這個時期的產物，人物鮮明而突出，結構瑰奇而多趣，從熱衷於財寶秘笈，回到人生經驗與人性表現之中。這種寫法與風格，大致上已形就了古龍特殊的面貌，此後第三、第四期的轉變，都是順著這條線而發展的，意在打破固有武俠小說的形式，建立他自己的世界。

第三期的作品以《多情劍客無情劍》和《歡樂英雄》、《蕭十一郎》等最為成功，他融合了英文和日文的構句方式與意境，鍊字造句迴異流俗。他不但創造了新的文體，整個形式也突破了以往武俠小說的格局，企圖在武俠小說中表達一種全新的意境與思想。

其中《歡樂英雄》以事件的起迄作敘述單位，而不以時間順序為次，是他最得意的一種突創。同時，人物的塑造，也是他這個時期極重要的創獲和貢獻：英雄即在平凡之中，平凡得可能像條狗，但狗是最真實，也是與人情感最深密的。

真實、再真實，是他自認為第四期的特色，「純寫實的」！是情感的真實！故事可能很久遠，人物和感情卻在你我身邊手上。例如《英雄無淚》裡自己砍下雙腿的舞蝶，代表了多少人性情感的掙扎和無奈！

當然，有人會直覺地認為武俠小說與寫實了不相涉，但這也不妨：虛構與想像本來就是小說的特徵；且杜斯妥也夫斯基就曾被批評家稱為：「在真實世界的基礎上創建一個個人的世界，是高一層次的寫實主義藝術。」它表達作者對人生的一些看法和體認，而不在作品中確定其時空位置，乃是因作者想得到較大的創作自由，以便貫徹自己對生存經驗的感懷和批評，呈現自己對人性的洞觀與悟解。

古龍說：

「我希望能創造一種武俠小說的新意境。」

「武俠小說中已不該再寫神、寫魔頭，已應該開始寫人，活生生的人，有血有肉的人！」

「為什麼不改變一下？寫人類的感情、人性的衝突，由情感的衝突中，製造高潮和動作？」

是的，武俠小說是該寫感情和人性。然而，人性的挖掘和情感的探討也許永無止境，作為一個作家，他的思考與表達終究有其限度，未來的旅程將再是一片怎樣的風光爛漫？

「我不知道！」他說。

目前的停頓，究竟是觀望呢？還是思考？再舉步時，會再帶給我們一次新的驚羡嗎？古龍凝思著，眼前不再是梅花上的雪花、雪花上的梅花。

傳奇似的小說，傳奇似的人。

一種是劍光飛爍的世界，一種是金錢堆砌成的人生。古龍從他自己經歷過的事件中，紬繹出對於人生的詮釋，形象化地表現在小說裡。但是，他的經歷較為奇特，武俠小說又多充滿著一種詭異的氣氛，以此來表現人生面，是否不易為大眾所認同？人物與情感呈扭曲形態地出現，又是否能與我們的真實感受相印證？

「我所寫的人物，都是被投擲到一個人生最尖銳的環境中去的！呈現的是人生最尖銳的選擇與衝突，這種選擇往往牽涉到生與死、名與利、義與鄙等等人生問題，它雖不經常發生於我們真實的人生裡，但卻必是最能凸顯人性與價值的一種境況！」

「我寫的事件也很平常，例如夫妻吵架等家常瑣事，打一耳光會感到辣痛等永恆的經驗，是每個人都『可能』遇到的，但卻不一定會遇到！」談起自己的作品，古龍眼中就興奮得發光。

如此說來，在古龍的感覺裡，以武俠小說這種形式結構來負載這種內涵時，是有他特殊的目的或效果要求囉？「是的！」因為所謂「人在江湖」以及色、貪、自私、死亡等等人性之追索，其他各種類型的小說也能表達，不一定要寫武俠小說不可呀！

武俠小說的內涵既然和其他小說沒有太多的差異，古龍詭譎而自負的笑了笑：「你們認為古龍是寫武俠小說的；我卻認為古龍是個寫小說的！」

可是，我們如將武俠小說視為文學作品中的一類，則此種作品與其他類型的文學（詩、散文、戲劇）或小說有何不同？通常，特殊的組織與結構型態，也是區分文學類別的重要因素，所以西方把文學類型（Literary Geners）稱之為「機構」（Institution），代表一種秩序，一如戲劇小說和抒情詩等不同的類別，即有其結構上的差異那樣，每個文學類型，事實上包含了各個不同的美學傳統，形成它的特色。

武俠小說也是有著悠久傳統歷史的文學體類，它的美學傳統和結構特色又是些什麼呢？古龍否定了武俠小說在內在形式（題材與主旨等）上，曾與其他類型小說不同的說法，也不承認它在外在形式的結構上與其他小說有何差異，是否會喪失一般武俠小說那種表現中國人獨特生命情調的特色？是不是也因為如此，他的小說才被認為是武俠小說裡的偏流而非正宗？

「什麼是正宗？什麼是邪魔歪道？寫得好就是正宗！做為一個流派的創始者，最初都會被看成是非正宗的，鄧肯的舞蹈不也是這樣嗎？純文學的作品可以沒有任何結構，甚至也沒有故事，只在探索一種心理狀態。武俠小說誠然與通俗文學較為接近，但我所著重的毋寧是在此而不在彼！」

似乎在沉思，又似乎十分激動。

「那麼您寫小說不太注意它的技巧和結構囉？」

「注意啊！」

「那麼，在一篇武俠小說裡，您如何架設它的結構呢？」

古龍大笑：「以往寫小說也沒有什麼完整的故事或結構，只是開了個頭，就一直寫下來，寫寫停停，有時同時寫三、四本小說；有時寫得一半停了，出版社只好找人代寫，例如《血鸚鵡》就是；又有時在報上連載，一停好幾十天，主編只好自己動手補上，像《絕代雙驕》就曾被倪匡補了二十幾天的稿子。這些作品通常只有局部的結構，並不是在動筆之前先有了一個完整的脈絡或大綱之後才開始經營的。至於現在，現在已經不寫長篇了，像《離別鉤》就很短，《絕代雙驕》那種一寫四年又六個月的的情形不會再有了。短篇是比較能夠照顧到它的結構和主題的！」

雖然經過作者精細嚴密的處理，但武俠的世界較現實奇麗，讀者會不會落在層層詭設的表象中，迷失或不易掌握住作者所欲表達的主題？

想一想，古龍說：「會的！但這個責任不在作者而在讀者，每一個作家都會引起讀者的幻覺，《少年維特的煩惱》出版時，很多人去跳萊茵河，能怪罪歌德嗎？像我寫《七種武器》，主要講的並不是武器的厲害或可貴，而在點出誠實與信心等等的重要，可是讀者能從我的文字中領略到多少，則不是我所能測知的。這要靠讀者的努力才行！」

的確，有的人看武俠小說只為了消遣，為了尋找一個刺激大腦的夢，墮在詭異興奮的故事情境中，激動而滿足；對作者苦心呈現或追探的主題並無興趣。但是對一位作家而言，面對這種情形，他將如何？古龍是否常因讀者易於迷失，而被迫於站到幕前來點明主旨？這樣，對小說的傳達效果和藝術成就來說，是否為一斲傷？

「不錯，我的小說最惹人非議的就是這點，或褒或貶，尚無定論。我經常在敘述中夾以說理，使整個小說看起來太像是我自己哲學的形象化說明，違背了小說表現重於自我說明的特徵。但這種情形恐怕是中國小說的傳統特色，歷來的平話小說和章回小說都是如此的。因此，這個問題不但評論家們還在爭論中，我自己也為此而爭論：當我要站出來講一句話的時候，我都會考慮再三，可是，我為什麼會這樣寫呢？這種情形對藝術性的戕傷是必然的，但我總認為小說不僅僅是個藝術品，它還應該負起一些教化的社會功能；我在站出來講話時，總希望能令讀者振奮、有希望。有次我到花蓮去，有個人找上我，一定要請我客。他說他本來要自殺，就是看了我的小說才能活到今天。這是我的寫作生涯中最值得欣慰與稱道的一件事。我這個人也像我的小說那樣，充滿了尖銳的矛盾衝突，我的思想中有極新潮的，也有極保守的。這一部分可能就是我保守的表現吧！」古龍又大笑。

這樣說來，那些新潮而又大膽的書中女人，豈不成了古龍新潮思想的表現了？

「哈哈！誰也不曉得古代女人是不是那樣呀！」

他寫小說並不考慮真實的歷史時空，從這句話裡就可以看出。他說金庸最反對他這一點，而這也是他的堅持，他寫的是人類最基本而永恆的情感或形態。

側過身，換了個姿勢，又接了一通電話，古龍開始談他小說中的人物。在他塑造過的人物中，小李飛刀是被人談論得最多的，有許多人認為那是他小說中最成功且最突出的人物；但也有人認為「他」太矯情。

「您的小說，似乎自成一個系列，例如小李飛刀，然後又有他的徒弟葉開；甚至陸小鳳、楚留香等，也都各代表一個系列，為什麼這樣寫呢？有意創造一個武俠世界嗎？像有關葉開的《九月鷹飛》，情節和人物都是《多情劍客無情劍》的延續，又為的是什麼呢？代表什麼樣的構想？」

「這只不過加深讀者的印象並重複其經驗罷了，《九月鷹飛》並不是一本成功的小說。對人物的塑造與安排，我總在努力求新求變，儘量使人物的性格凸出，但因有時寫得太多了，自然免不了會重複，這是沒辦法的。」古龍搖搖頭，他似乎對自己以往同時進行三、四本小說連載的情形也有許多感喟。

由於他堅拒討論當代的武俠小說作家，所以我們只好談談他的電影。

小說與電影的結合，奇妙而新鮮，從楚原拍成「流星・蝴蝶・劍」、「天涯・明月・刀」之後，中國的電影進入了新的紀元，古龍的小說更成了搶手貨。改拍的武俠電影十之八九都與古龍有關，不僅是原著，古龍還從顧問而策劃而導演而老闆，扶搖直上，顧盼自雄。

但是，這種景況並未刺激古龍的創作慾，他直截坦率地認為拍電影只是為了賺錢；別人拍成他的電影他也不看，對楚原的改編尤多不以為然。

這種現象倒是很奇怪的，他對電影似熱衷又冷漠，是偏愛文字語言的表達呢？還是……

「其實我很早就注意到小說和電影的關係了，我在寫作時就曾利用電影『蒙太奇』和『場次』的觀念，以簡短、緊密，且矛盾衝突性極高的語言分割片斷，一組一組地跳動連接。所以我的小說和電影的距離最近，改拍也較容易，甚至可以直接拿小說去拍。當然，早期我還無法調和形象和文字間彼此個別的特殊要求，但現在可以了，像《蕭十一郎》就是為了拍電影才寫的。」

寫小說而同時思考到改拍成電影的效果，以前似乎只聽說瓊瑤是這樣的，原來古龍也曾從電影中汲取靈感。然則傳說中瓊瑤寫小說時，連電影男女主角的人選都已想好了的情形，不知在古龍身上也發生過否？

「電影中人物的造型當然不合於理想，因為小說可以縱容讀者的想像，電影則不行；繁冗的打鬥也易破壞其形象。另外，人選也是很難找的，譬如某個人物，我認為最好能找三船敏郎來演，但客觀環境卻常不容許我們做這種要求，所以電影所能達成的效果其實是很有限的。像《碧玉刀》裡，大眼睛、鼻子笑起來會皺成一條線的華華鳳，到了電影裡就變成了夏玲玲；而孟飛飾段譽也並不全然理想，但這部片子卻是今年夏天最賣座的電影。」他無可奈何的語調裡，當然也有無可奈何的表情。

從四十八年開始，寫過多少本小說，又有多少被改拍成電影，恐怕連他自己都搞不清了。對片酬，他諱莫如深，自稱是軍事機密，絕對不能也不願公開。但對自己比電影明星還要有名一事，卻有些尷尬而自負。

他認為早期的武俠小說如《七俠五義》等，只有事件而無思想，所宣揚的也只是一種奴性的英雄。後來的平江不肖生《火燒紅蓮寺》等，又毫無結構。電影這種藝術對結構安排與形象的掌握都很獨到，結合這樣的藝術以創造他全新的小說世界，是件值得稱道的事。

就整體結構上說，情節的「懸疑」是他小說與電影一貫的特色，在最後以揭穿一切作結，偵探的意味很重。但懸疑拆穿後往往了無足異，讀者或觀眾長期面對這種追逐與愚弄，是否會形成一種心理上的疲乏與厭煩？而且在我們看來，格局相類似的小說和電影太多了，這是否代表一種局限？或另有原因？

古龍說：「我也在思考！」

在思考時，古龍總需要酒。

他賺來的錢，多半花在和朋友喝酒上。

藏書雖然比酒多，但只有酒才能真正代表古龍。

「你若認為酒只不過是種可以令人快樂的液體，那你就錯了。

你若問我：酒是什麼呢？

那我告訴你：

酒是種殼子，就像是蝸牛背上的殼子，可以讓你逃避進去。那麼，就算別人要一腳踩下來，你也看不見了。」

這是古龍的話，那麼，古龍逃避的是什麼呢？是寂寞嗎？

我不知道，就像我們不易知道女人一樣。

有酒的地方，就有女人。古龍創造了許多奇奇怪怪的女人，也欣賞各式各樣的女人，

「我是個大男人主義者！」

與女人在一起總是麻煩的，譬如趙姿菁事件。

對於古龍，這是大家最感興趣的問題——

突然落入了久遠的記憶與沉思中，他以一種哀悼而又鎮定的聲音說：

「對於這件事，自始自終，我沒有發表過一句話。因為，無論我說什麼，都有人會被傷害。如今，事情已經過去了，也沒有什麼可談的。簡單地說，我與她已確有感情，這事如果不是第三者插入，絕不會弄得如此糟。」

這是古龍的態度，若事情與他人有關，即努力避免談論；尤其是牽涉到他或他的朋友時。也許，這就是他小說中刻劃友情最多的原因吧！

如此詭幻的江湖，友情當然是他唯一能夠抓握住的了。

沒有友情的人生是寂寞的，自詡「有中文處即有古龍小說」的古龍，也會寂寞嗎？或者，他畏懼孤獨與寂寞，才努力去護衛友誼，才更深刻地體會友情。

酒經常是用來溝通友情的，從這裡，他探觸到人性的隱陲：愛恨的糾葛、挫敗與叛逆、死亡與新生。武器與人物並不重要，甚至搏鬥也是多餘，生活在刀光劍影中的人，將更能體會出殺伐的可怕與可厭。古龍筆下血腥味很重，但他從不將搏殺的具體過程繪聲繪影地寫出來，是否也是基於這層認識？殺人最多最快的西門吹雪，殺人時永遠有種說不出的厭倦。古龍對搏殺也厭倦了吧？

搏殺只是種生存的掙扎，處在人生無可奈何之境，而又必須日日為生活而掙扎奮鬥的人們，什麼是他所能真正掌握的？

「他只有躺在自己的冷汗裡，望著天外沉沉的夜色顫抖，痛苦地等待著天亮；可是等到天亮的時候，他還是同樣痛苦、同樣寂寞。」（《多情劍客無情劍》）

他是厭倦搏鬥，意圖擺落痛苦和寂寞的侵蝕吧？

古龍不語，忽然起座告辭，飄然遠去。

明日，明日又是天涯。

十一　劃破黑暗的刀

（一）劍本無情

人多情，劍卻無情。這種對比關係，正是古龍這部小說的基本結構。

在人物方面，李尋歡、阿飛是一組；上官金虹、荊無命是相對比的另一組。李尋歡跟阿飛多情，上官金虹和荊無命無情。

李尋歡與阿飛是朋友，但關係如父子。阿飛沒有父親，他心目中只記得母親，母親對他有深刻的意義與影響，但「他這一生受李尋歡的影響實在太多，甚至比他母親還多」，所以最後孫小紅發現阿飛已變得跟李尋歡幾乎完全一樣了（八十九章）。

荊無命與上官金虹也不是父子，但其關係，連上官金虹的兒子都要誤會荊無命可能是上官金虹的私生子了。荊無命沒有生命，他的命是上官金虹的，他只是上官金虹的影子。可是，他們關係雖然如此密切，卻絕不是朋友。

李尋歡和阿飛會犧牲自己來成全對方；上官金虹與荊無命，則會殺掉對方來保全自己。所以他們這四個人，是兩組奇特的對比。

四個人中，上官金虹與李尋歡又是一組，荊無命與阿飛是另一組。李尋歡當然與上官金虹不同，他是真君子，上官金虹是真小人；他是英雄，上官金虹是梟雄；他具有偉大的同情，處處為他人著想，上官金虹絕對無情，只為自己考慮；他蕭然一身，上官金虹卻經營龐大的金錢幫，他對金錢與權勢俱無執念，上官則正好相反，他們的對比，在每個地方都是極為明顯的。

但李尋歡幾乎也就是上官金虹。七十章敘述見過這兩個人的人議論紛紛：「我總覺得這兩個人像是有些相同的地方。」「李尋歡若不是李尋歡，也許就是另一個上官金虹。」七十三章，孫小紅也對李尋歡說：「他覺得你也和他一樣——和他是同樣的人，所以才佩服你、欣賞你。一個人最欣賞的人，本就必定是和他自己同樣的人。」

李是孤獨的，上官也是；上官手上無環，環在心中，李也是手上無招，招在心上，兩人武功之高明處均在心上；李與龍嘯雲結拜，龍嘯雲也來找上官結拜；林仙兒媚惑了天下所有的男人，也只有對李尋歡與上官金虹是無力控制的。

阿飛與荊無命，也是這樣相似的對照組：「這也許是世上最相像的兩個人！現在兩人終於相遇了。」都是身世如謎、都堅毅剽悍、都使快劍。而那兩柄劍，「也許是世上最相同的兩柄劍」。不過，「荊無命臉上，就像帶著個面具，永遠沒有任何表情變化。阿飛的臉雖也是沉靜的、冷酷的，但目光卻隨時都可能像火焰般燃燒起來，就算將自己的生命和靈魂都燒毀也在所不惜。而荊無命的整個人卻已是一堆死灰」（五十七章）。所以阿飛要靠愛來獲得新生的力量，荊無命則要靠恨。

這就是「相似的對比」關係，對比本來就有許多種。相反之物形成對比，例如善與惡、仙佛與妖魔，是最尋常、且易為人所理解的。但那只是相異之對比，古龍在《多情劍客無情劍》中所要經營的，卻是一種相似的對比關係。

（二）劍亦有情

相似的對比，遠比相異之對比複雜，而也建立在相異對比的關係上。例如林仙兒，名為仙兒，卻非仙女，而是專門帶男人下地獄的魔女；趙正義，名為正義，卻非主持正義之俠士，而是顛倒是非、毫不公道之輩。他們姓名與實質之矛盾，就是一種相異的對比。其次，林仙兒與藍蠍子相比，同樣喜歡布施色相、媚惑男人，但藍蠍子是有情義的，與林仙兒不同，這也仍是相異性的對比。可是若說林仙兒與林詩音，那就是相似的對比了。

林詩音善良、懦弱、只顧著自己的家和孩子；林仙兒野心勃勃，她與阿飛的「家」只是一種偽裝。林詩音不擅武功，林仙兒則否。在許多地方，她們確實是相異且足資對比的兩位女性，但林仙兒號稱武林第一美人，孫小紅卻認為林詩音才是（八十四章）；她們是

「姐妹」，也都以不同的方式在折磨著人。

林詩音讓林仙兒搬入李尋歡的舊居「冷香小築」，又希望李尋歡不要再去「害她」，其實已隱隱然把這位少女當成是另一個年輕的自己了。所以最後她感傷命運，也仍是拿林仙兒跟自己做比較，說：「現在我什麼都沒有得到，什麼都是空的，正和林仙兒一樣。」（八十四章）。因此，林詩音和林仙兒並非相異的善惡兩極對比，她們之間，有極親近、極相似的地方，她們，就像荊無命和阿飛，如此相似，卻又截然互異，足堪對比。

《多情劍客無情劍》裡，多的是這樣的關係。以情和劍來說吧，劍客多情，劍卻無情，固然昭昭見於書名，書中甚至還極力刻畫一柄「奪情劍」。然而，劍真無情嗎？六十二章描述李尋歡向阿飛分析他與荊無命的不同：

> 李尋歡道：「你有感情，你的劍術雖精，人卻有情。」
> 阿飛道：「所以我就永遠無法勝過他？」
> 李尋歡搖了搖頭，道：「錯了，你必能勝過他。」
> 阿飛沒有問，只是在聽。
> 李尋歡接著說了下去，道：「有感情，才有生命，有生命才有靈氣，才有變化。」

所以，劍也像人一樣，其實也是多情的。書中種種，力陳其異，但凡此迥然異趣者，深一層看，往往相似或相通，正是這部小說最迷人的地方。

可不是嗎？君子與小人、正派與旁門、英雄與奸邪、美人與妖姬、好人與壞人，這樣黑白分明的對比，太簡單了。江湖之所以詭譎、世途之所以險惡、人生之所以難以理解，不但在於君子可能反而是小人、英雄反而可能是姦邪、美人反而是妖姬、好人反而是壞人；更在於好人與壞人也可能本是一樣的。

六十九章〈神魔之間〉，七十章〈是真君子〉，七十三章〈人性無善惡〉，都是在談這個問題。七十章論李尋歡與上官金虹相同，「只不過，一個是仙佛，一個卻是惡魔。善惡本在一念之間，仙佛和惡魔的距離也正是如此。」七十三章，孫小紅撇了撇嘴，道：「但你真的和他是同樣的人嗎？」李尋歡沉吟著，緩緩道：「在某些方面說，是的。只不過因為我們生長的環境不同，遇著的人和事也不同，所以才會造成完全不同的兩個人。」

後天影響說，在人性論上當然有其缺點，但古龍採用這套講法，其實只是想說明神魔既非本性互異，善惡亦非判然分疆。他有時也會換個方式說，例如〈神魔之間〉那一章，談的其實是武功，藉用禪宗語，評騭上官金虹與李尋歡的造詣，說「手中無環，心中有環」須進至「環即是我，我即是環」，再進至「無環無我，物我兩忘」，才算是仙佛境界。用其說以論人性，同樣也可說神魔一如、善惡兩忘，才是究竟實說。分判神魔、區別善惡，畢竟仍落下乘。

（三）人在江湖

古龍經營這一大堆相似的對比的狀況，真正想要追問的，恐怕就是這一個關於人性或人生的答案。

故事當然是非常曲折、非常好看的。名俠小李探花，傷心人別有懷抱，重入江湖，誤傷故人之子，捲入梅花盜奇案；又被誤會為梅花盜，且為故人所害，遭押送少林寺。迭經波瀾，終得證明清白，逆徒授首，但友人阿飛卻陷身溫柔陷阱之中。而群豪奪寶，又起風波，金錢幫為禍武林，終於逼得小李飛刀不能不與上官金虹一決死生；阿飛則幡然改悟，打破了愛的迷執。小李探花也漸因孫小紅的愛，轉移了對林詩音的刻骨相思，也解下了心中的枷鎖。

這其中，神奇的飛刀、閃電般的快劍、《兵器譜》上排名群豪的爭霸、中原八義淒厲的恩怨、以及妖異的人物（例如冷酷的荊無命、胖得離奇的大歡喜女菩薩、仙魔合體的林仙兒），無論兵器、人物、情節，莫不動人。鐵傳甲、孫二駝子之義氣；李尋歡、阿飛之友情；李尋歡對林詩音、阿飛對林仙兒的癡情，也都是非常感人的。

但古龍想寫的，似乎不是這些。

在整體結構上，它當然仍是一般武俠小說正邪對比對抗的型態。但是，我們前面說過，分判神魔、區別善惡，只是下乘。古龍在這裡所描述的，是另一個層次的問題。以李尋歡來說，他是個「吃喝嫖賭，樣樣精通」「不喜歡做官，反而喜歡做強盜」（二章）「殺手無情的李探花」（七章）「無可救藥的浪子」（十三章）。因此，他是正派大俠嗎？若非許多人本已認為他是個惡魔，趙正義等人誣陷他，說他是梅花盜，怎能立刻取信於眾？在李尋歡所愛的林詩音眼中，他更常像是個惡魔：

林詩音瞬地瞪著他，咬著嘴唇道：「很好，很好，我早就知道你不會讓我快快樂樂的活著，你連我最後剩下的一點幸福都要剝奪，你……」

林詩音的手握得更緊，顫聲道：「你既然走了，為什麼又要回來？我們本來生活得很平靜，你……為什麼又要來擾亂我們？」……林詩音忽然嘎聲道：「你害了我的孩子還不夠？還要去害她？」（十三章）

李尋歡這種情況，亦如其僕鐵傳甲。鐵傳甲是義薄雲天的，可是他出賣了翁天傑，逼得「中原八義」苦苦追殺他。但翁天傑暗中做強盜，鐵傳甲協助查案，又不能不予舉發；舉發以致翁被殺，卻又不忍說出翁的穢行，只好逃亡；逃至無可再逃，只好賠上一命。

李尋歡本來也在逃，因為龍嘯雲救過他，他知龍嘯雲愛上了林詩音，只好疏遠林女，讓林詩音嫁給龍嘯雲，然後將莊宅相贈，隻身逃走。可是義舉與割愛卻成了雙方的魔魘，林詩音把他當成惡魔、龍嘯雲深感痛苦、龍小雲更是恨他。

於是，為了消除這個魔魘，龍嘯雲想盡辦法要殺他，龍小雲也是。這對父子做出了許多令胡不歸這樣老江湖都看不下去的醜行，最後龍嘯雲亦喪命於金錢幫之手。

從他們傾陷李尋歡、以怨報德的行逕來看，這對父子確是「壞人」無疑。但他們的幸福，不也斷送在李尋歡手裡嗎？李尋歡的義舉，是他們痛苦的來源；他們的報復，卻又蒙上不義的汙名。他們的悲哀，難道不值得同情？可是，他們越悲哀，李尋歡的痛悔也越甚。因為，他們的悲哀，正加在李尋歡的身上。李尋歡只有更加悲哀，更要咳個不停，咳出血來了。

但李尋歡錯了嗎？義舉與割愛似乎不能算錯。龍嘯雲錯了嗎？他想保有尊嚴、保有家、保有妻子，也不能說是錯的。八十六章：

龍嘯雲淒然笑道：「也許我們都沒有錯，那麼，錯的是誰呢？」

林詩音目光茫然遙視著窗外的風雨，喃喃道：「錯的是誰呢？錯的是誰呢？」

他無法回答。

沒有人能回答。

其實，這就是回答了。李尋歡在本書中一出場，講的第一句話就是：「人生本來就充滿著矛盾，任何人都無可奈何」，然後嘆了一口氣，自馬車角落中摸出一瓶酒來喝。在第五十三章，李尋歡與龍嘯雲對談時，他又「長長嘆了了一口氣，道：『人生中本來有些事是誰也無可奈何的。』」他講的就都是這個道理。這個道理，在希臘悲劇中叫做命運，在武俠文學中則或稱為「人在江湖，身不由己」。

由於造化弄人、由於人生之不得已，遂有了李尋歡這樣帶給龍家不幸的英雄，也有了龍嘯雲這樣的壞人。但李尋歡就是善，龍嘯雲就是惡嗎？

詰問至此，只有善惡兩忘了。但如此善惡兩忘，得到的，並不是禪家的空明澄靜，而是在命運之前，深刻的悲憫。

（四）友情長存

除了命運、人性之外，古龍恐怕還想談談「情」的問題。

情有許多種，父子、母子之情為其中之一、書中有許多對父子，龍嘯雲與龍小雲，伊哭與丘獨、上官金虹與上官飛，還有兩對擬父子：上官金虹與荊無命、李尋歡與阿飛。一對祖孫：天機老人和孫小紅，每一對都不一樣，但情感都是極深的，連上官金虹也深愛著上官飛（**雖然愛他的結果卻害死了他**）。

書中也有許多對母子，林詩音與龍小雲、阿飛和他媽媽，以及一對擬母子關係：阿飛和林仙兒。

阿飛醒來時就看見林仙兒的臉。「這張臉溫柔美麗。美得幾乎就像是他的母親。他記得在小時生病的時候，他的母親也是這麼樣坐在他身邊，也是這麼樣溫柔的看守著他。」（十七章）林仙兒當然是他的愛人，但也是他的媽、他的神。林仙兒每天像哄小孩一樣哄著他喝湯，也絕不跟他發生性關係。阿飛從迷戀她到脫離她，正像他逐漸掙脫母親的教誨（絕不要信任任何人，也絕對不要受任何人的好處）而轉向李尋歡。

阿飛所掙脫的，同時也是個愛情的枷鎖。多情劍客之多情，主要也是指愛情。李尋歡苦戀林詩音，日久成癡，又一心一意想把阿飛從林仙兒的癡情中拉轉出來，這本來就近乎癡想。他知道自己不能不思念林詩音，所以也就明白阿飛為何不能不癡情於林仙兒。這種感情的執著，也是無可奈何的。七十四章：

孫老先生嘆息道：「他這麼做，只因為他已不能自主。」

孫小紅道：「為什麼不能自主？又沒有人用刀逼住他、用鎖鎖住他。」

孫老先生道：「雖然沒有別人逼他，他自己卻已將自己鎖住。」

他嘆息著接道：「其實，不只是他，世上每個人都有自己的枷鎖，也有自己的蒸籠。」

人誰無情，誰能遣此？這就是不由自主，無可奈何。只能期待忽然夢醒，或有所移轉。在尚未醒來或移轉替代之前，愛也和命運一樣，會不斷折磨人的。

愛情之外，另一種值得重視的，便是友情。江湖人所說的義氣，本來就是針對朋友情誼而說。愛情不論如何刻骨銘心，在武俠世界中，大概仍要讓位給友情，古龍尤其看重這一點。

《多情劍客無情劍》自「飛刀與快劍」，李尋歡和阿飛的相遇寫起，寫到李尋歡以友情的力量幫助阿飛掙脫了對林仙兒的執迷為止。它事實上是一則友情的故事，友情也是整個小說中唯一的光，像李尋歡的飛刀一樣。只有友情，能劃破無邊的黑暗，讓人在命運的無可奈何之中，還能看見一點希望。

這也許就是唯一能驅走人間寂寞與黑暗的光輝。

這是永遠的光輝，只要人性不滅，就永遠有友情存在（六十章）。如果說愛情常如枷鎖，那麼古龍會說友情是蒸籠，可以把人的潛力都蒸發出來。李尋歡所尋之歡，其實就是在尋覓友情的歡樂。早年他為了成全友情，而割捨了愛情；現在，他成就了友情，也獲得了愛情，所以「他驟然覺得自己又年輕了起來，對自己又充滿了勇氣和信心，對人生又充滿了希望」（九十章）。

尋歡之旅，屆此方始終結。古龍對人生的希望，大抵也寄託於此。

十二　藏在霧裡的劍

（一）倫理的抉擇

在黃昏的霧氣中，醫生簡傳學向神劍山莊三少爺謝曉峰解釋，自己為何不能遵守「天尊」的命令，用毒藥害死他。簡傳學說道：

「我跟他不同，他學的是劍，我學的是醫，醫道是濟世救人的，將人的性命看得比什麼都重。我投入天尊只不過幾個月，學醫卻已有二十年，對人命的這種看法，早已在我心裡根深蒂固。所以不管天尊要我怎麼做，我都絕不會將人命當做兒戲，我一定會全心全力去為他醫治。」

殺手和醫生的生命觀當然不同，而這種不同，不僅指人對自己生命的看法、人對自己的權利與義務，也包含了人對他人的權利與義務、人對他人生命之看法及倫理態度。

從醫生的角度說，人有權利也有義務積極地維護自己的肉體生命，以衣、食、住和醫藥來存養；也有權利及義務消極地維護自己肉體生命，不自殺也不自我殘傷。死亡是神或命運的事，人並無自主權。由此延伸出來看，人對他人亦不得殘傷殺害。但從殺手的角度說，完全不是這麼回事，殺手必須殺人，殺人既是權利也是義務。若不殺人或殺人不成，往往自己就得被殺，因此，醫生與殺手的倫理態度恰好是矛盾的、對立的。

世上本來就很多矛盾的事，不同的人有不同的生命觀、倫理態度也不足為奇。但假若一個人既是醫生又加入了殺手集團，那麼，在他身上便不可避免會有倫理的衝突。兩種或多種矛盾的生命觀在心頭激擾衝撞，彼此爭執。究竟該怎麼辦呢？這時，人就不免要歷盡掙扎，勉強做些倫理抉擇了。

簡傳學講的，就是這種倫理抉擇的處境。

抉擇通常都是困難而且痛苦的，必須幾經掙扎才能做出決定。但又不是一次就夠了，人生總在不斷抉擇之中。簡傳學在此處雖然已決定救活人的性命，服膺他醫者的倫理信念；但接著，他又為了要不要告訴謝曉峰一個真正能治好他絕症的去處而躊躇不已。他必須告訴謝曉峰，因為醫生總不能睜著眼睛看人走向死亡；他又不能說，因為那位能治癒謝曉峰的人，一旦救活了他，就會殺了他；若不能殺死他，則那個人必會被殺，這是個倫理的困境。在這個困境中，他矛盾極了。

夜色漸深，霧又濃，簡傳學不知如何是好，他喊謝曉峰，但霧色淒迷，看不見人，也聽不見回應。他不停地奔跑呼喊，總算最後他想出了一個方法：絕不能見死不救的醫生、把性命看得比什麼都重的醫生，遂把刀刺進了自己的心臟。

困鬱在倫理困境中的人，若不能突圍而出，找到令自己心安的抉擇，就只能選擇自殺。雖然這也違背了他廿年來所服膺的信條，但那又有什麼法子呢？

這是《三少爺的劍》中一則小小的故事，簡傳學是其中一個小小的人物。但是，整部小說，所有的人物，不都處在這樣的倫理抉擇的境遇中嗎？

（二）存在的困境

古龍在《三少爺的劍》裡，講的是一個並不太曲折的故事：神劍山莊的三少爺謝曉峰，劍法通神，天下無敵。但他厭倦了殺戮比劍的生涯，詐死逃世。隱姓埋名，藏身於市井之中。人人都以為他是無用的人，喚他「無用的阿吉」，他從事的也都是最卑微最低賤的工作。直到有一天，他為了保護市井中被欺凌的弱小婦孺，不得不挺身而出，以致被惡勢力追殺，並挖掘出他的身世來。為了應付無盡的追殺，並維護他家族以及「謝曉峰」這個名字的名譽，他只好一再與人對劍。最後，他遇到了燕十三。

燕十三也是一位要找他比劍的人，彼所創之奪命十三劍固然尚不足以與他抗衡，但此人就是簡傳學所不能說出的那位「一旦救活了他，就會殺他；若不能殺死他，則會被殺」

的人。謝曉峰若不自殺，只能殺他。可是，奪命十三劍的劍招卻又有了發展與變化，變化出了第十四以及燕十三自己也無法控制的第十五招。這是必殺的絕招，謝曉峰也無法破解。燕十三眼看就可以把他殺了，但燕十三並不想殺他，所以，只好迴劍自殺。

謝曉峰逃名棄武，是書中主軸。這個倫理抉擇雖被客觀環境打斷了，逼使他不得不恢復謝家三少爺的身分，繼續與人比劍；但跟燕十三決戰完畢後，他就乾脆把兩隻手的大姆指都給削斷了，讓自己終生不再能使劍。別人覺得驚訝，他卻說如此才能獲得心中的平靜。為什麼平靜？因為這才符合他的理想，這才是他所要的人生。「一個人只要能求得心中平靜，無論犧牲什麼都是值得的」（四十七章），所以他做了這樣的選擇。

燕十三的選擇與他不同。謝曉峰詐死騙過他時，他便把劍沉入江中了，「因為他平生最大的願望，就是要和天下無雙的謝曉峰決一死戰。只要願望能夠達到，敗又何妨？死又何妨？」（四十五章）謝曉峰若已死，他的人生也就如秋風中的葉，即將枯萎。這種人生，也是他選擇的。

但燕十三「最後的抉擇」卻不只是與謝曉峰決一死戰，而是決戰之後所面對的勝敗問題。在從前，燕十三自知必敗，故只考慮到敗與死，不料劍招的發展連他自己也不能控制。奪命十五劍出現時，他極驚懼，因為他不但發現了一條自己都無法掌控的毒龍，也面臨了前所未有的倫理情境：此招必殺，必可勝過謝曉峰，也一定可以殺死他，但該不該、能不能、願不願殺他呢？燕十三迴劍自殺，就是他選擇了的答案。做了這樣的抉擇之後，「他的眼神忽然變得清澈而空明，充滿了幸福和平靜。」（四十六章）

他的抉擇與謝曉峰不同，但一樣求仁得仁，一樣求得了心中的平靜。也就是說，倫理抉擇不僅是權利與義務的問題，也涉及個人幸福與否的問題、人生之目的問題。

倫理學上對於幸福的看法，向來有「客觀幸福」與「主觀幸福」兩派。謝曉峰、燕十三，和許許多多這本書中的人物，他們所追求的，應該是主觀的幸福吧。就像妓女娃娃，嫁給了殺害她一家而後來瞎了眼的仇人竹葉青。旁人看著難受，甚至覺得不可思議，娃娃卻覺得很好：「只有在他身邊，我才會覺得安全幸福。」（四十七章）幸福感，是別人無法衡量的。

（三）無奈的命運

他們都追求到了他們的幸福。

是的。

但真是這樣嗎？

謝曉峰逃名避世，乃至削指棄劍，卻一再被迫出手。縱使已無劍、已不再能使劍，仍然不能避免別人要來找他比劍。因此，全書最後一句話，是「紅旗鏢局」總鏢頭鐵開誠說的。他說：「只要你一旦做了謝曉峰，就永遠是謝曉峰，就算你不再握劍，也還是謝曉峰。」（四十七章）

個人確實可以做倫理抉擇，但是抉擇能否實現，是否有效，能不能獲得我們所想追求的幸福，通常並不由我們決定。

對於生活的境況，我們固然可以有「渴望的境況」（world of desire）；然而，我們卻不能不存活在一種「限度的境況」（world of limits）中，一切都是有限度的，年齡不能久長，體力、金錢、智識，什麼都有其局限。這個局限，便限制住了我們，讓我們的渴望永遠只能是渴望。

而且，限度境況不只是一種消極的限制，使我們的渴望無法達成而已。它更是積極的，可以把你的渴望扭轉到你所根本不願、不忍、不敢的那一方面去。你抉擇甲，放棄乙，但在人生的限度境況中，你卻偏偏只能得到乙，或根本就只能去抉擇乙。

面對這股限度壓力，人能怎麼辦呢？

燕十三，「燕十三是個寂寞而冷酷的人。一種已深入骨髓的冷漠與疲倦，他疲倦，只因為他已殺過太多人，有些人甚至是不該殺的人。他殺人，只因為他從無選擇的餘地。」

謝曉峰，「謝曉峰從心底深處發出一聲嘆息。他了解這種心情，只有他了解得最深。因為他也殺人、也同樣疲倦，他的劍和他的名聲，就像個永遠甩不掉的包袱，重重地壓在他肩上，壓得他氣都透不過來。」（同上，三十六章）

他們面對這種無可抗拒的壓力，確實應付得十分疲倦了。所以，謝曉峰想逃，想把他的劍和他的名聲甩掉，燕十三大概也是。說不定，燕十三最後選擇自殺，其實算不上是一種選擇，而也是逃避。想逃避他一再殺人的命運。

但命運對每個人都是個無從逃避的限制，而像他們這樣的人，江湖人，可能對限度境況會有更深刻的體會。不是說了「人在江湖，身不由己」嗎？據謝曉峰的體會：

江湖中本就沒有絕對的是非，江湖人為了要達到某種目的，本就該不擇手段。他們要做一件事的時候，往往連他們自己都沒有選擇的餘地。沒有人願意承認這一點，更沒有人能否認。這就是江湖人的命運，也是江湖人最大的悲哀。（四十一章）

在體會到這一點時，謝曉峰正站在黃昏的霧中。「黃昏本不該有霧，卻偏偏有霧，夢一樣的霧。人們本不該有夢，卻偏偏有夢。謝曉峰走入霧中，走入夢中。是霧一樣的夢，還是夢一樣的霧？」夢，就是人的渴望；霧，則是那把人籠罩裹住且無所遁逃的江湖或命運。夢本來不是霧，可是當人在霧中，霧看起來也就像夢了。

（四）夢霧的江湖

一切倫理行為或道德態度，都必須在「自由」的情況下才有意義。只有行動者的身心都在不受任何壓力的情況下，人的行為才能對自己負倫理責任，才能被判斷為道德或不道德。

這所謂自由，包括理解、意志的決定、行動以及選擇的自由。理解是對事物理性的判斷，例如燕十三自知去神劍山莊赴約乃是送死，但他有與謝曉峰一戰的強烈意願，所以意念仍然決定他要赴約。他赴約也無人能予阻止，這就是行動的自由。依此來看，燕十三是自由的，他也準備承擔所有的後果。

然而，燕十三為什麼要去找謝曉峰比劍呢？燕十三要去找謝曉峰，就像其他許多劍客也不斷來找燕十三一樣。「他的名氣和他的劍，就是麝的香、羚羊的角」（一章），不斷會有人來殺他，若殺不死他，就要被殺。

這個邏輯，就是江湖人的命運。表面上看起來，燕十三和其他許多死於劍下的劍士相同，都是自由的，其實，乃是命運之不得不然。

燕十三的命運，其實也就是謝曉峰的命運，是所有江湖人基本的命運狀況。但謝曉峰的情形又有所不同，他比一般江湖人要面對更複雜的處境。因為燕十三只是一個人，他的倫理抉擇或困境都只是他一個人的事，謝曉峰則不。謝曉峰是神劍山莊的三少爺，這個身分，迫使他必須揹負著自己對家族的權利與義務。

個人對自己或對他人的權利與義務，屬於個人倫理學的範圍。人對家庭或家族，則構成社會倫理學的議題。在這部武俠小說中，並沒有涉及人與國家社會的權利義務問題，卻以極大的篇幅在處理人與家庭的難題。

在婚姻的條件與責任方面，夏侯星與薛可人、謝曉峰與慕容秋荻、竹葉青與娃娃，都是不同的案例，各有不同的處理與抉擇。薛可人選擇了逃避，但逃不了。慕容秋荻與謝曉峰愛恨交織而不曾婚配，娃娃則選擇了與竹葉青廝守而不逃避。

其中，謝曉峰的問題最複雜，因他未與慕容秋荻結婚，所以有一個私生子謝小荻。他們的父子關係，與鐵中奇和鐵開誠迥然不同。鐵開誠為了維護父親的英名，寧受冤曲而死，也不願父親的名聲受損。謝小荻則對父親愛怨交織，為了父親不能認他而怨；對於父親的威名，自己既覺榮寵又希望能超越他，以證明自己，所以他其實一直處在極矛盾的境況中。

謝曉峰比謝小荻更糟，他一方面要處理他與慕容秋荻、謝小荻的關係，一方面又背負著神劍山莊的榮辱。「也許他並不想殺人，他殺人，是因為他沒有選擇的餘地。」（九章）翠雲峰下、綠水湖畔、神劍山莊的三少爺，號稱「天下第一劍」。這樣的名聲，這樣的謝曉峰，怎能不繼續與人比劍，為了他的名聲和劍而戰？他雖然極度厭倦這種生涯，但只要他是謝曉峰，他就不能敗。「這就是江湖人的命運，生活在江湖中，就像風中的落葉、水中的浮萍，往往都是身不由主的。」（四十一章）

（五）殺人或自殺

身不由主，無法掌控的，除了命運，還有劍。

古龍這部小說最精彩處，就在寫這種人與劍的關係。江湖人使劍用劍，生命寄託在劍上，「他們已將自己的一生奉獻給了他們的劍，他們的生命正與他們的劍融為一體。因為只有劍，才能帶給他們聲名、財富、榮耀；也只有劍，才能帶給他們恥辱和死亡。劍在人在，劍亡人亡。對他們來說，劍不僅是一柄劍，也是他們唯一可以信任的伙伴。」（四十章）

但是，劍真能信賴嗎？

燕十三的奪命十三劍，在十三劍之後，他又找出了劍招的第十四個變化。這個變化，乃是「他已將他生命的力量，注入了這柄劍裡」（四十四章），所以這柄劍變得有了光芒、有了生命。可是，劍在這時，卻起了奇異的變化，出現了他根本沒有料到的第十五劍。看到這一劍，燕十三並沒有為之欣喜。相反地，他驚懼莫名。那是「一種人類對自己無法預知、也無法控制的力量所生出的恐懼。只有他自己知道，這一劍並不是他所創出來的。」（四十五章），那像是藝術家神來之筆，得諸天機、生於造化、出於劍招本身的韻律，根本非人力所能測度、所能理解、所能掌握。而也正因為如此，人對之才會驚恐莫名，猶如面對無法掌握的命運那樣。

在人不能對劍負責時，它的倫理抉擇，就是棄劍，或者自棄，於是，燕十三乃選擇了自殺。武俠小說寫人與劍的關係與感情者多矣，能如此深刻觸探這個困境與抉擇者，唯此而已矣！

十三　看三少爺的劍

（一）

古龍的小說，向以情節曲折離奇見稱，但主題通常並不隱晦，本篇亦開門見山，直接破題。

未寫三少爺，先寫燕十三。未寫三少爺的劍，先寫燕十三那柄綴著十三顆豆大明珠的劍。

燕十三的劍上雖然鑲著明珠，但這柄劍之所以被江湖人士敬畏，並不是因為劍很名貴，而是由於它能殺人。

劍在燕十三手上，就能殺人。

燕十三能殺人，可是他並不想殺人；而他不想殺人，卻必須殺。該殺的、不該殺的、想殺的、不想殺的，他都得殺。因此，殺人的人竟已十分疲倦了。

他又不能不殺，若不殺人，只能被殺。而有些東西，是縱然被殺，江湖人也不能丟掉的，那就是名譽。

名譽，是他們這種人的包袱，與生命連結在一起，解也解不下來。

（二）

烏鴉，是燕十三的影子。就像燕十三是三少爺的影子。

烏鴉來自黑暗，烏衣烏髮、烏鞘的劍、烏黑的臉龐，整個人就像黑暗中的精靈鬼魂，輕飄飄的，腳好像根本沒踩在地上。

這樣的人，只是一種象徵。一如四十五章說，燕十三穿著黑衣要去決戰，「黑色所象徵的，是悲傷、不祥和死亡，黑色也同樣象徵著孤獨、驕傲和高貴。他們象徵的意義，正是一個劍客的生命。」

這一章，只寫燕十三與烏鴉兩人閒扯、對談、飲酒、尋妓，既無搏鬥，又沒有情節之推移。在武俠小說中極少這種寫法。但搏殺之後，著此閒筆，正表示作者有意經營，欲於此透顯其微旨。

（三）

全書的情節，從這一章開始展開，前面都是序曲。

樹林之中，有人用絲帶結成禁區，顯現了江湖上兩大世家的威望勢力，而先出場的，是夏侯世家。

先出場的，往往是做為陪襯。

夏侯星跟前有個小孩，這個小孩狗仗人勢，其實並無本領，遇上事，只會坐在地上哭，或者屁滾尿流。

夏侯星與夫人薛可人，優雅高貴。但薛可人根本不願跟夏侯星過活，一有機會就逃。他們是一對貌合神離的怨偶，可是薛可人永遠逃不脫，她的本事並不高。

把夏侯世家的情況，倒過來想，就知道底下準備介紹的慕容世家，是什麼樣子了。

（四）

慕容世家的慕容秋荻，看起來憂鬱而且脆弱，彷彿禁不起一點點打擊。

可是，她才是個可怕的女人，一點都不像薛可人。

薛可人不愛夏侯星，但嫁給了他。慕容秋荻愛謝曉峰，卻無法嫁給他。她也恨謝曉峰，所以要殺他，而且她也知道謝曉峰劍法中的破綻，更知道燕十三奪命十三劍的第十四劍。掌握這些秘密，正是她得以操縱江湖人士的奧秘。

古龍對慕容世家的描述，無疑是受啟發於金庸的《天龍八部》。所謂慕容世家，正是指慕容博、慕容復所傳承的那個家族。但慕容秋荻完全是個創新出來的人物，性格與武藝都不再有金庸的痕跡，唯一相似的，就是她雄霸武林的野心吧！

（五）

上一章的重點是介紹慕容秋荻，這一章則著力描寫即將長大的謝小荻。

現在他叫做「小討厭」，是慕容秋荻與謝曉峰的私生子。但因兩人並未結婚，所以她只叫他「弟弟」。

他很清楚他不是她的弟弟，也明白她未必真的關心他，同時，也可能從來沒有人關心他。可是他一點也不在乎，他完全可以自己照顧自己。

這樣一個小孩，連燕十三都要為之傾倒了，將來長大了，當然更不得了。此處他與燕十三的鬥嘴扯皮，其實正是為後文鋪理伏筆。燕十三雖然厲害，但他並非謝曉峰真正的勁敵，真能令謝曉峰頭痛的，是慕容秋荻跟這個小討厭。

（六）

這是一個過場的插曲，猶如戲曲中兩個主要曲調中間的過門，演奏者耍了一個小小的花腔，以便曲調能順利滑轉到下一曲目。

他用的仍然是做為陪襯角色的夏侯星夫婦。

上次，薛可人非常優雅地出場，又神秘地失去蹤跡。這次，她神秘地出場，坐在一輛馬車上，又裸體來挑逗燕十三。上次，她出場時大為讚美夏侯星；這次，卻大罵夏侯星比豬還懶、比木頭還不解溫柔、比狗還會咬人。

不過，不管她說什麼，夏侯星既然在上一次是伴著她一塊出場的，這次自然也馬上就會出現了。

（七）

夏侯星當然又出現了。上次他出場與烏鴉比了劍，這次則是跟燕十三比劍。

這次比劍，是從第四章以來情節發展的一個小節。上次夏侯星出場又退場後，慕容秋荻出現，演示了謝曉峰的劍法，也指出了其中的破綻，燕十三又用奪命十三劍裡第十四種變化破解了它。結果曹冰偷學了這一劍，傷了烏鴉；現在夏侯星也偷學了這一劍及其破法，燕十三卻沒有受傷。

這就是古龍的慣技，一立一破、隨說隨掃。

先說三少爺的劍法天下無雙，再說其中其實尚有破綻，接著才說其破綻實並非破綻，無敵者果然無敵。這本來是禪宗慣用的思維模式，用於參公案、顯機鋒之中，卻被古龍用在小說上。

（八）

夏侯星也是私生子，這是為了寫私生子謝小荻而穿插的安排。藉著夏侯星，而帶出他上一代的夏侯飛山，則是為了底下準備寫謝曉峰的父親而預做舖路，處處形成對照。

但無論如何，前戲已經快要結束了，燕十三終於抵達了綠水湖、翠雲山，即將會見三少爺，決一死戰。

這確實是死戰，因為他正準備來送死。

他能不能死呢？先他一步趕抵神劍山莊的曹冰已爛醉如泥，他為什麼會醉？這就隱藏了玄機。

（九）

古龍隨說隨掃、大破大立的本領，在此再次展現無遺。

先說三少爺劍法如何如何高明，鋪敘燕十三、慕容秋荻等人如何處心積慮想破他劍法，如何找到了他的破綻，如何又發現它不是破綻，以致燕十三最終決心前來受死。然後一筆盪開，全然掃去，燕十三沒有死。

原來謝曉峰早已死了。

書名《三少爺的劍》，卻在一開始時三少爺就死了。

三少爺死，他的父親謝王孫卻還活著。謝曉峰太有名、生命太絢爛，他的父親卻極平凡。這種平凡，可能也正是謝曉峰所追求的，底下的敘述，都要從這一點去體會。

（十）

燕十三把劍沉入湖中，不再用劍。

謝曉峰也同樣把劍留在了神劍山莊，他不再用劍，也不再叫做謝曉峰，他只叫「阿吉」，又被稱做「沒用的阿吉」。

可是沒用的阿吉不但要承擔許多人所難堪的雜役，也要荷負許多人所難忍的痛苦，更要壓抑一切生理上的欲望。做這麼多，別人還是叫他沒用的阿吉。因為世人所崇拜的英雄，或所認為「有用」的舉措，都是不屑過這樣生活的。

而這些，其實正是一般人所過的日子，也是阿吉所渴望獲得的生活。只不過，他的願望當然也仍難實現，所以阿吉仍須繼續流浪。

（十一）

阿吉仍然在平凡的日子裡為了生存而掙扎。

但他進入這個平凡新世界後，已開始與這個世界有了生命的聯繫。老苗子一家人，不像在韓大奶奶妓館那樣，他們視他為家中的一員，對他充滿了關懷。

這種關懷，對一個浪子來說，是非常危險的。所謂浪子，並非放浪形骸之意，而是說阿吉本不屬於這個世界，他只是流浪到這兒的旅人。這個世界對待流浪者通常都不友善，老苗子一家卻讓他有了家的感覺。

有了這種感覺，流浪漢也許就流浪不下去了。

（十二）

所以他一定要走，一定要離開這裡，就算爬，也得爬出去。

可是他已走不了，阿吉雖已隱姓埋名，處身市井、遠離了江湖，但江湖無所不在，人仍然是身不由己的。命運逼得他必須再站出來，必須再度施展武功。

或許逼他重新出手、再度殺人的，並不是命運，而是感情。由於與老苗子一家有了感情，才無法坐視他們遭受欺凌，才使流浪的旅途無法繼續。

這幾章，寫市井、寫市井中人的生活與感情，是武俠小說較不經見的筆墨，也是古龍戛戛獨造之處。

（十三）

由本章起，古龍開始寫阿吉與這個邪惡集團對抗的經過，這一經過，也即是謝曉峰重入江湖的過程，因此他寫得很細。

在古龍的小說中，向來主張尚智而不重氣力，因此阿吉與邪惡集團的鬥爭，首先即是鬥智，他主要的對手就是竹葉青。

依竹葉青的分析，是先拖延時間，以待鐵虎回來對付阿吉。阿吉的策略，則是化被動為主動，先把老苗子與娃娃送至安全之地，再主動尋上大老板的地盤，逐步翦除其勢力。竹葉青不讓鐵頭去找阿吉，因為他判斷鐵路並非阿吉的對手。反之，從阿吉的角度想，他當然就會先去找鐵頭。

（十四）

鐵頭當然不是阿吉的對手，但殺了鐵頭，阿吉與大老板之間的對抗局面就起了變化，雙方進入纏鬥階段。

竹葉青建議攏絡阿吉，收為己用。他在繼續與阿吉鬥智。

而大老板與竹葉青之間也開始鬥智了，大老板顯然也在攏絡竹葉青，所以要把身邊的姬人紫鈴轉讓給他。

阿吉身邊也有了一個女人，就是原先跟著鐵頭而現在轉到他身邊的金蘭花。這兩個女人，也有許多地方是相對比的。金蘭花與阿吉是舊識、紫鈴與竹葉青其實也是，但金蘭花對阿吉之真情實義卻是紫鈴所比不上的。

（十五）

阿吉說：每個人都希望能自由自在地過他自己願意過的日子。這就是他的希望，可惜別人並不願意讓他實現這個願望，而且這一回，他明顯處在下風。

金蘭花、老苗子、娃娃都被竹葉青擄去了，對阿吉當然甚為不利。更糟的，是他本身心境已有了變化。

他不再是那個神劍山莊養尊處優的三少爺，不再是天生就該受女人寵愛的謝曉峰，而是心裡已經開始惦念記掛別個女人的阿吉了。

所以這個時候，他其實已經不能真的不在乎。

（十六）

本章寫阿吉與大老板之間繼續纏鬥的狀況。在舊的狀況中，現在新加入了一個鐵虎。

本章極力寫鐵虎在這個邪惡集團中的位置與分量，並映帶出鐵虎、竹葉青、大老板三人之間權力傾軋的關係。

（十七）

本章延續上一章，仍是纏鬥，仍是鋪陳鐵虎。並暗寫鐵虎、大老板、竹葉青三人之間的權力傾軋關係。

鐵虎與阿吉即將決戰，但決戰之前，氣氛必須醞釀到十足十。這是古龍一貫的寫法。

（十八）

鐵虎與阿吉準備攤牌了。

兩個人的身分都已亮了出來，但阿吉似乎處在不利的情境，因為他酒喝得太多，又太顧念朋友。而這，都是他以前不會做的事。

他進入平凡人生活世界後所形成的這些改變，可說是他的收穫，但何嘗不是他的負擔，使他的生存平添了許多危險？

（十九）

鐵虎當然會勝，阿吉看來已經必敗無疑了。

但是，敗的終究是鐵虎。阿吉看來會敗，卻因為他根本已洞悉了鐵虎的武功路數，所以勝的幾乎毫不費工夫。

高手相爭，鬥的不僅是力與技，還要鬥智。

阿吉用的，正是道家所說的「因」。因敵之力以破敵，這種劍法，是謝曉峰以前也未曾用過的。新生活，畢竟帶給了他新智慧。

但他用的根本不是劍，也不是劍法。

他只是用枯枝點在鐵虎的骨節上，以前一個骨節發出的力量和震動，打碎了下一個骨節。

阿吉到現在還沒有用劍。

（廿）

峰迴路轉。鐵虎已死，新的殺手又將登場。

但真正可怕的，仍然是竹葉青。他要崔老三去約了「黑殺」集團的人，而他又殺了崔老三。

竹葉青甚至也讓阿吉體會到失去娃娃的恐怖。

老苗子顯然就是竹葉青放回來誘阿吉上鉤的餌。但老苗子能怎麼辦？阿吉又該怎麼辦？

（廿一）

老苗子與阿吉畢竟仍是同心的，而阿吉要對付的新敵人「黑殺」集團，則已出現了。

本章著力描寫黑殺集團之冷血殺戮狀況，並帶出「小弟」。黑殺其實是個過場，真正要準備好好刻畫的是小弟。

（廿二）

仍然在介紹黑殺集團。但從黑殺集團裡土和尚離奇地被殺之後，黑殺集團兇狠的身影就忽然變得像小丑一樣可笑了。

黑殺集團的人一個個被殺了。而被認為心計極深的竹葉青，忽然也變得像小丑一樣了，真正厲害的人物，恐怕仍是大老板。

（廿三）

茅大先生與仇二出現，是要逼阿吉再入江湖、再度用劍的。

古龍每每用非常細緻、誇張的方法來寫主角準備應戰的對手。對手總是極強的，主角則彷彿總是處在失敗的邊緣、處在危機之中。

這是製造懸宕效果，也表明了江湖人每一戰其實都是生死交關的。

（廿四）

阿吉仍然沒有用劍。他用的是刀，一柄刀，然後斷為二截的刀。

這柄刀就打敗了仇二，也使茅大先生認出了阿吉就是謝曉峰。

從茅大與阿吉的對話中，我們可以發現：謝曉峰之所以能獲得江湖人士的敬重，並不只有他的劍。從阿吉以三指擊碎鐵拳、以掌拍碎鐵頭、以枯枝打癱鐵虎、以斷刀擊敗仇二等事看來，一名偉大的劍客，更不只懂得用劍。智慧、襟懷以及紮實的功力，缺一不可。

（廿五）

一山尚有一山高。仇二已經很厲害了，茅大比他還高明，現在又出現了幾個更可怕的人。

這幾個人其實還不可怕，真正可怕的，是「天尊」。

柳枝竹、單亦飛等人當然都是天尊的屬下。天尊這位真正的大老板既已出現，大老板自然也不再是大老板，所以他立刻就被殺了。

但要殺阿吉就沒有這麼簡單。

阿吉現在已經又是謝曉峰了，而且他也開始用劍。

他重入江湖這一戰，波詭雲譎，奇峰迭起，是節奏最快，且最令人驚奇不置的一章。他與小弟愛恨交織的感情，也要從本章起著力鋪陳。

（廿六）

本章純寫情。寫謝曉峰與慕容秋荻、小弟之間愛恨纏綿的糾葛，著墨不多，但深刻曲折。

每個人的性格不同，對親情與愛情的處理方式不同，而親情愛情又與權力、名望等等欲求錯綜交纏，難以析理。本章就充分寫出了這樣複雜的關係。

是謝曉峰辜負了慕容秋荻，還是他怕了她，只好逃她、躲她？甚至他也根本躲不開她。

（廿七）

華少坤與謝鳳凰是另一對夫妻，他們不像夏侯星與薛可人，他們很恩愛；他們也不像謝曉峰與慕容秋荻，他們只有情意，並無怨恨，但他們的生命是背負著怨恨的。

他們都恨謝曉峰，恨他打破了他們揚名於世的美夢，所以想用「家法」或獨出心裁的兵器來壓伏謝曉峰。只有用這種方法，才能雪恥，一洗心頭之恨。

華少坤的兵器，只是一根木棍。

古龍對兵器的描寫，夙稱獨到，他另有一組小說，就專寫兵器，叫做《七種武器》。這些武器當然都各具特色，但重要的並非兵器本身，而是其中蘊含的思想。例如華少坤選擇木棍的用意，以及把信心視為武器之類，都足以引人深思。

（廿八）

謝曉峰既已是謝曉峰，自然也就沒有人能擊敗他。若想擊敗他，劍是沒有用的，所以竹葉青想到了他與小弟愛恨糾纏的關係。

謝曉峰劍法中有一處破綻，但那其實並非真正的破綻，謝曉峰真正的破綻是在心上。

小弟，才是真正能讓他舉止失措的人。

現在，竹葉青看準了這個破綻，準備進擊了。

（廿九）

竹葉青操縱了小弟的恨意、慕容秋荻又操縱了謝鳳凰的恨意，他們均將不利於謝曉峰。

謝曉峰卻要照顧小弟、關懷小弟，或許他認為這是對小弟的虧欠與補償。

（三十）

小弟對謝曉峰的關懷卻很不領情，因為他恨，恨自己、恨謝曉峰、恨這個世界。

（三十一）

情節曲折，一波未平，一波繼生，如雲捲舒，忽然生出「紅旗鏢局」一段。

這一段其實是準備以鐵開誠父子來對比謝曉峰父子，鐵開誠精明英悍，與小弟之機敏深沉，正相對照。

（三十二）

鐵開誠與老鏢頭鐵中奇之間，是否也像謝曉峰跟小弟一樣，擁有一種複雜的父子關係？

鐵開誠並非老鏢頭親生兒子，但老鏢頭對他極好。小弟雖是謝曉峰親生兒子，謝曉峰卻未善盡教養照顧之責。

既然如此，鐵開誠為什麼要殺老鏢頭呢？

（三十三）

原來鐵開誠並未刺殺老鏢頭，而且，他竟是燕十三劍法的傳人。

燕十三，謝曉峰既已復活，燕十三自然也將要出現了。現在這一段，其實正是為燕十三之復出做個引子。

與鐵開誠比劍，也是謝曉峰與燕十三比劍之前的一個暖身。

（三十四）

奪命十三劍的第十四劍又出現了。

謝曉峰卻沒料到會在激戰之際突遭暗算，死亡彷彿已經將降臨。終於使出奪命十四劍的鐵開誠，能保得住他自己和謝曉峰嗎？

（三十五）

小弟與謝曉峰終究是父子，所以他來救了謝曉峰。

可是小弟雖然回來救了謝曉峰，讓謝曉峰對他又有了信心，又把自己所有的希望寄託在他身上，但小弟終究與謝曉峰的生命型態及內心世界極為隔閡，他們不可能成為真正同心的父子。

真正能懂得謝曉峰的人，是鐵開誠，所以現在他跟謝曉峰要去喝酒。

（三十六）

劍客臨死時，想到的仍是劍。

這就表明了以上所寫的一切感情之糾葛，固然牽動人的靈魂，但劍客的靈魂真正寄託之所在，畢竟是劍。只有劍能銷恩報怨，只有劍，才是他們的生命。

可是生命中並非除了劍之外一無所有。事實上，劍之存在，就是為報仇報恩；劍客無情，其劍終非上乘。

因此，劍客的生命也總是在情的糾纏中，小弟終於救了謝曉峰，謝曉峰也終於恢復了對他的信心。

（三十七）

如果你已知道只能再活三天，在這幾天，你會做什麼？

這是一個倫理學上的難題，試圖給人一個「極限情境」，讓人去思考生命存在的價值與意義，去觀察每個人面臨生死大限時的反應。

典型的問題，例如：假設你現在和父母妻子共五人坐在船上，船失事要沉了，只有一艘小救生艇，只能坐三個人，你怎麼辦？

現在古龍問的，也就是這一類問題。面對這個問題，每個人都會像于俊才、施經墨一樣茫然、矛盾、困窘的。

（三十八）

古龍小說常有看來並無什麼大意思的過場戲，通常是瑣碎的鬥嘴、以及生活細節的描述。

但這些過場都是轉移情節用的，前一大段戲結束了，現在準備上演下一段。所以在與「紅旗鏢局」相關的這一段結尾時，安排謝曉峰的療傷，然後，下一場搏殺即將開始了。開始之前，謝曉峰當然要去喝酒、賭博，因為去喝酒賭博，才能引發下一場的搏殺。帶著簡傳學去賭錢，是因為將來謝曉峰的傷，仍要由簡傳學這條線索來尋覓解救之道。

（三十九）

賭錢變成了賭劍。

謝曉峰在這一戰中其實並未出劍，他奪了吳濤的劍，交給秦獨秀，又拔出了秦獨秀的劍，刺向他，並震飛了秦獨秀手中吳濤之劍，再分別交給兩人。

古龍這本書，寫的是一位天下最好的劍客，所以每一戰他都刻意經營，每一次搏鬥，他都讓謝曉峰運用不同的手法去應戰。如此用劍，自為神技；如此寫劍客，亦為傑構。

（四十）

本章仍是賭劍，但更重要的乃是鬥智。

古龍小說中的人物往往善惡難辨，除了主角以外，大抵善中有惡、惡中有善，接近一般人之狀態。但他更有許多善惡模糊難辨的事與人物。這些，正是形成他的小說情節特為奇詭的要素。

要在真假難辨的人物與事件中看出真相，多麼困難。本章突出描寫厲真真，真真假假，厲真真說要聯合七大劍派合力對抗天尊，是真是假？

（四十一）

厲真真要對抗天尊，是假的，因為她本是天尊的人；但她終究是真的要與天尊為敵的。真真，即假假；假假，故為真真。

簡傳學則雖是天尊的人，卻無法遵從天尊的命令。他的倫理態度，使得他無法殺人，所以他仍要救謝曉峰。他的醫術，是無法辦到這一點的，因此他只能介紹一個人，讓謝曉峰去找。如此，應該也不違背天尊的命令。

（四十二）

不必謝曉峰去找，救他命的人自己來了。

十三把刀，是救人的刀。老人用這些刀以及華陀傳下來的五麻散救了謝曉峰。這位老人是誰？他就是簡傳學講的那一位若救了他則必定會死在他手上的人嗎？

老人之所以適時出現並且救了他，是由於老人本來就一直盯著謝曉峰。為什麼要盯著他？真是要謝曉峰去替他殺人嗎？

（四十三）

所有的恩怨都不能再逃避了，謝曉峰終究要與燕十三決一死戰，也終究要與慕容秋荻了結兩人的恩怨。

慕容秋荻仍然愛著謝曉峰，但也仍想要他死。這，一點也不矛盾，情愛的糾纏本來就是如此。

寂寞的劍客，在命運的安排下，則似乎永遠不能真正享受情愛的甜美，而只能接受情愛的折磨。他們也無法擁有劍所帶來的榮耀，因為死亡與失敗的陰影，才真是籠罩在心頭的烏雲。

（四十四）

一個小說家寫小說，創造了幾個人物，他編排他們說話、交往、談情、論事，愛怨交織、錯綜複雜。寫著寫著，本來是作家在掌握著他們的喜怒哀樂、悲歡離合的；但逐漸地，小說中的人物彷彿活了，他們自己有了生命，自己要這樣要那樣，作家管也管不住，只能跟著他們的感情與想法走。

一位書法家，搦管染翰，寫著寫著，忽然筆帶著手動，龍飛鳳舞，兔起鶻落，連自己也目瞪口呆，不知所以然。傳說王羲之醉後寫出《蘭亭集序》，醒來後發現再也寫不出了，就是這種「天機」。陸放翁詩云：「文章本天成，妙手偶得之。」文章雖在我手上完成，其實並不是我寫得出來的，天機自運，如有神助，來自文章本身文字機杼的發展。正如劍法本身有其脈絡、有其邏輯，順著它的脈絡去發展，自行變化，幻衍無窮，輒有出人意表且由不得人左右之處。此時劍招雖發自我手，其實並非我所創，成之於天，妙手偶於無意中得之而已。

如此偶得，到底是幸，是不幸？該欣悅，還是要驚懼？

（四十五）

劍的靈魂既已被找到了，死亡的門就開啟了。

天地不仁，將以萬物為芻狗。謝曉峰與燕十三，兩人之中必有一人應成為這場祭典上的貢物。

（四十六）

殺手不再殺人時，只能被殺。這是他們的命運，燕十三無法逃避這種命運。可是他自殺了，他終止了這種命運，所以心中充滿了幸福與平靜。

他對於不可掌握的天機，充滿了驚懼。這個天機就是「死」，他不願被這種天機所左右，要自己選擇。他的自由意志，在命運及天機之前，散發著悲劇意識的尊嚴感。生命的莊嚴，竟然只有死亡才能證明。

（四十七）

人要怎麼樣才能得到心中的平靜？

這本書一直在問這個問題。謝曉峰離家、逃名、詐死，而終不能不重入江湖。現在，他放棄了劍，那個曾令他生死以之、願為之犧牲生命的劍，削斷了兩手大姆指，為的也只是想獲得心中的平靜而已。

可是，縱然如此，他能如願辦到嗎？書中採取開放式結局，留下了一個大大的問號，逼讀者繼續去思索這個倫理上的難局。

古龍的小說，永遠不會只是說個故事而已。

十四　且爭雄於帝疆

「帝疆爭雄」的「帝」一共有四位，指江湖上四位武功極高強的人（藍商一、葛山堂、凌波父、吳遐）。他們分別精擅拳、掌、指、劍。其技之高，可以比擬為武林中之帝王。

但這四人武功雖高，計較之心仍盛，不免想知道究竟誰的武功最高，因此相約每三年在黃山始信峰比試一次。而又因四人均不喜歡比試之際有閒雜人等窺伺其間，故又把黃山始信峰比武之處方圓十里劃為「帝疆」。意思是說這塊土地只屬於武技到達帝位者，若武技尋常，竟亦來此，則四人在山巔石屏風山刻了「帝疆絕域，妄入者死」幾個大字，以為警告。

當時有另一位名喚武林太史的奇人居介州，嚮往太史公司馬遷，故也替武林人物立傳，並製了一幅「封號爵金榜」，以武功高下分別位置，定為公、侯、伯、子、男五等爵位。但因居太史認為上述四人武功太高，幾乎超乎人力之極限，因此並未將他們列入。除非世上另有奇能異稟之士，也一樣可以練到他們那般境界，也能入帝疆與之爭鋒，居太史才相信其技並非凡人均不可效步，才願意將之載入史乘。此即「帝疆爭雄」之由來。

本書所寫，則為帝疆絕域建立之後二十多年的事。其時四絕之一的凌波父已逝，臨終前在山洞中巧遇一遭逢巨變、記憶喪失的少年。這位少年後來碰上了凌波父的女兒凌玉姬。小說便從他們兩人相遇寫起，因少年記憶已失，不知姓名，故逕稱為無名氏。他與凌玉姬的離合姻緣，即為整部小說的主線，隨著這條主線的發展，逐漸帶出「帝疆爭雄」的意涵。

與無名氏、凌玉姬年輩相若的一群少年，事實上也是四絕的傳人們，彼此爭雄（同時也在爭奪凌玉姬，故爭雄的「雄」字實為雙關語，既指爭霸，也指爭奪一女人以顯雄風）；而又向他們的上一代去爭，因為他們必須能邁入帝疆，才能與四絕爭豪。

於是，上一代與下一代的關係遂是糾纏在一塊兒的。對少年郎來說，上一代既是尊長，又是對手，這種曖昧的關係，可以美艷夫人和無名氏為代表。美艷夫人，是凌玉姬的母親，也就是無名氏的岳母。但她美艷異常，青春長駐，與凌玉姬又極相像，以致無名氏數度將之錯認為凌玉姬。

她也有意假扮女兒，以「證明」她仍然年輕、漂亮。她跟女兒吃醋，甚至曾想殺死無名氏，與低她一輩的無名氏對手顏峰也發生過性關係，使得凌玉姬幾乎不敢與無名氏結婚，怕這種倫理錯亂的現象會不斷出現。

前面說過，爭雄的定義既存在於武術方面，也表現在男女關係上，美艷夫人這種倫理倒錯曖昧的狀況，其實正象徵著整部書中奇特的上下兩代倫理關係。

這是爭霸類武俠小說中較為特殊的寫法。

爭霸類武俠小說，是六〇年代港台發展出來的新類型。過去的俠義公案小說，大體以官府和綠林的衝突為主，自《水滸》至《三俠五義》等，均屬此類。其後江湖奇俠式武俠小說，以江湖掌故及武人軼事為主，寫幫派間的衝突與江湖恩怨，而逐漸出現正派人物和邪派人物的對立模式。

《蜀山劍俠》之類，融合劍俠與神魔小說傳統，則以神魔衝突為其核心。直到六〇年代，台灣武俠小說界才發展出武林爭霸的模式，或爭奪武林盟主之位、或企圖一統江湖，香港則有金庸《射鵰英雄傳》講華山論劍、《笑傲江湖》講左冷禪、任我行如何圖謀「千秋萬世，一統江湖」。

這種新開發的武俠小說敘事模式，一時蔚為風氣，作者各有巧妙，但多少只是平面地描寫爭雄之過程，而未注意到爭雄爭霸所具有的倫理意義。原來，爭霸在時間之流中，仍是「固一世之雄也，於今安在哉」的事，一時之英雄，王侯公爵真能永遠是王侯嗎？何況，燕子磯頭千層浪，一代新人換舊人，新一代也永遠要向上一代去爭，希望能繼承上一代，又超越上一代；而他們自己那一代之間，則亦彼此爭雄競勝。這種倫理處境，縱使不比神魔、正邪、官府綠林之衝突複雜，起碼也是不遑多讓的。

司馬翎《帝疆爭雄記》可能是唯一深入處理這個倫理難局的小說。小說始於凌波父逝世、無名氏進入江湖，正是舊英雄已隨江水而去，武林新浪潮要來了的時候。新崛起的少年英雄們藉著爭奪凌玉姬而彼此爭雄，然後逐漸開始面對他們的父執師長輩，正面交鋒。

這些少年的武功，基本上均傳承於上一輩，但他們的出現，卻衝擊了或挑戰了舊的權威。「帝疆」之界域，將由他們來染指，且將逐漸取代舊權威的地位。因此這兩代之間即存在著一種必要的緊張關係。這個緊張關係，早自吳遐與老禿子之間就已經開始了。

吳遐是老禿子的傳人，但也是毒死他的人。四絕之中，藍商一與凌波父的武功其實也得之老禿子。但老禿子對其傳人的照顧之道，卻是設計了相互比武這個毒局，讓他們彼此消耗，以免「為禍武林」。而忠實執行這個計畫的，則又是毒死他的吳遐。這是第一代與第二代的關係。

接著，藍商一等人教了藍岳這一輩少年人武功，卻又不信任他們，不承認他們可以成為傳人，不希望能有人能進入帝疆。這些少年對其師長亦常表現出不以為然的態度，瑛姑對其父母、顏峰對顏二先生，都是如此，形成第二代與第三代的緊張關係。

這種錯亂、曖昧、複雜的倫理情境，是前此武俠小說所不曾有過的。其同時代之武俠文學，少年英雄崛起爭霸，固亦為流行之題材，但也極少見這種寫法，我們只要比較一下上官鼎《沈沙谷》、臥龍生《飛燕驚鴻》之類作品，即可發現這一點。

而《帝疆爭雄記》的複雜之處還不止於此。在不斷的爭逐與殺戮之中，本書保留了另一種力量，代表另一種倫理態度，那就是神尼伽因、無名氏、凌玉姬這一批人。

他們的上下代倫理關係是穩定的、和諧的。凌波父傳功給無名氏之後即行逝去，因此無名氏對他只有感恩之情。而凌玉姬之所以出來行走江湖，正是為了找尋她的父親。她不斷尋覓而最終絕望，所表現出來的，則是「孺慕」與「思念」。

此外，無名氏能識破美艷夫人假扮的凌玉姬，也能抗拒她的誘惑（美艷夫人錯倒淫亂的性關係，正是整個倫理世界混亂的代表或一部分原因）；凌玉姫擔憂母親會破壞她的婚姻，亦即夫婦倫理的穩定性，而對其母則仍保持親愛。因此這一對夫妻與上一代的關係是最和諧的，武林前輩，如丁嵐、羅門居士等，對這一對小兒女也協助護持甚力。

神尼伽因在長她一輩的老禿子口中便極獲期許，她對晚一輩又極盡協助保護之能。她武功極高，卻不涉入帝疆爭雄之事；她又屬身佛門，與美艷夫人剛好成為一清淨一淫穢的鮮明對比。所以她成為濁世之清流、成為人們在倫理情境中受傷後的撫慰者，無名氏與他原來的妻子在遭遇人倫巨變後，均由伽因來安頓，即為最明顯的例證。

這三個人，一是無知、無名，喪失了記憶，對世情塵事經常表現出漠不關心、無動於衷的無名氏。二是天真未鑿、淳樸未漓、宛如嬰兒的凌玉姫。三是超越世俗、脫離五倫關係的僧尼。

這種安排，當然不是無意之巧合。以老子的話來說，老子曰：「常使民無知無欲」「含德之厚，比於赤子，毒蟲不螫，猛獸不據，玃鳥不搏」「我魄未兆，若嬰兒未孩」「我愚人之心純純，俗人昭昭，我獨若昏」。正是這種無知無名的嬰兒狀態，才能讓天山大魔不忍加害；正因無知無名，才終於能成就帝疆爭霸之舉，無名氏終究成為武功最高的人。

同理，伽因收容了無名氏原來的妻子、剃度了美艷夫人、消滅了大魔，終結了所有的倫理難局，而本身也坐化涅槃於魔音悲號之中。佛與道，在中國哲學中，本來就代表了超越性的力量，在此，司馬翎亦藉由伽因、無名氏與凌玉姫等人物，來形象化地表現了這個意義。

這樣的小說，應該是值得細細咀嚼玩味的。

附記

司馬翎《帝疆爭雄記》，早年為真善美出版社所刊行。今司馬翎已逝，昔年刊印其書之宋今人先生亦已作古。宋先生公子宋德令擬編司馬翎全集，重刊其書。乃請林保淳兄為主編，邀我等分別為司馬翎各書導讀。分給我的，就是這本《帝疆爭雄記》。此書，葉洪生認為是司馬翎較不成功的作品，瑕疵甚多。但該書其實是非常有特色、非常重要的。

十五　方紅葉之江湖閒話

武林中的記者，代有其人。司馬翎《帝疆爭雄記》中，即記載了一位武林中的太史公編製了一幅《封爵金榜》，將武林人士依武功位置其高下，分別稱為公、侯、伯、子、男。其後則有古龍《多情劍客無情劍》中描述的江湖百曉生。他也替武林人士列了個兵器譜的排名，例如天機老人的天機棒排名第一、上官金虹的日月雙輪排名第二、小李探花的飛刀排名第三之類。徐克的電影《蝶變》則演了一位撰寫《紅葉手札》的方紅葉。方紅葉此書不再為武林人士排名次，而專記武林奇案與報導相關事蹟。

這幾位久著盛名的武林記者，際遇頗不相同。居太史遭帝疆四絕戲弄，宣稱在他身上刺繪了十二式絕招，惹得武林人士無不希望逮到他，剝開衣裳一窺這些秘技絕招之奧，而不得不四處逃竄躲藏。百曉生雖通曉百事，但不能了解自己的命運，終於橫死。其排行榜更是成為武林之爭端，每個人都希望能挑戰成功，改變排名。唯有方紅葉，不唯所記深受江湖人士喜愛，他本人也頗受敬重，故能頤養天年，迄今仍在其笑書草堂中撰寫上下兩大卷的《武林通史》。閒時還能騰出手來，寫了這本《江湖閒話》。

據說《武林通史》超過百萬言，上卷為武林新紀前史，下卷為七十二路風煙的故事。這當然是廿五卷《紅葉手札》之後一部龐大的武林史述，但絕不是唯一的。在方紅葉之前或同時，這類記錄報導及史述頗不少見，例如快筆書生簡逸全有《武林新紀前史大綱》、湘北書生梅蘭菊有《三缺堂草記》、天刀老人霍青雲的《八十年代武林見聞錄》、五柳博士魏兆龍的《五柳湖畔談武林野史》等等都是。

不但有這許多人在記錄敘述武林史事，某些當事人也有相關文字發表，例如「得罪鏢局」總鏢頭葉鵬飛即有回憶錄《我的父親葉長風》問世。此外，武林對於屬於他們的歷史，似乎也有意在敘述或構造中，像每年蘭陵布莊都會舉辦「年度江湖十大衣著人士選拔」，折劍山莊則除了協辦「武林金像獎」之外，還召開過「江湖文學與武學研討會」。

至於金像獎，與電影界有金馬獎、金像獎、金獅獎、金球獎，出版界有金鼎獎一樣，也有最佳門派、最佳男俠客、女俠客、最佳新人、最佳武術發明、終身成就、特別貢獻等獎項，形成了屬於武林人士的榮譽紀錄。

這些武林人士自行塑造的紀錄、建構的歷史，以及由記者或史家敘述的事件、表彰的意義，顯示了武林其實並非一個在社會之外自成邏輯的世界。它們並不是面目模糊、行動隱晦、伴隨著邪惡與黑暗，充斥著血腥及不可知的疆域，而是一個有條理、有歷史、有秩序，且與其他社會各界依循著相同運作原則及倫理價值的場所。

自古以來，遊俠都被視為正常社會之外的游離分子。遊俠社會被形容成是一個足以與正常社會相對比的單位，一個正常、一個異常；一個依循法治、一個服膺暴力；一個法治的來源是代表公眾的王權，一個則以天道正義或個人恩仇，來做為判斷暴力是否合理的依據。一個是尋常士農工商日常的生活，一個是涉奇探險、兇殺博命的歷程；一個是社會，一個是黑社會；一個是公開的，一個則是隱密的，或者是封閉的；一個是我們所身處且熟悉的世界，一個則是天涯、是江湖。

這種種對比，無非是替遊俠、遊俠生活、遊俠社會添妝著彩，使得俠客的社會深裹在一層神秘的異「國」情調中，以增強人們對它的好奇與嚮往，建立武俠的神聖性。

由於人們對它越來越好奇、越來越嚮往，乃有說武林之野史傳奇者出焉，講述此神秘特殊之強人英雄事蹟。可是，報導越多，雖滿足了社會對這個獨特領域的好奇，其實也逐漸降低了它的神秘感。就像一個特種行業，如果有記者大幅報導、報刊不斷討論，而又經常舉行公開的學術研討與榮譽評鑑，它也就不再神秘了。

因此，早期的居太史、百曉生，如果是建立武林神聖性權威，傳奇述異的人士，則方紅葉便是報導社會新聞，解除武俠世界魔咒的「除魅」型人物。

所以方紅葉根本不會武功，他的行事方式與報導寫作，完全無異於一位社會新聞記者。甚至他寫報導時所依循的倫理要求，也與今日報章記者相同，例如公正、客觀、隱惡揚善與有聞必錄之間又應如何平衡之類。由他所敘述的江湖，則亦不再是一個神秘的異邦，而是一個有條理、有歷史，而且與我們身處之士農工商現實社會擁有同一套運作原則與倫理價值的地方。

所以，我們可以看到西門鑄劍，鑄劍成功時辦了發表會，類似出版界出書時的新書發表會。又看到他過世之後，方紅葉倡議成立西門鑄劍紀念館。還看到公孫恕開辦了習劍班，廣授生徒，發放畢業文憑，更可看到狄聞雄設立名劍山莊，經營兵器出租生意；後又更名折劍山莊，改建兵器博物館。

而那些被推崇的、被批評的人物與事件，基本上也都依據著世俗社會的道理，沒有神功、秘技、奇情、艷遇、巧合、異人、怪客、魔頭、寶藏、靈丹，以及奇特的草木蟲魚、精奧的刀經劍譜、詭譎恢宕的傳奇事故等等，一切組成奇幻武俠世界的成素。武俠遂因此而只是尋常物事，江湖因此而即是人生，武俠小說也因此而不再是虛構的童話。

徐錦成這本小說，本身就體現了這個武俠小說轉變史的歷程。它是武俠小說的後設小說，在武俠小說史上有重大的意義，其中反省、顛覆、發展傳統武俠小說之處甚多，我不能細談，僅拈出以上這一點來提請讀者留意。

十六　E世代的金庸：金庸小說在網路和電子遊戲上的表現

金庸小說在六十年代的傳播方式，主要是報刊連載。八十年代是書籍出版，配合著電影電視的改編演出。九十年代中期以後，原有的報刊連載已不復存在，書籍出版及電影電視改編播映雖仍暢旺，但卻有了更新的型態，因為電腦媒介已被大量運用到它的傳播情境中來了。

在電腦網路世界中，獨立的金庸小說站或附屬於武俠文學站中的金庸小說網，已越來越多。電子遊戲版也不斷推陳出新，製作技術足以與美國日本之相關電玩媲美；人物造型、劇情編製、場景繪圖，更是逐漸發展出民族特點。對於金庸小說熱，實有推波助瀾之功，武俠文學顯然已因此而進入E世紀矣。

電玩及網路的使用者，則都是E世代的青少年。他們在金庸網站上搜尋、聊天、交友、購物、點歌；在電玩中假扮、尋寶、打鬥。其心態、行為模式，以及對金庸小說的理解，均與從前僅讀小說，間或看看改編影視者極為不同。

對於金庸小說在網路和電子遊戲版上的表現，對於他們和使用者之間的關係，對於因此新興事物與現象而帶來的武俠文學變革，學界尚乏探討。本文初闢榛蕪，試為發軔。一方面介紹這個學界尚不熟悉的武林，一方面探索一下E世代武俠文學的新命運。

（一）電玩：學界尚不熟悉的武林

「在當年，豐富的解謎劇情、讓人熱血沸騰的戰鬥模式，以及開闊美麗的二D美術場景表現，不僅電玩遊戲大賣，並且在電視及小說搭配之下，使整個社會引起了一陣金庸的熱潮。玩家們不僅讀《倚天》、看《倚天》，更可以扮演《倚天》的主角張無忌，其可說是當年電玩界的豪情逸事。」這是《新遊戲時代雜誌》對金庸小說電子遊戲版「倚天屠龍記」的介紹。

遙想當年，一派懷古口吻，但實際上只不過是五年間的事。「想當年」，真善美出版社少東宋德令先生由美返台，準備重刊古龍《楚留香》時，除了找我寫一新版序之外，因他本行學電機，故另與華康科技公司合作，設計了一套電子遊戲版「楚留香」。開新書發表會時，由於是新嘗試，大家還頗為稱奇。乃不旋踵，此事在電玩界已成了上古史；往事陳跡，徒供憑弔。武俠小說在電子遊戲領域之興旺、發展之迅速，豈不令人驚嘆！

當年（一九九四）電玩界豪情逸事的金庸「倚天屠龍記」，目前已是古董，不易覓得。我家尚存有一套，但小孩子們已不再玩，嫌它「不好玩」。因為市面上推陳出新，不斷有新的金庸小說電玩版問世。

「新倚天屠龍記」今年由霹靂碼遊戲工作室推出。故事講小無忌中了玄冥神掌、蝴蝶谷中的療傷兼學醫生涯、被朱九真一家欺騙、光明頂上血戰六大門派、萬安寺救人……等等，完整地交代了張無忌奇遇連連的命運。但為了使沒看過小說的玩家更能瞭解整個故事的來龍去脈，解釋張翠山夫婦為何要自殺，遊戲更是首創倒敘的故事手法，透過與遊戲世界中的人物交談，來瞭解張無忌整個身世。此外，隨著劇情的演變，會有一些NPC角色加入隊伍，與張無忌（**也就是玩家自己**）一同去冒險。

這個架構與「倚天屠龍記」大同小異，但畫面處理、特殊效果及遊戲功能上已大不相同。在遊戲功能上，新版開發了一套獨特的攻擊系統。製作群依據他們做了六、七年的遊戲心得，與接獲不少玩家的意見，表示：遊戲的難易度是玩家評斷遊戲好不好玩的重要指標。有人認為戰鬥要即時才能充分顯示其緊張、增加格鬥的樂趣，且戰鬥越難，越刺激越好；但也有人認為，戰鬥最好不要太難，能一步步來，可以有充分的時間思考最好。究竟，遊戲到底要用哪種戰鬥方式來表現呢？製作小組乃因此嘗試讓這兩種戰鬥方法（**即時與回合**）同時存在於「新倚天屠龍記」中，並讓玩者自行決定用哪種方法來戰鬥。

在這種玩法之下，遊戲的變化性大為增高，玩者可選擇緊張的即時戰鬥，也能選擇動腦思考的回合策略戰鬥。但這樣子的做法，等於將兩套遊戲做在一個遊戲裡，所以製作難度較高。

另外，遊戲企劃了一種醫藥與毒藥的組合系統，在遊戲中，會有許多的謎題與配製物品有關。例如在蝴蝶谷中，面對許多的求醫者，該用什麼藥方醫治不同的症狀？找到藥方後，又該如何尋找藥引？在戰鬥時，會有許多敵人對你放毒，如果玩家在進入戰鬥前，沒多配一些解藥自保，可能沒多久就會掛掉。因此藥品配製系統在遊戲中佔了相當重要的份量。武功仍以金庸小說中原有者為主，但也加上了不少自創的功夫，如火蟾劍法之類。

《倚天屠龍記》的前傳，是《神鵰俠侶》。這部小說也有電玩版。遊戲的劇情採直線方式進行，以事件觸動方式來控制玩者的遊戲流程。遊戲中有黑夜及白晝之分，很多事情解決的時刻必須要花夜晚，所以玩者要多從各個路人口中查問線索。

遊戲的前半段多以冒險形式進行，因為楊過還不會武功，只有挨打的份，這裡安排比較多的尋人尋物劇情，如半夜上鐵槍廟找歐陽鋒學蛤蟆功、去桃花島等。之後也會有此類謎題，但會慢慢插入一點練習所學武功的戰鬥場面。從破廟第一次楊過現身，主角經歷桃花島、重陽宮、活死人墓、華山、絕情谷、襄陽城等地。其中有多處因應劇情需要的地底、谷底或水底迷宮地形。在不同的地點，我們均可以見到以320×200VGA256色營造的視覺效果、古墓森冷的效果和山巔空曠的感覺都很精彩。

遊戲一般行走、交易及戰鬥畫面，皆是以三D斜視角度進行，這也是電玩一般採取的方式（**但新的遊戲逐漸突破此一格套，見下文**）。戰鬥系統採用標準回合制進行。此款電玩在人物等級、生命值、特殊攻擊消耗值、攻擊力、防禦力、速度等屬性值之外，另增加六階段的「聚氣」設計，來強化戰鬥系統的變化性。

劇情所至，並附帶有小型的動畫表現。除在NPC方面，會有孩童跳房子玩耍、牛吃草、老農耕地、小道士練劍等動作，主要人物也會有跪地磕頭、寬衣解帶、臉紅心跳、打哈欠等可愛的小動畫。遊戲中有銀索金鈴等數十種武器、三十多種男女不同的防具、幾十種備用物品，及絕情丹、辟蟲九、定風珠等特殊物品。背景音樂，以FM音源、CD音源等格式製作，音效製作更是很貼切地表現遊戲當時情景，如暗夜的狼嚎、溪旁的鴨叫及老牛的吽聲，都很傳神。

以冒險解謎為主的遊戲，尚有「天龍八部之六脈神劍」。這個遊戲以段譽在雲南的遭遇為範圍。在遊戲的過程中，玩家必須非常仔細地搜索各處，與嘗試看來沒有任何敵意的人物交談，以獲取訊息，不放過任何蛛絲馬跡，盡力找尋對冒險有幫助的東西。但因段公子是位飽讀四書五經、專研易經八卦的讀冊人，遊戲當然會有些相關的謎題。想扮段譽，可還得先唸一下書哩！

雖然如此，本遊戲仍免不了要打鬥。它採即時戰鬥系統，因此一看見敵人欺身過來，就要趕緊準備好招式開打，沒有任何思考或喘息的機會。由於一開始段譽並不會任何武功招式，只能以拳腳踢打對方，但是隨著遊戲的進行，段譽也將學會許多功夫。

在武功招式方面，本遊戲並不是以千篇一律的動作來表示所有的攻擊。當人物施展各種絕學攻擊敵人時，都有獨特且專門為該動作所設計的小動畫，像持劍斜刺、砍擊、回劈、畫圓揮劍刺出等細膩的小動作，都可鉅細靡遺的展現出來。玩家可見識段正淳的一陽指、鳩摩智的火焰刀和無相劫指、刀白鳳的拂塵功等等。戰鬥非常刺激且效果驚人。這是本遊戲最被稱道的地方。

它裡面人物也有表情。人物會依照劇情所需，做他們該做的事。主角段譽的動作更是複雜多變，有跑、跳、後空翻、前翻、蹲、翻牆、凌波微步、鞠躬彎腰等動作。遊戲場景更是異常豐富，完全以64k HI-Color所繪製而成，細膩優美。在小說中可讀到的場景如大理城、無量山、玉虛觀、萬劫谷、瑯嬛福地、天龍寺等等，均以四十五度角的三D畫面呈現在眼前。所有的建築，甚至是裡面的擺飾，都經過細心的考究，全部都是在宋朝才能看到的建築與物品。

把金庸一部小說拆開裝成幾個電玩版的，還有「鹿鼎記Ⅰ」「鹿鼎記Ⅱ」。據魯夫子在二〇〇〇年三月號《遊戲世界》上的評價，「鹿鼎記Ⅱ」榮獲四顆半星。他認為此片在畫面處理上最佳：

「場景雖不是很多，但卻相當遼闊。像是繁華熱鬧的北京城、遍地煙花的揚州城、大雪過後的莫斯科等，在這裡均得以再現。地圖相當大，每個城鎮都是由幾組地圖拼製而成。更難得的是，製作小組對細節的處理更是下了一番功夫，遊戲中除了幾個主要地點的廚房（韋爵爺府、安阜園、莊家大宅）的佈局是一樣的以外，其他幾乎找不出兩個完全相同的房間。更妙的是，連各家廳堂中懸掛的書畫都各不相同，而像是小孩子留在牆上的塗鴉、被風吹動的招牌，這些細節就更不用說了。」

此外，他還認為：遊戲片頭及過場動畫表現相當出色，特別是陳近南與馮錫範在瀑布邊決鬥的動畫，做得相當逼真且極具氣勢；而且不同於市面上其他遊戲的戰鬥系統，都是採用一成不變的角度表現戰鬥畫面，「鹿鼎記Ⅱ」的戰鬥表現，彷如攝影鏡頭一般，會以旋轉角度拍攝出招角色，玩家可以從不同角度（**當然是自己不能控制的**）觀看發招者的各種攻擊動作，立體臨場感十足。

這個遊戲，故事延續前作「鹿鼎記之皇城爭霸」的內容，從康熙派韋小寶賜婚雲南開始，直到韋小寶告老還鄉為止。但製作小組為增加遊戲娛樂性，增加了不少支線任務及隱藏劇情，遊戲中最大的秘密，就是蒐齊八本《四十二章經》，然後到鹿鼎山挖寶。這些支線任務對主線不會有絲毫影響，也不會改變故事結局，但對玩家的考驗與樂趣可能反而更大。

以蒐集正黃旗《四十二章經》為例，玩家必須在去雲南前，先到碧雲寺晃一圈，見到高媽容；從雲南回來，再去一趟敗落後的高家；然後到揚州，為被賣入青樓的高媽容贖身；最後再去碧雲寺，高母才會將經書交給你。

儘管這般繁瑣，但遊戲中卻幾乎毫無提示，只能憑玩家以邏輯去判斷、去推理，故對玩家的挑戰甚大。這樣的十幾條支線設計，包括情節和人物，均超出金庸原著，另具匠心。

本遊戲容量達四片光碟。容量大，固然玩起來過癮，卻因要換片，玩家會覺得有被打斷之感。而且因容量大，戰鬥動畫採隔行抽線的方式，來增快播放速度並減少空間，以致畫面不甚清晰。這個技術問題，也導致業者與玩家思考到電玩可能要從CD-Rom的時代，進入DVD的時代了。

比「鹿鼎記Ⅱ」更新的電玩，是「笑傲江湖之日月神教」。此亦是廣獲好評之遊戲。

這個遊戲，分成「日月神教」「五嶽劍派」兩個部分。但這只是從兩方向來做為遊戲製作上的區隔，卻不是將小說劇情直接腰斬成兩部分，而是以不同的角度，來產生這兩部獨立但關聯的劇情。玩者必須在玩完上下兩部的遊戲後，才能真正領悟到「笑傲江湖」中的一切。製作群也由此更設計了一個連接上下部的系統，可將上部的角色資料轉至下部。唯因下部尚未問世，故尚不得其詳。

目前大多數遊戲不是充滿美式風格，便是日式的。「笑傲江湖」則被視為是一部純正中國風格的遊戲。但它的呈現方式，其實是以「古墓奇兵」「惡靈古堡」兩款作品為藍本的，再加入全程運鏡手法，讓虛擬的攝影機一路上跟著角色進行，所以感覺有點像「瑪利歐64」的處理方式。除了能讓遊戲整體的視覺演出效果更好外，玩家也能充分感受到金庸武俠世界的身歷其境氣氛。

另外，為了使遊戲內容不要看起來充滿上述這些作品的影子，美術小組在場景上的經營，也花了些氣力。從福州城到街道、樹木、商店、雜物，甚至於整體的配色，都參考了許多的真實資料。故能掌握金庸原作對於場景描寫的精神，創作出符合中國風味的場景，而不會給人似曾相識的感覺。

人物部分。因遊戲中人物穿著的是中國的長袍馬褂（上衣下裳），傳統的polygon做法，會讓這些衣服看起來像是一截一截的斷面，故製作群運用了一種新的運算方式，讓這些人物模型動起來時，由裡面的骨架牽動人物模型，再牽動外部的衣服，如此看起來，就好似看到一個真人穿著衣服在表演一般，表情動作較為自然。人物造型也請平凡為PC Game

做人物設定，同時也做了「笑傲江湖」彩色漫畫、插圖等。

人物造型本身就很引起討論。每位角色的性別、體型、個性，其行動或武打的動作都不盡相同，男生、女生同一個走路的動作即有差別，高矮胖瘦也會有所不同，性格的差異更要藉動作表現出來。這方面，本遊戲頗受稱道。再加上運鏡得當，玩家可感受到遊戲中人物的一舉一動、所思所慮。譬如忽然對著玩家（鏡頭）發出氣功；或由下而上看著巨大壓迫般的主角；快速的轉鏡；定點的特寫鏡頭……等等，都可表現出如同電影般的緊湊壓力。

本遊戲，基本劇情固然本諸金庸原著，但不可避免亦有增刪。例如令狐沖與田伯光戰鬥後即逢青城派，林平之此刻便已與華山門下合力對抗青城派。其後林返家，令狐沖卻在大街上發現惡龍寨主的小嘍嘍綁架了翁家的小孩，並脅迫要夜明珠作為交換。於是令狐沖解決了這些爪牙，並出福州成，進入北方「破廟」打敗了這些盜賊。又往西邊找到「惡龍寨」，在第四層的密室中找到了一把「龍形鑰匙」，開啟了第五層的密室，並打敗惡龍寨主，終於救回了小孩。

此外，如令狐沖先和成不憂決鬥，卻被封不平暗算了一掌，桃谷六仙卻突然出現，並合力打死成不憂。令狐沖去見綠竹翁，獲任盈盈教琴之事，則形容為進入「竹林迷宮」，且任盈盈打敗了金刀王元霸。後來，令狐沖又與任盈盈、向問天同闖少林、武當，並進入杭州古墓找尋廣陵散。再進入梅莊。進攻黑木崖時，先敗驚濤堂主，再入不動堂，再解六角神像之謎，又破風雷堂迷宮、烈火堂等等，都與原著頗有出入。

交代劇情，設計小組採用近似「日式」的自動劇情陳述模式，也就是說，玩者會看到許多人物，已依事先排演好的內容演出一段「劇情」。為了讓玩者能夠感受到如同電影般的運鏡手法，小組還特地撰寫一套工具，專門用來編輯這種「自動劇情」。此外，也有些「參與劇情」，如令狐沖跟任盈盈學琴時，玩家就也要學琴，學不好便不能離開綠竹居了。

在遊戲力面，本款從《辟邪劍譜》《葵花寶典》上得到靈感，凡是升級後的Bonus變化、或招式的晉級，都用到了「書籍」。凡事都要在取得「書籍」並閱讀後，才能得以真正地學習與成長。

以上所介紹的遊戲，都是以金庸一部小說（或拆成其中幾個部分）來製作的，底下要談的這一部則最特殊，稱為「金庸群俠傳」。它是把金庸小說打散之後的重組，最多可招募正邪兩派共五人進入隊伍，呈現自由度最高、任務最豐富的角色扮演遊戲。而且本款人物屬性共有十多種，有基本的體力及各種技巧，還有關於道德及人氣等隱藏屬性，在遊戲當中做好事、壞事都有影響。故玩家可以自由養成資質不同的人物，劍訣、醫書、拳術、毒經、暗器、刀譜等，各種著名的武功任你來修煉，想試試葵花寶典也可以。

本款亦無踩地雷式戰鬥及強迫性練功，戰鬥可選擇一對一單挑，也可多人大混戰，奇招怪式別出心裁。可說是最具「解構」趣味的電玩版了。相較之下，林保淳教授那本剛出爐的新作《解構金庸》（二〇〇〇年，遠流出版公司）就實在顯得古意盎然，毫無解構性了。

（二）分歧：金學研究的兩條路線

林保淳先生《解構金庸》末尾，附了「金庸小說論著目錄」。搜集金著之研究論析作品多達三二九筆，可說是目前最完整的金學研究目錄了。但上述各電子遊戲版及相關評論，卻毫無齒及。不但如此，底下我所將引用到的各種網站及出版品，也都不曾在他的目錄中出現。

為什麼呢？是號稱武林百曉生的林保淳耳目特別固閉，或我聞見格外廣博嗎？非也！此乃「金學」有兩個面向使然。

金庸的武俠小說，本為報章連載，側身於古代通俗小說之傳統中，附麗於現代報紙新聞之副刊裡，不為學院派正規文學研究者所重；它的讀者或知音，乃是一般社會人士，偶有大學教授、留美學人亦喜讀其書，連金庸本人都會深感榮寵。

此為武俠小說在八〇年代以前之處境。當時古龍常在他的小說序文中強調，他寫的是「小說」；又說，許多人根本不看武俠小說卻又瞧不起寫武俠小說，對現代文學研究界完全不談武俠文學之事，亦深覺抑鬱，乃是那個時代的武俠小說家共同的處境。

但八〇年代以後，情況日漸改變。一九七九年金庸作品解禁，在台灣，由市井巷弄中的租書店重返大眾傳媒，再經學者大力推薦、出版社鄭重出版修訂本（一九八〇年，遠景），倪匡亦出版《我看金庸小說》，塑建了「金學」的基本面貌。發展至今，金學雖然仍不乏林保淳所說「非專業研究者」參與、「玩票」性質尚濃的現象，但學術界認可的專業文學研究人員（文學教授、博碩士）、專業文學研究機構（文學系、所）參加金學的狀況，實已越來越盛。博碩士論文，據林保淳統計，已有二部（實則不止，我自己便指導過另一本）。專門針對金庸作品或以金庸為主的武俠文學研討會，更是越來越多。

這個現象，在香港、大陸，可說基本上也是一樣的。整體的趨勢，大概可以「三化」來形容。

一是小說文本經典化。本屬通俗小說的金庸作品，逐漸成為文學經典；金庸被推舉為百年來大文學家之一。研究者則發揮傳統箋釋家評注家對經典的態度，考證版本、校定文字、批點、注釋其書。金庸本人也不斷刪定修改作品，務期於盡善盡美，期於不朽。

二是研究專業化。研究者以研究經典（古代文學經典或現代文學經典）的心情、方法來研究金庸。林保淳批評過去金學論者「缺乏較有系統的討論體系，漫談、雜論偏多，整體評介金庸小說的理論架構，則尚未建立，甚至也鮮少是具體現成理論的援用（《解構金庸》P.249）」，正說明了新金學與舊金學不同的性質與方向。新金學專業化的努力，亦漸使此一趨勢越來越明確。金庸作品研討會在各地不斷召開，即屬於此趨勢現象之一端。

三是論述高雅化。高雅，指對於小說題旨、創作態度、乃至（金庸的）武俠小說本身，朝崇高、脫俗、偉大、精彩、值得嚮往的方向去解釋。林保淳說金學論述「讚揚多於批判」，有「歌德味道」，即屬其中之一端。不斷讚美金庸小說中顯露的俠骨柔情、俠義世界、對政治社會的批判性，認為金庸小說體現了中華文化的具體世界等等。

一九九八年，利豐出版公司出版了一系列《顛覆金庸》叢書，書前，編輯語批評「現今已出版的金學研究，有幾個定向的趨勢」，其中之一，為「議題太過正面」，認為「傳統的金學研究叢書，因為作者群太文雅，……把金庸的武俠小說當作是一種學問，或者是一個議題來看待，所以研究的討論取向就比較正面，沒有顛覆的觀點。」所指即是整個金學論述高雅化的傾向。

這個三化趨勢，在許多學術界人士眼中，尚化得不夠，期望它能再深化些，「從大眾讀者走進學術耕耘」（鑒春・杭州大學學報・一九九七・廿七卷四期）。但事實上，我們忽略了另一個脈絡的發展。武俠小說本行於市井，大眾讀者之閱讀，無論心態、行為模式、與小說的關係，都不會跟高級文化人、學者專家相同。故而在文本經典化、研究專業化、論述高雅化之際，大眾讀者其實也正在發展另一種趨勢，朝更通俗、更大眾、更散亂的方向前進。你們神聖化、崇高化金庸，我就顛覆他、戲耍他。

前述《顛覆金庸》叢書對金學研究之批評，正代表這個路向。它認為那些研究除了「議題太過正面」之外，尚有「學術性質太深」「作者群太過文雅」之弊：

> 武俠小說向來是壯夫不為的雕蟲小技，不但文學評論者不屑予之、甚至連寫作者亦不願為之。然而很奇怪，這些壯夫對金庸武俠小說，非但不是不屑一顧，而是顧了再顧，甚至三顧、四顧、五顧、六顧，也有人堅信「金學」會像當年「紅學」一樣，由「少」而「多」，由「淺」而「深」，以至於成為一個非同一般的文學研究及文化研究的課題。……研究群太文

雅……大半的評論者都屬文藝界的前輩作家。

因此，他們要另編一套書，來試行顛覆。自認：「貢獻得時，因為我們的作者都是新時代的新人類，其成長背景與《金學研究叢書》的前輩大相逕庭，其眼光與研究角度必然能夠推陳出新、別具一格。……希望用活潑有趣的思想角度，來和金庸對話，並以時下年輕人的想法和叛逆性格，來『顛覆』金學的傳統思維。」

它不但質疑文人學士們希望將金庸雅化、深化之用心，揶揄他們太老、太同質化了之外，還理直氣壯地、言之不怍地以年輕、叛逆、新人類自居，要走另一條路。這種態度、這條路，耳目心志局限於書齋學甖中的大人先生、文人雅士們，大抵是不會明白的。

（三）流俗：世俗化的價值與感性

顛覆金庸叢書，包含了《超High的金庸人物》《非常G車的金庸愛情》《去××的金庸江湖規矩》《一級棒的金庸武技》《找碴的金庸錯謬》《真屌的金庸幫會》《亂爽的金庸奇技淫巧》等。這些，我保證在我們這次金庸學術研討會上，有些LKK是連書名都看不懂的。同理，舉座通人學者，雖或有能將金庸小說倒背如流者，恐怕也未必曾玩過上述那些電子遊戲。即使寫過〈金庸小說版本查考〉，號稱能打通金庸版本任督二脈的林保淳，也不見得知道電子遊戲各版本及其新舊版之間的關係，不知任督二脈之外尚有此一脈，何況他人？

在這一脈中，充滿了青少年語言及思維。例如G車、突錯（凸槌）、很High、照過來、超炫、美女拳時代的人、生命中的女豬腳等等。像「笑傲江湖」的遊戲手冊裡說：「比炫我冠軍，超視覺。比酷我稱霸，超刺激。比屌我最大，超滿足。比美我第一，超養眼」；又說它的三D運鏡手法能「給玩家有如D罩杯般的驕傲滿足感」。

這些話，除了炫、酷、追求感官刺激外，性意識氾濫也非常明顯，然而，這卻是銷售甚廣，一般青少年男女都在玩的遊戲。金庸小說中那種含蓄、深沉、綿邈、心靈契合、刻骨銘心、廣受文人學士稱道的情愛態度，在此完全翻轉了。

因此，這不只是語言問題，而是思維、價值觀上的轉向。愛情，由心靈轉向感官、情色。俠義，也轉為世俗。

例如《找碴的金庸錯謬》，找出了一大堆金庸小說中的破綻（黃蓉年齡應大於郭靖、柯鎮惡眼睛瞎的時間前後矛盾、少林七十二絕技或云達摩創立或云歷代累積、……）。看起來固然在從前的金學叢書，甚或學者研究論文中也會有這種辨析，但不同之處在於：不是敬畏與商榷情節，而是瓦解神聖性。

金庸的神聖性，一瓦解於其情節多誤，二瓦解於它縱或不誤，我也要抬槓的「說大人則藐之」方式（該書卷六為「亂辨」，卷尾叫「辨不了也辨」，辨什麼呢？「性愛超人韋小寶」「段正淳老生女兒，奇怪」「鳳天南的黃金棍，好大」「李秋水家族好奇怪哦！」

「蕭峰的酒量，騙誰」「華箏是個大SPY」「滅絕師太荷爾蒙失調」「李秋水可能當眾發騷嗎」等等），三則直攻金庸的價值觀，認為「楊康其實很可憐」「乾隆皇帝的選擇其實很正確」「陳家洛孔融讓女，遜」。把金庸小說中強調「為國為民，俠之大者」，描述俠客如何捨己為人、捨身取義的超越流俗之精神價值，轉為徹底認同世俗。所以它說：

如果我們是楊康，也面臨了與他相同的處境，大部分的人會做什麼選擇呢？這個答案如果大家不昧著良心講的話，哼！哼！起碼會有百分之六十以上的人，會和楊康一樣。……其實做這樣的選擇也不要不好意思！人類本來就有趨吉避凶的本能，哪裡有好處，就往哪裡鑽。如果你從小生長在帝王富貴之家，突然間跑出一個乞丐，說是你的生身父親，又要你斷絕這個茶來身手、飯來張口的優渥環境，你不會陷入天人交戰，不會選擇好的，那才怪咧！

一般人都嫌貧愛富、貪生怕死、趨吉避凶、見利忘義、自私自利，誰不曉得？武俠小說尤其站在這個基礎上才有得寫。因為俠義精神正因對照著一般世俗人的此種態度，才顯得可貴、才具有對比的張力。但如今E世代的小朋友們要顛覆金庸，所顛覆的正是這一點。他們理直氣壯地批評陳家洛笨，誇乾隆精明正確，覺得楊康的選擇才合乎人性。世俗的富貴榮華與性欲滿足，成為他們肯定的價值。

也就是說，在語言風格方面，金庸刻意採用較古典、較文雅的語句，詩詞、史事、典故，融於文中。這種語言風格，金學研究者以學術語言繼承之，結果被新世代的小朋友們批評他太文雅了。新一代的金庸論述，走的是世俗化、淺顯化、口語化的路子。語言的變異，也顯示了思維和價值觀的轉變。新世代小朋友們批評黃藥師性教育不及格、嘲笑金庸的守宮砂處女觀，而喜歡韋小寶；批評陳家洛，同情楊康、讚揚乾隆，在在顯示了他們認同於世俗的價值觀。

這種價值觀更顯示在電玩RPG（role play game）的架構裡。怎麼說呢？這些遊戲基本上以角色扮演、走迷宮、戰鬥為主架構。角色的武器、配備、藥物、食物，大抵是由商店中購得或進入旁人房舍中逕自取得的。這其中，穿屋入戶、搜奇覓寶，涉及道德問題，俠客怎能做穿窬之雄呢？一般RPG均不處理這個問題，一派新人類「只要我喜歡，有什麼不可以」的姿態。

有些電玩，如銷售甚佳（但非金庸小說改編）的「仙劍奇俠傳」，則安排男主角李逍遙根本就是小偷世家出身，故在敵人身上偷錢或進入屋裡偷寶均視為平常。唯有「金庸群俠傳」把人的道德行為計入分數計算，偷東西是會扣分的；總評善良度越高、好人越會加入你，所以會影響到最後決戰時的團體戰力。這在道德立場上固然嚴守正邪分際，但旨在藉此進行兩方對抗。其他電玩不採此架構，故在道德態度上便有些模糊。

而商業資本主義浸潤下的社會，商事活動、金錢價值在電玩中，卻比傳統武俠文學之道德問題（如忠孝俠義）更令人矚目。在古龍小說電玩版「新絕代雙驕」的《完全攻略本》中，教人如何買賣藥劑者即達二十頁；各地販賣軍火武器藥材者，則超過四十處。主角在戰鬥時，隨處都要用錢去買這些東西，所以錢越多，戰鬥越能獲勝。

為了達到錢多多的目的，「新絕代雙驕」RPG中設計了「聚財術」共九重功夫，彷彿乾坤大挪移九重神功一般。金庸小說各電玩版雖無此功夫，但基本原理是一樣的，殺死或打敗敵人常能獲得戰利金，錢多多也才能令主角能量加值。

《新絕代雙驕完全攻略本》第五章對此還有番評論，道：

眾所皆知的，本遊戲從頭玩到尾，「金錢」都扮演著一個很重要的角色，太多太多的好東西，都靠大量的錢才能買的下來。然而光靠撿打死人留下的錢，絕對是會讓玩家們叫苦連天的，數目實在太少了！有鑑於此，編輯部樂意提供許多手段，幫助玩家們在金錢上不虞匱乏，將省下來的心力用來更深入地研究遊戲。

什麼手段呢？其中之一是去偷：「以偷竊來從敵人身上幹到一些可以賣大錢的東西，這種方法最大好處是取之不盡，相對的缺點是浪費時間，不過倒也能趁機練功就是了」，絲毫沒有一丁點道德負擔，理所當然地以此「賺大錢」。另一手段，則是去做奸商以獲暴利：「妄心園中的秘密藥商，可以實行無限金錢暴增法與無限能力提昇！只要向他買下九十九份人蔘，再買下九十九條冬蟲夏草，便可配出四十九顆的固氣丸（人蔘＋人蔘＋冬蟲夏草）！僅需三百兩左右的本錢，即可賣得二千四百兩。」如此暴利，不愧為「妄心」。

世俗的價值觀之外，我們還應注意到它感性的變動。這個部分，可以審美感性來觀察。

金庸小說中原本就有配圖。圖分兩大系列，一是歷史文物圖錄、書畫人像之類，呼喚讀者的歷史感與古雅趣味；另一系列則為章回間的插圖。作插畫的畫家很多，但整體說來，較為古拙，跟現在電玩版所呈現的甜美感迥然異趣。

這種甜美，是符合少男少女夢幻時期的審美口味的，與少女漫畫、人物圖卡有相似的風格。我有一本舊作《中國詩歌中的季節：春夏秋冬》，原刊封面用張大千的潑彩山水，石青重墨碇藍，煙雲模糊。近被出版社重印，送來一看，令我差點昏倒，原來封面已改成了這種流行的少男少女漫畫頭像。由這個例子，便可知電玩人物之甜美或造型類似日本少男少女漫畫，亦肇因於它媚俗以求流行之故。

而且，由於此種甜美乃是整體的風格，不僅正派主角畫得甜美，反派人物也是如此，故「笑傲江湖之日月神教」中的田伯光就被畫成一個跟另一個美女非常像的帥哥，以致評論者認為：「我怎麼看，都覺得這個伯光兄不像是個色狼，倒像是長得很帥的花花公子。不用說在那個時代啦！以現在的審美觀點來說，其實不用他去採花，就會有女生送上門了。」（**新遊戲時代**）而「新倚天屠龍記」裡，小昭、殷離、趙敏、周芷若，除了髮型與衣飾不同之外，其實也都長得一個樣。又因受日本漫畫影響，均髮如亂草。張無忌也同樣是這副模樣。

這樣的美感型態，諒非大人先生們所喜，但正標幟著新一代的世俗品味。在網路上討論頗多的，也是「金庸群俠選美大賽」「郭襄誰來演最合適」「金庸的人物來當藝人，誰會紅」「韋小寶的七個老婆，由哪七個藝人演最適合」（**均見金庸茶館網站・飛鴻雪泥・**

另類金庸）之類話題，似乎貌美、多金、成功、有知名度、感官享樂等世俗流行價值，即為其感性內容，故這些網站與電玩和流行青少年次文化的聯結關係也極為密切。

（四）遊戲：青少年次文化的邏輯

本年八月號《聯合文學》與和信電訊合作推出一款廣告：訂《聯合文學》半年份，加上輕鬆打笑傲江湖電玩套裝，共一千五百元。這個套餐，包括輕鬆打門號卡、令狐沖儲值卡一張、笑傲江湖功力精華版電玩CD、滑鼠墊、紀念章。這樣的促銷手法，就充分體現了E世代的精神。除了《聯合文學》之外，其他的東西都是青少年次文化中的流行物，故以贈品來推銷文學雜誌（**注意：不是藉《聯合文學》的讀者來促銷CD及信用卡等，而是希望使用手機、玩電玩的青少年能因此也把文學雜誌看成是與上項事物同類之物，而產生購買慾望。**）

這些流行物確實也稱得上是「套裝」，因為它們通常都聯結在一塊兒，而且其所聯結的，遠超過上述這些物項。以「笑傲江湖」為例，來做個分析。它舉辦了個抽獎活動，獎品有電視遊樂器、滑板車、主機板、電玩搖桿、《軟體世界》雜誌、《新遊戲時代雜誌》、《次世代遊戲雜誌》、《電腦玩家雜誌》、《X-magazine 雜誌》、滾石VCD、腰間掛錶、T恤、手機座、寬頻免費上網機會等。這些獎品，其實就是與他們這個遊戲直接有關的物項，所以在它所附的《遊戲寶典》中，就全是這些東西的廣告，一本遊戲指導手冊，竟編成了一本消費指南。

此外，該遊戲還另附誠泰銀行的廣告，因為它與該銀行合作發行武俠經典信用卡，免年費。可先買電玩再申請卡，也可以先申請，再附送電玩限量試玩光碟。申請到以後，信用卡已經仿擬且替代了俠客的刀劍，它說「消費本無招，買東買西，怎麼買都優惠；刷卡本無式，橫刷直刷，怎麼刷都划算。不須一招半式；眾多優惠，立即打通消費神經，讓你內外齊修，闖蕩江湖，處處盡享禮遇。」

這個仿擬與譬喻的意義，凡看過電視上，張玉嬿所拍女神龍信用卡廣告的人，大抵均能會心。而拿了它這個信用卡，它建議的消費對象則有：學習英日語、兒童青少年電腦教育、專業電腦百貨公司、電腦產品、軟體、笑傲江湖周邊產品（對杯、文鎮、海報、畫冊）等。

「笑傲江湖」這款電玩同時也推薦許多電玩，如「三國志」、「獸神世紀」、「神兵炫奇」、「伊卡斯特傳說」、「聖殿詩篇」、「艾薩克外傳之陽光少年遊」、「鋼鐵之心」、「大刀」、「恐龍危機」、「魔鬼戰將總動員」、「駭客帝國」、「蘇愷廿七戰鬥機」、「西元二一五〇」、「裝甲元帥」、「凡爾坦戰役」、「文明帝國」、「大航海時代」、「傭兵戰場」、「閤玲」，以及「霹靂麻將」、「夢幻水族箱」、「水族小舖」等。從遊戲到打麻將、到養魚，色色俱全。古今中外之劇情扮演也混揉成一團。

這種情形，在網路世界中也是一樣的。依「少林寺藏經閣」這個參與者最多的網站

（現已達九十五萬人次）所載，現有電子遊戲版武俠小說可考者，計有七十五款：

華義國際	俠客列傳
ORANGESOFT	魔髮奇緣
金山軟件	劍俠奇緣
皇統光碟	霹靂大富翁
詮積資訊	三國霸業
新瑞獅多媒體	敦煌
大宇資訊	魔神英雄
大宇資訊	隋唐爭霸
智冠科技	平妖傳
大宇資訊	殺氣充天
聖教士	千年（網路ＲＰＧ）
旭力亞	刀劍笑
數位玩具	日劫2
大宇資訊	霹靂奇俠傳
智冠科技	武林盟主
日商光榮	三國志七
中華網路	網路三國（網路ＲＰＧ）
日商光榮	三國志Internet

智冠科技	武林群俠傳
智冠科技	仙狐奇緣
大點科技	閻王令
第三波資訊	神兵玄奇
華義國際	再戰江湖
華義國際	中華一番客棧
皇統光碟	天諭
宇峻科技	新絕代雙驕2
智冠科技	花花仙子
智冠科技	中華英雄
智冠科技	三國演義三
智冠科技	天子傳奇
華義國際	真命天子
智冠科技	霹靂英雄榜
昱泉國際	笑傲江湖之日月神教2
大宇資訊	軒轅劍參23
OK Net	春秋英雄傳
Gameone	龍神2
協和國際	太極張三豐
遊戲橘子	退魔傳說

旭力亞資訊	六道天書
歡樂盒	武狀元蘇乞兒
歡樂盒	武則天
歡樂盒	倚天屠龍記
奧汀科技	聖石傳説
協和國際	三國伏魔
旭力亞資訊	霸刀
漢堂國際	天地劫
宇峻科技	新絕代雙驕
智冠新廣部	鹿鼎記貳2　3
智冠科技	地獄門2
智冠科技	新倚天屠龍記
華義國際	江湖
華義國際	人在江湖（網路RPG）
大點科技	達摩
怡碩科技	三國之星海風雲2
智冠科技	破碎虛空
歡樂盒	新龍門客棧
智冠科技	風雲之天下會
智冠科技	神鵰俠侶

智冠科技	金庸群俠傳
CDSOFT	縱橫天地—烽火三國
智冠科技	雷鋒塔
智冠科技	連戰三國
奧汀科技	三國群英傳二1
智冠科技	水滸傳
智冠科技	花神傳說
PROPILOT	新三國演義99
詮積資訊	橫世霸主
智冠科技	楚漢之光輝
華義國際	三國風雲貳
精訊資訊	俠客英雄傳三
智冠科技	新蜀山劍俠
華義國際	幻想奇俠傳
華義國際	靈劍傳奇
大宇資訊	仙劍奇俠傳234
智冠科技	天龍八部之六脈神劍

以上每款都有廣告，廣告也是五花八門，如上所述，而且還提供交友聯誼之類功能。

其他一些金庸網站，則本身就雜揉著許多東西，例如：

・**生活的藝術**

提供生活資訊、統一發票對獎、天氣預報、電視節目查詢、電子地圖、金庸古龍武俠小說、軟體下載、線上佛經、佛經桌布、免費資源。

・**思考之城**

提供金庸小說、倪匡小說、西遊記、三國演義等小說欣賞，同時還有廣告歌曲歌詞、漫畫等資訊。

・**乾坤風雲會**

提供武俠小說的創作、金庸詩集、動聽詞曲、電玩金庸圖、金庸生平記載、以及相關網路的連結。

・**新金庸小館**

提供金庸小說詩詞的蒐集，也提供多媒體、圖庫、流行音樂MIDI等軟體的下載。另外，也有相關網路的連結。

・**dolphin的寂靜海岸**

提供金庸小說、李玟照片與新專輯歌詞、龍澤秀明照片等。

・**創作夢天堂**

提供網友發表文學創作的園地，也提供行動電話資訊、台東旅遊相關資訊等。其中除金庸小說外，尚有心情故事、笑話連篇、鬼話連篇等。

由這些網站以及電玩的情況來看，我們可以說青少年對金庸及其小說，是與他們整個青少年次文化生活關聯在一起的。有時金庸被視為偶像來崇拜，但那與文學界尊崇文學巨匠的心情並不一樣，而是如彼等喜歡歌手李玟等偶像同一心情的。他們有時玩金庸小說的電玩，但那與玩其他武俠電玩，甚或玩非武俠小說電玩、玩外國的電玩，如「魔鬼戰將總動員」「駭客帝國」也沒什麼不同。金庸的網站上掛著流行音樂MIDI、卡通、漫畫、行動電話資訊、旅遊資料、廣告歌曲，不也和金庸小說電玩聯結的東西也差不多嗎？

這些電玩、流行歌曲、卡通、漫畫、偶像崇拜、個人網址網站、聯網聊天打屁（**每個金庸網站都闢有聊天區，也常可由網友申請成為版主，闢版與人對話**）、用信用卡消費、玩手機、玩滑板車、穿T恤、掛超炫掛錶、看電子遊戲雜誌、交換電腦資訊、買新軟體、學英日語……，就是現代都市E世代新青年的生活型態。

他們以此消費、以此生活、以此交友，亦以此自處，活在廣告與消費的循環中。在廣告與消費之間存在著的，則是一堆金庸小說電玩版這樣的遊戲。

金庸小說與古代俠義小說最大的不同之處，在於它常帶有少年成長小說的性質。許多小說的共同故事框架，都是一位少年如何遭逢災厄、奇遇，以及種種歷練，逐漸增進武技，提升人生境界，並化解了災難、完成了愛情。它的小說主角，不再是古代俠義小說裡的中年漢子，小說主線也不再是武林逸史與幫派秘聞，而是少年成長的經過。郭靖、楊過、張無忌、令狐沖、虛竹、袁承志、石破天、胡斐，乃至韋小寶，均是這樣被塑造出來的。

如此驍勇善戰之主角，或可稱為武士（**就如外國那些戰鬥遊戲中的英雄那樣**），在電玩RPG中，基本上屬於角色扮演遊戲，但是，遊戲裡卻不要求玩家獲得如小說裡主角成長那樣的經驗與意義。因此，玩家不會面臨真正的倫理危機、道德衝突、或性命之憂（電玩裡主角若死了，也可以再來重新玩一遍）；玩家也無庸在心境、修養、見識上有所成長。它的遊戲設定，只是走迷宮、尋寶，以及對敵戰鬥而已。

對敵戰鬥時，提升本身的能量，固然具有「成長」的意味，但升級的，只是攻擊力、防禦力、反應、速度、智力、裝備之類，升級的指數，也是遊戲本身設定的，這卻怎麼稱得上是俠士呢？武俠小說中的少年俠客，在經歷過這一趟「俠客行」之後，生命有了實質的內容，得到洗禮，有了價值與方向；可是玩畢一款電玩的小孩獲得的，則不是那些，而是遊戲一局的快感。

上網聊天打屁，也是遊戲。問的問題，本身就多戲耍；做的事，只求好玩。例如遠流出版社所架設的「金庸茶館網站」裡的一些話題是這樣的：

話題	出新招者	過招回合	最新江湖話語
・如果你(妳)遇到金老，你(妳)會問他什麼問題？	藹翹	6	2000-8-21 15：57：51
・瘋狂笑傲派之【完全新笑傲紀錄手冊】	朱七七	59	2000-8-22 20：29：31
・金庸笑話大全——笑破肚皮	十八子	39	2000-8-22 19：26：36
・誰能代表中華隊參加奧運？	任我不敗行	4	2000-8-22 19：26：31
・我看吳宗憲與段正淳	書樓	36	2000-8-22 14：07：40
・金庸群俠傳的十大好人和壞人，誰比較難打？	李白鳥人	58	2000-8-21 11：35：06
・金庸小說中，誰最適合當特使代表台灣和大陸談判？	許歆仁	45	2000-8-20 18：02：24
・若九陽真經、易筋經、九陰真經像課本一樣多，誰會看？	羊毛出在羊身上	9	2000-8-19 00：28：13
・誰能演好殷素素和趙敏？	綠痕	21	2000-8-18 19：57：48
・茶館版主事件紀錄之一	無影人	71	2000-8-19 20：49：06

這些話，出招過招，出題答題，有什麼大義微言、深刻見解嗎？大抵只是扯淡罷了。新消費時代的青少年，事實上也在消費著金庸。他們說金庸小說，跟談歌星影星逸事緋聞、交換消費資訊、聊偶像起居、收集玩物皮卡丘、凱蒂貓，正屬於同一類的活動。故玩金庸電玩會跟這些行為或物項聯結起來，並不是沒有道理的。

（五）轉折：E世代武俠的新命運

未來學家托佛勒曾描述第三波時代的人，是活在一種「彈片（blip）文化」之中，多樣化的傳播方式，構成支離破碎的知識、形象、觀念，令我們不再有統一的心靈（見《第三波》，十三章）。電玩與各種事項的聯結，或網路本身，就是彈片一樣，四散飛濺，各有所著的。但本文不擬進行文化研究，我們若扯得遠了，恐怕也就會如彈片般不知飛往何處，所以必須現在兜回本題。

金學之論述，似乎可以分成兩條路徑，一為雅化深化，一為俗化。深化的主要領域在學院、在傳統媒體、在大人先生的年齡層與社會階層。俗化的主要領域，在消費市場、在新興電腦媒體上、在青少年階層中。

在俗化的領域中，批評論述金庸小說的語言、感性、價值觀，都是淺俗、平俗（為「笑傲江湖」電玩繪圖的畫家，名字就叫平凡），乃至庸俗的。拜金、重視感官之美、重視社會世俗意義的成功。其評論之內容，甚至會直接將金庸小說做為商場企管之教戰手冊。如Y2RK家族企劃的《金庸武俠之屠龍辭典》，便以胡家刀法為例，說：苗人鳳、田歸農、范幫主結合對付胡一刀，正如美國一些軟體公司，如ＩＢＭ、蓮花、網威、科瑞爾公司進行策略聯盟，以圖打敗「微軟」一樣（《小心，刀劈過來囉！》一九九九，亞細亞出版社，P.169~174）；雪山飛狐兩個門徒童子，用一套達摩劍法，相互配合，便能連敗幾大高手，現代企業亦應如此，如雙童所練劍陣般，內部心意相通，不斷修正劍招破洞（《你敢進到這個劍陣嗎？》，同上，P. 181～185）。

這樣的類擬，跟遊戲本身的設計一樣，都顯示了它是資本主義社會的產物，而青少年打電玩或上網，也與其消費行為有密切之關聯。金庸小說在他們的生活中更是與其次文化流行趨勢相結合的。因此，金庸小說不會單獨地被玩被談論，而是放在E世代流行文化及消費活動中去談論的。

此種遊戲，也扭轉了金庸小說本來的脈絡和意義，俠義精神世俗化、人格成長遊戲化、經典文本破裂如彈片化，被任意聯結到各種物項或網站上，即使是金庸小說的電玩版，其中也充滿了分支劇情和聯結出來的新角色、新故事。這三化，相對於高雅化、經典化、專業化的那三化，實堪吾人多加注意。

至於此一趨勢，我人應如何評價，學術界的大人先生們在未多多研究之前，恐怕都無權發言。而且，我還想起台灣一個販售手機的廣告，廣告說，一位父親去店裡挑手機，想買給兒子，不料店中小姐替他選了一個他最不喜歡的型，並對來挑機型的老爸說：「你越看不順眼的，你兒子就越喜歡。」對E世代的金庸小說之處境，我們也許還得更花多點功夫去了解E世代年輕人才能論斷。

十七　少年俠客行

少年結客任俠，是秦漢以來即普遍存在的現象。他們不但飛鷹走狗、搏戲為樂，也常劫掠作姦、殺人報仇，以致常遭官府鎮壓逮捕。

這類任俠少年，在史書中常被稱為「姦邪」「姦猾」「惡少」「輕薄子」等等。漢人亦有樂府詩〈結客少年場〉傷惜其事，其後遂成為一種固定的文學類型，相關作品極多。但歷來研究中國俠客傳統者，對此少年任俠現象卻甚少討論。

本文以史傳資料、樂府詩歌為主，運用犯罪學、越軌社會學之理論，分析這種少年任俠現象以及武俠類型文學。一方面從犯罪心理學的角度，說明青少年背德與犯罪的心理因素及人格狀態；其次，以次文化的觀點，解說結客少年場的「場所」意義與「結客」的集團性質；再由倫理學方面，探討社會各階層在面對少年結客問題時所顯示的價值衝突；另外，則是解釋以武俠詩做為分析材料時所具有的特點，說明它將如何引發詮釋者與詮釋對象間的互動關係。椎輪大略，願啟方來。

（一）結客少年場

今年農曆過年後，臺灣的青少年犯罪案件不但居高不下，犯罪手法的兇殘，更是駭人聽聞。例如新竹有六名國中生只為吵架的小事，竟準備了圓鍬鋤頭，打算殺人埋屍。花蓮的四名少年搶錢不成，竟把被害人的骨頭活活打斷。類似的殘暴手段，每隔一段時間就會出現。

早期，青少年犯案大都集中在竊盜方面，比如偷機車代步、偷香油錢買玩具。近年來，青少年涉案的比例乃漸居所有犯罪之首，依臺灣警政廳的統計，去年元月至今年二月，就有接近五萬名青少年涉及竊盜罪。

從八、九年前開始出現的飆車少年瘋狂殺人事件開始，臺灣的青少年涉及殺人、綁票、強盜等案件的人數早有日增的趨勢。依據警政廳的統計，去年元月起至今年二月止，涉及故意殺人的青少年，就有一千一百二十六人次。強盜案件方面也有一千八百三十一人次。臺中市各處便利商店被搶案，搶嫌裡頭，半數以上是青少年。

以上是中國時報一九九八年四月廿四日，針對青少年犯所做專輯報導的敘述。談這個問題的人，往往會發出「世風日下，人心不古」的慨嘆，但古代的青少年難道就不犯罪嗎？

據《史記・遊俠列傳》說，郭解「少時陰賊，慨不快意，身所殺甚眾。以軀借交報仇，藏命作姦，剽攻不休，及鑄錢掘冢，固不可勝數」，當時「少年慕其行，亦輒為報仇」，所談還只是個個案。貨殖《列傳》說：「其在閭巷少年，攻剽椎埋、劫人作姦、掘冢鑄幣、任俠併兼、借交報仇，篡逐幽隱，不避法禁，走死地如騖，其實皆為財用耳」，則有總括論斷的意味。

他所說的那些俠，不正是今日所謂的「不良少年」嗎？他們混幫派、爭地盤、劫人作姦，或偷盜、或製偽鈔、或替朋友出氣報仇。事發了，就竄匿逃亡，悍不畏法禁，也不知死活。

這類少年遊俠，上古不知究竟有沒有，但到漢代，就已經多得是了。史傳人物，如朱雲「少時通輕俠，借客報仇」，眭弘「少時好俠，鬥雞走馬」，朱博「家貧，少時給事為亭長，好客少年，捕搏敢行」，陳遵「少豪俠，有才辯」、劉英「少時好遊俠，交通賓客」，董卓「少嘗遊羌中，……由是以豪健知名」，袁術「少以俠氣聞，數與諸公子飛鷹走狗」，王渙「少好俠，尚氣力，數通剽輕少年。」諸如此類，大約只是眾多少年任俠者中少數後來發達了的例子。其餘終究沉淪於黑道、亡命於江湖、誅死於刑憲者，實不知凡幾。

有道是：「人不輕狂枉少年」。少年輕狂，其中不少人便因此而流於輕俠，或飛鷹走狗、或搏剽敢行，以致形成遊俠多少年，而少年亦多遊俠的局面。這些俠，史書上常用「姦猾」「姦邪」「惡少」「輕薄子」等詞來形容，更是政府頭痛的人物。他們有些在地方作惡，成為地痞角頭勢力，漁肉鄉里，如「陽翟輕俠趙季、李款多畜賓客，以氣力漁食閭里。至姦人婦女，持吏長短，縱橫郡中」（漢書・卷七七）。也有些在京城撒野，鬧得不像話了，才遭到政府的強力鎮壓。

《漢書・酷吏傳》記載了一則故事：

> 永治、元延間，上怠於政，貴戚驕恣，紅陽長仲兄弟交通輕俠，臧匿亡命。而北地大豪浩商等報怨，殺義渠長妻子六人，往來長安中。丞相御史遣掾求逐黨羽，詔書召捕，久之乃得。長安中姦猾寖多，閭里少年群輩殺吏，受賕報仇。相與探丸為彈，得赤丸者斫武吏，得黑丸者斫文吏，白者主治喪。城中薄暮塵起，剽劫行者，死傷橫道，桴鼓不絕。
>
> （尹）賞以三輔高第選守長安令，得一切便宜從事。賞至，修治長安獄，穿地方深各數丈，致令辟為郭，以大覆其口，名為「虎穴」。乃部戶曹掾史，與鄉吏、亭長、里正、父老、伍人，雜舉長安中輕薄少年惡子、無市籍商販作務而鮮衣凶服被鎧扞持刀兵者，悉籍記之，得數百人。
>
> 賞一朝會長安吏，車數百兩，分行收捕，皆劾以為通行飲食群盜。賞親閱，見十置一，其餘盡以次內虎穴中。百人為輩，覆以大石，數日一發視，皆相枕藉死，便輿出，瘞寺門桓東，楬著其姓名。
>
> 百日後，乃令死者家各自發取其尸。親屬號哭，道路皆歔欷。長安中歌之曰：「安所求子死？桓東少年場。生時諒不謹，枯骨後何葬？」

少年們之所以能在京城橫行殺吏，主要是因為有貴戚包庇，故肆無忌憚至此。其盛況大約比前幾年臺北街頭計程車隊火拼時的燒街大戰，更為刺激火爆。不料政府忽然強力掃蕩，竟一舉將之殲滅了。這個事件在當時，恐怕對人心的震撼，不下於今日的陳進興案，因此當時即有歌謠流傳，吟詠其事。

這樣的歌謠，因廣獲共鳴，後人哀其事而矜其情，遂成了一曲歷代反覆歌詠的樂府詩。《樂府詩集》卷六六雜曲歌辭收有〈結客少年場行〉九首，作者為鮑照、劉孝威、庾信、孔紹安、虞世南、虞羽客、盧照鄰、李白、沈彬。題下引〈樂府廣題〉說：「結客少年場，言少年時結任俠之客，為遊樂之場，終而無成，故作此曲也」，可見歷代哀其事或借其事以興感者甚多，已足以成為一種類型文學。

這種類型詩，是武俠小說尚未成形前的第一批武俠文學。在這個類型內部，當然也還可以有些變貌，例如「結客少年場行」就可以拆開成為〈結客篇〉或〈少年〉〈少年子〉〈少年樂〉〈長安少年行〉〈漢宮少年行〉〈渭城少年行〉〈邯鄲少年行〉等等。又由於這些少年都是結客任俠的，所以又因之而有〈遊俠篇〉〈遊俠行〉〈俠客篇〉〈俠客行〉之類作品。〈樂府詩集〉卷六六、六七選錄了不少這些歌曲，但遺漏的必然更多。若談到中國武俠文學之類型化，自應以此為嚆矢；而其所歌詠之少年結客任俠現象，本身也是值得探究的。

報仇、殺人、掘冢、鑄幣、藏命作姦，當然都是越軌甚或犯罪的行為。這些行為，固不僅少年才有，但史傳中明講是少年所為者卻著實不少。可見遊俠行為中，少年越軌犯罪確實是一種特徵。而研究犯罪學的人都知道：青少年犯罪本來就是普遍存在於各時代的社會現象，其比例在整個犯罪人口中也總不低，因此，少年犯在犯人類型中，一直是非常明確的一類。

（二）背德與犯罪

對於犯罪，可以有許多分析的角度；對於惡，也可以有各種解釋。但僅從犯罪心理學的角度看，人之所以犯罪，本來就與其人格發展有關。人格發展不完全，正是犯罪的原因之一。所謂人格發展不完全，即一般所稱之「異常人格」者。但少年因仍處在成長階段，人格發展其實也仍不完全，容易出現犯罪行為，並不難理解。①

其次，所謂犯罪的「罪」，是由法律及道德之規範而界定的。因此，除非從超越性的角度論罪的問題，例如基督教所說的「原罪」，否則一般所說的罪，都是相對的。《蒙田隨筆・卷中・第十二章》言道：「近親結婚在我國絕對禁止，而在其他地方卻是樁好事：『傳說有的國家，母親跟兒子同床，父親跟女兒共寢，親情加愛情，是親上加親』，殺子、弒父、拈花惹草、偷盜、銷贓、形形色色的尋歡作樂，沒有一件事是絕對大逆不道，以致哪個國家的習俗都不能接受的。」法律與道德有其時空條件，須相對於某時某地某一社會某一群體來說，才有背德與犯罪之問題。

而人自出生以後，整個成長過程，其實也就是學習、認識並適應他所處社會之規範的歷程。青少年階段正處在這個過程之中，尚未充分社會化，因此極易出現佚離（或尚未納入、馴服於）社會法律與道德規範之行為，也是不難了解的。

從人格方面看，青少年「血氣方剛，戒之在鬥」，其行為模式正好表現為好勇鬥狠，喜歡逞一時血氣。鮑照〈結客少年場〉說少年俠客們「驄馬金絡頭，錦帶佩吳鉤。失意杯酒間，白刃起相讎」，就是這個緣故。他們在路上，常因別人偶爾多看了他一眼，就揍人、殺人；在友朋間，也常因一言不合，或杯酒失歡，而大打出手。

故在犯罪學的研究中，我們會發現少年之暴力犯罪往往多於成人組織犯罪團體。貫休〈少年行〉說少年：「自拳五色毬，迸入他人宅，卻促蒼頭奴，玉鞭打一百。」這類暴力行為，有時是偶發式的，如貫休所云；有些則屬於團體鬥毆，而且會因一次打人的暴力事件演變發展成為尋仇報復，或由單純的氣力拳腳發展成為刀械相加。

在施暴鬥勇之際，青少年施暴之特徵，在於其對象、場合、原因並不固定。因為血氣迸發，勃然不可遏抑，出於生命的衝動，如孟郊〈遊俠行〉所謂：「壯士性剛決，火中見石裂，殺人不回頭，輕生如暫別。」一時衝動，情緒鼓盪，又未受到社會規範的調伏，本身人格成長亦不夠成熟，自我控制及反省能力明顯不足，便可能對任何人暴力相向。

而且，在施暴予他人的過程中，青少年其實也同時顯露了對自己施暴的性質，亦即孟郊所說的「輕生」。青少年對待自己的生命，也往往如對待他人那樣，輕忽且以暴力相加，因此他們常常自己作踐自己。輕生捨命，原本就是青少年時期極為重要的特徵，諸如酗酒、吸食毒品、刻劃肢體、自殺，都是青少年時期常見的事。好勇鬥狠、悍不畏死，其實也是輕生，生命不但如一把擲出去的骰子，毫不在乎，而且也不怕傷害自己。

假若人連傷害自己都不在乎了，還會擔心傷害了別人嗎？青少年犯罪中，暴力傷害最為常見，原因不難索解。成人組織團體犯罪每利用少年這種悍不畏死的特性，培養或運用之，以達成其遂行不法之目的，所以也常吸收任俠少年入其組織，再予以控制運用。但成人組織犯罪團體僅以暴力做為輔助方式，或其實施的多半為間接暴力、隱性暴力，令人因畏懼而依從其意旨即可，極少出諸直接暴力。因為此類組織犯罪團體主要「從事於各種不法之事業，是以對於組織犯罪團體而言，為犯罪而實施暴力，已無其必要。但在少年犯罪團體，因其犯罪目的之達成，每每訴諸暴力，是以暴力仍為少年犯罪團體普遍採用。」②

不過，少年犯罪者，乃至於少年犯罪團體（例如青少年幫派）之暴力，終究是不能跟成人組織犯罪團體比擬的。因為少年犯罪的暴力，大抵係一時衝動，屬於隨機、散漫式、無特定目的與對象的性質，成人犯罪組織通常不會採用這種方式，徒逞匹夫之勇。

張華〈博陵王宮俠曲〉曾形容此匹夫之勇云：「雄兒任氣俠，聲蓋少年場。借交行報怨，殺人租市旁。吳刀鳴手中，利劍嚴秋霜，腰間叉素戟，手執白頭鑲。騰超如激電，回旋如流光。奮擊當手決，交屍自縱橫，寧為殤鬼雄，義不入圜牆。」圜牆，即指這個社會的道德與法令規範。少年正是靠著逞使他的血氣勇力，來表示：「什麼道德法律？你們社會上講的那一套，老子不甩你！」

青少年的叛逆精神，即由此透顯出來。但其好鬥與暴力，也並不僅表現在暴力犯罪方面。例如「鬥雞走馬」，鬥雞等賭博行為、走馬等遊獵行為，亦都是其好鬥與暴力的一種表現。蓋賭博本屬爭鬥之一類，鬥雞更具有發洩殺伐暴力欲望的快感，所以有時雞距上還要縛上利刃，以增加血腥刺激之樂趣。走馬遊獵、飛鷹走狗，則更將血腥刺激指向動物，在衝殺射刺中獲得暴力施為的快感。史傳談到少年遊俠，輒言其好飛鷹走狗；樂府詩講到少年俠行，也多歌詠其博戲遊獵，殆非無故。

盧照鄰〈結客少年場〉云長安遊俠「鬥雞過渭北，走馬向關東」，張籍〈少年行〉謂少年「日日鬥雞都市裡，贏得寶刀重刻字」，高適〈邯鄲少年行〉則說「邯鄲城南遊俠子……千場縱博家仍富」，貫休〈輕薄篇〉亦云：「誰家少年，馬蹄蹋蹋，鬥雞走狗夜不歸，一擲賭卻如花妾」，李白〈行行遊且獵篇〉則形容遊俠：「但知遊獵誇輕趫，胡馬秋肥宜百草，騎來躡影何矜驕？金鞭拂雲揮鳴鞘。半酣呼鷹出遠郊，弓彎滿月不虛發，雙鶬迸落連飛髇。海邊觀者皆辟易，猛氣英風振沙磧」，李白另有〈少年行〉說：「君不見，淮南少年遊俠客，白日球獵夜擁擲，呼盧百萬終不惜，報仇千里如咫尺」，都是講少年任俠者這種賭博遊獵之生涯者。

如此發抒其鬥性，又兼具有「鬥豪」的意味。呼盧百萬，一擲千金，須要有豪氣豪情，更須要有錢。所以高適說，遊俠少年可以「千場縱博家仍富」。富豪，乃是少年可以不事生產、終日遊獵、聚賭、嬉戲的基本條件。

這在古代，王公貴族或高官鉅族之子弟最具有這樣的資格，市井商賈子弟，或許也很有錢，但夠富不夠貴，距離富豪之境界畢竟差了一層。故樂府詩中描述少年任俠者，總是就王公大臣之子弟說，例如劉孝威〈結客少年場〉說：「少年本六郡，遨遊遍五都」，庾信說：「結客少年場，春風滿路香，歌撩李都尉，果擲潘河陽。今年喜夫婿，新拜羽林郎」，張祜〈少年樂〉說：「二十便封侯，名居第一流，眼前長貴盛，那信世間愁。」張籍〈少年行〉說：「少年從出獵長楊，禁中新拜羽林郎。百里報仇夜出城，平明還在倡樓醉」，都指明了這些遊俠者即是貴族子弟，甚或本身還是皇帝的侍衛。史傳中記載諸侯王、貴族、大臣子弟任俠者，就更多了。③

這倒不是說只有貴族大臣子弟才遊俠結客，而是說鬥豪為少年任俠行為之一大特徵；此類人，又在其中最具代表性。那些沒有太多錢的少年，其實也一樣要鬥豪，因為少年犯罪的一個特點，就是為了滿足其「自我顯露」，亦即展示、炫耀。④他們喜歡在服飾、髮型、車馬、異性朋友等方面展示炫耀自己，跟別人爭奇鬥艷，以滿足其虛榮心。在「醉騎白馬走空衢，惡少皆稱電不如」（施肩吾．少年行）時，他們就獲得了極大的滿足。

所以貫休〈輕薄篇〉說：「鬥雞走狗夜不歸，一擲賭卻如花妾。唯云不顛不狂，其名不彰。」這種「愛現」「愛展」的心理，會驅使他與人鬥豪。可是他若非貴族富豪子弟，有什麼本錢去比賽奢豪呢？此即不免趨於犯罪，例如偷盜、剽劫、恐嚇取財、甚或掘冢鑄幣。做這些事，並不是為了衣食飢寒之需，也不是真想發財，而常只是為了滿足在吃喝玩樂方面顯得有氣魄、有本事的心理。

（三）遊俠次文化

依各國犯罪統計，少年以竊盜、侵入住宅、強盜、殺傷等罪最多。對其犯行，美國學者Short、Strodtback曾以因素分析法分為五類：衝突行為（如鬥毆、攜帶凶器）；聚賭；性行為（如猥褻、強姦、性侵襲）；倒退行為（如使用麻醉品）；反權威行為（如破壞、偷汽車）。我在上文的描述，則不採行為分析的方式，而是從青少年人格特質去解釋他們為何會有這些犯行。這些犯行也不是平列分類式的，它們彼此相互關聯，分類的界限其實是很模糊的。

同樣的，所謂罪，在青少年行為中，這個概念的運用也是模糊的。成人間打架互毆，一般不稱為犯罪；成人去酒店喝酒唱歌，視為常事，亦不以為就是犯了罪；至於遊獵遊蕩，又是什麼罪呢？可是，我國少年事件處理法第三條中，卻對「進入不正當場所」「遊蕩」等行為有所規範。換句話說，是因為我們對少年犯罪的界定，創造了他們的罪。某些罪，其實稱不上罪，只是具有些「不良」的性質罷了。

以俠者結客少年場來說，其結集未必出於犯罪意識，而常是基於遊玩戲樂之需求。猶如少年街頭組織，大抵為住在同街兒童少年或鄰居之組合，本無組織可言，但因它們常採取共同行為，不太容納外人參加，且為爭取地盤、確保共同利益，不免與其他街頭組合發生衝突，遂常演變為不良少年幫會。

可是縱或它已形成為一個具有規模的組織，以犯罪為其目的者，依然極少，大多數仍只能視之為遊戲團體或興趣團體。但這樣的團體也未必不犯罪，它也可能偶爾變成犯罪團體。所以說遊戲與犯罪，在少年個人或其團體間也都是模糊的。

杜甫〈少年行〉說某遊俠少年：「馬上誰家白面郎，臨軒下馬坐人床，不通姓字粗豪甚，指點銀瓶索酒嘗。」此君擅闖他人住處，強索食物，顯為犯罪之行為。但究其實，也不過表現一下豪氣而已。李益〈輕薄篇〉說一少年逞其豪健，遊獵歸來，見青樓之曲未半，「美人玉色當金樽」；可是這時卻有另一少年：「淮陰少年不相下，酒酣半笑倚市門。安知我有不平色，白日欲顧紅塵昏。死生容易如反掌，得意失意由一言。」一言如果不合，遊戲遊冶者，便要殺人犯罪了。可見這些不良少年基本上只是任俠使氣、遨遊縱戲而已，犯罪僅為其可能的結果之一。

另外，我們也不能說這些「不良少年」的行為真的是「不良」。研究青少年犯罪或反社會性者，常其視為非行文化（delinguent culture），亦即社會通行之一般價值、行為模式、道德體系的反對者或佚離者。從這個意義上說，鬥雞走狗、鬥豪宿娼、侵入民宅、爭風吃醋、使氣殺人、替朋友出頭報仇，都是不良的行為。可是，假若如盧照鄰〈結客少年場行〉所說：「長安重遊俠，洛陽富財雄」，整個社會是看重遊俠也喜歡從事俠行的，那又怎麼說呢？

彼時，任俠已成風俗，如《史記・貨殖列傳》云：「種、代，石北也，地邊胡，數被寇。人民矜懻忮，好氣，任俠為姦，不事農商」「濮上之邑徙野王，野王好氣任俠，衛之風也」「潁川、南陽，夏人之居也。……俗雜好事、業多賈，其任俠，交通潁川，故至今謂之『夏人』。」俠，就是社會通行的行為模式，未成年人通過社會學習（social learning）而進行社會化，學到的就是這種任俠行為、殺人越貨的價值觀。因此，俠在這時便不是反社會者，而是社會風俗之代表。我們所說的不良少年，在這兒便「良」的很了。

換言之，在社會上仍存在著許多不同的「分眾社會」。以地域來分，某些地域，例如風化區、貧民窟、眷村、高級住宅區，會有不同的文化，各自形成社會文化的次文化領域，通行著這個次文化領域共許的價值觀、語言、飾物、行動方式、生活樣態。同理，不同年齡層，也可以形成不同的次文化領域。

《史記．貨殖列傳》和《漢書．地理志》都曾用地域的概念來說明某地流行任俠。少年任俠也不妨看成是當時青年次文化的一種表徵。當然，這種青年次文化仍與地域脫離不了關係，因為它具有濃厚的都市性格，以京城長安洛陽為主要場景。

結客少年場的「場」，主要就在長安洛陽。王褒〈遊俠篇〉：「京洛出名謳，豪俠競交遊。……鬥雞橫大道，走馬出長楸」，李益有〈漢宮少年行〉、何遜有〈長安少年行〉、崔顥有〈渭城少年行〉，都點明了少年遊俠實以京城為主，〈結客少年場〉這首詩，也即是因感傷長安惡少被捕殺而作。據史書說，當時長安：

△關中長安樊中子、槐里趙王孫、長陵高公子、西河郭翁中、太原魯翁孺、臨淮兒長卿、

東陽陳君孺，雖為俠而恂恂有退讓君子之風。……萬章字子睇，長安人也。長安熾盛，街閭各有豪俠，章在城西柳市，號曰「城西萬子睇」。……河平中，王尊為京兆尹，捕擊豪俠，殺章及箭張回、酒市趙君都、賈子光，皆長安名豪，報仇怨、養刺客者也。（漢書・卷三三・遊俠列傳）

△漢興，立都長安，徙齊諸田，楚昭、屈、景及諸功臣家於長陵。後世世徙吏二千石、高貲富人及豪桀并兼之家於諸陵。蓋亦以強幹弱支，非獨為奉山園也。是故五方雜厝，風俗不純。其世家則好禮文、富人則商賈為利、豪桀則遊俠通姦。瀕南山，近夏陽，多阻險輕薄，易為盜賊，常為天下劇。又郡國輻湊，浮食者多，民去本就末，列侯貴人車服僭上，眾庶倣效，羞不相及，嫁娶尤崇侈靡，送死過度。（漢書・卷二八・地理志）

△漢之西都，在於雍州，實曰長安。……圖皇基於億載，度宏規而大起，肇自高而終平，世增飾以崇麗，歷十二之延祚，故窮奢而極侈。建金城其萬雉，呀周池而成淵，披三條之廣路，立十二之通門。內則街衢洞達，閭閻且千，九市開場，貨別隧分，人不得顧，車不得旋，闐城溢郭，傍流百廛，紅塵四合，煙雲相連。於是既庶且富，娛樂無疆。都人士女，殊異乎五方。遊士擬於公侯，列肆侈於姬、姜。鄉曲豪俊遊俠之雄，節慕原、嘗，名亞春、陵，連交合眾，騁騖乎其中。（後漢書・卷五十・班彪列傳）

△蔡質〈漢儀〉曰：延熹中，京師遊俠有盜發順帝陵，賣御物於市，市長追捕不得。周景以尺一詔召司隸校尉左雄詣臺對詰。雄伏於廷答對，景使虎賁左騣頓頭，血出覆面，與三日期，賊便擒也。（後漢書・卷五四・周榮傳・注）

「長安熾盛，街閭各有豪俠」，東市西市酒市各占地盤，即是「長安重遊俠」一語之注腳。這當然不是說整個長安都重遊俠，但在那五方雜處、風俗不純之地，世家好禮文、富人商賈為利，豪傑則遊俠通姦，正是不同分眾群體的不同行為模式與價值體系，各自形成不同的次文化領域，分庭抗禮。⑤

分析這種遊俠次文化，有兩點很值得注意：一是俠與都市生活的關聯，二是它與不同次文化團體間的文化衝突。

在《史記・遊俠列傳》中，司馬遷曾區分兩種俠，一是孟嘗君、信陵君、平原君一類「皆因王者親屬，藉於有土卿相之富厚，招天下賢者，顯名諸侯」，另一種則是「閭巷之俠」。前者為王公大臣之為俠者，後者是住在閭巷中的布衣，也就是他提到的長安樊仲子、西河郭公仲等等。其他閭巷少年，則〈貨殖列傳〉曰：「其在閭巷少年，攻剽椎埋，劫人作姦，掘冢鑄幣，任俠并兼。」這兩類人，都以首都州郡或王侯封國所在為多。因此，我們甚至可以說，遊俠基本上是都市性的生物，遊行於江湖四海，或落草佔山的遊俠，則是後來的事。

遊俠常活動於都市中，道理很簡單：他們不事生產，以氣義交遊為事，結客遊行於遊樂之場，都市遠比農村更適合他們博戲、遊閒、交通豪傑、結畜賓客。在犯罪學的研究中，芝加哥學派發展出了一個區位學理論。基本上認為城市是一個生活虛偽、匿名、關係不穩定、親友關係微弱的地方，而其中，又以中心商業區的情況最嚴重，社會病態狀況，例如犯罪率、肺病、嬰兒死亡等問題最多；離中心區越遠，問題則越少。這種解析，放在漢代長安看，大抵也是適用的。

在都市中，王公大臣子弟自有其府第，其他任俠者要形成勢力，即不能不占據地盤，這就是司馬遷、班固談到俠，都帶著個地盤說（如雲南道仇景，東道羽公子、長安樊仲子之類）的緣故。他們談到俠的行事狀況時，也老是把閭市里巷和俠合併著說，如「郡中盜賊，閭里輕俠，其根株窟穴所在，及吏受取求銖兩之姦，皆知之」（漢書・卷七六）「喜遊俠，鬥雞走馬，具知閭里奸邪」（卷八）。⑥

這種情況，放在所謂不良少年或少年犯罪這個脈絡看，尤其明顯。幾乎所有的少年犯罪，都是在都市的娛樂區、風化區、不法場所、車站、港口、旅店、暗巷、廢宅中進行的。某些區域，不僅住民多為「不良分子」或「不良少年」，且不法之徒公然橫行，無所顧忌，非法行為司空見慣。此類少年，即是閭巷之俠，盤踞、生存於這些都市的角落中。

然而，不論是貴遊子弟亦或閭里少年，既然都是俠，便有俠的共性，因此他們縱博、射獵、鬥酒、宿娼、欺侮人、報仇怨，「才明走馬絕馳道，呼鷹挾彈通繚垣。玉籠金鎖養黃口，探雛取卵伴王孫。分曹六博快一擲，迎歡先意笑語喧。巧為柔媚學優孟，儒衣嬉戲冠沐猴。晚來香街經柳市，行過倡市宿桃根」（李益・漢宮少年行）。類型化的生活，遂逐漸導生出類型化的文學，凡歌詠少年遊俠，都要著重強調他們這種都市遊燕、縱佚豪奢的生活型態。

（四）生命的爭論

可是都市裡還有其他人代表王權法憲的體系，或許會縱容甚或勾結俠客，但不可能認同這種生活型態及價值觀；代表智慧理性及道德正義的知識分子、禮法世家，也不會同意子弟去任俠。因此，觀念與行動的衝突乃是不可避免的。

〈結客少年場行〉這首詩的故事，就代表了王權法律體系對任俠少年的反擊。另外如趙廣漢熟知閭里輕俠根株窟穴之所在，「長安少年數人會窮里空舍謀共劫人，坐語未訖，廣漢使吏捕治具服」（漢書・卷七六）亦屬此類。

禮法世家與少年任俠者的衝突，當然也一樣劇烈。《漢書・馬援傳》載其誡侄書最足以為代表：

> 初，兄子嚴、敦並喜譏議，而通輕俠客。援前在交趾，還書誡之曰：「龍伯高敦厚周慎，口無擇言，謙約節儉，廉公有威。吾愛之重之，願汝曹效之。杜季良豪俠好義，憂人之憂，樂人之樂，清濁無所失，父喪致客，數郡畢至，吾愛之重之，不願汝曹效也。效伯高不得，猶為謹敕之士，所謂刻鵠不成尚類鶩者也。效季良不得，陷為天下輕薄子，所謂畫虎不成反類狗者也。訖今季良尚未可知，郡將下車輒切齒，州郡以為言，吾常為寒心，是以不願子孫效也。」
>
> 季良名保，京兆人，時為越騎司馬。保仇人上書，訟保「為行浮薄，亂群惑眾，伏波將

軍萬里還書以誡兄子，而梁松、竇固以之交結，將扇其輕偽，敗亂諸夏。」書奏，帝召責松、固，以訟書及援誡書示之，松、固叩頭流血，而得不罪。詔免保官。

太史公在記載了孟嘗君的事蹟後，也曾發抒了一段感慨說：「吾嘗過薛，其俗閭里率多暴桀子弟，與鄒魯殊。問其故，曰：『孟嘗君招致天下任俠姦人入薛中，蓋六萬餘家矣。』」任俠之風，影響於子弟，使得該地域子弟們都學習到了一股暴桀之氣，太史公是深有感慨的。同樣地，馬援雖能欣賞杜季良的豪俠作風，但卻不願子弟去學他，擔心子弟成為輕薄子。

輕薄，正是時人對任俠少年普遍的批評。樂府詩有輕薄篇，〈題解〉云：「輕薄篇，言乘肥馬，衣輕裘，馳逐輕過為樂，與『少年行』同意。何遜云『城東美少年』、張正見云『洛陽美少年』是也。」張華所作云：

末世多輕薄，驕或好浮華。志意能放逸，資財亦豐奢。被服極纖麗，希膳盡柔嘉。僮僕餘梁肉，婢妾蹈綾羅。文軒樹羽蓋，乘馬鳴玉珂。棋簪刻玳瑁，長鞭錯象牙。足下金鑮履，手中雙莫邪。賓從煥絡紡，侍御何芳葩。

朝與金、張期，暮宿許、史家。甲第面長街，朱門赫嵯峨。蒼梧竹葉清，宜城九醞醝。浮醪隨觴轉，素蟻自跳波。美女興齊趙，妍唱出西巴。一顧傾城國，千金不足多。北里獻奇舞，大陵奏名歌。新聲踰〈激楚〉，妙技絕〈陽阿〉。玄鶴降浮雲，䲢魚躍中河。墨翟且停車，展

> 季猶咨嗟。淳于前行酒，雍門坐相和。
> 孟公結重關，賓客不得蹉。三雅來何遲，耳熱眼中花。盤案互交錯，坐席咸諠譁。簪珥或墮落，冠冕皆傾邪。酣飲終日夜，明燈繼朝霞。絕纓尚不尤，安能復顧他。留連彌信宿，此歡難可過。人生若浮寄，年時勿蹉跎。促促朝露期，榮樂遽幾何。念此腸中悲，涕下自滂沱。但畏執法吏，禮防且切磋。

整個態度是批判的，形容任俠少年如何鬥豪、如何浮華，而以青春易逝警之，結尾則歸於法憲與禮防。貫休〈輕薄篇〉批評少年俠客只曉得「人不輕狂枉少年」，卻不知年光易逝，到老來「方吟少壯不努力老大徒傷悲，奈何！」亦是此意。

大抵這類批判有幾種情況，一是對其驕侈豪奢不滿，貫休〈少年行〉說：「錦衣鮮華手擎鶻，閒行氣貌多輕忽。稼穡艱難總不知，五帝三皇是何物？」猶如我們現在常批評年輕人愛慕虛榮、沒吃過苦、亂花錢、錢財來得容易。又因為年輕人是這般嬌生慣養，所以也缺了文化，少了家教，以致舉動輕狂、絲毫不懂禮貌。貫休說：「面白如削瓜，猖狂曲江曲，馬上黃金鞍，適來新賭得」，即指此而言。杜甫說某白面郎闖進民宅強索酒喝者，亦屬此類批評。

其次是教誨年輕人不要浪費生命，青春雖好卻轉瞬將逝，應該及時努力。前面所舉張華、貫休〈輕薄篇〉就是這種聲腔。沈炯〈長安少年行〉說：

長安好少年，驄馬鐵連錢，陳王裝腦勒，晉后鑄金鞭。步搖如飛燕，寶劍似舒蓮。去來新市側，遨遊大道邊。道邊一老翁，顏鬢如衰蓬。自言居漢世，少小見豪雄。五侯俱拜爵，七貴各論功。建章通北闕，復道度南宮。太后居長樂，天子出回中。玉輦迎飛燕，金山賞鄧通。一朝復一日，忽見朝市空。扶桑無復海，崑山倒向東。少年何假問，頹齡值福終。子孫冥滅盡，鄉閭復不同。淚盡眼方暗，髀傷耳自聾。杖策尋遺老，終嘯詠悲翁。遭隨各有遇，非敢訪童蒙。

以老年人過來人的角度，對年輕人提出忠告，這是非常典型的例子。另外還有些，則在這樣的勸誡中，再提出另一種價值來替代任俠，希望少年俠客能幡然改轍，悟今是而昨非：

△小來託身攀貴遊，傾財破產無所憂。暮擬經過石渠署，朝將出入銅龍樓。結交杜陵輕薄子，謂言可生復可死。一沈一浮會有時，棄我翻然如脫屣。男兒立身須自強，十五閉戶潁水陽。業就功成見明主；擊鐘鼎食坐華堂。二八蛾眉梳墮馬，美酒清歌曲房下。文昌宮中賜錦衣，長安陌上退朝歸。五侯賓從莫敢視，三省官僚克者稀。早知今日讀書是，悔作從來任俠非。（李頎‧緩歌行）

△歲暮凝霜結，堅冰沍幽泉，厲風蕩原隰，浮雲蔽昊天。玄雲晻靆合，素雪紛連翩。鷹隼始擊鷙，虞人獻時鮮。嚴駕鳴儔侶，攬轡過中田。戎車方四牡，文軒駁紫燕。輿徒既整飭，容服麗且姸。武騎列重圍，前驅抗修旃。倏忽似回飆，絡繹若浮煙。鼓譟山淵動，衝塵雲霧連。

輕繒拂素霓，纖網蔭長川。遊魚未暇竄，歸雁不得旋。由基控繁弱，公差操黃間。機發應弦倒，一縱連雙肩。僵禽正狼籍，落羽何翩翻。積獲被山阜，流血丹中原。馳騁未及倦，曜靈俄移晷。

結罝彌藪澤，罾聲振四鄙。鳥驚觸白刃，獸駭掛流矢。仰手接遊鴻，舉足蹴犀兕。如黃批狡兔，青骹撮飛雉。鶬鷺不盡收，鳧鷖安足視。日冥徒御勞，賞勤課能否。野饗會衆賓，玄酒甘且旨。燔炙播遺芳，金觴浮素蟻。

珍羞隆歸雲，纖肴出淥水。四氣運不停，年時何亹亹。人生忽如寄，居世遽能幾？至人同禍福，達士等生死。榮辱渾一門，安知惡與美。遊放使心狂，覆車難再履。伯陽為我誡，檢束投清軌。（張華．遊獵篇）

這裡一個希望遊俠能折節讀書，回歸儒行；一個抬出老子，教人不要縱情聲色，都是想指出向上一路，導俠客入於「正」途的。

但是，由這兒也就顯示出彼此的差異了。少年遊俠，是屬於青少年的事業與生活，揮霍青春，炫耀他們的生命，正是他們的特性，老人的話，他們是聽不進去的。老人們絮絮叨叨，他們也就不客氣地反駁道：

△少年飛翠蓋，上路動金鑣。始酌文君酒，新吹弄玉簫。少年不歡樂，何以盡芳朝？千金笑裏面，一搦抱中腰。掛冠豈憚宿，迎拜不勝嬌。寄語少年子，無辭歸路遙。（李百藥．少

年子）

△邊城兒，生年不讀一字讀，但知遊獵誇輕趫，胡馬秋肥宜白草，騎來躡影何矜驕，金鞭拂雲揮鳴鞘。半酣呼鷹出遠郊。弓彎滿月不虛發，雙鶬迸落連飛鶻。海邊觀者皆辟易，猛氣英風振沙磧。儒生不及遊俠人，白首下帷復何益？（李白・行行遊且獵篇）

△趙客縵胡纓，吳鉤霜雪明。銀鞍照白馬，颯沓如流星。十步殺一人，千里不留行。事了拂衣去，深藏身與名。閒過信陵飲，脫劍膝前橫。將炙啖朱亥，持觴勸侯嬴。三杯吐然諾，五嶽倒為輕。眼花耳熱後，意氣素霓生。救趙揮金槌，邯鄲先震驚。千秋二壯士，赫赫大梁城。縱死俠骨香，不慚世上英。誰能書閣下，白首《太玄經》。（李白・俠客行）

△玉鞭金鐙驊騮蹄，橫眉吐氣如虹霓。五陵春暖芳草齊，笙歌到處花成泥。日沉月上且鬥雞，醉來草問天高低。伯陽道德何涕唾，仲尼禮樂徒卑栖。（齊己・輕薄行）

△城東美少年，重身輕萬億。柘彈隨珠丸，白馬黃金飾。長安九逵上，青槐蔭道植。轂擊晨已喧，肩排暝不息。走狗通西望，牽牛向南直。相期百戲傍，去來三市俱。象床沓繡被，玉盤傳綺食。大姊掩扇歌，小妹開簾織。相看獨隱笑，見人還斂色。黃鶴悲故群，山枝詠新識。烏飛過客盡，雀聚行龍匿。酌羽方厭厭，此時歡未極。（何遜・輕薄篇）

△重義輕生一劍知，白虹貫日報讎歸。心惆悵清平世，酒市無人問布衣。（沈彬・結客少年場行）

少年人的時間觀與老人不同，他們不會感時光易逝，哦，不，也強烈感覺到時光易逝。所以，不是要及時努力，用功讀書，而是要及時把握現在，好好歡樂享受一番。「少年不歡樂，何以盡芳朝？」此刻的、享樂的人生觀，以及一種自我中心（**self centered**，**ego centered**）的態度，使得他們只求自己快樂，達到自己欲求的滿足，而不理會他人的利益。因此，時世清平，他反倒要惆悵了，因為缺乏讓他表現的機會。俗語說：「小人幸亂」，他們雖非小人，卻在只顧自己「爽」的情況下，慮不及其他。所謂：「豈知眼有淚，肯白頭上髮」，生命就在這一擲中見其揮霍之美感，舒暢豪蕩，具顯青春的姿態與力量，誰還管這麼多呢？

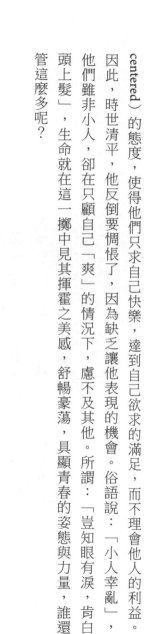

（五）青春少年時

少年，是中國俠客傳統中很早就已出現的一種角色。見於記載，最早的一位，或許是秦舞陽。《史記・刺客列傳》說：「燕國有勇士秦舞陽，年十三，殺人，人不敢忤視」，蓋少年任俠者。不過這位少俠見了秦始皇，卻「色變振恐」而誤了事。其後，據《史記》所記，少年任俠者極多，如季布之弟季心，為任俠，「少年多時時竊籍其名以行」（**史記・卷一百**）。劇孟，「行大類朱家，而好博，多少年之戲。」郭解，「少年慕其行，亦輒為報仇」「邑中少年及旁郡賢豪，夜半過門，常十餘車，請得解客舍養之」（**卷一二四**）。少年基於崇拜偶像這態度，崇慕俠客，並學習著也去任俠，在漢初便應當已是普遍的現象了。

這種現象，可謂歷代不絕。某某人少任俠，長乃折節讀書，幾乎成了史籍中常見的通套。據說郭子儀收復長安時，即曾先派禁軍舊將入城「陰結少年豪俠以為內應」，才獲成功。可見國家有需要時，未必不用少俠，但京兆尹捕殺俠少的戲碼也在不斷上演中。「會昌中，德裕當國，復拜京兆尹。都市多俠少年，以黛墨鑱膚，誇詭力，剽坊閭。元當到府三日，收惡少，杖死三十餘輩，陳諸市」（新唐書・循吏傳），即為漢朝結客少年場故事的翻版。

這些少年，雖然多半沒有姓名，面目也很模糊，但提供了不少研究青年行為心理以及不良少年犯罪史的資料。社會上存在著這麼龐大的俠少人物及團體，過去俠客研究始終未予正視，毋寧說是極為遺憾的。

勾勒俠少之輪廓，而且從漢代講起，並主要以武俠詩為分析之材料，當然是我以上這些考述的主要貢獻所在。但如此分析，還有另一個意義：中國俠義傳統，在以小說為主要討論材料時，俠，除了一部分神秘女子（如聶隱娘、紅線、車中女、賈人妻）之外，唐人傳奇中只談到了虯髯客、京西老人、蘭陵老人、崑崙奴、淄川道士、角巾道人、宣慈寺沙門、汝州僧、四明頭陀等，很少說少年。宋元話本以及《水滸傳》講的，也多是飽經歷練的綠林好漢，並非俠少。

以俠少為描述主體的，大約僅有《拍案驚奇》中的李十八故事。說劉山東自負弓馬絕技，退休返家時，在酒店中自我吹噓，被一少年聽見。這少年便要求與劉同行，途中以武技擊敗劉氏，劫走他的財物。劉氏氣沮，歸返故里，開一店鋪維生。數年後，來了一夥客人，其中一人便是昔年劫金者，劉氏大驚恐。該人笑語安慰他，於是杯酒炙肉，豪健為歡。這群人中，有一人最年少，大家稱他為十八兄，隱然為這群人的領袖。他對大家也很有禮貌，但飲饌居住都單獨在一處，飯量又奇大。平明，眾人別去，竟不知究竟是何來歷。後來劉氏揣摩：十八兄，或許是姓李的隱語。這是極少數俠少團體的故事，年紀最輕者擔任這個團體的領袖，亦是刻意突顯「少年」的意義。但小說中似此者實極罕見，不像詩歌連篇累牘地以俠少為歌詠之對象。

清末以來，武俠文學推陳出新，迥非舊日俠義小說所能牢籠，而其中最明顯的不同，就在於人物描述普遍以少年俠客為主要角色。少年成長（**受難、練功、吃苦、歷劫、報仇**）以及談戀愛之過程，成為小說最主要的骨幹，以致武俠小說逐漸滲會揉雜於少年成長小說及愛情小說之間。這種情形，在中國古代俠義小說傳統中是沒有的，要尋其淵源或相似類比的關係，只有重新回到樂府詩裡去看。

但看那些與少年俠客相關的歌詠，評價是很困難的。文學作品比史傳資料複雜。史傳資料反映了政府、法律、社會、公眾秩序及生活方式的觀點，表達的是俠少以外人士對俠少的觀感。而這批喜好玩蕩玩樂，時而盜竊行搶、打架滋事、涉入不法的俠少人物，要讓人對之有好觀感亦不甚容易。可是文學作品不同。詩雖也批判其行逕，但對其生活之細節是有形容、有體會的。史書中可能只寫道某某人「俠邪無賴，與市井惡少群遊汴中」，詩歌卻會詳細刻畫他們如何遊。這一刻畫，俠少的生活就具體了。具體的事物，便容易使人認識，甚而容易得到認同。且不說俠少「玉羈瑪瑙勒，金絡珊瑚鞭」（何遜・長安少年行）之豪奢令人稱奇，他們「相逢意氣為君飲，繫馬高樓垂柳邊」（王維・少年行），又怎能不牽動讀者的意氣，而對遊俠生活產生好感呢？

不止如此，文學作品更能形成另一種觀點，亦即不是由旁人看俠少，而是試圖以俠少的角度來說明俠少的人生態度與價值觀。這時，它所表達的，就不是旁人對俠少的觀念，乃是俠少的自我認知與辯護。例如李白〈少年行〉云：

君不見淮南少年遊俠客，白日毬獵夜擁擲。呼盧百萬終不惜，報讎千里如咫尺。少年遊俠好經過，渾身裝束皆綺羅。蘭蕙相隨喧妓女，風光去處滿笙歌。驕矜自言不可有，俠士堂中養來久。好鞍好馬乞與人，十千五千旋沽酒。赤心用盡為知己，黃金不惜栽桃李。桃李栽來幾度春，一回花落一回新。府縣盡為門下客，王侯皆是平交人。男兒百年且樂命，何須徇書受貧病。男兒百年且榮身，何須徇節甘風塵。衣冠半是征戰士，窮儒浪作林泉民。遮莫枝根長百丈，不如當代多還往。遮莫親姻連帝城，不如當身自簪纓。看取富貴眼前者，何用悠悠身後名。

這是遊俠人物自己的觀點。《新唐書》說李白「喜縱橫術，擊劍，為任俠」，作出這樣的詩，並不意外。但縱使作者本人並未真地從事俠行，如王維、李百藥，他們的詩也有「涉身處地，代個中人發言」的性質，因此這些詩，遂與社會上其他觀點形成對比或互諍的張力。

這就是文學藝術的特質。就像近些年來一些緋聞、畸戀、外遇事件，如張毅、蕭颯之離異；楊德昌、蔡琴的婚變；黃義交、周玉蔻的緋聞；林清玄的再婚，都引起軒然大波。輿論對扮演第三者的楊惠珊、移情別戀的楊德昌、林清玄均頗為不滿。可見社會上主流意見仍然是反對外遇的。可是連續幾年，最受歡迎的影片，如「英倫情人」、「真愛一生」、「麥迪遜之橋」、「鐵達尼號」，卻都是因描述外遇者的感情歷程而賺人熱淚的。觀眾對畸戀外遇者深感同情、徹底認同，迥異於他們面對社會新聞時的態度。同樣地，不論誰家教養出賈寶玉這樣一個廢物，父母都會像賈政一般，把他痛打一頓，可是千千萬萬《紅樓夢》的讀者讀到寶玉挨打一段，卻都是疼惜寶玉，而不喜歡賈政的。

這就是文學藝術特殊的性質與魅力。何況，誰沒有少年綺夢呢？這些電影勾動的，正是人的少年綺夢，故不僅少男少女為之癡迷，許多成年人也會藉此滿足或回味其綺想。同理，少年俠客夢也是許多人都有的，少年時浪蕩歲月，享受青春，逆叛父兄師保，不甩社會「流俗」之道德教訓，喜歡呼朋引伴，在同儕團體中找尋自我認同的目標，偶爾出去刺激冒險一下、蒐奇獵艷、耍酷耍帥、比賽氣魄，……不也是許多人曾經歷過，或曾經想像過的生活嗎？

讀到令狐楚的詩：「霜滿中庭月過樓，金樽玉柱對清秋，當年稱意須為樂，不到天明未肯休」（少年行），便很自然地會想起少年轟飲聚談、聊天臭蓋的時節。看見李益說：「少年但飲莫相問，此中報仇亦報恩」（輕薄篇），也大有知己之感。意氣激揚起來了，慘綠少年時代的豪情、浪蕩的生命彷彿又活了過來。這時，要再效法老人的口吻去批判俠少，確實已不是件容易的事啦。

注釋

①心理學上對於異常人格之分析，大抵界定為：循環型（指人情緒起伏不定，時喜時怒）、分裂型（指人孤僻內向，不善適應環境）、黏著型（有癲癇氣質，黏著與爆發交替出現）、偏執型（妄想、精神分裂）、人格分裂型、強迫神經症型（具強迫恐怖行為）等等。均不將一般青少年列入，但我認為青少年正處於青春期，其叛逆性格亦應視為一種人格異常現象。

②見蔡墩銘《犯罪心理學》第十三章第四節。一九八八年，黎明文化事業公司。

③漢代貴族大臣及其子弟任俠者甚多，詳龔鵬程〈漢代的遊俠〉，收入《一九九六年龔鵬程學思報告》，南華管理學院出版。近代耳目所及，大官顯貴的子弟，也不乏做過這類任俠惡少的。

④見Menninger，The Crime of Punishment，頁一八五。張正見〈輕薄篇〉形容「洛陽美少年」：「石榴傳瑪瑙，蘭肴奠象牙」，然後說此舉「聊持自娛樂，未是鬥豪奢」，即點出這種鬥豪以自炫的心理。

⑤犯罪學理論在五〇、六〇年代非常重視次文化理論，但主要的解釋，是說下層階級出身的青少年藉由犯罪，打破中產階級價值觀，以追求社會地位（詳見周愫嫻譯《犯罪學理論》，一九九四，桂冠出版公司，第七章）。我的理論與他們不同。

⑥都市閭里的治安問題，宋代以前的，學界尚少研究。宋代都城治安及管理遊閒少年之概況，可參看楊寬《中國古代都城制度史研究》，一九九三，上海古籍出版社，下編第四章十三節。

附錄一
刀劍錄

曾寫出我國第一篇文學批評專論《典論論文》的魏文帝曹丕，其實也是一位武術高手。他除了精於射騎之外，亦擅擊劍，通曉四方技法。建安廿四年，他精心打造了一批兵器。其中有兩柄匕首，名為「清剛」「揚義」；三把刀：「靈寶」「含章」「素質」；三口劍：「飛景」「流采」「華鋒」。劍長四尺二寸，重一斤十五兩。

造這些兵器，當然有許多講究，例如煉幾趟、火候如何控制等等。「清剛」那把匕首，是用冰淬的；「揚義」那把，則是經過朝日晒的。曹丕對這些神兵利器十分滿意，曾寫了一篇〈劍銘〉來紀念。稱為〈劍銘〉，顯然就是以劍來概括以上各種兵器了。而事實上他造的刀，也是刀身劍鋏的。

這是中國歷史上文人與寶劍正式結合的破紀錄演出。造劍時「五色充爐，巨橐自鼓，靈物彷彿，飛鳥翔舞」的神秘感，以及寶劍飛景流彩的尊貴感，千載以下，猶使人神往不已。

這也是劍的黃金時期，劍在兵器中的地位最高。

周朝的劍，只能刺擊，不適合砍劈，且劍身輕短。後來逐漸加長，且以鐵代銅，殺傷力漸增，成為最重要的武器。《漢書・藝文志》載當時已有〈劍道〉三十八篇，可見時人對其重視之一斑。曹丕造這批「百辟寶劍」時，可能更進步到煉鋼了。劍術之劈、刺、扎、撩、點、崩、擊、截、抹等技法，當也已發展成熟。

但是，從此以後，劍的好運道消逝了，真正在戰場上使用的武器，主要是刀不是劍。明朝人編的《考槃餘事》中記載：「各名物之製，莫不有流傳，獨鑄劍之術不傳，典籍亦不載，故今無劍客，世少名劍」，說明了劍道寥落的真實情況。

絕少人明白這個事實，因為我們從詩歌、從俠客故事、從武俠小說與電視電影中所得到的印象，無不是衣袂飄飄、大冠長劍，行走江湖，仗義疏財。只有「劍俠」一詞，可沒聽說過什麼刀俠；只講究「百日槍，千日刀，萬日劍」，斷不能承認劍的位格落在刀槍之下。

這就是想像力的偉大之處了。

劍的雍容華貴、典雅神夐，乃至玄秘靈奇，正是文士筆端撰構出來的風采。實際上，魏晉南北朝以降，劍便越來越隱沒於歷史的灰燼中。故明末茅元儀《武備志》云：「古之劍可施於戰鬥，故唐太宗有劍士千人。今其法不傳，斷簡殘篇中有歌訣，不詳其說。」又曰：「古之言兵者，必言劍。今不用於陣，以失其傳。」這位武術及武器專家，甚至要「博搜海外始得之」，從日本朝鮮才能找回一些古劍術的遺跡，以供憑弔。

唯劍術之衰，不自唐以後始然。唐朝《唐六典》武庫令條便只有刀制而無劍制，可見軍隊裝備中並沒有劍。宋朝刀更流行，且從日本大量進口，歐陽修〈日本刀歌〉謂：「寶刀近出日本國，越賈得之滄海東，魚皮裝貼香木鞘，黃白間雜鍮與銅」，即詠其事。當時輸入總量約在二十萬把以上。日本刀術影響中國尤深，刀法經典《耕餘剩技》，便是程沖斗依據浙江刀客劉雲峰從日本人那裡學來的刀法，加以整理消化而成。

刀勢漸盛而劍法式微，乃是必然的。戰陣衝殺，須用長兵，大刀長戟方符所需。即或短兵相接，利於砍、劈、斬、攔、攪的刀，也遠較劍實用，因此在實際搏殺的場合，劍便越來越少人問津了。

然而，漸不實用的劍卻因此而地位越顯尊隆。因為它不實用，所以它可以成為一種象徵性的武器。例如隋朝一品官佩玉劍、二品佩金劍、三四五品佩銀劍、侍中以下佩象劍。象劍即木劍。這些劍顯然均非為擊刺而用，上殿尤其不必也不准搏殺，故佩劍乃用以表示身分、耀炫職級，所謂「劍履上殿」，代表的只是一種尊崇與地位。

這種象徵性，是在徹底解消了劍做為一種兵器的實用性格中完成的。透過這一轉換過程，劍才能從兵器之一，變成了所有兵器的代表，而且轉化了它的原初意義，成為文化禮儀及身分榮耀之象徵標記。其他兵器，無論再怎麼鋒銳實用，缺乏了這層意義，其地位便永遠無法與劍相提並論。

道士佩劍和俠客用俠，殆即此類。劍，是道士能召劾鬼神、齋醮普濟一切天人的身分與工作之表紀；是俠客能行俠仗義、劫富濟貧的標幟。沒有了劍，便彷彿丟了玉飾、朝笏、蟒服的官兒，哪裡還像個一品大員？

而且，已不再實用故漸漸失傳的鑄劍法與劍術，更能激發我們的好奇與想像。干將莫邪等上古神兵，只是鐵劍初鑄時的歡呼，豈能與後世之兵器爭鋒？但在歷史遙遠的託寓與想像中，自有其神秘氛圍；在「失傳」的痛苦中，更易激揚起曾經擁有的熱情。

非實用性，帶來了劍的象徵化。象徵化，又造就了劍術的儀式化，成為劍舞型式的表演。故戰陣已不存者，竟發展出各門各派之劍術，藝術性遠大於實用性（試思戲劇舞臺表演中舞劍和舞刀效果之不同，即能明白這個道理）。而這種象徵與儀式，又和深邃複雜的歷史感及神秘意象相聯結，構成一種玄奇幽渺的文化意涵，把俠客之劍，和道教呂洞賓的「天遯劍法」、密宗的「大光明劍法」等等，綰合在一起。這時，如果尚有文人，以銘贊與詩頌賦予它超越現實的意義，如「長劍一杯酒，男兒方寸心」「十年磨一劍，霜刃未曾試，今朝把示君，誰有不平事」之類，劍就更會成為正義、理想之擬人化象徵了。

此刀劍之興衰史也。劍因式微，故得尊隆；因其無用，乃成為文化之象徵。此例可以醒世，吾豈僅談俠說劍而已乎？

附錄二

評田毓英著《西班牙騎士與中國俠》

比較中國俠和歐洲中古時代的騎士（knight errant），是個迷人的論題。因為在目前一般學術上，常用 knight errant 來代表中文裡的俠和它的一些組合詞（例如俠、武俠、俠客、任俠、遊俠、豪俠等）；中國俠在政治勢力、社會地位、經濟影響、宗教背景等各方面，跟歐洲中古的騎士是否相同，當然是個值得注意的論題。何況，「俠」本身所給予我們的豐富聯想，和他們在文學裡多采多姿的表現，也著實令人心動。

田毓英教授這本《西班牙騎士與中國俠》（七十二年五月，商務印書館出版），是第一本以中文撰寫有關這個問題的論文。不僅討論了中國與西班牙（或西洋）歷史上的俠，也探索了文學中俠的表現。對俠和騎士之起源、演變、組織、品德、行為、對後世的影響、與婦女的關係等層面，都有細緻流暢的說明。許多地方也講得非常精彩，是一本值得推薦的入門參考書。

全書分成十四章，第一章當是導言，第二章是談西班牙騎士的起源，第三章西班牙歷史上的騎士，第四章西洋歷史上的遊俠，第五章西洋的騎士會，第六章討論騎士規章的書籍，第七章中國歷史俠簡述，第八章中國武士的組織及其美德，第九章西洋詩篇所描寫的騎士，第十章詩詞中的中國俠，第十一章西班牙武俠小說簡述，第十二章中國武俠小說簡述，第十三章中國與西班牙俠的行俠動機，第十四章中國與西班牙俠的比較。後附參考書目一〇二種，及人名、地名中西文對照表。

綜括田教授的意見，她認為西班牙騎士是一種貴族階級，而中國俠不是一種身分地位的稱呼，俠之所以為俠，在於他們所秉持的義，因此，騎士階級可以腐化，俠則只有因喪失理想而消失。其次，西洋騎士與宗教關係密切，中國俠則始終未與任何宗教發生關係；騎士必須英俊，且崇拜婦女，俠則很少男女私情，只注重友誼。至於騎士所追求的個人榮譽與自我尊嚴，在中國俠身上，也是不存在或無足輕重的，俠所注意的乃是公眾之正義。在文學方面，騎士文學皆以偷情、戀愛、英勇事蹟為主，雜以妖魔與奇遇；跟我國武俠文學大異其趣，只有《吉軻德先生傳》（Don Quijote）可算是唯一的例外。田教授也花了許多篇幅來討論它。

田教授這本書，可以看出是花了不少心血。但在體例上，我們建議不妨稍做修整。譬如第二章談騎士的起源，第三章似乎就可以把原先的第三章和第四章合併為騎士的歷史發展與演變；第五、六章，也可以合併為騎士的組織及其品德，以與第八章中國武士（？）的組織及其美德對照。另外，第九章西洋詩篇中所描寫的騎士，這些詩篇其實都是西班牙詩；第十章中國詩詞中的俠，也沒有談到詞，這些標題，似乎都應該再加斟酌。

參考書目方面，體例亦似覺凌亂。例如，一是《三俠五義》，二是《大宋宣和遺事》，三是《四書》，四是《史記》，五是《世說新語》，六是《左傳》，次序有待斟酌。也許田教授對中國文獻不太熟悉，否則不該既有《四書》，又有嚴靈峰的《孟子簡編》才是。

另外，有些重要的參考資料，田教授也未運用，例如劉若愚的"*The Chinese knight errant*"（Chicago，1967）、何炳棣的"*Records of China's Grand Historian : Some Problems of Translation*"，Pacific Affairs，36 ： 2（Summer，1963），176～77。瞿同祖的"*Han Social Structure，de • Jack L • Dull*"，（Seattle，1972），pp • 186～87。宮崎市定的〈遊俠 にフいこ〉（一九三四，歷史と地理，卅四卷四、五期合刊，頁四十～五九）、勞幹的〈論漢代的遊俠〉（一九五〇，文史哲學報一期，頁二三七～二五二）、增淵龍夫的〈漢代における民間秩序の構造と任俠的習俗〉（一九五一，一橋論叢廿五卷五期）、夏志清的"*The Classic Chinese Novel : A Critical Introduction*"（New York，1968）、馬幼垣的〈話本小說裡的俠〉（中外文學六卷一期）等，都是研究這個題目應該參考的。未詳細參考這些論述，不免使田教授這本書減色不少。

所謂減色，我們的意思是說她討論得不夠深刻。本來，關於騎士與俠，都是牽涉層面極廣的大問題，處理極難周至。但我們的感覺，是這本書對歷史表面的現象尚能掌握，並且敘述得頗為簡要，讓一般讀者能很方便地得到一些概括性的印象和知識。可是對於事件或現象卻未深入分析，尤其是對文學作品，田教授通常都只交代故事大綱而已。這對一位有志深入的讀者來說，就彷彿喝了摻水的酒，稍覺有點不夠勁道了。

譬如書中一再提到騎士對貴婦的崇拜和愛，可是為什麼如此呢？據瑞典學者貝佐拉的說法，是十一世紀時，歐洲天主教開始提倡男人對女人的愛慕，以取代人類對神的敬愛，認為優秀的女人猶如愛神，以致形成了新的戀愛倫理學與心理學。

另外，西班牙回教地區的早期情詩，對騎士文學之興起，也頗有影響。這種愛慕，配合了騎士所身屬的封建階級，使得騎士戀愛的感情和封建的歸屬意識相結合，而愈趨牢固。他們的戀愛對象，多是莊園領主夫人、朝廷貴婦或其他較高階級的已婚女性，藉著對她們的忠誠，既能提高騎士的社會人格；又因女方身分地位都比自己高，且是已婚，騎士便須遵守各種規範儀節，並儘量抑制肉體的慾望，而致力於提昇自我的靈魂，所以也能提高騎士的道德人格。

不但如此，我們又知道，這個貴婦，起初本是母親（或妻子），後來才變成「他思想上的主母」。騎士從童年開始，即選擇一個貴婦做為終身服膺的對象，所以日人渡邊昌美認為，這即是「戀母情結」的表現。

十一世紀後流行的聖母信仰，似乎也顯示了這種意義。人們甚至推測抒情詩人吉羅・利吉亞作品裡所說的貴婦人，就是聖母瑪麗亞。

中國既沒有這種宗教和封建社會的背景，戀母情結又不那麼深固纏綿，不形成騎士之愛，實在是非常自然的事。可是田教授書中欠缺這類分析，可能使讀者知其然而不知其所以然。這是筆者認為有待進一步探討之處。

俠與騎士，在歷史及社會有許多面相；文學上的表現，只是其中之一。田教授這本書無疑偏重於此。這對題目來說，顯然不夠周延，是否可以在題目或序言上稍加說明或限定，以免讀者產生錯誤的期待。

除此之外，純就文學方面來看，田教授的處理方式，也可能會引起異議。因為：

第一、西班牙騎士文學，乃是歐洲中古騎士及騎士文學的一部分，但田教授書中對「西班牙」和「西洋」並未分疏，反而經常混用。

我們曉得歐洲各國騎士及騎士文學並不完全相同，田教授書也提到西班牙騎士文學在歐洲甚為突出，可是究竟如何突出，田教授卻不讓我們知道，反而混合敘述在一塊兒，難免令人迷惑。

第二、不同時代裡的俠，會以不同姿態，出現在各種文學作品裡；可是，不同的文學類型也會形成不同的傳統，像我國詩歌裡的俠和小說戲劇裡的俠就不一樣，田教授書中討論了中國與西班牙詩及小說裡的俠跟騎士，卻對這些歧異處毫無論述，也不免使人感到遺憾。

在觀點方面，田教授有些錯誤。例如，她說西班牙騎士起初和我國封建君主或貴族養的士相似，叫做騎士團（見該書P.1），其實西班牙騎士起於封建社會，中國俠則起於封建秩序崩潰之際，兩者絕不相似。

類似這些問題，由於討論起來太過複雜，且將牽涉到筆者對俠與騎士之起源及發展的特定看法，再談下去，就難免求全責備之譏了。

附錄三

俠與騎士

古羅馬時期，歐洲人已學會了騎馬作戰。羅幕路斯（Romulus）即擁有一支騎馬的軍隊。因此，不少人認為：騎士制度就是源於古羅馬。

騎士制度當然沒那麼久遠的歷史。因為騎著馬的戰士，跟中世紀封建體制下做為一種制度的騎士，根本是兩碼子事。故羅馬之騎士，稱為eques，騎士制度則稱為chiralry。

那麼，騎士制度究竟是什麼樣的制度呢？

在中文詞彙中，我們有時也用「遊俠」來形容騎士，因為騎士四處遊歷，表現其騎士精神，行徑頗易另人聯想起俠之浪遊以行俠仗義。但兩者其實全然不同。因為騎士是一種制度，而俠不是。騎士不是社會上某一類人，如俠那樣。它乃是社會本身。也就是說，靠著騎士制度，中世紀才構成了那樣的社會，因為「騎士制度」與「中世紀」，這兩個詞幾乎是同義的。現在，我們史學界描述或稱述中世紀時，喜歡用封建制度或教權時期來形容，這是著眼於政治、經濟與宗教。然而用這些，其實均不如由騎士制度來掌握，更來得周延貼切。因騎士制度，正是建立於封建政體中。或者說，是藉由騎士制度建立了貴族封建政治體制。

當時，封建的國王及其公族，擁有其騎士武力，各自建立自己的騎士國，它們自己也即屬於騎士。這種情形典型的例子，只要想想「圓桌騎士」（Round table）的故事，便不難明白。此與日本幕府時期的武士較為相近。幕府將軍底下，各擁武士貴族，但將軍本身同樣也是武士，也遵奉武士道精神。

因此，封建貴族制與騎士制，乃是一而二、二而一的東西。所謂騎士，均是貴族。他們與一般民眾分屬截然不同的等級，故騎士比一般人更有教養、能力、德操。保護教會政權民眾之責任也在他們身上，騎士的榮譽感也正形成於此一結構中。

為了要顯得比一般人有教養有文化，騎士均表現得有文化有教養，對許多行為弄出一些「禮貌」的準則，例如談話衣飾、日常交往、用餐，都逐漸表現出「一本正經的做作」，不如此，上層階級便無以與庶民形成區隔。恰好貴族騎士們也遠較一般民眾有錢、有閒、有心情去經營這些禮貌，去體現其優雅。

為了顯得比一般人更有德操、勇氣與毅力，騎士又需能守一些規戒、克制一些欲望。在這方面，騎士制度有其倫理意義，騎士團簡直等如僧團，而規戒誓約是千奇百怪的。例如受封時，可能要舉行彌撒禮、沐浴、剃鬚、受洗；或夏著毛裘、冬衣單褶；或發誓九年內一定站著吃飯；或發誓不攻下某處即不脫衣裳；或發誓每隔一陣就要帶腳鐐；或發誓禮拜天不睡床；禮拜五吃素；每天都不穿盔甲……等等。靠著這類禁欲的態度，來強調和維持（自以為高於一般人的）道德性。

為了顯示能比一般人更有勇氣，騎士也認出了一種方式來體現其男子氣概，那就是研讀古希臘競仗而形成的比武決鬥。

比武決鬥可顯現英雄氣質、犧牲精神、引發激情、表現榮譽、亦可獲得女性之青睞，故特為騎士所喜愛奉行。騎士們騎著馬，帶上盾牌，在盾牌上刻繪著屬於自己及自己家族的紋章，持長矛相互擊刺，也是在貴族優雅而平靜單純的生活中最刺激的娛樂。

決鬥當然也是解決諸侯間爭端的好辦法。因為兩個侯爵若有政治經濟分歧，除了大規模作戰，兩人決鬥便是解決問題的手段。家族間的榮譽與恥辱，也要用決鬥來確認，個人若覺榮譽受損，同樣也可以決鬥來平反。

但這種決鬥，與市井小民「單挑」或我國俠客之「比武」並不相同。騎士決鬥畢竟是體現騎士精神的一種方式，也是公開的儀式，故除了華麗的盔甲、莊重的禮服、美麗的看台、裝飾著貴族標幟的旗縣紋飾及衣徽等等之外，還有許多繁文縟節和規則，市井小民單挑決鬥固然激烈殘忍，可絕無這一套優雅的排場和味道，而且其格鬥，大半是為著實際的利益而非貴族所強調的榮譽。俠客比武，則或為印證武力高下，或志在報仇、或了結恩怨，情況更是不同。

但優雅的騎士，真正去決鬥的例子畢竟不多，這就需要一個代替品，那就是英雄冒險的遊歷，騎士總得去遊歷一番，去「行俠仗義」。跋涉、歷險、解救苦難、以及救美屠龍。跋涉、歷險、救美、屠龍，都代表勇氣與冒險犯難的精神。龍代表邪惡的敵人、美女代表善良但弱小者。打擊惡魔救出少女，既充分顯現了英雄氣質，也表達了英雄們的性幻想。

在自然界，雄性動物在求偶時期，經常炫耀其毛羽，繞著雌性跳舞盤旋，或與別的追求者打上一架，才能獲得雌性動物的青睞。騎士的決鬥恰好就具有這種性質。決鬥時，騎士往往穿戴著情人的衣物或面紗出戰，觀看決鬥的女士們，也會把自己的衣飾物品脫下來，扔給她們所睞兮的騎士，騎士則注意著女人，脖頸白皙、胸衣緊繃，眼睛閃著光芒，帶著眩目美麗笑意，靠著這些來鼓舞戰鬥意志。騎士冒險這個儀式，更強烈體現此種追求之意味。因為跋涉歷險，目的就在找到一位值得他「搭救」的美女。故英雄冒險事蹟，實質上乃是浪漫求愛之旅。

騎士精神主要亦即表現在對愛情的追尋、追求與奉獻上。宮廷生活中，男女情愛，本來也就是生活的重心，因此，對愛的追求，事實上被等同於宗教。騎士們祈求獲得愛情，他們對女人的奉獻、犧牲、忠誠，也可以擬於宗教。但那是理想性的浪漫愛情觀，儀式性的尊崇婦女行為，虛構幻想性的騎士解救少女傳奇故事，整個中古時期，其實絕少真正同情婦女，了解女人處境及其困難的作品。原因很簡單，倒不是什麼男性中心主義或父權制，而是貴族們本來就見不著一般女人。他們所看到的，只有貴族婦女，而且，這些婦女又都是做為其情欲對象而出現的，為了取悅這些婦女，騎士們發展了餘暇、快樂、歡愉、財富、慷慨、愛心、坦率、禮貌等所謂騎士風度，以博取女人好感，並一再謳歌自己如何為愛跋涉追尋，如何終於所愛，如何為愛人犧牲奉獻、冒險犯難。其長矛與甲冑，則耀炫著他的英雄氣概，一如公雞、孔雀去雌物前炫示其毛羽。

這些整個合起來，成為騎士制度及其社會。

騎士制度及其社會的關鍵，並不在貴族封建，這就是為什麼我本贊成把這個時代標名為封建社會的原因。在中國，同樣有貴族封建制的時代，無論是春秋時期或魏晉南北朝，都無騎士。因此，我們只能說是騎士制度形塑了歐洲的封建貴族社會，而不能說是封建社會造就了騎士。

在中國，貴族與民眾也分屬不同等級，故貴族之禮「不下庶人」。禮，猶以歐洲貴族所講究的禮貌生活準則，用以體現其優雅。周朝諸侯公族子弟，也比一般民眾更強調教養、能力與德操，更重視宗族的榮譽，更誠心奉事宗教。

但春秋時期只有車戰，尚無騎馬技術，故無所謂騎士。軍旅行動，以宗族為單位，故亦無所謂決鬥。戰爭本來就不是儀式性行為，因此跟騎士們的決鬥也有根本差異。何況婚姻觀、愛情觀不同，周朝更是絕無騎士那一套浪漫愛情態度、形式化、儀式化的尊重婦女態度。

戰國後期，商鞅變法，平民可以軍功擢升，打破了貴族才能當兵，成為武士的傳統。士與兵分途，貴族政治亦隨之正式瓦解，故亦不可能有封建騎士。直到東漢後，才又逐漸形成新的貴族政治局面。可是這時雖有貴賤等級制，卻無封建。貴族雖往往擁有武力，卻以其「部曲」「門客」為之。部曲本身並非貴族，貴族通常也不從事兵戈戰事活動、不嫻武技。炫示其貴族榮耀者，其在「才、地」。也就是家族中仕宦的資歷和本人的學養文章，跟騎士炫耀其武勇，恰好相反。倒是六朝貴族欣賞女人、歌頌女人，在宮廷中大肆表現他們憐香惜玉之情，一副「情之所鍾，唯在我輩」的調調兒，與騎士們頗有相似之處。

歌詠「玉樹後庭花」的六朝金粉世界，當然顯得文弱。但貴族政治的戰力仍甚可觀，謝玄的北府兵大勝苻堅、桓溫也曾率兵北伐，祖逖、劉琨之慷慨尚氣；亦非騎士所能望其項背。騎士以尚武為修飾之資，看來並不真能作戰，平時諸侯間絆絆嘴，小打鬧一番，固然英姿足以動人，但真號召了去禦侮，打土耳其人，奪聖城，便乏善可陳了。幾世紀的騎士制度，也沒發展出什麼戰法，戰技。

這一點，便與我國之武俠甚有不同。俠的事蹟與故事，激發了相關武技的發展。門派、刀槍、劍棍、拳腳暗器，琳瑯滿目，蔚為大觀，騎士則單調得很，誰也不曾聽過不同的騎士團發展了什麼不同的騎法、矛法。無非一人全身鎧甲，持了長矛盾牌，跨在另一匹也是周身鎧甲的馬上，旁有僕從隨侍罷了。打起架來，除了兩騎對衝，笨笨相撞一下以外，也沒什麼別的戰法戰技可說。

騎士作戰，摔下馬來就算輸，道理更是再簡單不過了，那一身笨甲重鎧，一旦跌下馬了，誰還爬得起來？騎士平時裝扮費時費錢，臨陣則須傭僕，隸從協助抬他們上馬，已注定了這只能是一種以武勇為形式的遊戲或儀式。一般人玩不起，真正的博鬥也用不著。

到了十五世紀中葉以後，步兵、火器在戰場上勢力越來越大，戰爭的規則也改變了，騎士制度當然就越見瓦解。尤其是海洋爭霸的時代來臨了，騎士反對海戰，更注定了它的沒落。

這樣的騎士，簡直可說無一處與我國之俠類似。

十九年前，我在淡江大學服務時，同事西班牙系田毓英教授，在商務印書館出版了一本《西班牙騎士與中國俠》，把這兩個截然不同的事物拿來相提並論，比量異同。〈文訊月刊〉囑我寫一書評，令我頭疼不已，因為不好說這種「香蕉與鳳凰木」的比較無甚意義，只好從技術面小論了一番，不料，還是惹得她老大不高興，回了一篇文章，說我膽大妄為，勸我好好做學問。

這實在叫人啼笑皆非。後來編《大俠》時，我就把兩文一併收為附錄，讓讀者自己去評斷。如今，形骸之隨年俱老，看來，也不必再有所顧忌了，故略為補論如上。

附錄四
《大俠》後記

論中國俠義傳統的著作很多，但據我看，幾乎全是胡扯。我寫《大俠》，就是想要解說中國的俠與俠義傳統之流變，並試圖探討為什麼大家在研究俠的問題時會有那麼多錯誤。

我是從小嗜讀武俠小說的人，對俠，有特殊的感情與嚮往。後來讀書漸多、思慮漸細，才逐漸發覺俠並不是通常我們所想像的那種民間正義英雄。這種發現當然甚為痛苦，但也更能讓我深刻理解到歷史認知活動和自我存在感受之間複雜的關係。很少人有嚴謹的歷史認知並意識到它的方法問題，更少人能擁有存在的感受而又不受其干擾，我則很慶幸經過了這樣的熬煉，自以為尚無大謬。

《大俠》計分十章，是七十三年春天開始斷斷續續寫成的。原先是為著研究唐代文化史，想解決傳奇及樂府詩中有關俠士刺客諸問題，而寫了〈唐代的俠與劍俠〉，刊在《中國學術年刊》第六期。後即欲擴充為一專著，因循未果，僅草成〈論俠客崇拜〉一文，論俠客崇拜何以形成及歷史詮釋方法，仍刊該刊第八期。

今年春天，在清華大學開文學批評會議，即寫〈由詩品到點將錄〉，算是對文人與俠義關係的另一種考察。至於最後論鴛鴦蝴蝶與武俠，則是研究清末民初通俗文學的副產品，文章很短，但涉及俠及俠義小說的轉變，故亦附著於此。整體來說，甚為簡略，其中許多細節小注，皆可發揮作為專章，但我無力亦無意如此。因為文化史的研究者，不可能在俠這個問題上耗費太多時間，故雖感遺憾，卻總不得不稍做割捨。

但是，有幾個問題，我願意在這兒略微道及：

一、**是崑崙奴的出現，很值得注意。**中國的俠多為社會性人物，故講究交道、豪遊、結交、其生命本身雖涼漠孤絕，俠客的集團性卻非常明顯。崑崙奴則不太與一般俠士有所往來，其身分往往隱晦不露。他們一旦現身出手，又常是為了維護主人；與俠之任氣、報仇、或待價而沽，亦不甚相同。而依俠那種不惜殺死自己兒女，以斷絕思念情愛的行為法則來看，崑崙奴似乎仍代表著原始渾沌的生命，與俠的「老江湖」剛好成為一種有趣的對照。

不但如此，崑崙奴來自中南半島及印度馬來島群等地，是中國俠義傳統裡的一抹異域情調，可能對唐朝以後俠的精神和文學有奇特的影響。例如他們隱匿身分、作為奴僕、挺身護主，後世武俠文學中屢屢出現此一模式；他們善於潛水，在《七俠五義》中亦有仿例。其人生長海洲，多勇武，然往往被胡商販來中土為奴。與戰國以來俠士養客的「客」，亦不相同；為伸張正義而出手，跟一般俠客的表現，也有很大的差異。因此，對於這種小黑人的來源、能力、社會地位、精神表現、與俠義傳統之關係……等等，理當結合社會史、中外文化交通史以及文學史各方面，作一較詳備的處理。

二、是報的觀念。「報」一向被視為俠的道德原則。但施恩不報，正是儒家的講法，不是俠士超乎聖賢的道德。儒家主張以直報怨、以德報德，公羊家甚至強調《春秋》大九世之讎，可見儒家才是以報為道德原則的。俠與儒真正不同處，在於俠客「交友借軀報仇」，把報仇安放在他們的交道裡處理，可以替朋友兩肋插刀，報與自己本不相干的仇。

歷來儒生論復讎當禁當縱，討論的都是血親倫理的報讎問題，對「借軀交友報仇」根本是反對或不予討論的，此亦可看出儒與俠的不同。另外，俠的報讎，與儒之復仇報怨，內容上也頗有差異。儒者報讎，以血親倫理為主，俠則是「有恩必報、有讎必報」。一言不合，拔刀相向；至於袁昂高瓚那樣的「報」，其鬥豪鬥氣的味道就更明顯了。所以說，俠的「報」基於血氣，有濃厚的非理性成分，與儒者的倫理立場大異其趣。

三、是俠之養客。俠蓄養食客，構成俠的集團性，但這個集團的動向和客的性質，卻不是固定的。如戰國四公子之養士任俠，是以此形成政治勢力；漢代養客的則多屬豪族，乃是地方勢力，藉以武斷鄉曲，故又稱之為豪猾、大猾、豪姦、豪賊、豪暴或豪桀。他們恃強凌弱、為非作歹、廣事交遊，併兼鄉里，而隨著漢代豪族的士族化，當然也就產生了俠與士混同的現象。

六朝俠者之客，又與此不同，多為貴族之部曲，屬於私人武力，或者根本就是盜賊團體，政治意義很小，乃小型之掠奪及私人財利間的爭鬥。宋朝以後，因政治型態改變，如四公子、六朝部曲的養客，都已不太能存在，故俠的集團就以盜匪綠林或地方勢力為最重要的「主與客」結合方式了。此即所謂秘密社會。它與土豪的關係依然緊密，《宋史・曾鞏傳》：「章丘民聚黨村落間，號霸王社」，概屬此類地方勢力。且由於社的宗教性，入社者歃血盟誓，自然也就成為俠義傳統中的一部分了。

四、是俠與政治的關係。一般解釋者只用一種簡單的看法來討論俠與政治之關聯，以為俠即代表對統治者的反抗。但正如前所述，漢代豪族及官、商都可能是俠客集團。而豪族之士族化與官僚化，更顯示了俠與統治權威之間，可能涵有衝突、妥協、合作，或俠豪轉化為統治者的各種複雜狀況。不但是在中央政府權威崩潰之際，豪傑往往躍昇為新的統治秩序。我們甚至可說，俠在本質上即與統治權威合一，恆朝統治官僚流動。

王船山《讀通鑑論》卷八：「胥吾民也，小不忍於守令之不若，稱兵以抗君父。勝則自帝自王而唯其意，敗則卑詞薦賄而且冒爵賞之加。一勝一敗，皆有餘地以自居，而不失其尊富，桀猾者何所忌而不盜也?南宋之諺曰：『欲得官，殺人放火受招安』，且逆計他日之官爵而冒以逞，勸之盜而孰能弗盜也?」對這一點有深刻的認識。

《七俠五義》中的南俠展昭，被稱為「御貓」，更是充滿了辯證的趣味：他們以對抗王權的姿態開始，進入王權體制，掃盪對抗者；若遭逢機緣，則更可能由自己建立王權。而即使不進入王權體制，俠盜集團恐怕也強烈顯示了它的極權性格，所謂「佔山為王，據地稱霸」，甚至自號霸王社，都告訴我們俠有自成一極權社會的特質。

而一個流動於社會體制之外、講究氣義豪情、浪蕩無拘檢的俠客團體，為什麼反而會形成一格外嚴密的組織關係，變成特別注重主之威權與客之服從紀律（如幫會之規條、開香堂……等），實在值得更進一步討論。如《水滸傳》之職掌分派，下迄民初鄭證因《鷹爪王》所描述的鳳尾幫十二連環塢，內三堂外三堂之類組織描述，均可與明清秘密社會的實際狀況綜合起來，深入研究。一般人喜歡看武俠故事，或崇拜俠客，除我在書中所討論的原因之外，對極權社會的憧憬，無疑也是其中一個重要因素。

五、是「官逼民反」的問題。陳忱《水滸後傳》說：「梁山泊一百單八人，雖在綠林，都是心懷忠義，正直無私；皆為官私逼迫，勢不得已，避居水泊。」後來解釋俠的行為，多採這個觀點。但這個觀點是有問題的。

第一，梁山泊諸人，真屬官逼民反不得已而上山者，僅占最小一部分，其他有作姦犯科，無所容身而來投靠，撞籌入夥者；有作戰被俘，無奈歸降者；有被梁山設計謀害，家毀人亡，被「賺」入伙者。

第二，《水滸》的主題，不在逼上梁山，或梁山逼迫許多人上山，而是在舖陳一個天命的理念（詳張火慶與我合作的《中國小說史論叢》，特別是頁一二五～一四五，七三・學生）。因此用「官逼民反」來看《水滸傳》或俠客問題，完全沒有解釋力量。

第三，官與俠的關係，亦不宜如此簡單化。所謂官逼民反，到底是真屬官逼以致民反，還是恃強作亂，造反有理？官與俠到底只是對抗，還是既對抗又聯合分贓？恐怕都不是一句簡單的「官逼民反」就能解釋的。

六、是俠與盜的分野。俠與盜匪，往往很難區別；俠的範圍稍寬，有交遊豪闊，與綠林相往來，而本身並不為盜者，亦稱為俠。但一般說來，盜即是俠。依荀悅的看法，認為：「遊俠之本，生於武毅不撓，久要不忘平生之言，見危授命，以救時難而濟同類。以正行者，謂之武義，其失之甚者，至為盜賊矣。」其實唐朝以前之所謂俠者，多是攻剽不休的盜賊，如《史記》所云盜跖之居民間者。貴族大豪為俠，俠逐漸士族化官僚化以後，也常偶一為盜，石崇就是個例子。武義正行，只能看作知識階層對俠的理想與企盼，所以原涉才會把任俠自比為寡婦遭汙。

但唐朝中葉，因知識分子與俠的關係緊密，對於俠義傳統，遂起了一種意識上的改造，期望將攻剽氣義、盜劫掠殺的行為，轉化為理性價值的公眾俠義，如荀悅所說的武義正行。韓愈《送董邵南序》外，如杜牧〈注孫子序〉：「周公相成王，制禮作樂，尊大儒術，有淮夷叛，則出征之。夫子相魯公，會於夾谷，日有文事者必有武備，此辱齊侯，伏不敢動。是二大聖人，豈不知兵乎？周有齊太公，秦有王翦，兩漢有韓信趙充國……，如此人者，當其一時，其所出計劃，皆考古校今，奇秘長遠，策先定於內，功後成於外。彼壯健輕死善擊刺者，供其呼召指使耳，豈可知其所由來哉？」也是同樣的東西。

因為杜牧「年十六時，見盜起圜二三千里，繫戮將相、族誅刺史及其官屬、屍塞城廓……當其時，使將兵行誅者，則必壯健善擊刺者」，所以他要注解《孫子兵法》，提出壯健善擊刺者不足恃，而應由尊大儒術之人來處理兵務的新觀念。後世言俠，皆偏重其才略，儒雅風流，而不強調其恃強鬥狠、壯健擊刺的一面，就是由這次轉變使然。理性化社會價值的意識，至此才開始逐漸進入俠客世界，例如尊重國法、造福大眾之類，亦復如此。

七、八、九……。

各種問題，都是我願意談談的，但事實上，不容我無限蔓衍下去。希望這樣簡單的論述，能對關心這些問題的朋友有點幫助。

附錄五

論報讎

《春秋》有復讎之義。《公羊傳》莊公四年談到齊襄公的事，說襄公雖淫佚，但因他能復讎，故《春秋》仍然是稱讚他的。襄公復讎，是復他一位遠祖哀公之讎。哀公因被紀侯譖害，而在周朝被烹殺了，襄公一直惦念著要復讎。曾經去問卜。卜者卜出來的結果很不好，說軍隊恐怕會覆亡一大半。襄公不為所動，反而說：「九世猶可以復讎乎，雖百世可也」；為了復讎，就算死了，也不能說是不吉利。他這種態度，《公羊傳》認為是孝的表現，「事祖禰之心盡矣」，大為讚揚。

此即所謂「春秋大九世之讎」。其涵義有四：一、讎，主要指血親之讎。二、血親之讎，不因年世久遠而不復，雖百世仍可以復讎。三、復讎，具有孝的倫理意義。四、復讎，乃是子孫為先祖盡其心意之表現，故重在是否盡了這個心，而不見得非成功不可，所以本段賈公彥《疏》說：「復讎以死敗為榮」。襄公謂復讎而死，不為不吉，就是這個意思。

但復讎之義並不止於如此。同年之月，談到齊侯葬紀伯姬的事時，《公羊傳》說這也是復讎義：「曷為葬之？滅其可滅，葬其可葬，此其為可葬。奈何？復讎者，非將殺之逐之也。以為雖遇紀侯之殯，亦將葬之也。」紀國是被齊國滅掉的，滅其國而善葬紀伯姬，是因滅其可滅而葬其可葬。其所論復讎之涵義，便不只是血親之讎，而涉及國讎的範圍了。且謂復讎不以殺逐為事，儲人死，則應予禮葬。據何休注說，這就叫做「恩怨兩行」。復讎中仍應存有恩義。

接著，同年七月，《公羊傳》又藉齊侯與魯人去打獵的事，說與讎人去打獵並不恰當。何休注也說：「禮，父母之讎不共戴天。兄弟之讎，不同國。九族之讎，不同鄉黨。朋友之讎，不同市朝」。這是〈曲禮上〉及〈檀弓上〉的意見，被公羊家吸收來論復讎了。復讎之義廣及朋友。

《公羊》言復讎，大抵如此。莊公十三年，舉莊公之言曰：「寡人之生，則不若死矣」，表白若不能復讎是非常痛苦的事。九年，以與齊作戰失敗，來特別強調「復讎以死敗為榮」，不論對方多麼強大都不應畏懼。都是以上義理的補充。

另外，定公三年論伍子胥復讎時，還有四個觀點，也很值得注意。一、是父子親情與君臣倫理間的問題。所謂：「父不受誅，子復讎可也。」何休注：「父以無罪為君所殺……君臣之義已絕，故可也。」伍子胥為父復讎，即依這個原則。二、是父子與母子間的倫理關係，使得父殺母或母殺父，其子均不能復讎。何休注云：「莊公不得報文姜者，母所生，雖輕於父，重於君也。《易》曰：『天地之大德曰生』，故得絕不殺。」三、冤冤相報的問題。《公羊傳》說：「父受誅，子復讎，推刃之道也」，一來一往，刀子來刀子去，叫做推刃。可見《公羊傳》是主張不斷報復的。何休注便不同，云：「子復讎，非當復討其子也」，不贊成繼續復仇。由於這個地方見解不同，因此，第四，對於復讎是否應斬草除根，遂亦有不同之意見。

依《公羊傳》說：「復讎不除害。」何休注謂：「取讎身而已，不得兼讎子，復將恐害已而殺之」，舉伍子胥報讎，毀楚平王之墓，卻不殺昭王為例。他們都認為不必斬草除根。但《公羊傳》的意思，是說復讎者自己既要復讎，便不能不准別人將來也來復讎，故復讎時，不能將對方的子孫全都殺掉，也要保留別人將來復讎的權利。何休注則是主張復讎只應找正主兒，「非當復討其子」，所以也不該兼讎其子。

儒家復讎之說，以《春秋》為例，大約包含這些義涵。而影響均極深遠。俠客報讎的風氣，一般認為即與此有關，其實不然，儒與俠是頗有差異的。

最顯著的不同，在於儒家所說，以復父母之讎最重要，兄弟族屬次之。俠客則以報朋友之讎為主。其次，儒者復讎，以死敗為榮；俠客則以殺讎而自己不死相矜。高適詩：「邯鄲城南遊俠子，自矜生長邯鄲裡，千場縱博家仍富，幾度報讎身不死」（邯鄲少年行），張籍詩：「百里報讎夜出門，平明還在倡樓宿」（少年行），沈彬詩：「重義輕生一劍知，白虹貫日報讎歸」（結客少年場），都以成功報讎而自己凱旋歸來自喜。三、儒者復讎，「非將殺之逐之也」。具體的例子，是莊公十三年，魯與齊會盟於柯時，曹沫替莊公報讎，持劍脅持齊桓公，逼桓公與之訂盟。替莊公復了讎，卻未嘗殺人。俠客報讎，便不然了，均以殺逐為主。所謂：「借友行報怨，殺人租市旁」（張華・博陵王宮俠曲），此儒與俠之異也。

龔鵬程學．思．俠．遊特輯

吟遊問俠之 大俠——俠的精神文化史論

作者：龔鵬程
發行人：陳曉林
出版所：風雲時代出版股份有限公司
地址：10576台北市民生東路五段178號7樓之3
電話：(02) 2756-0949
傳真：(02) 2765-3799
執行主編：朱墨菲
美術設計：吳宗潔
行銷企劃：林安莉
業務總監：張瑋鳳

初版日期：2023年3月
版權授權：龔鵬程
ISBN：978-626-7025-87-1

風雲書網：http://www.eastbooks.com.tw
官方部落格：http://eastbooks.pixnet.net/blog
Facebook：http://www.facebook.com/h7560949
E-mail：h7560949@ms15.hinet.net
劃撥帳號：12043291
戶名：風雲時代出版股份有限公司

風雲發行所：33373桃園市龜山區公西村2鄰復興街304巷96號
電話：(03) 318-1378
傳真：(03) 318-1378
法律顧問：永然法律事務所 李永然律師
北辰著作權事務所 蕭雄淋律師

行政院新聞局局版台業字第3595號 營利事業統一編號22759935

定價：500元

國家圖書館出版品預行編目資料

龔鵬程學.思.俠.遊特輯. 5, 大俠：俠的精神文化史論 / 龔鵬程著. -- 臺北市：風雲時代出版股份有限公司, 2022.05 面； 公分

ISBN 978-626-7025-87-1（平裝）

1.CST: 遊俠 2.CST: 武俠小說 3.CST: 文學評論

546.11 111004656